PKU International and Compa
Law Review

U0638385

北大
国际法 ❉ 比较法评论

《 第17卷·总第20辑 》

北京大学法学院　编

中国民主法制出版社
全国百佳图书出版单位

图书在版编目（CIP）数据

北大国际法与比较法评论．第17卷：总第20辑/北京大学法学院编．—北京：中国民主法制出版社，2023.8

ISBN 978-7-5162-3289-7

Ⅰ．①北…　Ⅱ．①北…　Ⅲ．①国际法－文集②比较法学－文集　Ⅳ．①D99－53②D908－53

中国国家版本馆CIP数据核字（2023）第119326号

图书出品人：刘海涛
责 任 编 辑：陈　曦　　张雅淇

书名/北大国际法与比较法评论（第17卷·总第20辑）
作者/北京大学法学院　编

出版·发行/中国民主法制出版社
地址/北京市丰台区右安门外玉林里7号（100069）
电话/（010）63055259（总编室）　63058068　63057714（营销中心）
传真/（010）63055259
http：//www.npcpub.com
E-mail：mzfz@npcpub.com
开本/16开　710毫米×1000毫米
印张/23　字数/473千字
版本/2023年10月第1版　2023年10月第1次印刷
印刷/三河市宏图印务有限公司

书号/ISBN 978-7-5162-3289-7
定价/82.00元
出版声明/版权所有,侵权必究。

目 录

国际法方法论专题探讨

国际法研究方法:图景、评估与中国学者的方向 …………………… ◇ 蔡从燕(3)

国际法的计量分析:方法论与世界观 …………………… ◇ 王 鹏(18)

法律与全球贫富差距:批判国际法学的视角 …………………… ◇ 张康乐(35)

国际法的阶级方法导论 ………… ◇ [印]B. S. 契姆尼 著 冯丽羽 译(48)

女性主义国际法方法 …………………………… ◇ [澳]希拉里·查尔斯沃斯

克里斯蒂娜·钦金 谢利·赖特 著 刘祎佳 译(78)

国际法及其历史:方法论上的风险和机遇

…………………… [意]瓦伦蒂娜·瓦迪 著 李馥含 译(119)

论 文

论联合国内部司法上诉机制的诉讼程序

——以中国籍职员争端案为视角 …………………… ◇ 李 赞 唐彦嘉(165)

论国际法上的强行法概念——历史和比较的视角 …………………… ◇ 黄蓬北(192)

国际条约的国内适用:基于预先承诺理论的分析 …………………… ◇ 赵亚琦(226)

阻断法与经济制裁法的对抗适用研究 …………………… ◇ 沈 玟(247)

论反垄断法域外适用规则的中国移植 …………………… ◇ 朱笑芸(267)

"气候难民"话语构建的反思与批判 …………………… ◇ 张琪琪(291)

符号背后:国际环境法场域中的"南北"话语 …………………… ◇ 时 悦(327)

比较国际法对中国涉外法治人才培养的启示 ……………………… ◇ 何 驰(340)

著 述 目 录

邵津教授著述目录 …………………………………………… ◇ 张康乐(357)

国际法研究方法:图景、评估与中国学者的方向

◇ 蔡从燕[*]

【内容摘要】20世纪50年代以来,西方国际法学者积极探索国际法研究方法的多元化,形成了"科际整合"与"科内整合"的基本图景。新的研究方法是否出现以及是否被广泛接受,受到学术生态、国际关系结构以及国际法实践的深刻影响。新的研究方法有助于人们更好地理解国际法,但它们并不当然是有效的。研究方法不只是"方法",而可能同时蕴含着特定的价值判断。晚近,中国国际法研究方法创新的主要成就是经由西方的国际关系理论间接引入政治学等其他学科的研究方法,但这一结构与做法是存在缺陷的。中国国际法学者有必要探索更好的研究方法创新路径,包括更加重视中国自身的理论资源。

【关键词】国际法;研究方法;图景;评估;中国国际法

一、导言

虽然国际法学者很早就关注研究方法问题,[1]但对这一问题的广泛尤其组织化的讨论则是20世纪90年代后末期,特别是进入21世纪以来发生的一种学

---

* 蔡从燕:法学博士,复旦大学法学院教授。

〔1〕 1908年奥本海撰写的《国际法学:使命与方法》通常被认为是探讨国际法研究方法的开拓性之作。L. Oppenheim, 'Science of International Law:Its Task and Method' (1908) 2 *American Journal of International Law*,313,356.

术现象。[2] 值得注意的是,国际法学者对于研究方法的理解是宽泛的。"方法"
不仅被认为是具体的手段、技术、途径或程序,也被理解为只是一种视角、框架或
者方法论。[3] 前者不妨称之为狭义的方法,后者不妨称之为广义的方法。从学科
的角度看,前者通常与特定学科的属性或者人们对于该特定学科之属性的传统认
知相关,甚至决定于这种属性或传统认知。比如,定量分析方法是作为社会科学
门类之一的当代经济学的主流研究方法,但不是作为人文科学门类之一的历史学
的重要研究方法。然而,特定的视角、框架或者方法论与研究者本身或者特定的
研究议题似乎更具有相关性,因而可以超越特定的学科。

在解释《美国国际法杂志》(American Journal of International Law,下文简称
AJIL)于1998年组织"国际法的方法"专栏的背景时,拉特纳和斯劳特注意到国际
法学者对于"方法"存在不同的理解,但指出AJIL更加关注的是"方法"对于国际
法学者和国际法理论在面对"当代问题"时的作用。[4] AJIL组织的"国际法的方
法"专栏,以及后续一些国际法学者——比如斯劳特和金斯伯格[5]——对于国际
法研究方法的理解与运用表明,针对国际法研究方法的讨论并不当然是国际法学
者基于自身的学术动力和不断丰富的研究手段进行的一种独立的知识探索努力,
而是受到不断变化的环境与实践深刻影响因而与某种政治议程密切相关。因此,
研究方法不仅可能体现了特定国际法学者的学术偏好乃至世界观,也可能蕴含着
他们对特定历史与现实、政策与实践的态度。

对国际法研究方法的探索根本上是寻求"更好"地解构与建构国际法律秩序,
为此,无意局限于狭义地理解"方法"。尽管如此,较之以往国际法学者似乎更多

---

〔2〕 1998年,《美国国际法杂志》编辑部组织一批国际法学者讨论国际法的研究方法,并于1999年以
"国际法的方法"专栏形式发表了九篇论文。See Symposium on Method in International Law(1999)93 *American
Journal of International Law* 291,423. 在新增了Antony Anghie和B. S. Chimni合写的关于"第三世界国际法方
法"的一章后,美国国际法学会以专著形式于2004年出版了该专栏。Steven R. Ratner and Anne-Marie Slaugh-
ter(eds.),*The Methods of International Law*(The American Society of International Law,2004). See also Rossane
Deplane and Nicholas Tsagourias(eds.),*Research Methods in International Law*(Edward Elgar Publishing Limited
2021).

〔3〕 比如,Antony Anghie和B. S. Chimni认为,如果从确定"法律是什么"的"途径"(means)角度看,
"第三世界国际法方法"、"女性主义国际法方法"、"批判国际法研究"以及"国际法与国际关系研究"都不是
一种方法。Antony Anghie and B. S. Chimni,Third World Approaches to International Law and Individual Responsi-
bility in Internal Conflict,in Steven R. Ratner and Anne-Marie Slaughter(eds.),*The Methods of International Law*
(*The American Society of International Law*,2004)185.

〔4〕 Annie-Marie Slaughter & Steven R. Ratner,'Appraising the Methods of International Law:A Prospectus
for Readers'(1993)93 *American Journal of International Law* 292.

〔5〕 参见本文第三部分之(一)和(三)。

地从视角、框架或方法论角度理解国际法(如第三世界国际法方法),近二十年来,狭义的研究方法在国际法研究中的运用显然更为活跃,由此本文主要围绕狭义的研究方法展开讨论。

本文首先沿着"科际整合"与"科内整内"两条路线概要描述 20 世纪 50 年代尤其是 21 世纪以来国际法研究方法发展的基本图景(第二部分),进而从背景、功能以及价值取向等角度评估国际法研究方法的发展(第三部分),最后对中国国际法研究的方法问题略陈管见(第四部分)。

二、图景

20 世纪 50 年代尤其是进入 21 世纪以来,社会学等社会科学方法以及历史学等人文科学方法日益被引入国际法研究,笔者称之为国际法研究的"科际"整合方法。显然,这种"科际"整合方法是当前国际法研究方法讨论中的主要议题。与此同时,尽管笔者认为国际法与国内法的"科内"整合方法日益重要,但它受到的关注明显少得多。

(一)国际法研究的"科际"整合方法

早在 20 世纪 50 年代,政治学与社会学的研究方法就被引入国际法研究。以 1953 年麦克杜格尔在海牙国际法学院发表了题为《国际法、权力与政策:一个当代的理解》的演讲为发端,麦克杜格尔和拉斯韦尔持续地把政治学方法运用于国际法研究,并且以耶鲁大学法学院为阵地培养了一代又一代致力于此项研究的国际法学者,由此创立了被称为"政策定向学派"或"纽黑文学派"的国际法学说,在全球范围内受到极大的关注,影响绵延至今[6]。与政治学方法被引入国际法研究受到广泛关注不同,同样在 20 世纪 50 年代被引入国际法研究的社会学方法则几乎没有受到关注。1956 年,斯通在海牙国际法学院发表了题为《关于国际法的社会学探究面临的问题》的演讲,认为国际法研究应当引入社会学方法。不过,他认为国际法学者在这方面面临着一系列困难,如人力不足、知识储备不足等问题,因此

---

[6] Myres S. McDougal, International Law, 'Power, and Policy: A Contemporary Conception' (1953) 82 *Recueil des Cours*. See also 白桂梅:《麦克杜格尔与政策定向学派》,载《中国国际法年刊》1996 年,第 361—371 页;Oran R. Young, 'International Law and Social Science: the Contribution of Myres S. McDougal' (1972) 19 *American Journal of International Law* 66, 76.;Oona A. Hathaway, 'the Continuing Influence of the New Haven School' (2007) 32 *Yale Journal International Law* 553, 558.

只能循序渐进,不必追求短期内提出宏大的理论框架。[7] 1957 年,海牙和平宫图书馆馆长兰德希尔同样在海牙国际法学院发表了题为《当代社会学理论与国际法》的演讲。他考察了 20 世纪以来国际法学者——比如胡伯法官——从社会学角度对于国际社会与国际法所作的思考,进而以"正式结构"与"非正式结构"为重点考察了国际社会的变迁与国际法的发展。[8] 20 世纪 50 年代一般被认为是帕森斯的功能主义社会学理论如日中天的年代。与众多社会学者以及其他学科的学者一样,兰德希尔的研究也沿袭了功能主义的思路。不过,无论是斯通还是兰德希尔,他们都没有像麦克杜格尔那样聚集起一批国际法学者持续地把社会学方法运用于国际法研究中,[9]这是国际法的社会学方法在很长一段时间未受重视进而未获得广泛运用的重要原因。值得注意的是,权力不仅是政治学也是社会学的研究对象,因此麦克杜格尔的国际法研究不仅运用了政治学研究方法,而且运用了社会学研究方法。[10] 只不过,由于政治学研究方法集中关注权力,甚至因此滑向权力政治,而权力虽然是国际法的社会学研究的一个重要逻辑起点,但并非它的重要内容,因此从事国际法的社会学研究的学者很少提及麦克杜格尔或者"纽黑文学派"。[11] 值得注意的是,作为美国国际法学会资助的一个项目,高尔德与巴尔坤在 1970 年出版了《国际法与社会科学》。[12] 这是从一般意义上的社会科学角度探讨国际法研究方法的第一本著作。在该书中,两位学者阐述了社会科学对于国际法研究的重要性,并且主要运用沟通理论对国际法进行体系性分析。[13] 联系到 30 年后 AJIL 刊发"国际法的研究方法"专栏进而由美国国际法学会出版

---

〔7〕 Julius Stone, 'Problems Confronting Sociological Enquiries Concerning International Law' (1956) 89 *Recueil des cours* 61. 关于斯通国际法研究的社会学方法的评论,参见 Edward McWhinney, 'Julius Stone and the Sociological Approach to International Law' (1986) 9. 2 *University of New South Wales Law Journal* 14, 25。

〔8〕 B. Landheer, 'Contemporary sociological theories and international law' (1957) 1 *Recueil des cours*. 1955 年,兰德希尔在《德国国际法年刊》上已经发表了一篇短文,讨论社会学理论在国际法研究中的运用。See B. Landheer, 'Sociological aspects of international law' (1955) 5 *German Yearbook of International Law* 207, 215.

〔9〕 这方面的零星研究,参见例如 J. G. Starke, 'Elements of the Sociology of International Law' (1965) *Australian Year Book of International Law* 119, 136。

〔10〕 在 1956 年海牙国际法学院演讲中,斯通大量地提及麦克杜格尔的观点。See Julius Stone, 'Problems Confronting Sociological Enquiries Concerning International Law' (1956) 89 *Recueil des cours* 61.

〔11〕 类似地,虽然早在 20 世纪 40 年代,斯瓦曾伯格就试图提出国际法的社会学研究议程,但由于他和麦克杜格尔一样主要关注的还是权力,他的研究也鲜有受到关注。See Georg Schwarzenberger, 'Jus Pacis ac Belli-Prolegomena to a Sociology of International Law' (1943) 37 *American Journal of International Law* 460, 479.

〔12〕 Wesley L. Gould and Michael Barkun, *International Law and the Social Science* (Princeton University Press 1970).

〔13〕 See Stuart S. Malawer, 'The Social Science Study of International Law: Review of W. Gould & M. Barkun, International Law and the Social Sciences' (1972) 2 *Journal of International Law and Policy* 22, 33.

《国际法的研究方法》，我们可以看到美国国际法学界对探索国际法研究方法的积极努力。

《美国国际法杂志》1998 年组织"国际法的方法"以及 2004 年美国国际法学会出版《国际法的研究方法》对于国际法学者更加重视国际法研究方法的影响无疑是巨大的。不难发现，进入 21 世纪以来，国际法学者更加重视方法问题。总体来看，对于国际法"科际"研究方法的探索呈现两个特点。第一，除政治学方法外，社会学、经济学、心理学等社会科学方法也被更多地引入国际法研究中，[14] 其中，尤其以社会学方法的引入更为引人注目。在这方面，赫希、古德曼及金克斯等人持续性地运用社会学方法研究国际法。[15] 2005 年，赫希发表《国际法的社会学：在社会语境中研究国际法之邀请》，在介绍主要社会学流派的基础上阐述了他对于不同社会学流派在研究国际法整个体系以及具体问题的理解，是一篇把社会学方法引入国际法研究的纲领性论文。[16] 此后，赫希持续地运用社会学方法研究国际法问题。[17] 2015 年，赫希出版了《国际法的社会学邀请》。[18] 不过，赫希在该书中虽然运用社会学方法研究更多的国际法问题，但对于社会学方法在国际法研究中运用的基本原理方面并没有作出更多阐述。赫希从事的更为重要的工作是在 2018 年主编出版了《国际法的社会学研究手册》。[19] 虽然该书也没有针对社会学方法在国际法研究中运用的基本原理作出细致的阐述，但它是国际法学者更大规模地重视社会学方法的重要标志。在具体的社会学方法运用方面，社会化理

---

〔14〕　经济学方法在国际法研究中的运用，参见例如 Eugene Kontorovich and Francesco Parisi(ed.), *Economic Analysis of International Law*(Edward Elgar Publishing Limited 2016), Eric A. Posner and Alan O. Sykes, *The Economic Foundation of International Law*(Harvard University Press 2013)。

〔15〕　See for example Kazuko Hirose Kawaguchi, *A Social Theory of International Law*(Brill 2003)。

〔16〕　Moshe Hirsch, 'The Sociology of International Law: Invitation to Study International Rules in Their Social Context'(2005)55 *University of Toronto Law Journal* 891, 941.

〔17〕　See Moshe Hirsch, 'the Sociology of International Economic Law: Sociological Analysis of the Regulation of Regional Agreements in the World Trading System'(2008)19 *European Journal of International Law* 277, 300; 'Explaining Compliance and Non-Compliance with ICSID Awards: The Argentine Case Study and a Multiple Theoretical Approach'(2016)19 *Journal of International Economic Law* 681, 706; 'Cognitive Sociology, Social Cognition and Coping with Racial Discrimination in International Law'(2020)30 *European Journal of International Law* 1319, 1338; 'Sociological Perspectives on International Tribunals'(2020)34 *Temple International & Comparative Law Journal* 193, 202.

〔18〕　Moshe Hirsch, *Invitation to the Sociology of International Law*(Oxford University Press 2015)。

〔19〕　Moshe Hirsch(eds.), *Research Handbook on the Sociology of International Law*(Edward Elgar Publishing Limited 2018)。

论似乎最受国际法学者的青睐。[20] 在这方面,古德曼及金克斯的研究备受关注。古德曼及金克斯主要利用涵化(acculturation)理论研究各国对国际人权条约的接受与实施问题。[21] 近年来,多元主义理论日益受到国际法学者的重视。[22] 值得注意的是,定量分析方法日益得到应用。[23]

第二,人文科学方法继续受到重视或再次受到重视。传统上,在国际法研究中运用的人文科学方法主要是哲学。[24] 晚近,哲学方法在国际法研究中继续受到重视。国际法学者不仅运用哲学方法从整体上思考国际法的由来、发展与走向,[25] 也用其分析具体的国际法问题。[26] 不仅如此,新的人文科学方法,尤其历史学方法的运用更是出现蓬勃发展,[27] 以至于国际法研究被人们认为发生了"历

---

〔20〕 See for example Benedikt Pirker & Jennifer Smolka,'The Future of International Law Is Cognitive:International Law,Cognitive Sociology and Cognitive Pragmatics'(2019)20 *German Law Journal* 430,448;Saadia Pekkanen,'The Socialization of China,Japan,and Korea(CJK)in International Economic Law:Assessment and Implications'(2010)104 *American Society of International Law Proceedings* 529,532;Ann Kent,'China's International Socialization:The Role of International Organizations'(2002)8 *Global Governance* 343,364.

〔21〕 See in particular Goodman Ryan an Derek Jinks,'How to Influence States:Socialization and International Human Rights'(2004)54 *Duke Law Journal* 621,703;*Socializing States:Promoting Human Rights through International Law*(Oxford University Press 2013).

〔22〕 See for example Rossana Deplano(eds.),*Pluralising International Legal Scholarship:The Promise and Perils of Non-Doctrinal Research Methods*(Edward Elgar Publishing Limited 2019).

〔23〕 See for example Wolfgang Alschner,'Joost Pauwelyn and Sergio Puig,The Data-Driven Future of International Economic Law'(2017)20 *Journal of International Economic Law* 217,231.

〔24〕 See for example F. S. C. Northrop,*Complexity of Legal and Ethical Experience:Studies in the Method of Normative Subjects*(Little,Brown and Company 1959).

〔25〕 See for example Jason Rudall,*Altruism in International Law*(Cambridge University Press 2021);Ulf Linderfalk,*The International Legal System as a System of Knowledge*(Edward Elgar Publishing Limited 2022);Jean d'Aspremont,*International Law as a Belief System*(Cambridge University Press 2018);David Lefkowitz,*Philosophy and International Law:A Critical Introduction*(Cambridge University Press 2020);Gustavo Gozzi,*Rights and Civilizations:A History and Philosophy of International Law*(Cambridge University Press 2019);Emmanuelle Jouannet,*The Liberal-Welfarist Law of Nations:A History of International Law*(Cambridge University Press 2012);Samantha Besson and John Tasioulas(eds.),*Philosophy of International Law*(Oxford University Press 2010);Daniel Butt,*Rectifying International Injustice:Principles of Compensation and Restitution Between Nations*(Oxford University Press 2009).

〔26〕 See for example Fernando Lusa Bordin,*The Analogy between States and International Organizations*(Cambridge University Press 2019).

〔27〕 See for example Anne Orford,*International Law and the Politics of History*(Cambridge University Press 2016);Bardo Fassbender and Anne Peters(eds.),*The Oxford Handbook of the History of International Law*(Oxford University Press 2017);David Armitage and Jennifer Pitts(eds.),*The Law of Nations in Global History*(Oxford University Press 2017).

史学转向".[28] 特别是不同的人文科学方法被结合运用于国际法研究,如历史与哲学方法的结合。[29]

(二)国际法研究的"科内"整合方法

国际法研究的"科内"整合方法首先指的是国内法原理与实践被运用于国际法研究。[30] 劳特派特从私法角度对国际法的渊源乃至国际法的发展作出了开创性的研究。[31] 20世纪90年代以来,国内公法理论日益被运用于国际法研究。这些国内公法理论主要包括宪法理论和行政法理论。在运用宪法理论方面,欧洲学者尤其是德国国际法学者着力最深。宪法理论不仅用于证成国际法律秩序的基础,也用于研究国际组织的运作。总体来看,这一研究方法的运用具有强烈的西方中心主义色彩,即西方学者是在西方国家主导国际关系的时代背景下,试图把西方国家的宪法理论与实践不同程度地移植到国际法研究中。[32] 值得注意的是,一些西方学者在晚近国际实力格局发生重大变迁并且国际组织运作面临各种挑战的情况下,正在调整相关研究。[33] 进入21世纪以来,行政法理论也日益被运用于国

---

〔28〕 Ignacio de la Rasilla, *International Law and History: Modern Interfaces* (Cambridge University Press 2021),11-40.

〔29〕 See for example Alexander Orakhelashvili(ed.), *Research Handbook on the Theory and History of International Law*(Edward Elgar Publishing, Inc. 2020); Stephen C. Neff, *Justice among Nations: A History of International Law*(Harvard University Press 2014).

〔30〕 笔者在这方面的初步考察,参见蔡从燕:《国内公法对国际法的影响》,载《法学研究》2009年第1期,第178—184页。

〔31〕 H. Lauterpacht, *Private Law Sources and Analogies of International Law* (Longman, Green and Co. LTD 1927).

〔32〕 Jan Klabbers, Geir Ulfstein and Anne Peters(eds.), *The Constitutionalization of International Law*(Oxford University Press 2009); Surendra Bhandari, *Global Constitutionalism and the Path of International Law* (Brill 2016); Ernst Ulrich Petersmann, *Multilevel Constitutionalism for Multilevel Governance of Public Goods Methodology Problems in International Law*(Oxford University Press 2017).

〔33〕 See for example Anne Peters, 'Constitutional Theories of International Organizations: Beyond the West' (2021)20 *Chinese Journal of International Law* 649,698.

际法研究,[34]代表性的学术努力是纽约大学法学院组织的"全球行政法项目"。[35]

其次,国际法研究的"科内"整合方法是指国际法原理与实践被运用于本质上属于国内法的问题研究。在这方面,进入 21 世纪以来,长期局限于美国的对外关系法研究逐步发展成为一种全球性的研究现象是一个最为引人注目的进展。[36]

三、评估

虽然晚近国际法的研究方法问题受到高度关注,但 20 世纪 50 年代以来,国际法学者尤其是美国国际法学者一直在不断地探索新的研究方法。那么,特定的研究方法为什么会在某个时期被倡导并且流行或者虽然被倡导但未能流行? 新的研究方法是否有助于更好地理解国际法? 研究方法是否蕴含着超越技术性作用之外的其他意涵? 下文将讨论这些问题。

(一)背景

从整体意义上说,数十年来国际法研究方法的发展主要受到如下因素的影响。

第一,学术研究的生态演进。毋庸置疑,数十年间美国国际法学者引领或激发了国际法研究方法的发展。事实上,这与政治学、社会学等社会科学学科以及社会科学研究方法在美国获得蓬勃发展是分不开的。国际关系理论的社会学科化完成于 20 世纪 40 年代的美国,而社会学的研究重心也逐步从欧洲大陆转到美国,它们很大程度上导致了政治学和社会学方法被引入国际法研究。比如,人们普遍认为,"政策定向学派"的兴起与 20 世纪 40 年代美国国际关系理论发展成为

---

〔34〕 See for example Andrea Bianchi and Anne Peters(eds.) , *Transparency in International Law* (Cambridge University Press 2013).

〔35〕 See Benedict Kingsbury , Nico Krisch , Richard B. Stewart , and Jonathan Wiener , ' Foreword : Global Governance as Administration—National and Transnational Approaches to Global Administrative Law ' (2005) 68 *Law & Contemporary Problems* 1 , 13 ; Nico Krisch and Benedict Kingsbury , ' Introduction : Global Governance and Global Administrative Law in the International Legal Order ' (2006) 17 *European Journal of International Law* 1 , 13. 从 2005 年至 2006 年的不到一年时间,《法律与当代问题》(*Law & Contemporary Problems*)2005 年第 3、4 期、《纽约大学国际法与政治学刊》(*New York University Journal of International Law and Politics*)2005 年第 2 期以及《欧洲国际法学刊》(*European Journal of International Law*)2006 年第 1 期分别以专栏形式刊发了近 30 篇论文。

〔36〕 See for example Curtis A. Bradley ed. , *The Oxford Handbook of Comparative Foreign Relations Law* (Oxford University Press 2019) ;蔡从燕:《中国对外关系法:一项新议程》,载《中国法律评论》2022 年第 1 期,第 24—40 页。

一门社会科学——具体地说,是政治学的一个分支——有着密切联系。类似地,斯通之所以倡导把社会学方法引进国际法研究,与他受惠于庞德的社会法学理论是分不开的。尤其从 20 世纪 60 年代开始,1962 年库恩出版的《科学革命的结构》极大地激发了研究人员开展跨学科研究的热情。当前,跨学科研究已经成为人们的共识。[37] 从这个意义上说,美国国际法学会和 AJIL 分别于 20 世纪 60 年代末和 90 年代末两度组织国际法研究方法的探索很大程度上得益于美国极具创新性的学术生态。尤其是 1999 年 AJIL 组织的国际法研究方法专栏,不仅进一步推动了美国国际法研究方法的发展,也促使其他国家和地区的国际法学者更多地重视探索新的国际法研究方法,从而使社会学、经济学、心理学、历史学等方法持续被引入国际法研究。

第二,国际关系的发展变化。与法学的其他学科相比,国际法研究会更多地考虑或者受制于特定国家的政治决策乃至广泛意义上的国际关系现实。这不仅可能影响国际法的研究议程,也可能影响国际法的研究方法。对此,不妨以政治学方法与社会学方法被倡导引入国际法研究后的不同状况予以说明。前文已经提出,与麦克杜格尔和拉斯韦尔倡导国际法研究的政治学方法并催生了"政策定向学派"不同,斯通和兰德希尔在同一时期提出的国际法研究的社会学方法并未受到多大的关注。一个可能的重要原因应该是,"政策定向学派"的兴起适应了"冷战"的国际关系现实,体现了"冷战"极大地阻碍了国际法在国际关系中的作用的客观事实,也表明了此前受到联合国成立的鼓舞而乐观地认为国际关系尤其是大国关系可以被有效地纳入国际法轨道的不少美国国际法学者对国际法的悲观态度。与此不同,虽然斯通和兰德希尔也注意到"冷战"后国际关系的变化,但他们在倡导社会学研究方法时并无意于降低对国际法的期待。在当时的国际关系环境中,这种研究思路显然有点"不合时宜"。类似地,近年来,随着国际实力格局发生重大变化,以中国为代表的新兴大国在国际关系中的作用持续扩大,许多西方国际法学者日益关注中国等非西方国家的国际法政策与实践,运用比较法开展国际法研究,从而推动了比较国际法的兴起。[38]

第三,国际法实践的不断发展。较之以往,国际法实践在联合国成立以后有

---

[37] 参见[美]朱丽·汤普森·克茉恩:《跨越边界——知识·学科·学科互涉》,姜智芹译,南京大学出版社 2005 年版。

[38] See generally Anthea Roberts, Paul B. Stephan, Pierre-Hugues Verdier and Mila Versteeg(eds.), *Comparative International Law*(Oxford University Press 2018).

了许多重大发展,这些发展为国际法学者探索运用新的研究方法提供了可能,甚至有必要运用新的研究方法。比如,在全球化背景下,跨国公司等非国家行为体在国际法律秩序中的地位越来越重要,而特定国际法律文件针对此类行为体只包含有限的规范,甚至没有予以规范。在此情况下,准确认识此类行为体在国际法律秩序中的作用显然不能只依靠传统的法律实证主义方法,而必须积极运用社会学等研究方法。又如,20世纪90年代以来,国际争端解决机构对国际法律秩序乃至国际关系的影响日益重要。国际争端解决机构往往对同一个或类似的条约作出大相径庭的法律解释,它们的一些裁判活动显示出其超越裁判者角色而事实上发挥了国际造法功能,一些裁判活动甚至影响特定国家对国际法的态度。显然,传统的法律实证主义方法无法全面、准确地评估国际争端解决机构的实践。再如,随着国际法与国内法的互动日益深入,局限于国际法无法全面、准确地揭示特定国际法制度的生成、适用以及影响,而必须纳入国内法律与社会的视角。

第四,研究工具的日益先进。过去二十年来,数据挖掘与分析技术的应用可能是法学研究方法方面最为引人注目的进展之一,它使研究人员可以利用海量数据全面地分析法律实践,避免此前的研究往往只能基于少量数据而导致的片面性,甚至主观臆断。数据挖掘与分析技术对国际法研究具有特殊的重要性。重要原因之一是,数据挖掘与分析技术使国际法学者不仅可以更有效地获取本国日益丰富的国际法实践——如数量不断增加的条约——的信息,也可能更好地获取其他国家的国际法实践信息。众所周知,与一般的比较法研究不同,研究其他国家的国际法实践往往直接关系到影响本国所参加的特定国际法制度的适用,因而影响到本国的利益。晚近,国际法学者日益利用数据挖掘技术开展实证研究,更加精准地描述与分析国际法实践,[39]越来越多数据庞大、功能丰富的数据库也被开发出来供研究人员使用。[40]

(二)有效性

诸如政治学、社会学等新的研究方法被引入国际法研究能否更有效地理解国际法?从上述新的国际法研究方法出现的背景看,人们应该不会否认这些新的研

---

〔39〕 See for example Pierre-Hugues Verdier and Mila Versteeg, ' International Law in Domestic Systems: An Empirical Investigation ' (2015)109 *American Journal of International Law* 514,533.

〔40〕 比如,针对投资条约建立的"投资条约电子数据库"(https://edit. wti. org/document/investment-treaty/search)。

究方法可以更好地理解国际法。与此同时,如同传统的法律实证主义方法一样,这些新的研究方法也是有局限性的,从而有可能导致国际法研究的片面性,甚至误解特定的国际法实践。导致这种局限性的原因既有客观方面的,也有主观方面的。前者如数据的可获得性等,后者如国际法学者运用法学之外的方法的能力。以近年来一些美国学者大力倡导的以"假设—数据—验证"为基本思路的社会科学研究方法为例,[41]一些学者已经从数据选择、获取、分类和解读,以及国际法具有有别于其他学科的特殊性等角度,分析了这种社会科学研究方法的局限性。[42]事实上,这些问题从新的研究方法被引入国际法研究开始就始终存在,社会科学研究方法的一些早期倡导者对此并不讳言,[43]但晚近似乎倾向于淡化这些局限性。[44]笔者无意针对这些问题进行一般性的讨论,而仅以近年来大力倡导国际法的社会科学研究方法的美国学者金斯伯格关于所谓"威权国际法"(authoritarian international law)的研究为例予以说明。[45]"威权国际法"指"威权"国家的国际法实践,而"威权"国家的界定则取决于"民主"国家的界定。换言之,"民主"是"威权国际法"据以立论的基础或假设。然而,金斯伯格对于民主的"工作定义"(working definition)系基于他自己对民主的理解,[46]而不考虑这一定义是否是在国际范围内获得公认的,以及基于个人理解的"工作定义"是否影响以及在多大程度上影响其研究的可靠性。然而,正是以其对"民主"的界定作为逻辑起点,金斯伯格对于"民主"国家和"威权"国家开展定量与定性研究,比较"民主"国家与"威权"国家的国际法实践,进而评估它们对国际秩序的影响,尤其批判中国、俄罗斯等被其划入"威权"国家的国际法实践对于"民主"在全球范围内构成的冲击。[47]

---

〔41〕 Daniel Abebe, Adam Chilton and Tom Ginsburg, 'The Social Science Approach to International Law' (2021) 22 *Chicago Journal of international Law* 3, 23.

〔42〕 See Yefeng Chen, 'On Relating Social Sciences to International Law: Three Perspectives' (2021) 22 *Chicago Journal of International Law* 39, 47; Simon Chesterman, 'Herding Schrödinger's Cats: The Limits of the Social Science Approach to International Law' (2021) 22 *Chicago Journal of International Law* 51, 58.

〔43〕 比如,斯通在这方面有着清醒的认识。Julius Stone, *Problems Confronting Sociological Enquiries Concerning International Law* (Recueil des cours 1956), 98-115.

〔44〕 Daniel Abebe, Adam Chilton and Tom Ginsburg, 'The Social Science Approach to International Law' (2021) 22 *Chicago Journal of international Law* 7.

〔45〕 也可参见阿尔瓦雷斯对古德曼和金克斯,以及斯劳特研究的批评 See also José E. Alvarez, 'Do States Socialize?' (2004) 154 *Duke Law* 961, 974; 'De Liberal States Behave Better? A Critique of Slaughter's Liberal Theory' (2001) 12 *European Journal of International Law* 183, 246。

〔46〕 Tom Ginsburg, *Democracies and International Law* (Cambridge University Press 2021), 20-21.

〔47〕 Tom Ginsburg, *Democracies and International Law* (Cambridge University Press 2021), 186-236; Tom Ginsburg, 'Authoritarian International Law' (2020) 114 *American Journal of International Law* 221, 260.

上述貌似"客观"或"科学"的"民主"界定本身就是值得商榷的。事实上,金斯伯格似乎也意识到其对"民主"的界定是有问题的,因此把国内治理、少数人保护等要素——显然,这恰恰就是自诩为"民主灯塔"的美国面临的棘手问题——排除在民主范围之外。[48]

(三)价值

科尔霍恩认为,研究方法受到国际法学者所处的环境、意识形态、世界观等因素的影响。[49] 这表明,研究方法并非只是增强研究的客观性,而往往甚至必然蕴含着研究者的某种价值观。价值对于国际法研究方法具有重要的意义与影响。一方面,较之国内法,人们对于国际法的基础、价值、功能等一系列根本性问题存在的分歧要大得多,人们甚至对是否存在"国际社会"都存在分歧。换言之,人们对于国际关系的调整应当遵循哪些根本性原则很难说已经达成真正的共识。解决这些问题不能只基于现实的描述与评估——这显然是倡导社会科学研究方法的人们所做的,而需要超越现实的想象与设计。由此,较之国内法研究,哲学、人类学等人文科学方法对于国际法研究可能具有更大的必要性与重要性,人文科学方法的运用蕴含着人们对一个拥有更美好未来的人类秩序的探索。

另一方面,研究方法也可能被国际法学者用于从地方性的角度证成某种议程,从而直接或间接地体现或辩护特定国家的国家利益。在这方面,我们不妨以20世纪90年代时斯劳特倡导的自由主义国际法理论予以说明。[50] 可以认为,斯劳特经由自由主义国际关系理论把政治学方法引入国际法研究适应了"冷战"结束后西方国家尤其美国在全球范围内推动民主等议程的需要。事实上,斯劳特本

---

〔48〕 Tom Ginsburg, *Democracies and International Law* (Cambridge University Press 2021), 24-27.

〔49〕 Outi Korhonen, 'From Interdisciplinary to X-disciplinary Methodology of International Law' in Rossane Deplane and Nicholas Tsagourias (eds.) *Research Methods in International Law* (Edward Elgar Publishing Limited 2021), 349-352.

〔50〕 See generally Anne-Marie Slaughter, 'International Law in a World of Liberal States' (1996) 6 *European Journal of International Law* 503, 538; Anne-Marie Slaughter, Andrew S. Tulumello & Stepan Wood, 'International Law and International Relations Theory: A New Generation of Interdisciplinary Scholarship' (1998) 92 *American Journal of International Law* 367, 397; Anne-Marie Slaughter, 'Liberal Theory of International Law' (2000) 94 *American Society of International Law Proceedings* 240, 248.

身就是这些议程的积极倡导者与推进者。[51]

四、中国学者的方向

过去二十年里,中国国际法学者日益重视探索国际法研究方法的多元化问题。在这方面,徐崇利教授引领的国际关系理论与国际法跨学科研究可以说作出了重要贡献。[52] 在国际关系理论研究中,徐崇利教授等倡导国际关系与国际法研究的学者把政治学等方法引进国际法研究。虽然近年来这一跨学科研究方法受到质疑,但它无疑是有益的。[53] 笔者无意从一般性的意义上参与中国国际法学者创新研究方法的讨论,在此拟针对三个具体的问题略陈管见,或可对中国国际法学者进一步探讨研究方法有所助益。

第一,如何开展国际法的跨学科研究。与斯通等人一样,徐崇利教授意识到缺乏在国际关系等学科的专业训练是有效开展跨学科研究的主要障碍之一。这一观察是准确的。一些西方国际法学者在跨学科研究方面取得较大进展的重要原因之一确实是在法学之外的其他学科接受过系统的专业训练。比如,把社会学理论引进国际法研究的古德曼以及金克斯都接受过社会学的专业教育。在缺乏非法学专业教育的背景下,麦克杜格尔选择的做法是与政治学者拉斯韦尔合作,共同构建"政策定向学派"。与此不同,徐崇利教授以及另一些诸如斯劳特等西方国际法学者选择的路径是,间接地经由国际关系理论把政治学等方法引入国际法研究。徐崇利教授认为:"在大多数情形下,对于国际法原理的研究,国际关系理论已经把哲学和其他社会科学的分析方法带到了国际领域,就近从国际关系理论与国际法学交叉的过程中接过这些分析方法的接力棒,往往更为现成,也更为适用;反之,如果对国际法原理的研究直接采用同源的哲学和其他社会科学的方法,其建立的分析框架可能会与国际关系雷同,'重复建设'的结果是浪费大量的学术

---

〔51〕 See G. John Ikenberry, Anne-Marie Slaughter, 'Forging a World of Liberty under Law: U. S. National Security in the 21 Century, Final Paper of the Princeton Project on National Security' (2006) 〈https://www2. world-governance. org/IMG/pdf_0080_Forging_a_World_of_Liberty_Under_Law-2. pdf. 〉. See also Nicolas Bouchet, 'The democracy tradition in US foreign policy and the Obama presidency' (2013) 89 *International Affairs* 31,51.

〔52〕 参见徐崇利:《构建国际法之"法理学"——国际法学与国际关系理论之学科交叉》,载《比较法研究》2009 年第 4 期,第 13—25 页;王江雨:《中国视角下的国际法与国际关系:一个交叉分析的研究进路》,载《中国法律评论》2021 年第 3 期,第 93—1115 页。

〔53〕 参见陈一峰:《国际关系与国际法:不可通约的跨学科对话?》,载《中国法律评论》2021 年第 3 期,第 116—126 页。

资源。"[54] 王江雨教授也赞成这一思路。[55] 考虑到国际法学者在法学之外的领域接受专业教育客观上存在的困难,这一思路是有道理的。然而,这一思路也存在着风险。由于各种各样的原因——包括国际关系学者自身也并不谙熟政治学、社会学等学科,以及他们在引入这些学科的研究方法与知识时基于其研究的需要或目的已经作了可能不适当的"裁剪",从而导致国际法学者在经由国际关系理论间接引入政治学等跨学科研究方法时可能被误导。因此,笔者认为,麦克杜格尔选择的与政治学者进行合作的思路似乎应该得到更多的重视。[56]

第二,中国国际法学者重视引入社会科学方法而忽视了人文科学研究方法。不难发现,在倡导跨学科研究时,当前中国学者更多地重视社会科学尤其是国际关系理论,而忽视了哲学、伦理以及历史学等研究方法,[57] 尝试从哲学等人文科学角度研究国际法的学术努力屈指可数。[58] 如前所述,鉴于国际社会与国际法的特殊性,人文科学研究方法对国际法学者在寻求构建一个拥有更好愿景的人类秩序方面具有特殊的重要性。

第三,国际法的跨学科研究忽视了中国理论渊源。不难发现,无论是经由国际关系理论间接引进政治学等研究方法,还是直接利用政治学理论开展跨学科研究,目前中国国际法学者利用的基本上都是西方的理论。显然,这不利于构建中国自主的国际法知识体系与国际法理论。事实上,中国的哲学学者与政治学者在挖掘中国传统思想与分析中国当代实践方面已经取得了许多丰硕的成果。[59] 但是,这些研究成果鲜有受到中国国际法学学者的重视。

---

[54] 徐崇利:《构建国际法之"法理学"——国际法学与国际关系理论之学科交叉》,载《比较法研究》2009 年第 4 期,第 17—18 页。

[55] 王江雨:《中国视角下的国际法与国际关系:一个交叉分析的研究进路》,载《中国法律评论》2021 年第 3 期,第 97 页。

[56] 即便麦克杜格尔与拉斯韦尔通力合作,但后者认为成熟的研究成果可能需要更长的时间。参见白桂梅:《麦克杜格尔与政策定向学派》,载《中国国际法年刊》(1996),第 362 页。

[57] 陈一峰:《国际关系与国际法:不可通约的跨学科对话?》,载《中国法律评论》2021 年第 3 期,第 126 页。

[58] 参见何志鹏:《国际法哲学导论》,社会科学文献出版社 2013 年版。

[59] 参见白彤东:《旧邦新命——古今中西参照下的古典儒家政治哲学》,北京大学出版社 2009 年版;赵汀阳:《天下体系:世界制度哲学导论》,中国人民大学出版社 2011 年版;赵汀阳:《天下的当代性:世界秩序的实践与想象》,中信出版社 2016 年版。

Methods of International Law: Landscape, Evaluation and the Direction for Chinese Lawyers

Congyan Cai

Abstract: Since the late 1950s, Western international lawyers explored to diversify the methods of international law scholarship, which brought about a landscape of 'inter-disciplinary integration' and 'intra-discipline integration'. Whether a new method comes to being and is widely accepted are greatly influenced by the academic ecology, international relations and international law practice. Research methods are not merely 'methods', but may be used with particular assumption of value. In recent years, Chinese international lawyers have attempted to develop inter-disciplinary methods, which features political science based on international relations theories. However, these efforts, from their structure and particular methods, are flawed. Chinese international lawyers need to further explore better ways of diversifying research methods, including turning more to Chinese own intellectual traditions.

Keywords: International Law; Methods; Landscape; Evaluation; Chinese International Law

国际法的计量分析:方法论与世界观

【内容摘要】随着统计分析、社会网络分析、实验与行为经济学和大数据分析在社会科学乃至法学领域的应用与拓展不断加强,以工具理性为鲜明特征的计量分析范式在国际法研究中逐渐显现。国际法计量分析是国际法研究科学化的跨学科尝试,目前以数据生产和处理为主,因果分析较弱。国际法教义分析强调实践性和建构性,国际法计量分析强调规律性,两者可以互相增益,丰富我们对国际法群己、动静、短长关系的理解。借鉴复杂体系的研究发现,探索国际法体系的复杂内核、复杂特征和复杂演进,考验国际法研究的想象力。

【关键词】国际法;量化分析;实证研究;教义分析;复杂科学

　　法学研究正在经历以量化和计量为特征的大数据分析浪潮,国际法研究亦不例外。2012 年,格雷戈里·谢弗(Gregory Shaffer)和汤姆·金斯伯格(Tom Ginsburg)在《美国国际法杂志》上发表了《国际法学研究的实证转向》,[1]指出在法律与社会科学交叉研究运动的几十年后,新一代的国际法实证研究逐渐聚焦"国际法在不同语境下的运行问题"。传统教义研究"假定/推定"国际法是有效的;现实主义国际关系研究认为国际法不重要;新一代国际法研究将国际法的效力和范围视为一个有待验证的经验事实。2017 年,《国际经济法学刊》刊发"实证法律研究

---

　　* 王鹏:法学博士,西安交通大学法学院副教授、博士生导师。本文根据作者在吉林大学何志鹏老师和复旦大学蔡从燕老师召集的联合国际法学园"公益讲座系列一·理论与方法"中的讲座"国际法与计量分析"整理而来,系陕西省创新能力支撑计划软科学研究计划一般项目(2022KRM091)阶段性成果。作者感谢徐崇利、沈伟、陈兆源等老师的意见和建议,感谢周伟、屈冠男等同学协助收集研究资料。

　　〔1〕 Gregory Shaffer and Tom Ginsburg, 'The Empirical Turn in International Legal Scholarship' (2002) 106 *American Journal of International Law* 1.

的新疆域:国际经济法的文本数据与网络分析"专刊,[2] 其中涵盖了常用的基于数据或经验证据的国际法实证研究"套路",[3] 例如,仲裁员网络与社会资本,[4] 法院援引网络,[5] 复杂系统分析,[6] 文本(人工或机器)量化与回归分析[7]等。这体现了新技术背景下国际法研究的范式突破,国际法的交叉研究不再局限于法学内部的其他法律部门,也不局限于邻近的社会学科,而是逐步拓展到自然科学,具有某种程度的"硬科学色彩"。

　　本文意在梳理国际法计量分析的主要方法、数据基础和潜在贡献。本文首先在方法论层面梳理已有的计量研究运用了什么原理、使用了什么方法、分析了哪些问题;然后在本体论层面,讨论国际法研究能否从关于复杂体系——一类组成部分数量特别多、互动特别复杂的体系——的科学研究里面借鉴某些研究视角或分析思路;最后反思国际法计量研究的局限,并考虑如何将国际法教义分析与计量分析结合起来。

一、国际法的计量分析:到底要研究什么

　　首先是定义问题,即什么是国际法的计量分析。狭义来讲,计量分析主要是指经济学分析中的定量分析或统计分析,依赖经验证据对研究假设进行验证;广

---

　　〔2〕　'Special JIEL Issue:New Frontiers in Empirical Legal Research:Text-As-Data and Network Analysis of International Economic Law' (2017) 20 *Journal of International Economic Law* 217.《国际争端解决杂志》在 2016 年组建专刊,讨论投资纠纷的实证研究。See 'Special Issue:Empirical Studies on Investment Disputes', (2016) 7 *Journal of International Dispute Settlement* 1.

　　〔3〕　Suggested, 'Non-Exhaustive Bibliography, Databases and Software to Carry Out Data-Driven Empirical Research of International Economic Law' (2017) 20 *Journal of International Economic Law* 419.

　　〔4〕　See Malcolm Langford, Daniel Behn and Runar Hilleren Lie, 'The Revolving Door in International Investment Arbitration', (2017) 20 *Journal of International Economic Law* 301. 本文讨论了 1039 个仲裁案件和 3910 位仲裁员的社会网络以讨论仲裁员的身份混同问题。See also Mark Daku and Krzysztof J. Pelc, 'Who Holds Influence over WTO Jurisprudence?' (2017) 20 *Journal of International Economic Law* 233.

　　〔5〕　Mattias Derlén and Johan Lindholm, 'Is it Good Law? Network Analysis and the CJEU's Internal Market Jurisprudence' (2017) 20 *Journal of International Economic Law* 257. Damien Charlotin, 'The Place of Investment Awards and WTO Decisions in International Law:A Citation Analysis' (2017) 20 *Journal of International Economic Law* 279.

　　〔6〕　Jean Frédéric Morin, Joost Pauwelyn and James Hollway, 'The Trade Regime as a Complex Adaptive System:Exploration and Exploitation of Environmental Norms in Trade Agreements' (2017) 20 *Journal of International Economic Law* 365.

　　〔7〕　Tomer Broude, Yoram Z. Haftel and Alexander Thompson, 'The Trans-Pacific Partnership and Regulatory Space:A Comparison of Treaty Texts' (2017) 20 *Journal of International Economic Law* 391.

义来讲,计量分析是指基于经验证据、运用数学方法的分析,以此挖掘研究对象的数学结构。什么是国际法的数学结构呢？其就是国际法作为一个复杂体系的底层法则。[8]

社会科学领域的交叉研究在很大程度上是经济学对其他学科的方法论扩散(即经济学帝国主义),[9]特别是理性主义、个体主义的分析方法。典型的经济学分析方法通常是还原论的视角,将研究问题还原成特定主体在其约束下的行为选择:怎么冲突,怎么协调,把法律作为一种引导决策的结构介入进来,然后得出法律应当怎么介入以让整个社会更有效率。[10]

如今越来越多的学者开始运用计算机和大数据方法分析社会科学的问题(即计算机帝国主义)。[11] 这是最近比较热门的、刚刚波及国际法学的计算分析或者计量法学思潮。[12] 当然,这种思潮其实在 20 世纪六七十年代已经出现了,即能不能用物理学的研究方法来研究社会——社会物理学(Social Physics):能否将由人组成的复杂社会还原、拆解,形成一些不证自明的公理,然后再组合、叠加成整个社会。最近出现的大数据分析方法更多是计算机学科对其他学科的渗透。[13]

作为一种跨学科分析,国际法的计量分析在多大程度上是有价值的？从科学的角度研究国际法的问题,是马克思主义唯物辩证法思维的一种天然拓展:经济

---

〔8〕 桑本谦:《法律简史》,生活·读书·新知三联书店 2022 年版,序言,第 v 页。("法律的底层逻辑可以用数学来描述,它应该是个算法——可能任何事物的深层逻辑都是个算法,法律经济学以最大化标准为指针最早解释了法律的数学结构。")

〔9〕 苏力:《经济学帝国主义？》,载《读书》1999 年第 6 期,第 76—82 页。(第 77 页:"七十年代以来经济学研究呈现一种强烈的扩张趋势,无论在社会学、人类学还是法学甚或是其他学科都面临着来自经济学家的挑战。")

〔10〕 参见李树、卿烈蓉:《加里·贝克尔晚年对社会经济学的贡献》,载《经济学动态》2016 年第 4 期,第 158—159 页。

〔11〕 David Lazer et al. , 'Computational Social Science' (2009)323 *Science* 721.

〔12〕 参见申卫星、刘云:《法学研究新范式:计算法学的内涵、范畴与方法》,载《法学研究》2020 年第 5 期,第 3—23 页;左卫民:《中国计算法学的未来:审思与前瞻》,载《清华法学》2022 年第 3 期,第 196—208 页;申卫星、刘云:《探索可计算的法律发展道路》,载《浙江社会科学》2022 年第 6 期,第 33—41 页;刘东亮:《计算思维在法律领域的功能与作用》,载《西安交通大学学报(社会科学版)》2022 年第 2 期,第 132—138 页。

〔13〕 同前注 12,申卫星、刘云:《法学研究新范式:计算法学的内涵、范畴与方法》,载《法学研究》2020 年第 5 期,第 6—8 页。在互联网时代,各种数字化"痕迹"为社会科学研究提供了大量的数据,使计算社会科学成为一种可能。当然,计算机学科对社会科学的渗透仍然比较缓慢,面临不少挑战。*Supra* note 11 , 721. (A field is emerging that leverages the capacity to collect and analyze data at a scale that may reveal patterns of individual and group behaviors. The capacity to collect and analyze massive amounts of data has transformed such fields as biology and physics. But the emergence of a data-driven "computational social science" has been much slower.)

基础决定上层建筑;法律是一种上层建筑,取决于底层经济基础;要想解释法律的变化,必须贯通从底层到顶层的所有因果层次和因果机制。能帮助我们理解社会运行规律、理解法律运行规律的任何方法和知识都是有用的。从这个意义上讲,有助于我们探究规律,能给我们提供洞见的任何研究都是有价值的。国际法的计量分析更多的是关于国际法的一种科学化研究的尝试,一种挖掘法律体系的最基础数学结构的尝试。

二、器物思路:计量的原理、路线与应用

法学与其他学科的交叉研究大约有两种思路:一种是其他学科的方法能不能被借鉴来分析国际法的问题;另一种是其他学科的知识、发现能不能为我们思考国际法问题提供某种启示。无论是器物思路还是理念思路,计量分析都有一定的可借鉴之处。

(一)概念原理

法律的计量分析有以下几种思路。第一种是国内研究比较成熟的、实证研究(empirical research)的升级版,即基于经验、基于假设检验的社科法学的"大样本升级版"。社科法学运用统计、计量、访谈和问卷等实证方法,在刑法和司法制度研究上比较成熟。最近,社科法学研究的数据基础逐渐拓展,从传统的几十、上百份的样本量,逐渐变成万级的样本量。第二种比较晚近的思路是所谓计算机技术与法学问题的结合,当然可能有不同的角度:一种是信息学的角度,主要由斯坦福大学的研究组在做,侧重自动化(automation)的概念;另一种是计量法学(computational law)的角度,研发所谓的法律人工智能系统,并研究相关的隐私、数据财产权等法律问题。[14]

总体来看,计量分析的底层逻辑其实都是统计:传统的经济学研究以回归统计为主;数理分析在回归统计之外又叠加对群体结构的深层次挖掘;大数据分析通过大数据来模拟、探测社会属性或者结构性特点。

---

〔14〕 同前注 12,申卫星、刘云:《法学研究新范式:计算法学的内涵、范畴与方法》,载《法学研究》2020年第 5 期,第 7—8 页。同前注 12,左卫民文,第 197—199 页。

（二）技术路线

从技术路线来讲,有理论先行和数据先行等两种思路。理论先行的思路是一种理论导向的实证研究,是先基于经验、基于已有文献的梳理总结,提出理论模型,推导可检验的推论,然后根据推论来寻找相应的数据,以此分析经验数据在多大程度上支持、修正、否定了推论。数据先行的思路通常会对已有数据的结构特点、相关关系作初步分析,然后再提炼规律、结合理论,看数据与理论的拟合性。打个比方,数据先行的思路,好处在于先有原料,至于能做成什么菜,不好说;理论先行的思路是先有菜谱,能不能找到原料,不一定。数据先行的好处在于其可行性高,不好的地方是可能出现"真相关假因果"问题。而且,数据先行的分析,因为学科和概念的隔阂,可能会"重新发现""重新创造"在其他领域已经出现的理论。

从操作流程看,在数据的收集、处理和展示等环节中,运用大数据的程度和方法有所不同。在数据收集阶段,大数据方法的运用比较多,也比较成熟,如语音、图像、文本、数据的自动收集与整理。在数据处理环节,大数据方法过去运用比较少,但现在有越来越多的深度挖掘算法。大数据方法通常需要编程并运用已经标注的数据集进行程序训练,过程比较复杂,准确性有时尚不如人工处理。数据展示是计量分析的优势,可视化工具比较多,结论呈现较为直观、精美。

（三）应用场景

在应用场景方面,计量分析大致可以分为文本数据化、基础性研究和对策性研究。许多常见的法律数据库是文本数据化的成熟运用,包括 Westlaw、HeinOnline 等期刊判例数据库,也包括中国裁判文书网、联合国条约系统、WTO 文本数据库等。基础性研究是比较宏观的、奠基性的,如联合国贸易与发展会议（UNCTAD）的投资条约整理项目（IIAsMapping）。[15] UNCTAD 提供了一个投资条约人工编码标准:从投资条约第一条定义条款到最后一条生效、退出条款,每一条款大约有多少种类型,每种类型如何进行数字标注;项目成员通过人工标注,将投资条约拆解汇总成一个数据库,对所有人开放。这类基础性的数据库极大地便利了学界对投资条约条款的类型化研究,如多少投资条约纳入了环保条款、监管权条款如何设计等。对策性研究通常比较微观、比较具体,常见的有文

---

〔15〕 See 'UNCTAD Mapping of IIA Content', 〈https://investmentpolicy.unctad.org/international-investment-agreements/iia-mapping〉(accessed 18 March 2023).

本挖掘、因果推断、社会网络分析、引用网络分析、文本扩散研究、实验经济学分析、文本自动生成等应用类型。

第一种对策性研究是通过文本挖掘发现"文本的低语",即字里行间的未言之意。沃尔夫冈·阿尔施纳(Wolfgang Alschner)定量地分析不同国家签订的投资协定的相似性,以此分析投资协定是否有类型上的差异、是否有明显的扩散规律。阿尔施纳运用了文本自动处理方法:将所有投资条约的英文版本的每个词拆解成字母,然后利用计算机程序,统计每五个字母的相似性:非常相似的标注红色,非常不相似的标注黄色,两者之间有一个渐变的赋值;将所有条约按照相似性程度涂色组合,形成条约相似性热点图。[16] 通过热点图可以大致看出一国所签的投资条约的相似性普遍较高;不同国家之间投资条约的相似性有明显结构性差异;美式投资条约与欧式投资条约的差异性比较明显;宗主国和前殖民地国之间的投资条约相似性较高。[17]

第二种对策性研究是因果推断,也是常见的经济学统计分析。[18]

第三种对策性研究是社会网络分析。例如,有学者曾经分析《冰与火之歌》小说里面人物的社会网络,发现小说中的人物关系符合真实社会人物网络结构的特点。[19]

第四种对策性研究比较常见,如果把社会网络分析中的节点从人物换成案例、条文或者政策文件的话,我们可以得到引用网络,这是第四种常见的对策性研究。例如,有学者研究欧洲法院(Court of Justice of the European Union)案例引用网络,[20]可视化地呈现案例之间会有引用关系、引用内容和引用倾向(支持性的援引还是批评性的援引)。[21] 也有学者比较欧洲人权法院(European Court of Human Rights)与美国联邦最高法院的案例引用网络,发现两者引用数量和趋势的相似性,并用美国联邦最高法院的案例引用趋势提示欧洲人权法院案例引用的可能

---

[16]　具体热点图,参见〈http://mappinginvestmenttreaties. com〉(访问日期:2023 年 3 月 18 日)。

[17]　See Wolfgang Alschner and Dmitriy Skougarevskiy, 'Mapping the Universe of International Investment Agreements' (2016)19 *Journal of International Economic Law* 561.

[18]　Ibid.

[19]　Thomas Gessey-Jones et al. , ' Narrative Structure of a Song of Ice and Fire Creates a Fictional World with Realistic Measures of Social Complexity' (2020)117 *Proceedings of the National Academy of Sciences* 28582.

[20]　See 'ECJ Case Map', 〈https://cjeumap. net〉(accessed 18 March 2023).

[21]　Yonatan Lupu and Erik Voeten, 'Precedent in International Courts:A Network Analysis of Case Citations by the European Court of Human Rights' (2012)42 *British Journal of Political Science* 413. Jens Frankenreiter, 'The Politics of Citations at the ECJ—Policy Preferences of E. U. Member State Governments and the Citation Behavior of Judges at the European Court of Justice' (2017)14 *Journal of Empirical Legal Studies* 813.

走势。[22]

第五种对策性研究是政策扩散或者叫文本扩散研究。这类研究对人工编码的要求较高:对于某个特定创新的政策,如准入前国民待遇,对其在国内不同层级、不同地域的政策文本中出现的次数作统计分析,再结合关键词分析,大致可得出某种创新政策在不同科层、不同地域之间的传导路径。这类研究常见于公共政策分析。[23]

第六种对策性研究是实验或行为经济学研究,通过实验或问卷等方式测量感知、情绪、观念等因素的作用。[24] 这种实验通常强调问卷或实验方法的合理性,否则可能会诱导被测试者。而且,这类研究非常耗时,依赖研究者的社会资源。

目前最前沿的对策性研究可能是文本自动生成。例如,基于既往的投资条约文本,进行计算机建模、机器学习,然后按照要求生成不同的条约文本。[25] 这可能也是国内智慧司法的终极要求,即司法全流程的自动化,从立案到庭审的文字图像自动记录、识别,再到判决文本的高质量自动生成。国家重点研发计划近年多有相关选题,也有法学学者牵头做相关攻关项目。

以上是运用计量、统计、大数据、社会网络等方法研究法律问题的代表性研究。从特点上看,计量分析是一种"大时空的艺术",非常依赖数据和对数据结构的深度挖掘来探测、观察和发现难以直观观察的特征,适合研究主体较多、互动多样的复杂体系。计量分析往往侧重对整体、体系的分析,认为某些属性必须放在整体的层次上才能被理解,这与侧重还原的传统法学研究很不一样。这引出对国际法计量分析的实体论思考。

---

[22] *Supra* note 21, Lupu and Voeten.

[23] 黄萃、赵培强、李江:《基于共词分析的中国科技创新政策变迁量化分析》,载《中国行政管理》2015 年第 9 期,第 115—122 页。

[24] Lars Klöhn, John Zhuang Liu and Holger Spamann, 'Precedent and Chinese Judges: An Experiment', (2021) 69 *American Journal of Comparative Law* 93. Yiqin Fu, Yiqing Xu and Taisu Zhang, 'Does Legality Produce Political Legitimacy? An Experimental Approach' (2021) *Yale Law & Economics Research Paper Forthcoming*, ⟨https://ssrn.com/abstract = 3966711⟩ (accessed 18 March 2023).

[25] Wolfgang Alschner and Dmitriy Skougarevskiy, 'Towards an Automated Production of Legal Texts Using Recurrent Neural Networks', (2017) *Proceedings of the 16th International Conference Artificial Intelligence and Law* 229, ⟨https://ssrn.com/abstract = 2984920⟩ (accessed 18 March 2023). Julien Chaisse, Manfred Elsig, Sufian Jusoh and Andrew Lugg, 'Drafting Investment Law: Patterns of Influence in the Regional Comprehensive Economic Partnership(RCEP)' (2022)25 *Journal of International Economic Law* 110.

三、理念思路:作为复杂体系的国际法

(一) 国际法体系的复杂内核

1. 从偶然到选择

已有学者尝试从复杂体系的角度看待国际法、理解国际法的演进。倪征燠法官 1929 年毕业于斯坦福大学,其博士学位论文《法律的进化:从偶然性到选择性》[26] 研究法律的进化、发展和演化,正涉及这个问题。国际法的发展是有规律的吗?当时的理性主义思潮认为,法律是人类理性的反映;人类是理性的,那法律应该是理性的;规则是理性的,那规则的演进也应该是有规律的。那么,这种规律在多大程度上可以被比较精确地表达呢?

倪征燠法官提出一种"彗星理论":"追溯法律产生的轨迹,首先是人类意志,它恰似彗星的内核;它的行动是由理智所控,这一点又似彗星尾;从这些人类意志出发,流出由数不清的愿望组成的聚合体,每一种愿望都想着通过个人努力得以实现,这些愿望改变了法律前进的方向,正如彗尾引导着彗星运动的方向一样。"[27]

能否预测法律的演进方向呢? 能不能用简单的数学规律来表达呢? 倪法官的结论是不行:"将不确定的变化而非其内在本质加以总结归纳,以及用直线和曲线等元素组成的数学公式来定义法律进化的过程,其无效性自不待言"。[28] 倪法官进一步解释,法律是社会意志的体现,是各种社会力量本身变化的结果;法律的目标旨在最大限度地消除社会摩擦,法律沿着阻力最小的方向演进;这种方向和路径取决于底层的社会力量;形成和塑造法律的复杂社会力量导致法律处在永恒的变化之中。"没有比彗星更好的物体更能说明法律发展的无规律性。"[29] 当然,这是倪法官在这篇论文里面的观点。从法律体系的角度来讲,怎么理解法律进化的过程或者发展的框架是一个很难的理论问题。

2. 从规则到过程

詹姆斯·克劳福德(James Crawford)法官从过程角度研究国际法的演进。克

---

[26]　Tsung Yuh Nyi, *The Progress of Law from Chance to Choice* (Stanford Law School J. D. Graduate 1929). 中文翻译版见倪征燠:《倪征燠法学文集》,法律出版社 2006 年版,第 3—67 页。

[27]　同上注,倪征燠书,第 67 页。

[28]　同前注 26,倪征燠书,第 66 页。

[29]　同前注 26,倪征燠书,第 67 页。

劳福德法官的基本思路是国际法是一个过程:国际法既是一个"智识传统"(intellectual tradition),也是一个非常实用的、解决具体问题的过程。[30] 一方面,国际法是静态的,是由前人积累下来、由前人智慧结晶所产生的规则、案例、制度、话语和互动程序;另一方面,国际法也是动态的,国际法主体还需要解决所处时代所要解决的时代问题:这种问题可能依赖传统经验、借用传统规则解决,也可能需要在已有经验和规则基础上进行创新来务实地解决。

国际法的过程理论既有静态的因素,也有动态的因素。[31] 国际法体系是多层次上不同主体出于不同原因、受各种因素影响而形成的一个汇集体。在特定时点上,国际法体系可能有一些沉淀的知识。但是,这些知识具体怎么变呢?某个国家或者某个主体引发的变化在多大程度上能够获得其他主体的认同、内化而得到扩散呢?其又如何最终沉淀为下一个互动过程的给定知识背景或称社会结构呢?这些问题本身比较抽象,要解释国际法体系的进化,需要借助一些概念来帮助我们厘清思路。

3. 从部分到整体

国际关系学界的研究值得关注。罗伯特·杰维斯(Robert Jervis)在《系统效应:政治与社会生活中的复杂性》[32]一书中提出从体系和整体角度研究国际关系主体之间的互动规律。杰维斯教授的系统效应理论与克劳福德法官的过程理论是异曲同工的。杰维斯教授认为体系是一个单独的分析单位:体系有不同于组成部分的额外属性;系统的特征不能简单地拆解还原为组成部分的特征;组成部分的属性特征简单加总不等于系统的总体特征;很大程度上,还原解释不了系统的运行。[33]

---

〔30〕 James Crawford, 'Chance, Order, Change: The Course of International Law', (2013) 365 *Collected Courses of the Hague Academy of International law*, Preface: "We can only understand international law as a historical process which combines an intellectual tradition with(at the same time)a form of practical problem-solving."

〔31〕 Ibid., para. 2: "The core point [of international law as process]—an insight of the New Haven School to some extent incorporated in mainstream understandings—is that international law is the product of a process of claim and counterclaim, assertion and reaction, by Governments as representative of States and by other actors at the international level. At the same time, it is a process in which rights are asserted and duties relied on by reference to norms based on express agreement or custom. International law is both a process of assertion and reliance and a system of principles and rules: together they constitute the course of international law, confounding those critics who simple-mindedly assert that it can be one(process)or the other(system)but not both."

〔32〕 [美]罗伯特·杰维斯:《系统效应:政治与社会生活中的复杂性》,李少军、杨少华、官志雄译,上海世界出版集团2008年版。

〔33〕 同上注,第3页。"系统常常表现出非线性的关系(nonlinear relationships),系统运行的结果不是各个单元及其相互关系的简单相加,许多行为的结果往往是难以预料的"。

复杂系统通常有涌现、自组织性等特征。体系不同于组成部分的特征是系统涌现或社会涌现。系统涌现是天气系统、人类系统、城市系统等复杂系统的通用特征。复杂体系的通用特征还包括自组织性。自组织是指没有一个中央的协调权威,组成部分通过简单的互动规则就可以产生整体的适应结果。国际法体系契合复杂体系的特征。国际法体系整体处于一种无政府状态,各国之间通过简单的互动规则(主权平等、战争与缔约等)组成较为复杂的国际体系结构,并且能够对外部变化产生某种自适应的应对,尽管这种应对并不一定是完美的。

规模效应是理解复杂体系的关键。[34] 系统内部组成部分的互动关系对理解复杂体系的整体特点非常重要。复杂体系的复杂性源于其巨大的规模。随着组成部分数量的增加,系统的内部结构以及最终的整体特性可能会出现超线性或亚线性变化,而不是简单的正向变化或者负向变化。因此,复杂体系还具有"蝴蝶效应",对某些初始的状态非常敏感,某些微小的变化可能通过组成部分之间的互动产生不成比例的系统性影响。随着数量的增加,有的系统是超线性变化,指数性增加;有的系统是亚线性变化,呈现一种规模经济的特点。

已有国际法学者借用复杂系统理论研究国际法问题。《国际法的社会理论:作为复杂系统的国际关系》一书发表于 2003 年,作者川口(Kazuko Hirose Kawaguchi)用自组织、涌现、复杂性等概念研究国际社会——一种处在无政府状态、自组织的、国家之内和国家之上都非常复杂的系统。[35] 川口认为,法律体系是国际体系的一部分,与国际体系的其他子体系(物理、经济、政治体系)相互独立并相互作用:国家在内部可能存在复杂的结构,除了决策者之外,还有其他行为者,不同行为者构成了多个系统;国家内部的子系统有一个互动的结构,国家组成的更大范围的国际社会也可能存在多个子体系和不同的互动结构。在国家组成的国际社会体系中,法律的核心特征是什么呢?它其实是一种符号体系:通过符号"模拟"

---

〔34〕 〔英〕杰弗里·韦斯特(Geoffrey West):《规模:复杂世界的简单法则》,张培译,中信出版集团2018年版。

〔35〕 Kazuko Hirose Kawaguchi, *A Social Theory of International Law: International Relations as a Complex System*, (Springer 2003)78. "The modern international community came into being as a set of relationships among free, equally sovereign, and independent states, and international law developed as a means of ordering those relationships."

并影响真实世界中的互动关系。[36] 国际法是一种建立秩序的工具。"通过分析国际法,我们能够理解国际社会现实的结构维度,国际社会创制了国际法并为国际法所控制。"[37]

近几年,越来越多的学者利用复杂系统理论研究具体的国际法律问题。有学者研究贸易协定中的环境规则,发现环境条款的非线性扩散特点:不同国家可能提出不同类型的环境条款;不同类型的环境条款在不同条约的实践中得到承认和自主学习内化的比例是不一样的;明显存在一个幂律分布或中心—边缘结构,即少数国家的少数表达、少数创新占了实践的绝大多数,其他国家的绝大部分表达是没有得到承认的。[38]

也有学者研究投资仲裁的合作网络:仲裁员是仲裁员合作网络的"点";在同一个案件里,仲裁员的共同任命关系被视为合作网络的"边";点边结合共同构成了仲裁员合作网络的基本特征。[39] 国际投资仲裁员呈现一个非常聚集的社会网络结构。聚集意味着什么呢? 聚集意味着存在一个核心群体,核心的群体得到任命的次数很多,相互之间合作也很多;其他仲裁员虽然得到任命,但任命的次数很少,跟核心群体的互动也是比较弱的。聚集有什么影响吗? 在一个相对封闭的群体里,群体内部人员之间相互影响是很容易的,但外部人员想影响仲裁员内部群体是不容易的。

4. 从选择到制度

在体系层面,能否构建一个解释国际社会治理从武力到外交、从外交到法律演进的宏观理论? 唐世平教授所著的《国际政治的社会演化》试图给出一个整合性的理论框架。[40] 唐世平教授认为,国际社会是一个由行动者或行为体(即个体

---

[36]　Ibid. ,Preface viii:"It shows that jurisprudence,unlike the other social sciences,studies symbols that represent the realities of society;it then conceptualizes the sociology of law as an interdisciplinary science that deals with how society functions through interactions between those realities(such as political,economic,and other social realities)and symbols(such as elements of culture,ideals,and laws). "

[37]　*Supra* note 35,78. ("By examining international law,one can understand structural aspects of the reality of the international community that developed that body of law and that is controlled by it. ")

[38]　Jean Frédéric Morin,Joost Pauwelyn and James Hollway, 'The Trade Regime as a Complex Adaptive System:Exploration and Exploitation of Environmental Norms in Trade Agreements' (2017)20 *Journal of International Economic Law* 365.

[39]　Sergio Puig, 'Social Capital in the Arbitration Market' (2014)25 *European Journal of International Law* 387,415. See also Malcolm Langford,Daniel Behn and Runar Hilleren Lie, 'The Revolving Door in International Investment Arbitration' (2017)20 *Journal of International Economic Law* 301.

[40]　Shiping Tang, 'The Social Evolution of International Politics' (Oxford University Press 2013). 唐世平:《国际政治的社会演化:从公元前 8000 年到未来》,董杰旻、朱鸣译,中信出版集团 2017 年版。

和个体的集合)、一个制度系统(即结构)和物质环境所构成的系统。"系统中的进程也不仅仅是单元间的互动(包括它们的行为)以及行为体与结构的互动(无论怎样定义):单元与物质环境的互动毫无疑问构成了系统中的关键进程。"[41]

唐世平教授的模型同时容纳软硬因素(自然环境与社会环境)、主客因素(主观因素与非主观因素)、群己因素(部分与群体)、动静关系(时间与变化)等,内生地解释国际社会的变化。这个模型的关键在于国际法虽然有建构性的属性,但更多地面临客观性的约束。一种新的规则设计能否得到承认、扩散、遗传,并被其他国家内化接受? 这很大程度上取决于法律体系之外的互动,即法律体系与物质环境的互动,法律体系在多大程度上能解决现实问题。

唐世平教授的模型一定程度上解释了国际社会从战争到外交、从外交到法律、从进攻现实主义到防御现实主义的衍化,解释了国际关系的底层权力基础和上层规则制度的变化逻辑。国际法的出现或者说国际关系法治化的一个原因在于主要国家选择防御现实主义。为什么各国会从进攻现实主义转到防御现实主义呢? 在进攻现实主义策略下,各国的主要驱动是安全,主要的安全策略是主动进攻,那体系内国家的数量会越来越少;因为国家越来越少,存留下来的都是实力非常强的国家;随着剩下的国家实力增强,消灭其他国家的难度增高,所以进攻的收益逐渐下降;防御逐渐成了一个选择,各国逐渐从进攻现实主义转向防御现实主义。防御现实主义是一种选择,也是一种事实。这种事实重复多了就变成国家的经验和观念,观念会落实转化为制度,而制度又是一种能够建构性地影响观念、影响组成部分互动的知识体系。

5. 从确定到不确定

复杂体系研究承认某些系统性变化是不确定的。对于由人组成、由人来决策、由人来执行规则的社会来说,集体决策难以避免地受主观因素和突发事件的影响,即便这种选择受某种结构性因素的影响。因此,对处在决策位置的关键个体的微观分析是理解国际法体系的一个必不可少的环节。建构主义国际关系理论代表性人物温特(Wendt)于2015年出版《量子心灵与社会科学》,提出个人是国际关系分析的终极单位,而人脑的作用机理跟微观层面物理粒子的作用是通约

---

[41] 同前注40,唐世平书,第247—249页。

的,可以借鉴量子物理学的知识分析人类社会。[42] 2022 年,温特和其他学者又主编了一本文集《量子国际关系:世界政治的人性科学》,邀请相关学者就国际关系经典问题作探索性的研究。[43]

(二)国际法体系的复杂特征

回到最初的问题:国际法体系为什么是一个复杂体系? 国际法体系是否具备复杂体系的某些特征? 传统的国际法教义研究能否找到类似的印证?

国际经济法领域学者可能很熟悉,投资体系有危机,贸易体系也有危机。这种危机的产生其实是一种规模效应。日渐增多的案例引发了关注,叠加了国内反全球化的政治议程。案例数量的变化是一个关键。对投资规则的争议大约是从金融危机之后开始的;金融危机发生的时点,其实也是投资案例聚集到一定程度的时间节点。

国际法的大样本研究可能揭示一些整体性特征。发表在《美国国家科学院院刊》上的一个关于国际规则效率的大样本研究,分析了 2.4 万个样本组成的数据集,[44]样本量远超传统的教义研究。该文结论比较"反常识":大部分的条约没实现预设目标,但是配有争端解决机制的贸易和金融条约例外。这个结论当然有可以讨论的地方,尤其是数据来源和处理方式,但是这种研究很有意义,很能击破常识、引人思考。如果国家签订的条约没有有效执行、没有实现条约目的,那条约实现了什么效果呢? 没实现预定的目的,那有没有其他效果;如果没有,那国家为什么要签这些条约呢? 签约的形式本身有什么用呢? 这些问题都值得后续研究。

自相似性(Self-Similarity)是最难的一个概念。在复杂体系中,整体与部分具有结构上的相似性。国际法与国内法有一定的相似性。例如,一般(国内)法律原则被广泛认为是国际法的一种渊源。在 BG Group 诉阿根廷案中,美国联邦最高法院在判决开篇说条约(treaty)是合同(contract),如果没有特别例外的话,条约解

---

[42] Alexander Wendt, *Quantum Mind and Social Science: Unifying Physical and Social Ontology* (Cambridge University Press 2015). [美]亚历山大·温特:《量子心灵与社会科学》,祁昊天、方长平译,上海人民出版社2021 年版。

[43] James Der Derian and Alexander Wendt (eds.), *Quantum International Relations: A Human Science for World Politics* (Oxford University Press 2022).

[44] Steven J. Hoffman et al., 'International Treaties Have Mostly Failed to Produce Their Intended Effects' (2022) 119 *Proceedings of the National Academy of Sciences* 1.

释应当适用合同解释的方法。[45] 但是,某些国际法目标或理念(如民主、透明度、责任性)好像不容易找到对位的国内法概念。

就国际法体系的演进而言,复杂体系理论能够提供什么样的洞见呢? 第一,关注整体的底层结构问题。随着规模的扩大,体系的变化有可能是超线性的,也可能是亚线性的,还可能是先超线性然后转为亚线性的,需要仔细观察验证。这个问题的答案对国际组织规模、条约多边化等问题有显著意义。第二,关注从量变到质变的阈值。从复杂体系的角度来讲,整体不同于部分,这种突变是在组成部分的互动中实现的。那么,哪个环节或约束是系统发生变化的关键环节呢? 答案可能因不同体系的类型不同而变化。[46] 第三,关注历史事件对未来的多重影响。虽然总体上,国际秩序经历了从战争到外交、从外交到法律的现代化进程,基本上反映了从霍布斯世界(米尔斯海默的进攻性现实主义世界)到洛克世界(杰维斯的防御性现实主义世界)再到康德世界(更加基于规则的世界)的愿景变化,然而,历史事件对未来世界的影响可能是非线性的。条约签署了但没被批准,条约是不是完全没有用? 不承认某个案件的管辖权,这个案件是不是完全没有影响? 答案好像并不完全如此。这些条约或案件,可能会因为某种原因而沉寂,但仍有可能在某一个时点在历史进程中再次泛起,发挥某种难以预料的影响。

四、大时空的艺术:国际法计量分析的创新与局限

第一,国际法计量分析有一定作用,能够揭示国际法体系的某些整体特点。[47] 计量分析有助于我们认知全景、探索结构、发现长期规律。关于宏观层面的规律

---

[45] "As general matter, treaty is contract, though it is between nations. Normally, interpretation of treaty, like interpretation of contract, is matter of determining parties' intent." *BG Group v. Republic of Argentina*, [2014] 572 U. S. 25, p. 1202.

[46] 但系统整体影响组成部分的五个渠道为我们提供了思考的基本方向:第一,约束/帮助,即物质环境的影响以及行为体之间的影响;第二,学习,即行为体理解系统并在理解之后修改其观念和行为的关键;第三,选择,即行为体通过思维运动排除和保留特定的观念(以及由观念导致的行为),淘汰和保留一个系统中的某些单元(及其拥有的观念和行为);第四,建构/构成,即行为体有意识地将观念(规范、观念、制度、记忆、行为准则、自我认同等)内化,或者行为体无意识地被国际体系中的观念渗透;第五,反社会化,即行为体有意识地抵抗来自系统的社会化压力的过程,反社会化是社会化的一个(辩证的)结果。同前注40,唐世平书,第272页。

[47] Kevin L. Cope, ' Pierre-Hugues Verdier, and Mila Versteeg, The Global Evolution of Foreign Relations Law' (2022)116 *American Journal of International Law* 1. 该研究通过108个国家接近两个世纪的国内对外关系法的统计发现,宗主国对前殖民国家的制度建构的影响远超想象。欧洲国家的几种立法模式在前殖民地国家的扩散是非常显著的,而且很少变化,在某种程度上展示了全景。

性问题,经济学研究有一个典型的微观与宏观、长期与短期的理论争论。经济学研究都承认经济活动存在不确定性。不确定性的本质是测不准,即无法通过统计得出一个概率分布。如何处理这种不确定性呢?凯恩斯学派强调预期管理,主张政府主动介入,引导社会预期;哈耶克学派强调有用信息的产生和识别,主张政府不要干预市场竞争,利用竞争形成有效的信息供给,形成某种自发的秩序。凯恩斯学派注重短期预期引导,哈耶克学派注重长期自发秩序。[48] 两者其实并不冲突,因为他们关注的时间节点不同。但问题在于,在特定时点上,我们对某些规则的短期和长期关切是不一样的。在长期的确可能形成某种秩序,但大家可能在短期都死掉了;最终形成的秩序或稳定状态在短期没有意义。这也可能是对复杂体系理论或国际法计量分析的某种批评:计量分析关注整体、关注长期,但在某些政策或案件的讨论中,我们更需要关注当下、关注短期、关注局部。

第二,计量分析在方法论上关注整体、关注整体不同于部分的涌现现象,某种程度上挑战了方法论的个体主义。个体主义方法和还原论是现代科学的基本研究方式,尤其以理性主义的经济学分析范式为代表。在一定程度上,计量分析使集体主义的文化特质的科学基础得到正视。[49] 在此基础上,计量分析有助于我们更好地理解和统合中西文化传统的分析范式。这为针对企业、国家、国际组织等组织的研究提供了复合的维度,不仅是从身份到契约、从身份到行为,而且需要从个体到群体,这种思路或许可以更好地揭示真实世界的国际法学的运行逻辑。

第三,预测比解释重要得多,也难得多。"人们或许可以合理地猜测,生命系统的一般性粗粒度行为(generic coarse-grained behavior)或许遵从某种可量化的普遍法则,这种法则抓住了它们的基本特征。"[50] 体系在整体、在长期可能存在某些规律性、趋势性的特点,但在局部、在短期内很难精确预测某些部分的演进。这就是复杂体系的测不准现象:在整体粗粒度层面,大约能有一个结构和趋势,但在非常精细的微观层面,是很难作出精准预测的。

---

〔48〕 See F. A. Hayek, 'The Use of Knowledge in Society' (1945)35 *The American Economic Review* 519; Armen A. Alchian, 'Uncertainty, Evolution, and Economic Theory' (1950)58 *The Journal of Political Economy* 211.

〔49〕 系统/体系/整体在多大程度上是一个分析的单位?"整体大于部分之和的说法总能让人想到形而上的集体主义(holism)的图像以及有机体的隐喻。如果我们与一个系统打交道,那么整体是异于(different from)而不是大于(greater than)部分之和。还原主义(reductionism)——谋求仅仅通过观察单元及其相互关系去理解系统——是不适当的。从经济学部分来讲就是建立在对'合成谬误'(fallacy of composition)的理解之上。社会学在很大程度上同样是建立在这样的理念之上,即社会不能简单地还原为构成社会的个人的总和。"同前注 32,第 8 页。

〔50〕 同前注 34,第 88 页。

既然测不准,那预测分析的意义何在呢?整体结构可以为我们分析微观群体在特定时点的行为提供一个基准线。[51] 这相当于为预测分析提供了一个起点,分析起点的准确度可能不高,但可以根据经验和证据不断优化。这种"精益求精"的优化思路多见于智库研究的对策分析。例如,在分析中国崛起时,兰德公司在短期、中期、长期分析中考虑不同的因素:短期分析多考虑国内政治环境、军事、外交、经济等因素的影响,长期分析多考虑科技、文化、人口和自然资源等因素的影响。[52]

五、两相增益:计量分析与教义分析的结合

计量分析与教义分析(实在国际法研究)如何结合?或者说,如何处理两者的关系?两者是可以互相补充的。当然,实在国际法研究肯定是主流,这不仅因为国内学者主要采取这种研究方式,而且在于它有自身的实践逻辑。跟国内法一样,国际法首先是一个职业(profession),即专门的实践性活动,然后才是一个学科(discipline),即专门的知识生产体系。国际法的很多概念都是职业共同体为专门化、职业化而建构的产物。为了说得清,为了标准化,职业共同体提出了一套术语体系。法学的实践基础决定了在很多情况下实践是先于理论的,国际法的建构性源于国际法的实践性;理论可能会影响实践,但这种影响并不是决定性的。当然,除了建构性之外,国际法实践可能还受客观因素的约束,存在一些规律性。这种规律性正是计量分析的"增益"之所在。对于解答"国际法是什么"的问题,计量分析的优势弱一些;但对于"国际法为何如此、如何作用"等问题,计量分析有可补充、可贡献的地方。

从过程角度分析国际法有助于我们更好地理解国际法的规律性和建构性。建构性体现在特定时点国际法怎么变。这种变化的动力是不同国家对新规则的倡议、对旧规则的修改。这是静态时点上规则变化的动力。规律性是指超越能动性、不以观念为转移的约束,即社会系统中非法律因素对法律系统的限制和约束

---

〔51〕 同前注 34,第 88 页。

〔52〕 Andrew Scobell, Edmund J. Burke, Cortez A. Cooper III, Sale Lilly, Chad J. R. Ohlandt, Eric Warner and J. D. Williams, *China's Grand Strategy: Trends, Trajectories, and Long-Term Competition* (RAND Corporation 2020). See also Andrew Radin, Andrew Scobell, Elina Treyger, J. D. Williams, Logan Ma, Howard J. Shatz, Sean M. Zeigler, Eugeniu Han and Clint Reach, *China-Russia Cooperation: Determining Factors, Future Trajectories, Implications for the United States* (RAND Corporation 2021).

（包括物理环境、涌现性特征、行为体的反抗）。规律性是时间展开的产物,它是相对稳定的。所以在特定的时点上,微观层面可能存在个体随机性和多样性的因素,但整体层面存在某种规律性和结构性的约束。这有助于丰富我们对国际法群己、动静、短长关系的理解。

The Mathematical Analysis of International Law: Methodology and Worldview

Peng Wang

Abstract:With the increasing application of statistical analysis, social network analysis, experimental and behavioral economics, and big data analysis in social science research(including legal research), there is an emerging turn to mathematical analysis(with a focus on instrumental rationality/functionality of legal institution) in international legal research. The mathematical analysis is an interdisciplinary exploration of the scientificalization of international legal research, more developed in data production and processing, and less in casual analysis. The doctrinal analysis of international law emphasizes professionality and normativity, and the mathematical analysis anchors in regularity. The doctrinal analysis and mathematical analysis could complement each other and therefore broaden our understanding of the totality, dynamic, and evolution of international law. Drawing insights from the research on complex system, we could expect more imaginary and visionary researches on the complex nature, feature, and evolution of international legal system in the future.

Keywords:International Law; Quantitative Study; Empirical Study; Doctrinal Analysis; Complex Science

法律与全球贫富差距：批判国际法学的视角

◇ 张康乐*

【内容摘要】全球范围内收入与财富的分配极不平均，贫富差距不断扩大，这一问题引发了社会科学的广泛关注，而在国际法学中，批判国际法学在贸易、投资、金融、人权等领域探讨具体规则如何加剧贫富差距。批判国际法学也关注具体领域在研究范式和思路上存在的问题，认为这些问题导致了既有研究或是没能发挥其在帮助理解和解决贫富差距中的潜力，或是错过了这一问题，甚至加剧了贫富差距。回顾和分析国际法学中关于贫富差距的现有研究，能对当下中文的国际法学研究范式有所启发。国际法研究不局限于规则的解释和适用。国际法不仅是处理跨国实践的具体规则，也是特定意识形态和具体历史背景下权力关系的具象，更是理解和解决包括贫富差距在内的全球性问题的助力。

【关键词】贫富差距；批判国际法学；权力；新自由主义

全球范围的收入与财富分配极不平均，全球贫富差距持续加剧。最富有的1%的人拥有的财富占了全球财富总量的一半以上。习近平主席也指出："全球仍然有7亿多人口生活在极端贫困之中。对很多家庭而言，拥有温暖住房、充足食物、稳定工作还是一种奢望。这是当今世界面临的最大挑战，也是一些国家社会动荡的重要原因。"[1] 在社会科学研究中，2016年克里斯托弗·拉克内（Christoph Lakner）和布兰科·米拉诺维奇（Branko Milanovic）描述贫富差距趋势的"大象曲线"发表后，[2] 全球范围内的贫富差距现象又一次引起了广泛的关注。"大象曲

---

* 张康乐：北京大学法学院助理教授。

〔1〕 习近平：《共担时代责任，共促全球发展》，载《求是》2020年第24期。

〔2〕 Christoph Lakner and Branko Milanovic,‘Global Income Distribution：From the Fall of the Berlin Wall to the Great Recession’（2016）30 *World Bank Economic Review* 203.

线"描述了不同国家和社会阶层极为不均的经济增长比例。具体来说,除中国等发展中大国外,世界范围内穷人经济水平提高很小,发达国家中产阶层的经济水平也没有大的提升。与此同时,收入最高的一群人的经济增长极为快速。[3] "大象曲线"直观地展现了全球范围内不断加剧的贫富差距,新冠肺炎疫情更是暴露出与贫富差距紧密相关的一系列问题,不同国家和地区医疗水平和社会福利的差距直接影响抗疫政策与效果。

有一些国际法学者长期关注全球贫富差距问题,这些学者的一个共同标签是"批判国际法学"。[4] 他们着重于探究有哪些因素导致了前所未有的贫富差距,以及法律在其中的作用。这些研究以人权、贸易、投资和金融领域的国际法律规则及实践为对象,剖析了国际法加深贫富差距的原罪。同时,在"法律与发展"这一研究主题下,将国际经济组织的发展政策纳入分析框架,认为新自由主义意识形态通过这些发展政策在全球范围内扩张并塑造国内经济生活,最终也加剧了贫富差距。

我国脱贫攻坚的全面胜利为世界贫富差距问题的解决作出了突出贡献。同时作为世界第二大经济体,我国还能在解决全球贫富差距问题中贡献力量和智慧。正如习近平总书记指出的,"我们要直面贫富差距、发展鸿沟等重大现实问题,关注欠发达国家和地区,关爱贫困民众,让每一片土地都孕育希望"。[5] 以此为目标,有必要回顾和分析国际法学中关于贫富差距的现有研究。此外,在批判国际法学逐渐获得中文国际法学研究关注的当下,通过这一回顾,还能对中文的国际法学研究范式有所启发。国际法研究不局限于规则的解释和适用,国际法不仅是处理跨国实践的具体规则,也是特定意识形态和具体历史背景下权力关系的具象,更是理解和解决包括贫富差距在内的全球性问题的助力。

---

〔3〕 这一研究公开后,在政治层面引起轩然大波,有学者错误地认为,这一研究证明了中国等发展中国家的经济增长建立在发达国家的低收入和中等收入群体牺牲经济利益的基础上。对于这一观点,有学者展开了驳斥,认为日本经济停滞和苏联解体后的转型经济困境能够更好地解释"大象曲线"。换句话说,中国等发展中国家的经济增长不是建立在发达国家低收入和中产阶层牺牲的基础上的。参见 Caroline Freund, 'Deconstructing Branko Milanovic's "Elephant Chart": Does It Show What Everyone Thinks?' (2016) ⟨https://www. piie. com/blogs/realtime-economic-issues-watch/deconstructing-branko-milanovics-elephant-chart-does-it-show⟩ (accessed 20 Jan 2020)。

〔4〕 李鸣:《国际法的性质及作用:批判国际法学的反思》,载《中外法学》2020 年第 3 期,第 801—825 页。

〔5〕《习近平在中国共产党与世界政党领导人峰会上的主旨讲话(全文)》,载中华人民共和国中央人民政府网(2021 年 7 月 6 日)⟨http://www. gov. cn/xinwen/2021-07/06/content_5622851. htm⟩(访问日期:2022 年 9 月 3 日)。

一、贫富差距问题与国际法学研究:回顾

2018 年的《世界不平等报告》及其 2020 年的更新版本系统测度了全球收入与财富的不平均分配。[6] 在收入方面,报告指出,20 世纪 80 年代以来,最富有的 0.1% 人口与收入靠后的 50% 人口获得的收入增长相当。在收入增长所占比例上,从 1980 年到 2016 年,最富有的 1% 人口的收入占全球人口收入比例从 16% 增长到了 22%,而收入靠后的 50% 人口占全球人口收入比例仅从 8% 增长至 10%。全球范围内收入增长极不平均。在财富分配方面,报告指出,最富有的 10% 人口占有超过 70% 的财富,而财富所有居于后 50% 的人口仅拥有不到 2% 的全球财富。全球新冠肺炎疫情的暴发,不仅暴露了与收入和财富的不平均分配密切相关的一系列问题,如个人享有的医疗卫生条件,而且进一步加剧了全球范围内的不平均分配。

收入与财富分配不平均统称为经济不平等,也就是贫富差距。这一问题在 20 世纪后半叶就引起了社会科学的关注。经济学家西蒙·库兹内斯(Simon Kuznets)认为,发展能够减轻贫富差距。他于 1955 年发表在《美国经济评论》上的文章详尽论述了这一观点。[7] 该观点随后成为经济学界的主流看法。基于此,贫富差距问题被等同于发展问题。这也意味着,贫富差距问题一般被认为是欠发达和发展中国家的问题。在这一背景下,20 世纪后半叶,主要发达国家的主流社科研究丧失了对贫富差距问题的兴趣。[8] 一直到 21 世纪初,这些主流的社科研究又重新从全球和历史这两个方面审视全球化与贫富差距问题。[9] 在视角上,他们主要关注国家间和国家内部的贫富差距。[10] 在内容上,这些研究探讨了贫富差距

[6] Facundo Alvaredo and others, ' World Inequality Report 2018 ' (2017) 〈https://wir2018. wid. world/files/download/wir2018-full-report-english. pdf〉(accessed 15 January 2020). 2020 年的更新版本将数据来源国家增加至 173 个,并细化了各地区的贫富差距。

[7] Simon Kuznets, 'Economic Growth and Income Inequality' (1955)45 *The American Economic Review* 1.

[8] John Kenneth Galbraith, *The Affluent Society* (40th Anniversary Edition, Houghton Mifflin Company 1998)69.

[9] Lucas Chancel, 'Ten Facts about Inequality in Advanced Economies' (2019) 〈https://www. piie. com/sites/default/files/documents/chancel20191017. pdf〉(accessed 20 Jan 2020).

[10] Branko Milanovic, *Global Inequality : A New Approach for the Age of Globalization* (Harvard University Press 2016).

的历史过程和原因,[11]分析了不同的政治经济和社会政策应对贫富差距问题的作用和效果,[12]并描述了贫富差距的趋势。

在国际法研究中,有一部分学者素来关注贫富差距问题。这些学者大都抵制根植于自由主义政治理论的主流国际法学研究视角。[13] 这一主流国际法学研究视角——用马蒂·科斯肯涅米(Martti Koskenniemi)的话说——内嵌了个人自由和集体公正之间不可调和的矛盾以及与之相关的自下而上和自上而下的两种并存的论证模式,并且是基于欧洲中心主义的对世界秩序的想象。[14] 随着全球范围内去殖民化运动在 20 世纪中叶取得成功,关注贫富差距问题的国际法研究对于欧洲中心主义的国际法律秩序提出了诸多挑战。以第三世界国际法研究(Third World Approach to International Law)为代表,[15]伴随着联合国大会通过的力图建立国际经济新秩序的3201 号决议,[16]20 世纪 70 年代,在国际法学研究和实践中,学者们集中关注了贫富差距问题。[17] 然而,随着建立国际经济新秩序的倡议无疾而终,[18]国际法学研究中对贫富差距问题的关注逐渐弱化。

二、批判国际法学视域下的贫富差距:从具体国际法领域切入

21 世纪初,随着国际法研究新路径(New Approach to International Law)的兴

---

〔11〕 Branko Milanovic, *The Haves and the Have-Nots: A Brief and Idiosyncratic History of Global Inequality* (Reprint edition, Basic Books 2012).

〔12〕 Frac¸ois Bourguignon, *The Globalization of Inequality* (Princeton University Press 2015).

〔13〕 Daniel Joyce, 'Liberal Internationalism' in Anne Orford and F Hoffmann(eds), *The Oxford Handbook of the Theory of International Law* (Oxford University Press 2016).

〔14〕 Martti Koskenniemi, *From Apology to Utopia: The Structure of International Legal Argument* (Cambridge University Press 2005), Chapter 2.

〔15〕 对于第三世界国际法研究的历史分期,参见 Antony Anghie & B. S. Chimni, 'Third World Approaches to International Law and Individual Responsibility in Internal Conflicts' (2003)2 *Chinese Journal of International al Law* 77; Makau Mutua, 'What is TWAIL?' (2000)94 *Proceedings of the Annual Meeting* (American Society of International Law) 31。

〔16〕 UNGA, "Declaration on the Establishment of a New International Economic Order" (1 May 1974) UN Doc A/RES/S-6/3201. 一般认为,国际经济新秩序的基本目标是改变全球经济治理格局,使发展中国家在跨国经济一体化过程中受益,并在此基础上促成去殖民化,实现以真正的主权国家为单位的全球秩序。

〔17〕 Mohammed Bedjaoui, *Towards a New International Economic Order* (UNESCO, Holmes & Meier 1979).

〔18〕 Nils Gilman, 'The New International Economic Order: A Reintroduction' (2015)6 *Humanity* 1.

起，[19] 以及第三世界国际法[20] 和马克思主义国际法[21] 的复兴，国际法研究又开始重新关注法律在全球经济中如何建构和维持各种类型的不平等，其中就包括贫富差距这一经济层面的不平等。这些学者和他们的研究工作一般都受到批判理论的启发。[22] 因其政治立场与主流自由主义国际法研究的对立，这些学者一般在国际法研究中被统称为"批判国际法学者"。[23] 在贫富差距问题上，批判国际法学者主要致力于揭露国际法律秩序如何建立在一个根植于殖民历史的资本主义经济体系之上，以及这一秩序如何继续为利益既得者服务。

从领域上讲，批判国际法主要在贸易、投资、金融和人权这四个领域探讨具体规则是基于何种原因以及如何加剧贫富差距的。批判研究也关注具体领域在研究范式和思路上存在的问题，认为这些问题导致了既有研究或是没能发挥其在帮助理解和解决贫富差距中的潜力，或是错过了这一问题，甚至加剧了贫富差距。穷尽介绍这些研究不现实，通过举例，可大致勾勒批判研究的视野范围，并提炼涉及国际法律规则、国际法研究和贫富差距的主要法律问题。

在国际贸易领域，批判研究关注的核心问题之一是国际贸易法推行自由贸易规则所倚赖的比较优势理论。[24] 根据这一理论，不受政府干预的、全球范围内的自由市场交易能够使所有国家和人民获益。批判研究认为，这一假设忽略了原有的基于殖民历史的国家差异。在批判国际法学者看来，每个国家的经济水平及其

---

〔19〕　José María Beneyto and David Kennedy(eds), *New Approaches to International Law : The European and the American Experiences*(Springer 2012).

〔20〕　B. S. Chimni, 'Third World Approaches to International Law : A Manifesto' (2006)8 *International Community Law Review* 3；Sundhya Pahuja, *Decolonising International Law : Development, Economic Growth and the Politics of Universality*(Cambridge University Press 2011)；Antony Anghie, *Imperialism, Sovereignty and the Making of International Law*(Cambridge University Press 2012).

〔21〕　Susan Marks, *International Law on the Left : Re-examining Marxist Legacies*(Cambridge University Press 2009)；Robert Knox, 'Marxist Approaches to International Law' in Anne Orford and Florian Hoffmann(eds), *The Oxford Handbook of the Theory of International Law*(Oxford University Press 2016)；Akbar Rasulov, 'A Marxism for International Law : A New Agenda' (2018)29 *European Journal of International Law* 649.

〔22〕　David Kennedy, 'Critical Theory, Structuralism and Contemporary Legal Scholarship' (1985-1986)21 *New England Law Review* 209；Anthony Carty, 'Critical International Law : Recent Trends in the Theory of International Law' (1991)2 *European Journal of International Law* 1；Fleur Johns, 'Critical International Legal Theory' in Jeffrey L. Dunoff and Mark A Pollack(eds), *International Legal Theory : Foundations and Frontiers*(Cambridge University Press 2019).

〔23〕　对于批判国际法作为一种方法及其暗含的对于国际法的理解，参见 Martti Koskenniemi, 'What is International Law For?', in Malcolm Evans(ed), *International Law*(3rd edition, Oxford University Press 2010)。

〔24〕　David Kennedy, *A World of Struggle : How Power, Law, and Expertise Shape Global Political Economy*(Princeton University Press 2016).

整体政治经济实力都与殖民历史密切相关,通过殖民剥削积累的财富使一些国家处于优势经济地位。更重要的是,有关领土和主权的国际法律机制促成了剥削与侵犯的历史。[25] 完全不顾殖民历史而推崇自由贸易的规则不仅不公正,而且使殖民历史的受害国深陷发达国家主导的经济模式中,以至于丧失计划和主导国内经济的权力。长此以往,原有的国家之间以及全球范围内个人之间的贫富差距被进一步拉大。

批判国际法学研究也关注贸易领域的具体规则。举例来说,制造业出口商与农业出口商享有的权益完全不同——农产品的关税更高,而且针对农产品的关税升级(tariff escalation)使农业出口国很难转型为制造业出口国。这就导致经济强国的农产品补贴直接影响经济弱国的农民和与农产品相关的其他从业者。[26] 也有一些研究聚焦于规则的制定过程。通过梳理制定规则的历史及其政治经济环境,有研究认为,来自特定国家和地区的个人在规则制定中发挥了决定性作用,这就意味着当下全球范围内遵守的贸易和投资规则不是由所有参与者共同制定的。一般认为,保障所有涉及方参与国际规则制定是维护造法合理性的有效途径,而少数者制定的规则可能忽略未参与规则制定的国家和组织的利益。在贸易领域,20 世纪 70 年代建立国际经济新秩序的尝试失败后,拥有大量财富的个人和公司在制定全球经济规则中发挥了巨大作用。比如,在《与贸易有关的知识产权协定》的制定过程中,来自美国、日本和欧洲一些国家的跨国公司的管理者发挥了主导作用。[27]

贸易领域的批判研究还关注了主流国际贸易法的研究视角,认为其以关税和非关税边境措施为核心的研究忽视了贸易法塑造国内经济系统和政策选择的实践。这些研究认为,国际贸易规则成功地诱导了资本主义发达国家经济模式的全球扩张,而主流研究往往忽略这一点。[28] 资本主义国内经济模式的全球扩张不仅限制欠发达和发展中国家政府的政策选择,而且导致这些政府在脱贫、财富分配

---

〔25〕　Martti Koskenniemi, 'Sovereignty, Property and Empire: Early Modern English Contexts' (2017) 18 *Theoretical Inquiries in Law* 355.

〔26〕　Chantal Thomas, 'Income Inequality and International Economic Law: From Flint, Michigan to the Doha Round, and Back' (2019) 〈https://ssrn. com/abstract = 3341523〉(accessed 3 March 2021).

〔27〕　Susan K, Sell, *Private Power, Public Law: The Globalization of Intellectual Property Rights* (Cambridge University Press 2003).

〔28〕　Anne Orford, 'Beyond Harmonization: Trade, Human Rights and the Economy of Sacrifice' (2005) 18 *Leiden Journal of International Law* 179.

以及保障经济和社会权利等方面束手束脚。[29]

在投资领域,批判国际法学研究重点关注国际投资机制中公私主体的权力关系。比如,在投资仲裁制度中,私人投资方与主权国家处于平等的谈判地位,由此,原本拥有绝对权力的政府在面对外国私人主体时,丧失了绝对的主权权力。一国政府可能因为投资仲裁的机制设置,不能采取积极措施保障本国人民免受特定投资行为的负面影响。[30]

此外,在对国际法碎片化的分析中,批判国际法学者也提出了涉及投资和贸易领域的问题。简单来说,国际法的碎片化指国际法在各个领域专业的法律技术、特定的思维方式和基于此从不同法律领域出发对同一问题的不同视角和处理方式。批判国际法研究指出,因为国际法的碎片化,与投资和贸易有关的环境和人权问题往往得不到环境和人权领域法律规则的救济,而跨国公司的全球活动不可避免地带来与经济、环境和人权相关的负面效果。[31] 一方面,投资和贸易规则限定了处理此类问题的渠道和思路,使一些本该属于环境和人权的问题被放在投资和贸易的框架中处理;另一方面,环境和人权法律规则在投资和贸易问题中可能无法自动适用,导致类似贫富差距的问题无法在投资和贸易规则中得到重视。[32]

在国际金融领域,批判国际法研究也关注规则制定的过程以及由少数发达国家制定的、在国际范围内有约束力的金融规则对未参与规则制定的经济弱国的影响。[33] 举例来说,由十国集团在 1988 年签署的《巴塞尔协议》是全球范围内最广为适用的国际金融规制,在对其进行修订而成的《新巴塞尔资本协定》中,资本风险计算与信用评级机构提供的资本信用评级直接挂钩,由此,信用评级机构的评级结果成为机构投资者考虑资产负债表构成时的主要因素。对于主权债务发行方而言,特定发行目标的达成与债务获得的信用评级直接相关,因为只有达到预期的评级才能保证机构投资者在考虑该机构的资本充足率的同时投资这些主权

---

〔29〕 Andrew Lang, *World Trade Law after Neoliberalism: Reimagining the Global Economic Order* (Oxford University Press 2011).

〔30〕 John Linarelli et al. , *The Misery of International Law: Confronting with Injustice in the Global Economy* (Oxford University Press 2018) 161; Martti Koskenniemi, ' It's not the Cases, It's the System' (2017) 18 *Journal of Investment & Trade* 343.

〔31〕 Muthucumaraswamy Sornarajah, *Resistance and Change in the International Law on Foreign Investment* (Cambridge University Press 2015).

〔32〕 *Supra* note 30, Linarelli et al, 4.

〔33〕 Kangle Zhang, *Not Equal: Towards an International Law of Finance* (Picaset 2020).

债务。基于这样一套环环相扣的金融市场规则,在发行主权债务时,债务获得的评级就会成为一个主要考虑因素。研究表明,一些国家为了提高其信用评级,会选择更为保守的财政政策,[34] 而且,这些国家可能会采取一些政策措施来满足机构投资方的需求,即便这些措施违背本国的长期发展目标。[35] 大多数需要提高其信用评级的都是贫穷国家,因此可以认为,由主要发达国家通过的《新巴塞尔资本协定》在资本充足率计算中纳入了信用评级机构,[36] 这一规则并未考虑其对欠发达国家的具体影响。在实践中,这一规则会导致欠发达国家实施一些与本国长期发展目标和经济利益不符的政策措施,最终会对该国经济发展带来负面影响。

在人权法领域,批判研究主要探讨了人权概念本身的局限性。人权概念或许为最贫穷的人提供了最低限度的帮助,但恰恰因为其关注最低限度的和有必要的尊严与保障,人权未能在解决贫富差距问题上发挥作用。[37] 关注人权概念本身局限的研究,也对主流人权研究提出了挑战。主流人权研究倾向于关注个人所处的具体情形以及社会地位和政治权利的不平等,而没有充分关注经济与社会权利,更没有关注集体利益与集体经济水平的不平等。[38]

此外,批判研究还深入讨论了人权概念本身是如何为贫富差距服务的。一方面,人权话语掩盖了基于殖民历史的、当下盛行的并且内化到法律系统中的贫富差距。[39] 另一方面,致力于推动人权工作的非政府组织常常崇尚自由主义经济和"市场友好型人权",对经济弱势群体不闻不问。[40] 这是因为在主流人权观看来,经济增长和自由市场是实现社会和经济权利的前提条件。[41] 有批判学者认为,主

---

〔34〕 Richard Cantor and Frank Packer,'Determinants and Impact of Sovereign Credit Ratings'(1996)6 *Economic Policy Review* 37,41.

〔35〕 Marwan Elkhoury,' Credit Rating Agencies and Their Potential Impact on Developing Countries (UNCTAD/OSG/DP/2008/1)'(2008)〈https://unctad. org/en/docs/osgdp20081_en. pdf〉(accessed 20 January 2020).

〔36〕 Colin Scott,'Private Regulation of the Public Sector:A Neglected Facet of Contemporary Governance' (2002)29 *Journal of Law and Society* 56.

〔37〕 Samuel Moyn,*Not Enough:Human Rights in an Unequal World* (The Belknap Press of Harvard University Press 2018).

〔38〕 Richard Falk,'Global Inequality and Human Rights:An Odd Couple'(2019)10 *Humanity* 404.

〔39〕 Susan Marks,'Four Human Rights Myths' in David Kinley et al. (eds),*Human Rights:Old Problems, New Possibilities*(Edward Elgar Publishing 2013)217.

〔40〕 Wendy Brown,'"The Most We Can Hope For…":Human Rights and the Politics of Fatalism'(2004) 103 *South Atlantic Quarterly* 451;Upendra Baxi,*The Future of Human Rights*(Oxford University Press 2008);Makau Mutua,'Human Rights and Powerlessness:Pathologies of Choice and Substance Essay Collection:Classcrits:Part I: Thinking through Law's Questions of Class,Economics,and Inequality'(2008)56 *Buffalo Law Review* 1027.

〔41〕 *Supra* note 30,Linarelli et al,Chapter 7.

流的人权话语是"朝圣山学社"的新自由主义经济学家为了将市场和经济利益主导的社会逻辑扩散到全球,吸引并利用当时流行的人权概念所产生的一套限制计划经济和去殖民化的话语。这样一套人权话语被人权领域的非政府组织等机构所用,这些机构区分了公民社会和政治生活,并将政治生活想象为暴力和强迫性的。这样一套话语实际上有效地维持并扩大了既有的不平等。[42]

三、批判国际法学视域下的贫富差距:对新自由主义的批判

一些批判国际法学者认为,不断加剧的贫富差距与为私人资本积累服务的法律制度密不可分。将法律与私人资本积累相联系的论述并不罕见。举例来说,有学者提出,在 15 世纪早期的"圈地运动"中,新兴的绝对私人所有权这一法律概念有效地将土地变成私有财产,为私人资本积累创造了先决条件。[43] 在随后的殖民时代,财产法等法律概念使殖民者能够"正当"占有原住民的土地和财产。[44] 近年来,有学者系统梳理了哪些法律制度如何有选择地通过类似编码的操作,将特定的财产变成资本,并使资本所有者通过私人资本积累的方式获益。[45]

批判国际法一般认为,法律服务于私人资本积累,当前国际社会中的私人资本积累是新自由主义意识形态的具体实践。虽然对于什么是新自由主义以及这一意识形态如何转化成具体的政策和法律规则,国际法研究中并无定论,但可以抽象地概括出新自由主义意识形态及其主导下的实践的特点。第一,新自由主义奉行传统自由主义经济学的目标,诸如私有化、撤销政府干预市场运作,以及通过市场竞争保障个人自由。[46] 第二,新自由主义将这些目标与政府和法律联系起来,认为自由市场竞争离不开"看得见的手"。[47] 换言之,新自由主义要建立的自由市场,是通过法律和规制来实现的。通过一个规制框架来限制和尽可能地避免

〔42〕 Neve Gordon and Nicola Perugini, *The Human Right to Dominate* (Oxford University Press 2015).

〔43〕 Susan Marks, *A False Tree of Liberty: Human Rights in Radical Thought* (Oxford University Press 2019). See also Karl Polanyi, *The Great Transformation: The Political and Economic Origins of Our Time* (2nd edition, Beacon Press 2001).

〔44〕 Antony Anghie, *Imperialism, Sovereignty, and the Making of International Law* (Cambridge University Press 2005), Chapter 1.

〔45〕 Katherina Pistor, *The Code of Capital: How the Law Creates Wealth and Inequality* (Princeton University Press 2019).

〔46〕 D Harvey, *A Brief History of Neoliberalism* (Oxford University Press 2005) 2.

〔47〕 Quine Slobodian, *Globalists: The End of Empire and the Birth of Neoliberalism* (Harvard University Press 2018) 2.

不理性的个人行为并使资本市场免受民主政治的侵蚀,最终用市场逻辑主导国际和国内社会生活。[48] 基于此,新自由主义赞美并拥护特定的法律制度,即保障私有产权和合同自由并为私人资本积累服务的法律制度。

在批判主义者看来,新自由主义意识形态框架中的法律和制度安排旨在推动市场竞争实现社会正义,但这种法律和制度安排忽略了分配结果的不公平,也忽视了这些法律与制度如何强化原有的、基于特定历史原因的分配结果。[49] 最终,这些法律制度并不以改善和解决贫富差距为目标,反而在促进市场运作的过程中加剧贫富差距。在批判国际法研究中,新自由主义意识形态与国际法律制度紧密相关。这些研究关注根植于新自由主义的国际法律制度在塑造国内政策选择和法律规则中的作用。用安·奥福德(Anne Orford)的话说,特定的国际法律制度为国内机构乃至国家本身塑造了模型。[50] 在其诸多研究领域中,批判主义者在"法律与发展"项下集中探讨了新自由主义、私人资本积累和贫富差距问题。

"法律与发展"相关研究关注了"华盛顿共识"主导的国际发展项目是如何通过推行促进私人资本积累的法律制度在全球范围内推行新自由主义意识形态的。具体而言,批判主义者分析了包括国际货币基金组织和世界银行在内的国际经济组织如何通过推行特定的发展项目来塑造发展中国家的国内经济政策和法律系统。[51] 这些国际经济组织预设通过移植特定的法律制度就能推动欠发达国家的

---

〔48〕 Kangle Zhang, 'Market, Law and Distribution: Tracing a Stream of Liberal Economic Thinking' (2020) 8 *Peking University Law Journal* 91.

〔49〕 举例来说,在 Wendy Brown 对美国社会治理逻辑的批判中,她提出,新自由主义意识形态下的治理逻辑通过推崇市场逻辑,侵蚀了法律、警察、教育以及其他社会机构的独立性,最终使经济收益成为衡量一切的标准,每个个体也被塑造成了同质化的追求私人资本积累的新自由主义主体。W Brown, *Edgework: Critical Essays On Knowledge And Politics* (Princeton University Press 2005), Chapter 3.

〔50〕 Anne Orford, 'Food Security, Free Trade, and the Battle for the State' (2015) 11 *Journal of International Law & International Relations* 1; Anne Orford, 'Theorizing Free Trade' in Anne Orford and Florian Hoffmann (eds), *The Oxford Handbook of the Theory of International Law* (Oxford University Press 2016).

〔51〕 David M, Trubek and Alvaro Santos (eds), *The New Law and Economic Development: A Critical Appraisal* (Cambridge University Press 2010); Kerry Rittich, *Recharacterizing Restructuring: Law, Distribution and Gender in Market Reform* (Kluwer Law International 2002).

经济发展。[52] 在此基础上,这些组织在全球范围内推行强调私人产权与合同自由的法律制度,以此强化市场规制,并限制政府在市场中的角色和作用。[53] 这实际上摒弃了 20 世纪中叶奉行的由国际经济组织和发达国家主导、面向新独立国家、推崇政府在规制和保障经济发展中的作用的发展战略。[54] 20 世纪 70 年代末 80 年代初的"拉美债务危机"为推行新自由主义发展观提供了绝佳机会,而在"亚洲金融危机"之后,新自由主义意识形态下的国际发展项目进一步推动了全球范围内多个国家和地区的法律制度变革和经济体制改革。

有研究"法律与发展"的学者提出,国际经济组织在新自由主义意识形态框架下推广的发展项目是发达国家扩张主义的国际法律实践。在产生和落实这些发展项目的过程中,诸多发展中国家迫于债务危机等压力,处于不利的谈判地位。[55] 这些项目对于发展中国家长期经济发展及国内贫穷人口的生活水平具有不利影响。同时,通过法律移植,诸多发展中国家本身的社会制度被破坏,国内政治生活和经济生活都遵从了发达国家勾勒的模型。[56] 带着被破坏的社会秩序和千疮百孔的经济社会发展状况,这些国家被纳入一个以市场竞争为准则的全球体系中。法律成为保障私人资本积累的工具。不可避免地,全球范围内的贫富差距不断加剧。

四、结语

批判法学研究常被诟病"只解构不建构",即批判研究更关注既有研究范式和

---

〔52〕 Sundhya Pahuja, 'Beheading the Hydra: Legal Positivism and Development' (2007) *Law*, *Social Justice and Global Development Journal*; Shane Chalmers and Sundhya Pahuja, '(Economic) Development and the Rule of Law' in Jens Meierhenrich and Martin Loughlin (eds), *The Cambridge Companion to the Rule of Law* (Cambridge University Press, forthcoming); Alvaro Santos, 'The World Bank's Uses of the "Rule of Law" Promise in Economic Development' in David M. Trubek and Alvaro Santos (eds), *The New Law and Economic Development: A Critical Appraisal* (Cambridge University Press 2006) 253.

〔53〕 David Kennedy, 'The "Rule of Law", Political Choices, and Development Common Sense' in David M. Trubek and Alvaro Santos (eds), *The New Law and Economic Development: A Critical Appraisal* (Cambridge University Press 2006) 95.

〔54〕 Eric Helleiner, *Forgotten Foundations of Bretton Woods: International Development and the Making of the Postwar Order* (Cornell University Press 2014).

〔55〕 Sundhya Pahuja, *Decolonizing International Law: Development*, *Economic Growth and the Politics of Universality* (Cambridge University Press 2011).

〔56〕 Luis Eslava, *Local Space*, *Global Life: The Everyday Operation of International Law and Development* (Cambridge University Press 2015).

法律实践中的问题,并试图用语言学的方法、历史的方法或者在过去几年兴起的政治经济学的方法去解释和分析我们所处的时代和所面临的问题。批判法学的注意力不在应对策略和解决方案上。但是,批判法学研究有其独特的价值。批判国际法学视野中的贫富差距问题是具体领域的国际法规则问题,也是规则制定过程中的程序问题,更是基于特定历史的权力关系问题。同时,批判主义者也密切关注主流国际法话语,并挑战一些主流国际法研究的预设和分析框架。在此基础上,批判国际法研究为关于贫富差距的社科研究提供了独特的视角。这至少包含以下两个方面。

第一,批判国际法研究关注的核心问题是法律背后的权力关系,以及该权力关系如何加剧贫富差距。在批判国际法基于法律现实主义的认知中,大到国际经济秩序,小到商品价格,都是法律建构。换言之,不同于其他社科领域对具体现象的观察、描述与分析,批判国际法所面对的国际事务、制度安排和具体对象已经是法律建构的结果。基于此,法律规则不仅是诸多因素中的一个,更是创造和维系贫富差距的基础,法律所固化并维系的权力关系和原始分配结果以及产生该关系和结果的政治经济背景就成为研究的关注点。贫富差距可被视为特定权力关系在国际范围内发挥作用的结果。

第二,主流社科研究关注国家之间以及内部的贫富差距,国际法研究能够提供一个新的视角——"超越国家的贫富差距"(inequality beyond states),即由范围上跨越多国但又落脚于国内实践的各种形态与平台安排所缔造、维系和加剧的贫富差距。例如,国际金融市场通过为资本提供一个跨国流动和寻利的平台,能够使资本所有者更为快速地获益。[57] 值得一提的是,超越国家的贫富差距并不否认或者弱化国家在全球经济中的核心角色,而是着力于关注跨国乃至全球的社会、政治和经济关系的互动以及法律在塑造这些互动方式中的作用。超越国家的各种互动关系都是法律构建,这些构建和制度安排的分配后果与贫富差距息息相关。从这两个视角出发,批判国际法研究能够为更广泛的社科领域理解和解决贫富差距问题的相关研究作出贡献。

---

〔57〕 Anna Chadwick, *Law and the Political Economy of Hunger* (Oxford University Press 2019).

Law and Economic Inequality: A Critical International Law Approach

Kangle Zhang

Abstract: The unequal distribution of income and wealth globally, and the exacerbating economic inequality, has attracted wide attention of social scientists. International law scholars, in particular those in the critical genre of international law research, have examined the linkages between various fields of international law(including trade, investment, finance and human rights) and inequality. For example, the rules of a specific field benefit some at the expenses of others; or, the orthodox mindset in approaching these fields of law have blocked the potential of utilizing these fields in overcoming the rising inequality. This paper offers an overview of the existing works in international law that target economic inequality. Such an overview could facilitate a necessary turn in our approaches to international law research in China, that instead of concentrating on rule-interpretation and application, it is necessary to view international law as the legal consolidation of the dominant powers. Such an understanding of international law is the necessary first step in contributing to the discussions on global inequality from a Chinese perspective.

Keywords: Economic inequality; critical international law; power; neoliberalism

国际法的阶级方法导论

◇ ［印］B. S. 契姆尼* 著 冯丽羽** 译

【内容摘要】这篇文章介绍了国际法的阶级方法,挑战了"阶级之死"这一命题,并主张"阶级"范畴的持续性意义。此外,本文证明了"阶级"范畴可以以不消弭性别和种族差异的方式将其纳入其中。鉴于全球社会形态的出现,本文认为跨国资产阶级正在全球化时代塑造国际法律和国际机构。它呼吁将对当代法律和制度的阶级批判与反抗的理念和实践联系起来,并在此背景下思考了当今新兴的跨国被压迫阶级的国际主义和阶级斗争的意义。文章最后概述了国际法阶级方法的优点。

引 言

本文提供了对国际法的阶级方法的介绍。虽然主流国际法学术(Mainstream International Law Scholarship,MSIL)对理解当代国际法(Contemporary International law,CIL)有很大贡献,但是其几乎只关注国家,阻碍了对影响国家政策的社会群

---

* ［印］B. S. 契姆尼:印度新德里贾瓦哈拉尔·尼赫鲁大学国际研究学院国际法律研究中心教授。这篇文章是 2008 年 9 月在英国格拉斯哥举行的英国批判法律研究会议上发表的主旨演讲的修订版。B. S. 契姆尼感谢与会者,特别是阿克巴·拉苏洛夫(Akbar Rasulov)的评论。

** 冯丽羽:剑桥大学法学院博士研究生。

体和阶层的深入研究,而后者往往是国际法制度的主要推动者和受益者。[1]

相比之下,国际法的阶级方法除了关注国家之外,还关注正在塑造和历史上塑造国际法的社会群体和阶级,使我们能够填补对国际法造法和实施过程,包括国际法律人在国际体系中位置问题的理解的关键空白。换言之,关注阶级能让国际法律人以一种认为人民重要的方式实践国际法学科。[2]

值得在一开始就强调的是,国际法的阶级方法不一定意味着国际法运用马克思主义方法。韦伯(Weber)、涂尔干(Durkheim)和布迪厄(Bourdieu)等人也运用阶级这一社会类别来理解现代社会。[3] 因此,他们对"阶级"的理解同样可以用来描绘国际法的阶级方法。虽然本文基于马克思和他的阐释者(包括布迪厄)的理论,但其基本假设是,尽管方式不同,任何阶级方法都有助于理解当代国际法。阶级方法也不意味着拒绝对当代国际法使用非阶级方法(保守、自由、女权主义或后现代的方法)。这些可以相互补充,更好地理解国际法的结构和过程。但是,阶级方法必然否定了这样一种观点,即普遍的人类价值是更恰当地理解和评估国际法运作的基础。[4] 虽然普世的人类价值在国际法话语中肯定占有一席之地,但它们与人权话语一样,受制于处于支配地位的群体、阶级和国家的选择性使用,偏狭

---

〔1〕 我将主流国际法学术(MSIL)定义为"与国际法的识别、解释和执行相关的方法、实践和理解的集合"。它的一个关键特征是一种受社会科学在国际法的创造、解释和实施方面的碎片化支配的法律认识论。主流国际法学术的一个后果是,它没有认识到"国际体系中存在着严重制约通过国际法追求共同利益的结构性约束"。也就是说,它忽略了一个事实,即"存在一些根深蒂固的结构,它们巩固了维持统治底层国家和人民的规则和信仰体系":Chimni,'An Outline of a Marxist Course on Public International Law'(2004)17 *Leiden Journal of International Law* 1,1-2。

〔2〕 因此,例如,在研究国际金融危机的影响以及制定多边法律规则以应对此类危机时,阶级方法不仅会考虑其对国家的影响,还同样考虑对普通民众生活的影响。在过去,"金融危机的成本在很大程度上由受影响国家的公民承担,而金融市场参与者承担的程度很小,尽管这些参与者寻求高回报是导致危机发生的主要因素"。然而,国际法还是在关注国际货币和金融机构对这些危机的授权和反应:T. Porter,*GlobalisationandFinance*(2005),187。

〔3〕 关于阶级分析的不同方法,参见 E. O. Wright(ed.),*ApproachestoClassAnalysis*(2005)。例如,韦伯以如下方式定义"阶级":

①许多人在他们的生活机会中共享了一个特定的因果组成要素;②而这个组成要素仅仅表现为人们占用产品或收入机会方面的经济利益;③这个组成要素是在商品市场或劳动力市场条件下才表现为上述经济利益。[这些要点涉及的是"阶级状况",我们可以更简单地将其表述为获得产品、外部生活条件和个人生活经历的独特机会,这种机会取决于权力的数量和种类,或在缺乏权力时,在给定的经济秩序中为获得收入而处置商品或技能。"阶级"一词指处于同一阶级状况的任何一群人。]

H. H. Gerth and C. Wright Mills(eds),*FromMaxWeber:EssaysinSociology*(1948),181. 详细分析见 Breen,'Foundations of a neo-Weberian Class Analysis',in Wright,*supra* note 3,31。

〔4〕 Fisler,Damrosch and Mullerson,'The Role of International Law in the Contemporary World',in L. Fisler *etal.*(eds),*Beyond Confrontation:International Law in the Post-Cold War Era*(1995)1,4。

性解释和操纵。

本文以如下方式展开对国际法阶级方法的阐释。第二节通过挑战"阶级之死"的命题来扩展"阶级"概念的范畴。在批判"阶级终结"命题的过程中,它援引了布迪厄、普兰扎斯(Poulantzas)、雷斯尼克(Resnick)、沃尔夫(Wolf)以及怀特(Wright)等主要学者的观点。除此之外,它表明,即使在先进的资本主义社会中,"阶级"范畴仍然具有意义,不应被视为性别、种族划分的对立面,并且指出它们之间的互补性。第三节考虑了全球社会形态和全球阶级的说法是否合适。在此,它澄清了"社会形态"的含义,并提及资本主义的全球特征和跨国公共领域的出现,以证明全球社会形态的存在。然后,本节继续探讨推动了发达国家和第三世界国家全球化的跨国资产阶级(Transnational Capitalist Class, TCC)的兴起,并考察了跨国资产阶级对当代国际法的影响。第四节在正在凝聚中的跨国被压迫阶级(Transnational Oppressed Class, TOC)的背景下,探讨了今天"国际主义"和"阶级斗争"的含义及其与当代国际法的关系。第五节简要地列出了国际法采取阶级方法的优点。

一、论阶级

论述国际法的阶级方法,首先有必要澄清"阶级"的概念。经典马克思主义文献中对社会阶级的定义如下:

> 阶级是一个庞大的群体,他们在历史上确定的社会生产体系中所占的位置不同,他们与生产资料的关系(在大多数情况下是固定的和法律规定的)不同,他们在劳动社会组织中的作用不同,因此,阶级是基于在确定社会经济系统内人们的位置不同,可以占有另一方劳动的一群人。[5]

澄清"阶级"概念的任务,可以通过批判性检视"阶级之死"命题的主要论点来实现。今天有人认为,基于至少以下五个原因,"阶级"这一范畴不再有价值。

第一,尽管"阶级"在马克思主义社会学中处于中心地位,但它还没有得到充分发展。马克思主义学者自己也承认,"传统的马克思主义阶级观念通常是模糊和不充分的"[6]。总的趋势是采用资本主义社会的二阶级模型:资产阶级和工人

---

〔5〕 V. I. Lenin, *Selected Works* (1975) iii, 172.

〔6〕 S. A. Resnick and R. D. Wolff, *New Departuresin Marxian Theory* (2006), 91; D. L. Johnson (ed.), *Class and Social Development: A New Theory of the Middle Class* (1982), 21.

阶级,而这只能为复杂的多阶级社会结构提供一种片面贫瘠的理解。

第二,阶级的确定是基于经济关系的,而这种经济关系阻碍了意识形态和政治领域的阶级认同。相反,阶级的意识形态和政治角色被认为仅仅来源于他们的经济地位,而没有考虑决定这些政治角色的多方面斡旋和互动对这些政治角色的决定作用。

第三,人们越来越认识到,社会中的性别和种族划分与"阶级"划分一样明显。不承认这些其他的社会划分使"阶级"范畴变得不那么有用了。对这些其他社会分歧的不承认,使"阶级"这一类别变得毫无用处。另外,试图适应和纳入其他范畴又稀释了"阶级"范畴,使其失去独特性和分析意义。

第四,股权分散和随之而来的形式法律所有权和实际经济所有权之间分离所造成的资本扩散事实,使阶级范畴变得过时。

第五,人们忽视了这样一个事实,即在现代性的第二阶段,先进的资本主义世界表现出贝克(Beck)所说的"没有阶级的资本主义"[7] 虽然"有阶级斗争的集体成功"可能是社会阶级观念和现实破灭的原因,事实仍然是,尽管伴随着后阶级和后国家形式的根本不平等,"阶级"被"个体化"的范畴所取代。[8] 总之,正如贝克所说,"在历史上,个人而非阶级第一次成为社会再生产的基本单位"。[9]

这些对使用"阶级"范畴的批评一定程度上是有效的,但正如下文所述,他们并没有削弱这一范畴,因为这些批评都能在马克思主义方法中得到充分的解决。以下依次处理每个争议观点。

第一,虽然马克思主义学者在分析中的确经常倾向于使用二阶级模型,但这主要是一种便于阶级分析的简略表达。多数马克思主义学者更深入地讨论其他阶级(农民、地主等),特别是中产阶级或中间阶级。确定中产阶级或中间阶级是一个复杂的过程。[10] 因为,如果将马克思的生产性劳动和非生产性劳动的区别用于这一目的,那么中产阶级中的许多人将被纳入工人阶级。马克思曾指出,"从资本主义生产的角度来看","如果劳动力直接使资本增值或创造剩余价值,那么它

---

〔7〕 转引自 Atkinson,'Beck,Individualization and the Death of Class:A Critique' (2007) 58 *The British Journal of Sociology* 349,354。

〔8〕 Beck,'Beyond Class and Nation:Reframing Social Inequalities in a Globalising World' (2007) 58 *The British Journal of Sociology* 679,682.

〔9〕 U. Beck and J. Willms,*Conversations with Ulrich Beck* (2004),101.

〔10〕 Resnick and Wolf,*supra* note 6,92;Johnson,*supra* note 6,87-109.

就是生产性的"。[11] 但正如马克思所阐明的,生产性劳动和非生产性劳动之间的区别与其"决定性内容"(determinate content)或使用价值无关。事实上,正如马克思所指出的,"同样的劳动可能是生产性的,也可能是非生产性的……一个为自己赚钱而售卖自己歌的歌手是一个非生产性的劳动者。但同一位歌手受一位企业家的委托,为了为他赚钱而唱歌,他是一位生产性的劳动者"。[12] 因此,生产性劳动和非生产性劳动之间的区分必须与其他标准,如智力劳动和体力劳动之间的区分相结合,才能将个人/职业划分进中产阶级或中间阶级。[13] 雷斯尼克和沃尔夫提出了一个用不同标准划分的详细的阶级图谱。他们从马克思关于阶级过程是"从直接生产者手中压榨无报酬的剩余劳动力"的主张出发,区分"基本阶级"和"从属阶级"。[14] 后者指既不从事也不压榨剩余劳动力的人。相反,他们执行某些特定的社会功能,并通过一个或另一个基本压榨阶级分配榨取到的剩余劳动力份额来供他们维生。[15] 从属阶级提供了"基本阶级的某些存在条件——既有非经济的也有经济的"。[16]

雷斯尼克和沃尔夫进而区分了两类从属阶级:"第一类包括社会过程的管理者,这是资本主义基本阶级的存在条件;第二类是此类过程的直接执行者(后者可受雇于第一类被纳入阶级或资本家)"。[17] 第一类包括商人、放债人和房东。在公司环境中,第一类个人包括股东和商业、零售、监督、广告、记账、法律服务等部门的董事。第二类个人包括公众、小学或中学教师、资本家雇用的销售人员或土地所有者雇用的收租人。然而,个人可以在不同的活动或情况下占据不同的阶级地位。雷斯尼克和沃尔夫得出结论:"对于马克思主义理论来说,社会总是一个基本阶级和从属阶级相互作用的复杂形态;这是一种社会形态。"[18] 人们不一定要同意他们对基本阶级和从属阶级的分类。但他们充分证明,在二元分类之外绘制阶级图谱,以展现复杂的社会现实是有可能的。这样的图谱反过来可以用来理解不同社会阶级对不同国际法律制度的反应。

---

〔11〕 A. Cottrel, *Social Classes in Marxist Theory* (1984) 60ff.

〔12〕 Cited in ibid. , 62.

〔13〕 列宁谈到社会主义是一个"废除体力劳动者和脑力劳动者的区别"的状态:Lenin, *supra* note 5, 172.

〔14〕 Resnick and Wolff, *supra* note 6, 93.

〔15〕 Ibid. , 94.

〔16〕 Ibid.

〔17〕 Ibid. , 96.

〔18〕 Ibid. , 95.

第二,说"阶级"范畴仅限于经济领域,或者阶级是仅靠经济领域中的状况被确定的,这种批评并不完全正确。例如,普兰扎斯拒绝纯粹以经济决定阶级。[19] 用他的话来说,"社会阶级可以在经济层面、政治层面或意识形态层面识别,因此可以根据特定的情况来确定"。[20]

为了超越经济阶级的概念,普兰扎斯增加了生产性劳动和非生产性劳动以及体力劳动和脑力劳动的区别,正是在这两者的交叉点上,他将阶级定位于政治和意识形态层面。他认为,"只有生产性的体力劳动者才应该被视为无产阶级的一部分"。[21] 因为,尽管是工薪劳动者,但中产阶级的政治和意识形态地位,特别是那些属于日益增长的[内格里(Negri)所说的]"非物质生产"和服务业世界的人,是不同于工人阶级的。[22] 科特雷尔(Cottorell)因而总结普兰扎斯的观点如下:

> 工人阶级的定义是生产劳动(经济决定)和体力劳动(政治和意识形态决定)的交叉,而非无产阶级。工薪工人由于其相对于资产阶级和无产阶级对立的中间地位而被视为"新的小资产阶级"。[23]

因此,与雷斯尼克和沃尔夫一样,普兰扎斯超越了马克思提出的对生产性和非生产性劳动的区分作为确定生产者身份的标准。更重要的是,阶级结构中的地位和阶级立场之间没有必然的关系;个人或群体的意识形态和政治立场可能与他

---

〔19〕 N. Poulantzas, *Political Power and Social Classes* (1978) 62ff.

〔20〕 同上,第63—64页(强调来自原文)。正如普兰扎斯所解释的:

马克思对社会阶级的分析从来不是简单地指经济结构(生产关系),而总是指一种生产方式和社会形式的结构的整体,以及由不同层次维持的关系……一切的运行都是因为社会阶级是一系列结构及其关系的结果,首先是经济层面,其次是政治层面,最后是意识形态层面。

怀特同意这一观点,并指出"阶级不仅在经济层面上,而且在政治和意识形态层面上都是结构性的":同上。

〔21〕 同上,第31页。正如普兰扎斯所说,"尽管每个工人都是工薪阶层,但不是每个工薪阶层都一定是工人,因为不是每个工薪阶层都从事生产性(即体力)劳动"。N. Poulantzas, *Classes in Contemporary Capitalism* (1975),20.

〔22〕 关于非物质生产对工业生产的主导地位,See A. Negri, *Empire and Beyond* (2006). 内格里认为,与其他生产形式相比,非物质生产的霸权正在兴起。这一事实取代了以前工业生产的霸主地位。在20世纪的最后十年,工业劳动失去了其霸权,取而代之的是"非物质劳动",也就是"创造非物质产品,包括知识、信息、通信、语言和情感关系的劳动":同上,第127和128页。霸权不是定量的,而是定性的,也就是说,"在多大程度上,它有能力改变他人":同上,第127、129页。虽然内格里在开创一种新的全球生产模式方面可能有些草率,但这一点也不无道理,因为它抓住了全球资本主义不断变化的本质:知识和资本以及知识作为资本的不断涌现和即时流动。这种新的生产模式由新兴的TCC主导。它包含了从通信帝国主义到生物帝国主义的各种现象,所有这些都日益成为跨国资本运作的核心。

〔23〕 Cottrell, *supra* note 11, at 69.

们的阶级地位不同。[24]

　　布迪厄的工作也促进了对"阶级"的理解。这种"阶级"概念不受其在经济结构中地位的限制,从而回应了阶级不决定于意识形态和政治层面的批评。根据布迪厄的说法,一个社会组织中个人或群体的阶级地位由三个因素决定:经济和文化资本总量、经济和文化资本的构成,以及一段时间内经济和文化资本构成的变化或稳定的情况。[25] 正如韦宁格(Weininger)所解释的,文化资本是指特定文化的"能力",尽管这种能力分布不均,但在特定的社会环境中作为"资源"或"权力"是有效的。[26] 文化资本是由家庭和学校等社会机构灌输给个人和群体的。因此,阶级的存在是由布迪厄所说的"阶级习惯"作为媒介而实现的。这种概念矩阵使阶级分析不再被理解为"没有主体"的机械反应之行动客观主义和将行动描绘为故意追求特定意图之主观主义。[27] "文化资本"和"阶级习惯"等概念,能帮助将国际法律人的"无形学院"定位在国内和全球社会形态中。[28] 由于"无形学院"在国际法的制定和解释中起着至关重要的作用,因此阶级方法为国际法的过程和结构提供了有力的见解。

　　第三,因为没有考虑到性别和种族区分,马克思主义对"阶级"的理解不再有效,这一观点并不完全具有说服力。"阶级"的范畴不能与性别和种族的范畴对立。一个社会阶层可以被理解为一个包含性别和种族区分的复杂统一体。[29] 因此,后一类既不是简单地被吸纳入阶级范畴,也不仅仅是对其的补充。它们是相互渗透和重叠的范畴,以多种方式彼此交叉。但是,正如森(Sen)敏锐地指出的,"没有完全独立于阶级的不平等的来源",因此"基本问题是互补性和相互关系,而不是不同差异相互隔绝的独立运作(如夜间航行的船只)"。[30] 从这一角度,怀特举例指出了五种可能的阶级/性别交互形式:

---

〔24〕 对普兰扎斯观点的批判,参见 E. O. Wright, *Class, Crisis and the State* (1979) 43ff.

〔25〕 Weininger, 'Foundations of Pierre Bourdieu's Class Analysis', in E. O. Wright (ed.), *Approaches to Class Analysis* (2005) 82, 88-89.

〔26〕 Ibid., 87.

〔27〕 转引自 Weininger, *supra* note 25, 90.

〔28〕 沙赫特(Schachter)用"无形学院"一词来形容"国际法律人的专业团体"构成一个"致力于共同知识事业的无形学院":Schachter, 'The Invisible College of International Lawyers' (1977) 77 *Northwestern University Law Review* 217。

〔29〕 一般性参见 L. S. Chancer and B. X. Watkins, *Gender, Race and Class: An Overview* (2006)。

〔30〕 A. Sen, The *Argumentative Indian* (2005), 207, 208. 弗雷泽(Fraser)在最近的一篇文章中指出,"交叉主义"方案"今天被广泛接受",并试图"将最近的女权主义理论与最近关于资本主义批判理论结合起来":Fraser, 'Feminism, Capitalism and the Cunning of History' (2009) 56 *New Left Rev* 97, 103, 98。

性别作为阶级关系的一种形式;性别关系和阶级关系相互影响;性别作
为阶级地位的分类机制;性别与阶级地位的中介联结;性别与阶级的因果互
动决定各种结果。[31]

布迪厄更进一步将阶级和性别置于平等地位。[32] 这些举动不是空洞的姿态,
而是假设"性别"范畴具有与阶级关系不同的本质。至少有一个后果是,"在资本
主义内部,性别不平等的斗争的成功空间可能比马克思主义者通常愿意承认的更
大"。[33] 从描述当代国际法的角度来看,重要的一点是需要考虑它对所有三个社
会范畴(即阶级、性别和种族)命运的影响。

对"阶级"类别的第四个批评是,通过扩大股票所有权实现所有权的民主化和
管理阶层的崛起的情况,要求我们重新思考该范畴的相关性。但是,正如在回应
中所指出的那样,股票所有权的扩散只会导致"加强大股东的实际控制,从而成功
地获得与其实际所有权不成比例的资金。矛盾的是,股票的分散有利于资本的集
中"。[34] 此外,正如科特雷尔所解释的,尽管所有权民主化,生产资料仍然是资本
主义企业(股份公司)自己独占的对象。资本主义企业仍然是独立的法律主体和
独立的占有单位,为市场生产商品,并受盈利要求的约束,"生产者",无论是体力
劳动者还是管理者,只有与资本主义企业签订工资合同,才能获得生产资料。从
这个角度来看,股份公司可能被视为一种资本主义财产形式,一种不同于个人所
有权的形式,但绝不代表"废除资本主义生产模式"。[35]

在政治和意识形态层面,股票所有权的分散是中产阶级被争取到资本主义生
产方式(capitalist mode of production,CMP)一边的物质基础。收到的股息确保了

---

〔31〕 E. O. Wright, *Class Counts* (2000), 119.

〔32〕 Weininger,前注 25,第 112—113 页。值得注意的是,布迪厄在不同的时间点以不同的方式处理了
阶级和性别之间的联系。一开始,他谈到了阶级和其他社会区分(如性别和种族)之间的"交织关系网络":
同上,第 108 页。他指出,"基于次要标准(如性别或年龄)动员的群体,与基于其状况的基本决定因素动员
的群体相比,可能更不持久、更不深入地结合在一起":同上,第 110 页。但后来他偏离了这一理解。谈到基
于性别的社会区分,布迪厄指出:

无论女性在社会空间中的地位如何,她们都有一个共同的事实,即她们与男性之间存在着一个负的象
征性系数,就像黑人的肤色,或任何其他被污名化的群体成员的标志一样,并且它是同源差异的系统集合的
来源;尽管相互间有着巨大的距离,但一位女性总经理……以及女生产线工人会有一些相同之处。

同上,第 112 页。但这不一定是阶级和性别之间关系概念化的唯一可能的方式。这里有一种复杂性,不
能通过简单地赋予这两个类别平等地位来体现。

〔33〕 同上,第 274 页。

〔34〕 DeVroey, 'The Separation of Ownership and Control in Large Corporations' (1975) 7 (2) *The Review of
Radical Political Economics* 1,cited in Wright, *supra note* 31, 69. See also Cottrell, *supra note* 23, 110.

〔35〕 Cottrell, *supra note* 23, 80.

他们对资本的投票权。[36]

对"阶级"范畴的第五种批评是,至少在先进资本主义社会中,福利国家的建立导致了"阶级文化"的解体。[37] 正如贝克(Beck)所说,它导致了"集体身份的消亡"和个体化的出现。正如阿特金森(Atkinson)所解释的,这是一个双重过程,在反身现代性的条件下,个人被从"历史决定的社会形式和承诺",包括与阶级相关的社会形式中剥离出来,随后,他们重新融入了新的生活方式,在这种生活方式中,他们"必须自己制作、上演和拼凑自己的传记"。[38] 然而,这不仅是一种主观现象,也是一种结构性现象。[39] 批评观点指出贝克的理论和观察并不是基于经验的,也就是说,它们是"无数据的"。[40] 此外,他不理解个人歧视和阶级从属之间的区别;实际上,个人歧视根据其所处的阶级位置获得了不同的优势。关于国际人权法的话语吸纳了这一见解,方式之一就是区分个人权利和集体权利。贝克未能区分个人歧视和阶级从属关系及其辩证关系,这就解释了为什么在他的"个体化"概念中存在"矛盾和对立"。因为有时他并不认为阶级正在被完全抹杀。[41] 贝克的观点也受到欧洲中心主义的影响,因为它没有考虑第三世界或转型经济体中"阶级"的命运及其对西方世界阶级文化的影响;第一世界工人阶级所获得的利益以及由此产生的对他们利益的重新定义被忽视了。阶级只能位于国家框架内这一基本假设也是有问题的,因为没有理由不能在全球层面上构成阶级,而且(正如我们将看到的)事实上它们就是如此。对于强调后国家形式的不平等主义的人来说,这种疏忽很难理解。

二、从国家到全球阶级:论全球社会形态

关于"阶级"概念的辩论揭示了在国家社会结构中识别阶级的复杂性,它们与性别和种族类别的交织,以及对它们在社会再生产中的作用的理解。当谈到全球

---

〔36〕 这种洞见有助于我们探寻如企业主导发展这样的想法之局限性。考虑到支持这种理解的是中产阶级,我们对此的热情应当打折扣,因为无论是国内的还是全球的中间阶级,其与全球性公司的利润都息息相关。对于印度的情况,参见 Fernandez and Heller, 'Hegemonic Aspirations: New Middle Class Politics and India's Democracy in Comparative Perspective' (2007) 38 *Critical Asian Studies* 495。

〔37〕 Beck, *supra* note 8, 682.

〔38〕 Atkinson, *supra* note 7, 352.

〔39〕 Ibid., 353.

〔40〕 Ibid., 355.

〔41〕 Ibid., 356-357.

层面的阶级时,这个问题变得更加复杂。我们可以说有一个全球社会吗? 是否有全球阶级? 我们能够在全球层面进行多阶级分析吗? 在国家间制度中,阶级利益是如何表达的? 主权国家的存在在多大程度上意味着阶级利益在全球层面上以一种高度由国家中介的、间接的方式表现出来?

(一) 生产方式与社会形态的区分

为了回答这些问题,可以首先明确生产方式和社会形态之间的区别。生产方式是"一种抽象形式的对象,在现实中并不存在"。[42] "真正存在的是一种历史决定的社会形态,即在其历史存在的某一特定时刻,在最广泛的意义上是一个社会整体:例如,路易·波拿巴统治下的法国,工业革命时期的英国。"[43] 社会形态通常以"资本主义、封建和父权制生产模式的特定组合为特征,这一组合只强烈地存在于这一术语"。[44] 因此,社会形态"构成了一个复杂的统一体,其中某一种生产模式支配着其他生产模式"。[45]

同样可以认为,加速的全球化导致了一种全球社会形态的出现,其中不同的生产模式(在双重意义上,因为它们既存在于民族国家内部,也存在于国际体系中)并存,但由资本主义生产方式(CMP)主导。借用曼德尔(Mandel)的话说:"世界资本主义的交换(和生产)关系将资本主义、半资本主义和支持资本主义的生产关系有机地结合在一起。"[46] 这种说法可能在早些时候缺乏说服力,因为在没有信息和通信革命的情况下,各国社会的全球一体化还没有达到今天的水准。[47] 目前的情况已经非常不同了。持续的金融危机迅速席卷全球,这在很大程度上证实了全球社会形态的出现。当然,不同国家的社会形态在全球社会形态中的位置,包括一体化程度,形成了一个复杂的关系网,需要进一步的概念和经验映射。但是,我们可以自信地肯定存在全球社会的雏形。

---

[42] Poulantzas, *supra* note 19, 15. 生产方式是生产力和生产关系的结合。

[43] Ibid.

[44] Ibid.

[45] Ibid.

[46] Mandel, 'The Nation-State and Imperialism', in D. Held *et al.* (eds), *States and Societies* (1983), 526, 527 (emphasis added).

[47] But see Bergesen, 'The Class Structure of the World-System', in W. R. Thompson (ed.), *Contending Approaches to World System Analysis* (1983) 43-54.

(二)资本主义的全球特征

值得强调的是,资本主义的一个核心特征是其固有的空间扩张倾向。这也解释了为什么资本主义总是帝国主义的;资本主义的扩张具有共同和不均衡发展的特点;它同时催生了发达和欠发达。但这一事实并未被纳入马克思对资本主义的理解。正如印度马克思主义经济学家帕特奈克(Patnaik)所指出的那样,马克思的分析"本质上与'封闭的'资本主义经济有关"。因此,"[除了卢森堡(Luxembourg)单独的和不完整的努力之外]资本主义与殖民地之间的互动仍然是马克思主义理论保持沉默的领域"。[48] 正如他继续指出的,这里的问题不是殖民主义的故事,而是如何"将其纳入马克思主义理论的核心",以便更好地理解当代形式的帝国主义。[49]

1853 年后的几年里,马克思和恩格斯研究了爱尔兰,明确谴责了殖民主义的破坏性(尤其是在他们关于印度的著作中),但这并不影响他们对资本主义生产模式作为一个封闭系统的分析。甚至列宁也没有认真研究殖民主义在资本再生产过程中所起的作用。[50] 它导致人们忽视了这样一个事实,即资本主义和帝国主义有着内在的而非连带的关系,因此资本主义从一开始就是帝国主义的。[51] 或者,换言之,资本主义的历史作用始终是创造一种全球社会形态,尽管这种形态不会产生公正的世界秩序。

然而,需要澄清的是,虽然资本主义生产方式与帝国主义之间的关系是内在的,其内容和形式在不同的历史时期却发生了变化;构成帝国主义的经济、社会和政治实践在不同时间经历了转变。我们今天看到的是可以被称为全球帝国主义的现象的出现。它的显著特征是,从中受益的阶级是以国际金融资本(与高度殖民主义时期的工业资本和金融资本的结合形成对比)为核心驱动力的各国资产阶级的跨国部分。跨国资产阶级所带来的利益部分地与第一世界和第三世界的中

---

〔48〕 Patnaik, 'The Communist Manifesto after 150 Years', in P. Karat(ed.), *A World to Win : Essays on The Communist Manifesto*(1999)7(emphasis in the original).

〔49〕 Ibid.

〔50〕 Ibid.

〔51〕 这是一个即使是著名的马克思主义者和批判作家也忽视的事实,并且这种忽视产生了严重的理论和政治后果。例如,佩特拉斯(Petras)指出,"阅读(20 世纪 70 年代)米利班德(Miliband)-普兰扎斯关于资本主义国家的辩论时,人们永远不会知道美国'资本主义国家'的主要意识形态/经济资源和机构正在进行一场重大的帝国主义战争":J. Petras, *The New Development Politics : The Age of Empire Building and New Social Movements*(2003)154。

产阶级共享;全球金融寡头的理论家往往来自这种群体。但是,正如最近的国际金融危机所表明的那样,金融驱动的帝国主义全球化不可持续。尽管如此,这场危机确实证明了全球社会形态的演变。

(三)跨国公共领域的出现

跨国公共领域的兴起也证明了当今全球社会形态的出现。传统上,对公共领域的思考是"由威斯特伐利亚的政治想象所引发的"[52]。在全球化加速的时代,这一点正在发生变化,因为正如弗雷泽(Fraser)所解释的:

> 所有受影响的原则认为……相关的公共性应符合影响存在争议的决定生活状况结构。如果这种结构跨越国家边界,相应的公共领域必须就是跨国的。否则,这些公众产生的意见就不能被视为具有正当性。[53]

虽然新兴的跨国公共领域仍然是一个资产阶级领域,跨国被压迫阶级的大部分成员不容易进入,但它通过报道和声援跨国被压迫阶级的社会和政治斗争,日益扩大其影响力。换言之,在全球化进程加速的今天,全球资本主义塑造了决定生活状况(life-conditioning)的社会结构。相应地,相关公众由不同的跨国群体和阶级组成,包括跨国资产阶级、跨国被压迫阶级和跨国中产阶级(TMC)。

当然,新兴的全球社会形态和跨国公共领域的基础仍然是一个国家间体系,这个体系的逻辑和动态仍然不容忽视。一个国家的对外政策是几个因素的复合表现:主导阶级的利益、与其他社会阶级的妥协、国家安全关切、文化焦虑、抵抗运动以及国际造法过程的独特性。这意味着主导全球生产方式的影响或霸权跨国阶级的利益不会直接转化为国际法规则。还有许多其他变量和中介过程发挥作用。然而,与此同时,由于国际法是一个不仅反映而且构成和影响其主体性质的事物,因此近年来,它在构建有利于实现跨国资产阶级利益的全球社会形态方面发挥了关键作用。在此,制定全球的统一标准或通过国际法建立全球产权具有重要意义。这些发展反过来可以被追溯到这样一个事实,即资产阶级的跨国部分(TCC)已经开始主导国家结构,并影响主要发达国家和发展中国家的政策。跨国资产阶级(在经济、意识形态和政治层面)鼓励全球一体化,并寻求在国际法中采用相应的原则和规范。国际法律人的无形学院为这一进程作出了自己的贡献;学

---

〔52〕 Fraser, 'Transnationalizing the Public Sphere: On the Legitimacy and Efficacy of Public Opinion in a Post-Westphalian World' (2007) 24 *Theory, Culture & Society* 7, 8.

〔53〕 Ibid. , 22.

者、外交官、官僚、法官、仲裁员在推动实现跨国资产阶级在国际法领域的愿景上，发挥了关键作用。

(四)跨国资产阶级:欧洲

跨国资产阶级有不同的定义。根据斯克莱尔(Sklair)的说法,跨国资产阶级不是由传统马克思主义意义上的资本家组成的。生产资料的直接所有权或控制权不再是服务于资本利益,特别是全球资本利益的唯一标准。[54] 根据这种观点,跨国资产阶级由四个部分组成:全球化的国家和国家间官僚和政治家(国家部分)、全球化专业人员(技术部分)以及商人和媒体(消费者部分)。[55] 罗宾逊和哈里斯(Robinson 和 Harriss)等其他人认为,跨国资产阶级"由跨国资本所有者组成,也就是说,拥有主要出现在跨国公司和私人金融机构中的、全球领先生产方式的团体"。[56] 布迪厄试图"通过提供'结构主义'和'建构主义'方法同时存在的必要性和不可分割性的经验证明和理论证明,消除这两种看似矛盾的社会分析观点之间的区别"。[57] 布迪厄认为,行动的真正原则不在于这两种"社会状态",即结构、机构和主体,而在于它们之间的关系。正是从永恒和多元的"场域和习惯、地位和性格、社会结构和心理结构的辩证法中,实践才得以产生,并(重新)创造了创造实践的世界"。[58] 在这种情况下,我们讨论的世界当然是国际法的世界。

跨国资产阶级领导下的全球一体化进程也是一个多层次的过程。它发生在几个层面:国际、区域和国家(尤其是在城市)。由于当今全球一体化进程中的一个关键因素是区域进程,因此简要考察其中最重要的一个,即欧洲一体化进程,是有益的。阿佩尔多恩(Apeldorn)认为,一个新兴的跨国资产阶级在其中发挥了关键作用。[59] 阿佩尔多恩注意到"阶级不是统一的行动者",他将"资产阶级形成的

---

〔54〕 L. Sklair, *Globalization: Capitalism and its Alternatives*(2002),98.

〔55〕 Ibid., 99.

〔56〕 Robinson and Harris,'Towards a Global Ruling Class? Globalization and the Transnational Capitalist Class'(2000)64 *Science and Society* 11,22. "分裂是指阶级内的一部分,由其与社会生产和整个阶级的关系决定";ibid.,22.

〔57〕 Wacquant,'Symbolic Power in the Rule of "State Nobility"', in L. Wacquant(ed.), *Pierre Bourdieu and Democratic Politics*(2005)133,136.

〔58〕 Ibid.

〔59〕 Van Apeldorn,'The Struggle over European Order: Transnational Class Agency in the Making of "Embedded Neo-Liberalism"', in N. Brenner et al.(eds), *State/Space: A Reader*(2003)147(译者注:原文为 at174,147,应为印刷错误)。他公开肯定政治经济学研究中的阶级中心性:ibid., 148.

过程概念化为资产阶级内部不同群体逐渐形成对立的阶级部分的过程"。[60] 阶级部分具体形成中两个关键的结构主线被识别为:

> 首先是工业(生产)资本与金融(货币)资本的对比,其次是国内(或各国)资本与跨国资本的对比。在后者内部,可以进一步区分全球化程度,即企业的跨国活动是在真正的全球范围内进行,还是更局限于特定的宏观区域(如西欧)。[61]

阶级形成的实际过程应被定位在具体的历史和制度背景中。[62] 根据阿佩尔多恩的说法,欧洲的跨国资产阶级具体体现在欧洲工业家圆桌会议(European Round Table of Industrialists, ERT)中,这是"跨国资产阶级赖以形成的主要组织"。[63] 在欧洲工业家圆桌会议中,"该阶层(部分)的利益被组织、塑造并综合成一个综合战略"。[64] 欧洲工业家圆桌会议"主要在思想和意识形态形成层面"[65] 运作,并随着时间的推移发生了变化:

> 从1988年起,可以看到欧洲工业家圆桌会议成员组成的变化,全球主义者成为欧洲工业家圆桌会议中的主导群体。不仅许多全球性的公司,如壳牌、联合利华、帝国化学工业、英国石油、拉罗什、英国电信和拜耳(重新)加入了欧洲工业家圆桌会议,以前主要为欧洲市场生产并与非欧洲进口产品竞争的老牌欧洲工业家圆桌会议公司也变得更加全球化。欧洲工业的全球化发生在全球竞争加剧,以及新重商主义项目政治失败的背景下,此时新自由主义作为一种替代战略获得了吸引力。[66]

但欧洲跨国资产阶级即使服从于自己的利益,也必须顾及"前新重商主义者和促进新欧洲市场社会层面的社会民主主义者"的担忧。[67] 通过这种方式,它能够团结整个资产阶级的利益,"表达其集体利益,同时呼吁更广泛的利益和认同"。[68]

---

[60]　Ibid. , 149.

[61]　Ibid.

[62]　Ibid. , 152.

[63]　Ibid. , 153.

[64]　Ibid.

[65]　Ibid.

[66]　Ibid. , 154. See also Sklair, *supra* note 54 ,73.

[67]　Brenner, *supra* note 59 ,157.

[68]　Ibid.

(五)跨国资产阶级:发展中国家

首先在过去的二三十年中,资产阶级的跨国部分也在第三世界获得了一席之地。在它日益增长的影响力背后,既有物质原因,也有意识形态原因。在物质层面上,主要第三世界国家奉行的新自由主义政策给资产阶级的跨国部分带来了优势。第三世界主要市场开放和自由的投资制度增加了跨国公司在第三世界的存在,并允许第三世界跨国资产阶级扮演他们发达国家同行的初级合作伙伴的角色(例如,通过建立合资企业)。当地和全球利益(包括来自国际金融机构的压力)推动资本账户可兑换,增加了外国机构投资者(Foreign Institutional Investors,FIIs)在印度等新兴经济体的存在。其次,奉行新自由主义政策为第三世界跨国公司在巴西、中国、印度和南非等主要发展中国家的出现创造了空间(通过改变货币和金融法规)。2003 年,发展中国家的对外直接投资存量从 1990 年的 1290 亿美元增至 8590 亿美元,自 1985 年以来增长了 11 倍。[69] 最后,新自由主义政策通过改变劳工政策和法律,给发展中国家的工会和农民运动带来挫折,遏制了对跨国资产阶级利益的抵抗力量。

意识形态因素的重要性不容低估。首先,在缺乏明确的其他选择的情况下,新自由主义全球化的论调吸引了第三世界国家政治领导人,影响了决策。其次,跨国资产阶级的世界观已经通过文化和媒体行业(其中有大量的外国直接投资)在中产阶级中有效传播,为跨国资产阶级创造了强大的支持基础。最后,在印度和中国等关键国家,越来越有影响力的侨民接受了跨国资产阶级的意识形态,并利用其在国内日益增长的地位来推行它。[70] 但是,正如跨国资产阶级在欧洲的情况一样,它在发展中国家也不得不与资产阶级的其他部分结盟,以维持其影响力。

(六)跨国资产阶级与国际法

跨国资产阶级作为全球主导阶层的出现自然对当代国际法产生了影响。跨国资产阶级试图带来改变,使其世界观合法化,并促进其利益的实现。跨国资产

---

[69] Gammeltoft, 'Emerging Multinationals:Outward FDI from the BRICS Countries' (2008) 4 *Int' l J Technology and Globalisation* 5,6;UNCTAD, *World Investment Report* 2006, available at:www. unctad. org /Templates/ webflyer. asp? docid =7431&intItemID =3968&lang =1&mode = downloads;Pedersen, 'The Second Wave of Indian Investments Abroad' (2008) 38 *J Contemporary Asia* 613.

[70] 关于中国可能存在的跨国资产阶级的产生,见前注 54,Sklair,第九章"中国的资本主义全球化",第 244 页。

阶级寻求通过国际经济法,通过创建和保护全球产权,将跨国公司的权利纳入法律以及限制主权国家的经济自主权,促进生产和金融的全球化。[71] 它的最终目标是创造一个全球经济空间,使所有国家,无论其发展阶段如何,都在其中实施统一的全球标准和规范。

马克思和恩格斯在《共产党宣言》中写道,资产阶级的崛起使其在政治上占据优势,将利益、法律、政府和税收制度分离的独立省份或松散联系的省份"合并为具有一个政府、一套法律、一个国家层面的阶级利益、一个国界和一个关税体系的国家"。[72] 今天,一个新兴的跨国资产阶级正在试图将主权国家"联合起来",以克服由于独立政府、法律和税收制度的存在而造成的资本障碍。由于金融资本是跨国资产阶级最具影响力的组成部分,近年来,它在创造全球经济空间方面发挥了至关重要的作用。作为加速全球化的关键机构,全球金融公司与发达国家的政府密切合作,以制定"有助于这些公司在全球范围内拓展业务的国际规则和理念,如支持无限制跨境流动的规则和理念,以及要求债务国改革自身适应全球金融市场的需求"。[73] 金融交易全球化的结果当然是"对一些人来说是巨大的财富,对其他人来说是可怕的困难"。[74]

当代,超越和协调国内法的尝试正在通过不断增加的国际机构进行——这些机构共同构成了一个新兴的全球国家。[75] 这意味着发展中国家在社会、经济和环

---

[71] 产权的全球化表现在创造全球可执行的知识产权、公共事业的私有化、强化外国资本的安全(如多边投资担保机构)以及回归赫尔公式(the Hull formula)来处理外国财产的征用等方面。
关于第三世界国家经济独立与跨国公司权利增长的制约因素,见 Chimni, 'International Institutions Today: An Imperial State in the Making' (2004)15 *EJIL* 1; Chimni, 'The World Trade Organization, Democracy and Development: A View from the South' (2006)40 *J World Trade* 1,9。
[72] Karat, *supra* note 48,93.
[73] Porter, *supra* note 2,22. 由于私人行为者在国际法制定(例如,银行和证券法、商业法)中日益增长的作用,合宜的国际法正在塑造而成: Underhill and Zhang, 'Setting the Rules: Private Power, Political Underpinnings, and Legitimacy in Global Monetary and Financial Governance' (2008)84 *Int'l Aff* 535,535-554. 世界经济论坛(World Economic Forum, WEF)在促进跨国资产阶级利益方面发挥着至关重要的作用。
该论坛是一个组织,在此,全球力量集团的各个部分可以在跨国资本的领导下走到一起,构建一个统一的政治愿景,并以"为公共利益而创业"的普遍愿景为幌子,向世界其他地区展示全球资本的利益。
Rupert, 'Class Powers and the Politics of Global Governance', in M. Barnett and R. Duvall (eds), *Power in Global Governance* (2005)205,224.
[74] Porter, *supra* note 2,21.
[75] Chimni, 'International Institutions', *supra* note 71.

境领域的政策空间日益丧失。[76] 这些政策空间尤其被世界贸易组织、国际货币基金组织和世界银行等主要国际经济机构以及巴塞尔委员会等论坛所占据,因为它们如今有足够的权力和/或权威来执行规则。

跨国资产阶级在国际法框架中影响力不断增强的一个结果是南北差距,以及南北内部的差距不断扩大;分配结果远不理想。日益扩大的差距是国际人权法近几十年快速发展的重要原因。

国际人权法往往是由全球化进程中反对不公正的全球社会运动所表达的对抗性意识形态所推动的。因此,人权话语越来越多地被用来实现受压迫和边缘群体(包括妇女、儿童、残疾人、少数群体、移民、流离失所者、难民、土著人民)的需求。但跨国资产阶级很快就宣称是他们自己推动了国际人权法的迅速发展,并利用它合法化跨国资产阶级对当代国际法的愿景。国际人权法的发展被用来证明全球资产阶级关心下层群体和阶级的福利;这部分解释了为什么跨国资产阶级没有强烈反对国际人权法的发展。

事实上,跨国资产阶级有效地利用了不断扩大的人权法。因此,关于人权的话语被用来巩固全球产权制度,就像在知识产权(intellectual property rights, IPRs)的案例中一样。跨国资产阶级还通过援引将企业活动与人权联系起来的企业社会责任(corporate social responsibility, CSR)概念,利用人权话语来推进和嵌入企业主导发展的理念。[77] 此外,跨国资产阶级的理论家利用人权话语来破坏那些保护下层国家和人民的国际法基本原则,包括不使用武力、主权和不干涉原则。

"使用武力的人道主义干涉"或最近的"保护的责任"的概念包含了一种理解,允许占统治地位的国家对不符合跨国资产阶级利益的国家使用武力。另外,国际人权制度的核心正在被重新配置,以满足全球资本积累的利益。

这种人权重构的主要例子是,在劳工权利这一关键领域,(跨国资产阶级)通

---

〔76〕 然而,这并不意味着完全否认以下观点:"无论全球化给国家活动方式带来了多大的限制,尤其是在宏观经济领域,它也让国家有足够的行动空间,从而采取符合其社会政策和经济升级目标的行动"。也可以承认,"机构的规范性和组织性配置在调节国家应对全球化压力的方式、扩大和减少其行动空间方面发挥着关键作用。": Weiss, 'Is the State Being "Transformed" by Globalisation?', in L Weiss(ed.), *States in the Global Economy: Bringing Domestic Institutions Back In*(2003)293,298,302. 但这并不意味着主权丧失论是错误的。必须区分政策空间的损失和国家应对这种损失的方式: ibid., 308ff. 应对过程可能会创造出一些积极的替代治理模式,但这些模式并不能充分弥补政策空间的严重损失,因为政策空间会阻碍各国采取最适合其发展阶段和人民利益的政策措施。

〔77〕 一般性参见 Blowfield, 'Corporate Social Responsibility: Reinventing the Meaning of Development?' (2005)81 *Int'l Aff* 515。

过企业社会责任的理念,将人权的执行从国家和国际组织转移到市场行为体。正如哈塞尔(Hassel)最近就国际劳工标准所指出的,"在过去的 20 年里,关于劳工标准的争论已经从国际劳工组织公约的监管转向行为准则,从政府转向跨国公司,从集中化的方式转向分散化的环境"。[78]

虽然一些人认为这在落实劳工权利方面取得了进展,但另一些人则认为这削弱了标准和执行机制,并有可能破坏国际劳工组织几十年来的工作。[79] 阿尔斯通(Alston)因而将国际劳工组织《国际劳工组织关于工作中基本原则和权利的宣言》(1998 年)中的主要关切总结如下:

> 过度依赖原则而不是权利。被援引的原则实际上是不明确的,并被故意从国际法中脱离出来。反过来,国际法的运行又是以经年的法理演变、执行方面的自愿主义精神,加上非结构化和无法问责的去中心化责任体系,还有接受软"促进主义"为底线的意愿为基础的。[80] (译者注:"促进主义"是一个哲学领域的词汇。认为主体 A 做某事有助于促进命题 p,那么 p 就为做此事提供了正当理由——这种论证被称为"促进主义"。在引文的语境中,可以理解为,国际法长期以来接受这样一种论证方法:因为国际法能够促进劳工权利保护等情况,后者的存在就客观上能为国际法提供正当性。)

阿尔斯通恰当地总结道:"人们正在精心打造劳工权利保护的门面,以缓解那些担心全球化某些方面导致工人权利受到侵蚀的人的压力。"[81]

鉴于这些发展,当代国际法可以被视为一个原则和规范体系,它首先是在国家之间达成的,其次是通过非国家实体网络达成的,这体现了通过一系列手段实现的特定阶级利益,包括日益国际化的、作为新生全球国家的基石的机构。更具体地说,当代国际法可以被定性为资产阶级帝国主义国际法,它以牺牲跨国被压迫阶级和实质性全球民主的利益为代价,将新兴跨国资产阶级的利益纳入法律。[82] 可以肯定的是,尽管当代国际法的不同分支反映了其整体特征,但它们对统治阶级利益的反应是不同的。例如,一方面,国际经济法比国际法的其他分支

---

〔78〕 Hassel, 'The Evolution of a Global Labour Governance Regime' (2008) 21 *Governance: An Int'l J Policy, Administration, and Institutions* 231, 244.

〔79〕 Alston, '"Core Labour Standards" and the Transformation of the International Labour Regime' (2004) 15 *EJIL* 457.

〔80〕 Ibid. , 518.

〔81〕 Ibid. , 521.

〔82〕 这一定义首次出现在 Chimni,前注 1,第 9—10 页。

更直接地将跨国资产阶级的利益纳入法律;另一方面,国际环境法,即使符合跨国资产阶级的利益,也要寻求与全球生态危机的现实达成一致。因此,尽管跨国资产阶级可以犹豫作出严肃的有约束力的承诺来应对气候变化问题,但它不能完全忽视科学界在气候变化对全球资本主义和地球未来的意义和影响问题上的共识。

某些社会分裂导致了当代国际法不仅以阶级为基础,而且以其他范畴,如性别为基础。根据之前对"阶级"的讨论,现在是时候考虑上述对当代国际法的定性如何能够适应这些社会分裂的情况。将国际法定性为资产阶级—帝国主义的父权体系(尽管看起来不够优美)不是能更好地抓住国际法的本质吗? 在其开创性的著作《国际法的边界》(*The Boundaries of International Law*)中,查尔斯沃思(Charlesworth)和钦金(Chinkin)指出,"无论使用何种分类法,国际法律体系都会使所有女性群体失望"。[83] 在这方面,妇女的情况与其他下层人民没有什么不同。历史尤其证明了这一点,即殖民主义和父权制在许多方面代表着一枚硬币的两面。[84] 因此,在全球帝国主义时代,情况没有发生根本的不同并不足为奇,这就是它的历史伴奏。用查尔斯沃思和钦金的话说,"国际法的本质使得处理性别和性别的结构性劣势变得困难。妇女生活的现实很难契合到国际法的概念和类别中";[85] "被公认的国际法渊源维持了一种性别化的制度"。[86]

这一理解清楚地指出了当代国际法的性别特征。但与此同时,查尔斯沃思和钦金也认识到,使用"女性"的无差别分类是有问题的,因为"它强加了同质性的外表,掩盖了女性生活中的真实差异。这些因素包括种族、民族、原住民身份、宗教、阶级

---

〔83〕　H. Charlesworth and C. Chinkin, *The Boundaries of International Law: A Feminist Analysis* (2000) 2.

〔84〕　乔哈娜·德·格鲁特(Johanna de Groot)展示了"19 世纪关于性认同和差异的表述和论述如何借鉴并促成了关于种族、'种族'和文化认同和差异方面的相应论述和表述"。引用乔哈娜·德·格鲁特的话:由于他们的弱点、天真和不足,他们被描绘为需要男性/帝国权威保护和照顾的儿童。父母权威概念的使用结合了对从属性别或从属种族的关心和插手以及对他们的权力和控制,因此同样适用于男性对女性的权力或对从属种族的统治的定义。

然而,这种表述方式不应仅被赋予功能意义。它应该被视为"定义'自我和他人'的过程"。敦促改革、关心和保护不仅仅是为殖民主义寻找工具性的理由。它构成了殖民者的自我形象:德格鲁特,"性"和"种族": de Groot, ' "Sex" and "Race": the Construction of Language and Image in the Nineteenth Century', in C. Hall (ed.), *Cultures of Empire: A Reader* (2000) 37, 43-44。

〔85〕　Charlesworth and Chinkin, *supra* note 83, 17.

〔86〕　Ibid., 62. 查尔斯沃斯和钦金提到,尽管妇女需要通过巨大的精力和承诺,才能将要求消除对妇女暴力的"软法"文书带入国际舞台,但根据传统的国际法渊源,这些文书的无法律拘束力的形式降低了其规范效力。面对强大的、有影响力的国家的一致反对,也很难宣称存在相关习惯。即使国际上禁止暴力侵害妇女的规定被广泛接受,反对的国家也有可能声称自己是这一规范的"一贯反对者"。可能会有人认为,如果习惯国际法是分散的、模棱两可的,并且会遭到"一贯反对者"的拒绝,那就根本不值得讨论如禁止暴力侵害妇女等问题。另一种策略可能是为大会决议的规范性效力辩护,承认这会导致法律渊源的变化。

或种姓、财富、家庭地位、地理位置、教育、性取向和年龄"。[87] 换言之,尽管查尔斯沃思和钦金将自己局限于女权主义批判,但他们对社会中的其他社会分裂很敏锐,指出了当代国际法的多重特征的正确性。如果森关于阶级中心性的论点被接受,那么资产阶级、帝国主义和父权制的特征似乎也就是合乎逻辑的。将当代国际法定性为帝国主义也指出了这样一个事实:它的种族主义过往仍然困扰着它的当下;文明/不文明的鸿沟现在呈现了新的形式。[88]

然而,值得强调的是,国际法的阶级方法在其方向上不是决定论式的。它承认,当代国际法既具有构成性功能,又具有一定程度的、不受统治阶级利益影响的独立性。[89] 这意味着"国际法治"这一理念不仅仅是实现阶级和性别利益的门面。尽管将国际法定性为帝国主义,但国际法治的理念对跨国被压迫阶级来说仍然有意义。虽然接受某种形式的国际法律虚无主义可能很诱人,但这种做法不符合下层团体和阶级的利益。国际法上存在一些基本原则(如不使用武力原则),即使它们被跨国资产阶级破坏,但从跨国被压迫阶级和弱国的角度来看,这些原则具有至关重要的意义。[90] 对合法性的追求迫使跨国资产阶级不能总是忽视跨国被压迫阶级的利益,尤其是面对后者的反对和斗争的情况下。

三、自下而上的国际法:跨国被压迫阶级的全球斗争

因此,在国际法的阶级方法中,对当代国际法的理论批判与一种反抗理论被内在地联系了起来。后者记录和评估跨国被压迫阶级反对不公正法律的斗争,并对国际法律进程产生影响。在这方面,阶级抵抗理论试图避免自由主义、乐观主义和左翼悲观主义的陷阱。[91] 在它看来,无论是进步的叙事,还是无休止统治的想象,都没有抓住社会变革的复杂辩证法。标志着国家和全球社会进程的矛盾为反霸权话语和解放政治创造了空间,却从没有给出过乌托邦的承诺。而阶级方法

---

〔87〕 Ibid. , 2.

〔88〕 A. Anghie, *Imperialism, Sovereignty and International Law*(2004).

〔89〕 一般性参见 Klare, 'Law-Making as Praxis' (1979) 40 *Telos* 123。

〔90〕 在这种情况下,不妨回顾一下罗莎·卢森堡(Rosa Luxemburg)在社会主义革命背景下指出的,缺乏民主和权利将导致"所有政治机构的萎缩、腐败的滋长和革命的堕落": Thatcher, 'Left-communism: Rosa Luxemburg and Leon Trotsky Compared', in D. Glaser and D. M. Walker(eds), *Twentieth-Century Marxism: A Global Introduction*(2007)40.

〔91〕 Chimni, 'Third World Approaches to International Law: A Manifesto', in A. Anghie *et al.* (eds), *The Third World and International Order: Law, Politics and Globalization*(2003)47.

确定了全球民主和正义的具体斗争之价值。

在阶级方法中,理论与实践的联系与一般的批判理论形成了鲜明对比,后者倾向于"更擅长提出从哪里解放而不是解放到哪里,更不擅长如何从这里到达那里"。[92] 其结果往往是对"有规则的激进主义"的怀疑。[93] 特别是在后现代批判理论中,有一种倾向是不将"目的与手段"联系起来,也不思考"国际社会今天如何行动以实现其长期利益"。[94] 但是,正如温特(Wendt)为重建主义者辩护时指出的那样,尽管社会世界存在不确定性和复杂性,仍然可以"推动或引导演变……影响广泛的发展趋势"。[95] 不应该嘲笑法律的渐进式转变。[96] 相反,国际法的阶级方法强调了这种转变的重要性,因为这些转变成为社会和法律辩证法的一部分,而这种辩证法再现了为跨国被压迫阶级带来解脱的全球社会形态。不应高估福利的增加对跨国被压迫阶级的重要性,但左翼幼稚主义成为"改革"使统治合法化的论点的牺牲品。不应该忘记,当代国际法的变革是通过跨国被压迫阶级的全球斗争带来的。

(一)今天的国际主义

国际主义思想始终是马克思主义实现社会变革的重要组成部分。[97] 但是,正如哈里德(Halliday)恰当地指出的,提到过去的国际主义必须"基于对过去记录的

---

〔92〕 Wendt, 'What is International Relations For? Notes Toward a Postcritical View', in R. Wyn Jones (ed.), *Critical Theory & World Politics*(2001)205,212(emphasis in the original).

〔93〕 C. Mieville, *Between Equal Rights:A Marxist Theory of International Law*(2004).

〔94〕 Wendt, *supra* note 92,212. 温特提出了一个"后"国际关系批判理论的概念,该理论"将解放与实证主义者科学思考这一任务的意愿相结合;前者只能通过长期对现有秩序的深刻变革来实现":ibid., 208. 他拒绝"当代批判理论的反实证主义、反科学内涵",并指出,尽管社会世界存在不确定性和复杂性,"完全拒绝塑造社会发展的尝试是错误的。"同上,第208、210页。

〔95〕 Ibid., 211(emphasis in the original).

〔96〕 在这里使用"改革"(reform)一词本应是恰当的,但事实上,它的含义已被跨国资产阶级采纳和运用,现在已经意味着实施市场改革。

〔97〕 根据哈里德的说法,国际主义是一个至少由四个模块组成的理论:第一,一个国际体系的概念,它将共同的压迫结构强加给不同的民族和国家。第二,关于在这个全球结构中,如何创建一个同时是国家和全球的革命代理人,并负责向这个结构提出挑战的主体的构想。第三,通过这一过程,国际主义意识的增强与客观过程的传播,如通信、铁路、飞机、贸易和投资相匹配。这些客观过程加强了国际意识的提高。第四,所有这一切,非但没有被哀叹为对特定民族、传统或身份的破坏,反而值得欢迎,而且确实是人类更广泛解放进步的一部分。

Halliday, 'Revolutionary Internationalism and its Perils', in J. Foran et al. (eds), *Revolution in the Making of the modern World*(2008)65,67.

批判性、知情的解读",尤其是它成为"国家的工具"这一事实。[98] 旧国际主义必须(与跨国被压迫阶级范畴一致地)被一种新的复杂的国际主义思想所取代,后者更具包容性,由国家和非国家行为体的新旧社会运动组成,因此不适合体现在只反映国家的单一组织结构中。借用桑托斯(Santos)的话说,复杂的国际主义"旨在团结阶级和非阶级基础上的社会群体、剥削的受害者以及社会排斥、性、种族、种族主义和宗教歧视的受害者"。[99] 因此,跨国被压迫阶级中没有任何一方或一个部门要单独承担领导抵抗的责任。[100] 然而,碎片化的组织结构并不会消除阶级斗争的可能。正如普兰扎斯所指出的,阶级斗争是存在的,"即使在阶级混乱的情况下"。[101] 组织的多元化是一个优势,因为这样它不太可能被国家拉拢。即使是那些明确表示要实现社会主义愿望的人也澄清说,"这并不意味着一个老式的先锋派政党强加了一个独特的目标,并僭越了自己的视野,从而排斥了所有其他的声音"。[102] 然而,复杂的国际主义这一理念在欢庆不存在单一抵抗结构的同时,也没有忽略跨国被压迫阶级在全球层面进行某种协调的必要性。这种同步已经开始发生。今天,跨国被压迫阶级的社会运动和抗议运动(经常使用互联网)在全球范围内的协调日益加强,世界社会论坛(World Social Forum, WSF)等平台提供了某种形式的组织凝聚力。多种行动者和社会运动以不同的方式结合起来,根据问题和背景,使用一系列策略和战略,为国际法律体系的变革而斗争,为全球正义而努力。[103]

---

〔98〕 Ibid. , 66 and 68.

〔99〕 Santos and Boaventura de Sousa, ' Human Rights as an Emancipatory Script? Cultural and Political Conditions' , in B. Santos(ed.), *Another Knowledge is Possible:Beyond Northern Epistemologies*(2007)3 ,10.

〔100〕 此外,正如哈维(Harvey)所指出的,"在全球层面上要求一个老式的先锋党是不恰当的",它强加了一个独特的目标,并自命不凡,从而排斥了所有其他声音:D. Harvey, Spaces of Hope(2000)49. 类似地,齐泽克(Zizek)写道:"新的解放政治将不再是一个特定社会主体的行为,而是不同主体的剧烈结合。":Zizek, ' How to Begin from the Beginning' (2009)57 *New Left Review* ,43 ,55。

〔101〕 Wright, *supra* note 3 ,32.

〔102〕 Harvey, *supra* note 100 ,49.

〔103〕 一般性参见 Baer, ' The Global Water Crisis, Privatization, and the Bolivian Water War ' , in J. M. Whiteley et al. (eds), *Water, Place and Equity* (2008)195. (译者注:原文为 at6 195,应为印刷错误。)在描述玻利维亚水战时,贝尔谈到"一种基于领土问题和资源,而不是联盟关系的……新的社会运动形式":第219 页。有"一个由社区协会、工会、工人、农民和社会其他部门组成的联盟",组成了保卫水和生命联盟,或被称为"La Coordinadora":第202 页。它"包括有组织的公民,他们对执行过程的排斥性和缺乏民主的情况提出了规范性要求":第210 页。在获得水资源的斗争中,除其他外,出现了大罢工和理论倡议:第203 页。这场斗争最终取得了成功,玻利维亚政府与美国贝希特尔公司的子公司阿瓜斯德尔图纳里(Aguas del Tunari)签订的供水合同被取消。

（二）今天的暴力

在不同行为者和社会运动的策略和战略背景下出现的一个重要问题是，是否可以用暴力带来变革。同样，一个在被压迫阶级支持下上台的政府应该使用暴力来实现内部社会转型，或者应该支持使用暴力的全球社会运动吗？大约 40 年前，著名作家马尔克斯（Marquez）在《萨尔瓦多·阿连德之死》（*The Death of Salvador Allende*）一书中写道，"他（即阿连德）一生中最戏剧化的矛盾是，他既是暴力的先天敌人，又是一位热情的革命者。他认为，通过假设智利的条件将允许向承认资产阶级合法性的社会主义和平演变，他已经解决了这个矛盾。当经验告诉他一个没有权力的政府无法改变一个制度的时候，为时已晚"。[104] 但是，从长远来看，阿连德是对的（尽管他为自己对民主手段的承诺付出了生命代价），而他的批评者则是错的。可持续社会转型的未来在于国内和国际两级的民主手段和非暴力行动。在今天寻求变革的过程中，我们无法期待通过暴力实现自我解放的社会的那段破坏性经历会被洗去。借用福柯的一句话，暴力只能导致"反复的支配"，从而实现左翼悲观主义者的预测。[105] 因此，代表跨国被压迫阶级行事的社会运动、国家和非国家行为者必须避免这种做法。

（三）今天的阶级斗争

在复杂的国际主义框架下谈论全球跨国被压迫阶级斗争可能得到的一个反对意见是，在当代这一斗争被非阶级的抵抗所主导时，谈论阶级斗争是错误的。例如，新社会运动（New Social Movements，NSM）被认为更关注腐蚀性的商品化过程，因此更关注资本流通领域，而不是生产领域和传统的劳动斗争。[106] 然而，如果考虑到阶级和非阶级社会分类之间关系的重叠、相互渗透和互补性，如在争取妇女权利的斗争中，新社会运动就可能被视为以阶级斗争为核心的多阶级运动。新

---

〔104〕 Garcia Marquez, 'The Death of Salvador Allende', in H. Alavi and T. Shanin（eds）, *Introduction to the Sociology of 'Developing Societies'* （1982）350,359.

〔105〕 Foucault, 'Nietzsche, Genealogy, History', in P. Rabinow（ed.）, *The Foucault Reader* (1986)76,85. 因此，卢森堡试图将暴力的作用降至最低："无情的革命能量和温柔的人性——只有这一点才是社会主义的真正本质——一个匆匆忙忙地作出重要行为的人，即使是不小心将一只可怜的虫子踩在脚下，也是犯了罪"：*supra* note 89,40.

〔106〕 Madra and Adaman, 'Marxisms and Capitalisms: From Logic of Accumulation to Articulation of Class Structures', in D. Glaser and D. M. Walker（eds）, *Twentieth Century Marxism: A Global Introduction* （2008）212, 222.

社会运动所涉及的许多问题,特别在第三世界,基本上都是阶级问题。因此,例如,反对发展导致的流离失所或为了环境保护的斗争往往涉及第三世界最贫穷的人,即土著、部落人民和贫农。[107] 换言之,今天全球资本主义的性质正在发生变化。在全球化时代,资本的延伸回路当然会从那些处于其生产框架内的人那里产生剩余价值,但也会在没有无产阶级化的情况下产生"通过剥夺实现的积累"。今天不断扩大的积累过程包括自然资源或全球公域的私有化。因此,你可以看到整个第三世界在水、森林产品、生物多样性等方面的斗争。[108] 新形式的"阶级斗争"还有其他表现形式。第三世界劳动力的日益非正规化,加上跨国公司部门的分包和外包现象,意味着全球资本与劳动关系地图的重新配置。移民工人在世界经济中的作用越来越大,为上述问题增加了另一个层面。因此,劳动力的地点越来越多,产生了多重矛盾,导致阶级斗争的地点不断拓展。在这些情况下,回想一下E. P. 汤普森(E. P. Thompson)的提醒是有益的,他说,"阶级斗争是比阶级更为优先的普遍的概念"。因为,阶级不是作为一个独立的实体存在,它环顾四周,找到一个敌人阶级,然后开始斗争。相反,人们发现自己处于一个以确定的方式(一个关键方式是生产关系,但是这不是唯一的)构建的社会中,他们经历剥削(或对他们剥削的人需要保持权力),他们发现了对立的利益点,他们开始围绕这些问题进行斗争,在斗争的过程中,他们发现自己是阶级,他们将这一发现称为阶级意识。[109]

因此,反对"剥夺积累"的斗争日益激烈,这就是"阶级斗争",即使这种斗争并不总是植根于生产关系。换言之,不断变化的全球剥削关系结构需要扩大的、更具包容性的劳资关系概念。

当然,在这个过程中,不要忽视传统的阶级斗争是很重要的。在这方面,不幸的是,"告别工人阶级"或"农民之死"的声明在许多左翼作家中引起了共鸣。[110]

---

〔107〕 一般性参见 Gordon and Webber, ' Imperialism and Resistance：Canadian Mining Companies in Latin America' (2008)29 *Third World Q* 63。

〔108〕 See for instance Escobar and Pardo, ' Social Movements and Biodiversity on the Pacific Coast of Colombia', in B. Santos(ed.), *Another Knowledge is Possible：Beyond Northern Epistemologies*(2007)288. See also Baer, *supra* note 102.

〔109〕 Thompson, ' Class and Class Struggles', in P. Joyce(ed.), *Class*(2005)133,136(emphasis added). 尽管普兰扎斯采用了结构主义的方法,但他类似地写道：阶级既有阶级矛盾,也有阶级斗争；社会阶级并非最初就如此存在,然后才进入阶级斗争。社会阶级与阶级实践(即阶级斗争)相一致,只在它们的相互对立中定义。Poulantzas, *supra* note 21,14.

〔110〕 E. Hobsbawm, *Age of Extremes：the Short Twentieth Century* 1941-1991(1994)289.

据说全球劳动力"在 1975 年至 1995 年间翻了一番,达到 25 亿工人"之际,我们已经向工人阶级告别了。[111] 劳动力人数在那之后得到了进一步扩充。因此,阿哈迈德(Ahmed)正确地指出:讽刺的是,当工人阶级正成为一个普遍的阶级时,社会和政治理论中却出现了"后工作"的说法。[112]

同样,农民之死的说法也忽略了一个事实,即"在世界上人口最多的两个国家,即中国和印度,一半或更多的劳动人口仍在从事农业",这在一定程度上解释了印度和中国等国土地争端不断加剧的原因。[113] 最后,还应该提到人们对第三世界反帝国主义斗争的忽视——它再次反映了,甚至在马克思主义者中,有一种西方的偏见。[114]

在这一节最后可以看到,近年来许多全球斗争围绕着环境、金融和贸易领域的国际法律制度展开,这并非偶然,而是因为这些斗争对土著或部落人民、农民、工人阶级和跨国被压迫阶级整体产生了负面影响。目前,这些斗争可能没有成功地严重破坏跨国资产阶级塑造的当代国际法大厦,但已经启动了一个重新思考的过程,这有助于实现全球正义的目标。

四、结论:阶级方法的意义

本文的写作前提是,无论采用何种理论框架——马克思的、韦伯的还是布迪厄的,国际法的阶级方法都能为分析国际法的结构和过程提供重要的见解。虽然阶级方法必须考虑到复杂的阶级内部和阶级之间的关系,以及它们与性别和种族的关系,甚至更进一步,它们在全球的复杂构成,但这项工作可能会引发对国际法

---

〔111〕 R. Munck, *Globalisation and Labour: The New 'Great Transformation'* (2002)8.

〔112〕 Ahmed, 'The Communist Manifesto: In Its Own Time, and in Ours', in Karat, *supra* note 48, 35, 43ff.

〔113〕 Byres, 'Structural Changes, the Agrarian Question, and the Possible Impact of Globalization', in J. Ghosh and C. P. Chandrasekhar(eds), *Work and Well-being in the Age of Finance* (2003)171, 202.

〔114〕 在 20 世纪 60 年代和 70 年代的写作中佩特拉斯观察到:

西方马克思主义者和反帝主义作家之间出现了深刻的分歧。前者否认了印度支那、拉丁美洲和南部非洲大规模革命斗争的重要性。"第三世界主义"在西方马克思主义者眼中普遍成为一个贬义标签,他们专门关注"先进资本主义国家"的发展,尤其是他们自己的核运动、图书馆研究和文学政治期刊上的潜在争论。

Petras, *supra* note 51, 157. 最近,佩特拉斯批评了佩里·安德森(Perry Anderson)等新左派学者,强调了90 年代对第三世界斗争的忽视:

无视帝国主义的失败,无视第三世界出现的重大反帝运动,无视引起了对帝国主义"新自由主义"政策、其国际金融赞助者及其国内政治基础的全部质疑的群众斗争,这是一种故意的短视。

Ibid. , 159.

和国际机构更丰富的理解。由于对国际法和国际机构的基本阶级方法尚未被完全阐明,人们甚至不必就"阶级"或"跨国资产阶级"范畴的复杂辩论达成结论(如果这是可取的话),就可以产生新的见解。一旦认识到需要通过借鉴其他知识传统,特别是女权主义和批判种族理论来丰富国际法,植根于唯物主义认识论和社会学的国际法的阶级方法将非常有用。但不可否认的是,需要进行严格的实证工作,以描绘全球阶级地图,并用大量证据,包括现有国际法律制度导致的不平衡分配结果来支持分类。同时,作为一个示意,以下是国际法的阶级方法所产生的叠加优势。

第一,它使我们能够撰写一部国际法和国际机构史,考察影响它们演变和发展的社会力量、群体和阶级在不同历史时期的作用。

第二,阶级方法有助于确定作为个别国际法律制度主要受益者的统治社会群体和统治阶级。

第三,阶级方法有助于人们以明确国际人权法局限的方式,聚焦跨国被压迫阶级的生存状况和关切;[115] 因此,它有助于铭刻和使人们关注国际法与跨国被压迫阶级命运相疏离的情况。[116]

第四,阶级方法将理论与实践联系起来,关注跨国被压迫阶级对不同国际法律制度的抵制。因此,抵抗的叙事将成为国际法故事的一个组成部分。

第五,阶级方法有助于对民间社会组织和社会运动的世界及其对待不同国际法律制度的方法进行细致入微的理解。它有助于将支持跨国被压迫阶级事业的组织和运动与支持跨国资产阶级利益的组织和活动区分开来。

第六,阶级方法允许重新思考国际法治的自由概念及其与全球正义理念的复杂而矛盾的关系。

第七,阶级方法有助于在全球阶级结构中定位国际法律人群体。考虑到南北和性别差异,这种定位是复杂的和多样的。但"文化资本"的概念有助于解释一般性的意识形态和利益情结,正是它们决定了国际法律人无形学院的观念和作用。由于与国内法相比,国际法的过程和内容很大程度上受到国际法律人的影响,因此无形学院的阶级位置对实现和平与公正的世界秩序具有重要意义。

---

〔115〕 See Marks, 'Exploitation as an International Legal Concept', in S. Marks(ed.), *International Law on the Left* (2008) ,281.

〔116〕 See Chimni, 'The Past, Present and Future of International Law: A Critical Third World Approach' (2007)8 *Melbourne J Int'l L* 499.

译后记

本文作者 B. S. 契姆尼现为印度金达尔全球大学国际法杰出教授,主要在印度从事国际法的研究和教学工作。他是当代第三世界国际法方法的主要代表学者之一,也是一位著名的马克思主义者,研究领域主要涉及国际法理论、国际经济法和国际难民法。

这篇文章原载于《欧洲国际法杂志》2010 年第 21 卷。像契姆尼本人的很多其他文章一样,本文引入了一种新的国际法研究视角和方法,并用这种方法对国际法上最突出的一些问题提供了提纲挈领的反思。它介绍了阶级理论的基本观点、学术流派、理论挑战以及现代发展,向国际法读者提供了一个系统了解阶级理论的机会。

尽管作者表示,本文的阶级方法不局限于马克思主义理论的阶级概念,读者仍可以发现资本主义、马克思主义的劳动和阶级斗争理论是本文大多数论断所依据的理论框架。"跨国资产阶级""新兴全球国家"等概念更是为契姆尼的大量文章所调用。在此意义上,不妨将本文视为契姆尼对第三世界国际法方法和马克思主义国际法方法的一系列独特学术贡献中的一个章节。

同时,本文的特殊性在于,契姆尼由此介入了现代阶级理论的学术讨论中,并向读者展现了他在几个关键问题上的国际法主张。例如,不存在单一和简单的抵抗结构,跨国被压迫阶级需要进行全球层面的协调来实现抵抗目的;跨国被压迫阶级和代表其行事的社会运动、国家和非国家行为者必须避免暴力;在今天全球层面进行阶级斗争需要接受更加包容性的阶级概念框架,并且必须给予第三世界的反帝国主义斗争足够的重视。他还借由包容性的阶级概念,准备在阶级方法中吸纳女权主义理论和批判种族理论——这体现了契姆尼国际法批判的开放性和与时俱进的特点。

本文的论述很大程度上是由晚近的阶级理论讨论而阐发的。首先,本文在前半部分最主要回应的观点,即"阶级之死",是帕克尔斯基(Pakulski)和沃特斯(Waters)在 1996 年出版的同名专著中提出的。[1] 其认为阶级是一种历史现象;

---

[1] Jan Pakulski and Waters Malcolm, *The death of class*, Sage(1996).

在当代,阶级视角已经成为政治束缚,阻碍了对社会、文化和政治进程的准确理解。这一论断引发了众多学者(如作者在文中详述)对传统阶级理论的维护和改造。本文分析所依赖的关键概念,如跨国资产阶级、全球资本主义、全球社会形态等概念,都来自"冷战"结束后马克思主义理论的发展。简单来说,随着苏联等社会主义政权的崩溃,资本主义已经超越西方范围,成为一种全球的普遍现象。全球化的实质,就是资本主义生产方式和自由市场经济的全球化。[2] 跨国资产阶级的形成是资本全球化的核心过程之一。传统上马克思主义认为资产阶级在国内组织生产,并受国内资本的动态竞争影响。这种观点在全球化的背景下需要进行修正。有学者认为,在当代,跨国资产阶级被认为是新的全球统治阶级,因为它控制着新兴的跨国国家机构和全球决策的杠杆,是一种新的包含经济和政治理论的霸权联盟。跨国资产阶级包括了跨国公司和金融机构、管理超国家经济计划机构的精英、主导政党中的主要力量、媒体集团以及南北双方的技术官僚精英和国家管理者。它不仅出现在北方发达国家,也出现在南方国家。[3]

在本文之前,也有一些利用了阶级理论分析国际机构的学术作品,比较典型的有《生产、权力与世界秩序——历史创造中的社会力量》(*Production, Power and World Order-Social Forces in the Making of History*)、《一份马克思主义的国际公法课程提纲》(*An Outline of A Marxist Course On Public International Law*)等。[4] 在这些讨论中,我们可以看到影响本文写作的一些基本观点,例如,认为对国家与国家关系的强调掩盖了全球阶级关系(马克思主义)更基本的动态,只有了解全球资本的利益和行为,我们才能理解国家行为。[5] 但是,本文在对阶级理论争议总结的深度和对国际法应用的系统程度上说,是独树一帜的。

如前所述,在国际法学术研究的脉络中,本文属于第三世界国际法方法和马克思主义国际法方法框架下的作品。他的一些主张在其他学者的研究中得到了重申或者发展。例如,契姆尼强调,社会中的阶级关系与性别、种族等社会区分存

---

〔2〕 Jan Aart Scholte, 'Global Capitalism and the State' (1997) 73 *International Affairs* (*Royal Institute of International Affairs* 427, 452.

〔3〕 William I. Robinson and Jerry Harris, 'Towards a Global Ruling Class? Globalization and the Transnational Capitalist Class' (2000) 64 *Science & Society* 11, 11-12.

〔4〕 See Robert W. Cox, Production, *Power and World Order-Social Forces in the Making of History* (Columbia University Press 1987); Robert W. Cox, Timothy J. Sinclair, *Approaches to World Order* (Cambridge University Press 1996); B. S. Chimni, 'An Outline of A Marxist Course On Public International Law' (2004) 17 *Leiden Journal of International Law* 1.

〔5〕 Robert W. Cox, Timothy J. Sinclair, *Approaches to World Order* (Cambridge University Press 1996).

在复杂的互动。为此,应在保留阶级范畴的前提下,将其与其他社会区分结合,使阶级概念更加包容。在某种意义上,这是为了回应同为马克思主义者的帕舒卡尼斯(Pashukanis)对国家作为法律主体的强调。帕菲特(Parfit)[6]则更进一步,直接选择将土著人作为自己研究的法律主体,认为如果新的法律主体要以自己的方式构建自身的主体地位,就必须不断进行抵抗。[7]

契姆尼在后续的学术讨论中也对跨国资产阶级、全球国家等议题进行了发展。在这方面,《21 世纪的资本主义、帝国主义和国际法》(*Capitalism,imperialism,and international law in the twenty-first century*)[8]提供了一个更深入的分析。

距离这篇文章 2010 年在《欧洲国际法杂志》发表已经过了 13 年。但是,本文的论述和立场并不过时;许多作者批判的对象,如新自由主义影响第三世界的劳工和人权政策,在今天仍然被主流国际法学术接受为常态而存在。对当下的国际法理论与实践来说,本文的相关性体现在以下几个方面。

第一,提供更广泛的国际法主体研究的景象,并为目前以国家为主体的国际法研究方法与立场面临的可能困境提供出路。首先必须提到的是,契姆尼并不反对关注国家;实际上,他支持主权概念能够为第三世界在面临全球资本主义时提供保护。但毋庸置疑的是,国家中心的国际法研究已经带来了大量问题。在这一点上,主流国际法研究也积极承认,并提供了个人、跨国公司、土著人等作为可能的替代方案。但是,作为主体概念的阶级能够提供更新颖和深刻的看待问题的视角。特别是在现有的国际法研究和实践更关注作为个体的跨国公司时,将跨国资产阶级作为一个整体能够使研究者将其视为一个有独立意识和利益的主体,更全面地展示和反思新自由主义理念如何系统性、大规模地渗入第三世界的主权国家并影响其决策。

常常被人所忽略的是,批判国际法的研究者在很多时候也不自主地受到国家作为国际法主体这种认知模式的束缚。例如,很多批判国际法研究往往只批评西方国家,而对本国的问题视而不见。这种缺陷的出现,在某种程度上是因为批判

---

〔6〕 Rose Parfit,*The Process of International Legal Reproduction:Inequality,Historiography,Resistance*(CUP Cambridge 2019).

〔7〕 Anthony Carty & Lizhi Zhao,'Marxist Approaches to International Adjudicatio',in Max Planck Encyclopedias of International Law,(2019)〈https://opil. ouplaw. com/display/10. 1093/law-mpeipro/e3352. 013. 3352/law-mpeipro-e3352? rskey = cHkUdD&result = 4&prd = MPIL#law-mpeipro-e3352-bibItem-82〉(accessed1 March 2023).

〔8〕 B. S. Chimni,'Capitalism,Imperialism,and International Law in the Twenty-First Century'(2012)14 *Oregon Review of International Law* 17.

国际法学者只遵循"全球北方/全球南方"或者"西方国家/第三世界国家"之间的二元区分,进而发现难以着手对这些弱势国家的批评。但是,如果研究者能够像契姆尼所主张的,将阶级、种族、性别等多元视角纳入,就有机会认识到,每个国家的跨国资产阶级、跨国受压迫在很大程度上分别构成了利益共同体。批判国际法学者的任务并不总是为国家辩护,而应该被定位为为在阶级、种族、性别等层面处于弱势的群体发声。

第二,从马克思主义的视角反思全球化的问题。随着"冷战"结束和全球化迅速发展,马克思主义理论进行了大量的更新和回应。但是,这些理论创新并没有被国际法学术,特别是中国的国际法学术所关注和采纳。马克思主义为理解和应对新自由主义、主权国家的政策空间受到国际机构侵蚀等情况提供了理论框架和行动指南,也与我国维护国家利益的愿望一致,值得引起更深入的讨论。更为可贵的是,作者强调了批判的意义不仅在于解构本身,而且在于通过实践进行抵抗和解放。这对有志于从事批判研究的国际法律人来说是重要的提示。

第三,值得提及的是,契姆尼用布迪厄的阶级概念解释了国际法律人的无形学院这一群体共享特定文化和"阶级习惯"的性质。它能够帮助国际法律人更强烈地意识到自身的身份特征,从而可以选择与无形学院内的同侪对话,或是用更开放的视角与学院之外的世界对话。

女性主义国际法方法

◇ [澳]希拉里·查尔斯沃斯　克里斯蒂娜·钦金

谢利·赖特* 著　刘祎佳** 译

一、介绍

近年来,女性主义法理学的发展为法律理论作出了丰富而卓有成效的贡献。国内法中很少有领域能避开女性主义的审查,这些研究者们揭露了表面上中立的规则体系的性别偏见。[1] 许多西方法律理论均主张——与其所规范的社会不同——法律是一个自运转的实体。例如,法律制度被认为不同于政治或经济制度,是因为它运作于抽象理性的基础之上,所以得以普遍适用,并能够实现中立性和客观性。[2] 正是这些属性赋予了法律特殊的权威。更为激进的理论挑战了这种抽象的理性主义,认为法律分析不能脱离人们生活的政治、经济、历史和文化背

---

* [澳]希拉里·查尔斯沃斯、克里斯蒂娜·钦金、谢利·赖特:分别是墨尔本大学法学院高级讲师、悉尼大学法学院高级讲师和悉尼大学法学院讲师。本文的第一版于 1985 年 5 月在澳大利亚国立大学的国际法研讨会上发表。我们感谢悉尼大学法学院的格雷姆·科斯(Graeme Coss)提供的出色研究协助,以及我们的同事希拉里·阿斯特(Hilary Astor)、安德鲁·伯恩斯(Andrew Byrnes)和珍妮·摩根(Jenny Morgan),他们都对我们正在进行的工作提出了非常有用的意见。

** 刘祎佳:伦敦玛丽女王大学法学院博士研究生。

〔1〕 Olsen, 'The Family and the Market' (1983) 96 *Harvard Law Review* 1497; Karst, 'Women's Constitution' (1984) *Duke Law Journal* 447; Lahey & Salter, 'Corporate Law in Legal Theory and Legal Scholarship: From Classicism to Feminism' (1985) 23 *Osgoode Hall Law Journal* 543; Scales, 'The Emergence of Feminist Jurisprudence: An Essay' (1986) 95 *Yale Law Journal* 1373; Minow, 'The Supreme Court October 1986 Term-Justice Engendered' (1987) 101 *Harvard Law Review* 47; Grbich, 'The Position of Women in Family Dealing: the Australian Case' (1987) 15 *International Journal of the Sociology of Law* 309; Bender, 'A Lawyer's Primer on Feminist Theory and Tort' (1988) 38 *Journal of Legal Education* 3, 29-30; Bartlett, 'Feminist Legal Methods' (1990) 103 *Harvard Law Review* 831; R. GRAYCAR & J. MORGAN, *The Hidden Gender of Law* (1990).

〔2〕 D. N. MACCORMICK, *Legal Reasoning and Legal Theory* (1978); J. W. HARRIS, *Legal Philosophies* (1980).

景。一些理论家认为，法律作为一种信仰体系，其运转使社会、政治和经济上的不平等变得如此的自然。[3] 女性主义法理学便建立在法律思想这一批判流派之上。[4] 然而，它更加集中和具体，并从法律制度如何创造和延续女性不平等地位的直接经验中获得理论力量。

没有一个单一的女性主义法理学派别。大多数女性主义者都会同意多样化的声音不仅有价值而且必不可少；只寻找或相信一种观点、一种声音不太可能捕捉到女性的经历或性别不平等的现实。理论无法讲述"唯一真实的故事"，它所承诺的是"女性主义探究的永久偏好"。[5] 正如南希·哈特索克（Nancy Hartsock）所言："从根本上说，女性主义是一种分析模式，一种对待生活和政治的方法，一种提出问题和寻找答案的方式，而不是一套关于女性受压迫的政治结论。"[6]

迄今为止，国际法在很大程度上抵制女性主义的分析。乍一看，国际公法所关注的问题对女性没有任何特别的影响。例如，主权、领土、使用武力和国家责任

---

〔3〕 Gordon, 'New Developments in Legal Theory' in D. Kairys(ed.), *The Politics of Law*(1982)281.

〔4〕 关于女性主义法理学与"自由主义"（liberal）和"批判"（critical）法学流派之间的主要区别的讨论，请参见 West, 'Jurisprudence and Gender' (1988)55 *University of Chicago Law Review* 1；另见 West, 'Feminism, Critical Social Theory and Law' (1989) *University of Chicago Legal Forum* 59；Polan, 'Towards a Theory of Law and Patriarchy' in *The Politics of Law*, *supra* note 3, at 294, 295-96。

〔5〕 S. HARDING, *The Science Question in Feminism*(1986)194；另见 Bartlett, *supra* note 1, at 880-87。

〔6〕 Hartsock, 'Feminist Theory and the Development of Revolutionary Strategy' in Z. R. Eisenstein(ed.), *Capitalist Patriarchy and the Case For Socialist Feminism*(1979)56, 58；另见 Rhode, 'Gender and Jurisprudence: An Agenda for Research' (1987)56 *University of Cincinnati Law Review* 521, 522；Gross, 'What is Feminist Theory?' in C. Pateman & E. Gross(eds.), *Feminist Challenges: Social and Political Theory*(1986)190, 196-197。一些女性主义者质疑这种对女性主义的描述。例如，凯瑟琳·麦金农（Catharine MacKinnon）认为："性别不平等是女性共同面临的问题。这是女性的集体状况。社会变革运动的首要任务就是直面自己的处境并为之命名。不能直面和批判女性真实处境的失败，这是理想主义和持有否认女性问题观点的人的失败，是自由主义女性主义的失败；不能超越批评的失败，其暗含的对决定论的接受和丧失对激进事业的追求，是左翼女性主义的失败……由于性别不平等被性别化为男人和女人、支配和从属……下一步就是要承认男性对女性的掌权形式毫无疑问地嵌入在法律的个人权利之中。" C. MACKINNON, *Toward A Feminist Theory of the State*(1989), 241-44.

一些欧洲大陆的女性主义者，尤其是法国女性主义者，追求的关注点与英美女性主义者不同。她/他们的任务是解构占据支配地位的男性话语（discourse）和男性的写作。"我们必须重新解释主体（subject）与话语、主体与世界、主体与宇宙、微观世界和宏观世界之间的整个关系，"卢斯·伊利加雷（Luce Irigaray）写道，"首先要说的是，即使是在追求普遍或中立的状态时，这个主体也一直是以男性形式书写……"。Irigaray, 'Sexual Difference' in T. Moi(ed.), *FRENCH FEMINIST THOUGHT: A READER* 118, 119. 尽管男性的语言和社会结构也引起了英美女性主义者的关注，但她/他们通常不会通过关注一种全新的话语类型来处理这个问题。这种话语指的是把与女性身体未发掘的潜力相关联的新的女性意义，视作重建世界的潜在来源。见同上，第129页。关于法国女性主义思想的简要介绍，请见 Dallery, 'The Politics of Writing(The) Body: Ecriture Feminine' in A. M. Jaggar & S; R. Bordo(eds.), *Gender/Body/Knowledge*(1989)52。

等问题在适用于国家这一抽象实体时似乎没有性别差异;只有在国际法被认为与个人直接相关的领域,如人权法,才开始发展出一些专门有关国际法的女性主义观点。[7]

在这篇文章中,我们质疑国际法对女性主义分析的豁免——为什么性别在这个学科中不成为一个问题? ——并指出女性主义法学在国际法中的可能性。在第一部分,我们考察了如何发展一种国际女性主义的视角;然后我们概述了国际法律制度中男性的组织和规范结构;随后,我们把在国内法中发展的女性主义分析应用于不同的国际法原则。我们的方法需要将目光投向国家这一抽象实体的身后,投向这些规则对国家内部女性的真实影响。我们认为,无论是国际法的立法结构还是国际法规则的内容都给予了男性特权;如果说女性利益得到了承认,那也是边缘化的。国际法是一个彻头彻尾的性别化系统。

通过挑战国际法的性质、运作及其背景,女性主义法理学可以促进国际法的逐步发展。女性主义对国际法的阐释表明,我们生活在一个所有国家的男性都使用国家主义的系统以服务男性精英利益的世界中,而基本的人类、社会和经济需求却得不到满足。国际机构目前仍然响应着这种优先次序。通过认真对待女性,描述国际法的沉默和从根本上歪斜的性质,女性主义理论能够找到变革的可能性。

二、国际法中的不同声音

在本节中,我们将检验国际背景下"不同的声音"这一概念:首先,我们检验女性主义者和第三世界对国际法的挑战之间的关系;其次,检验发达国家和发展中国家的女性声音是否存在共同之处。

许多女性主义学者一直专注于识别一种独特的、在传统认识论中被淹没和低估的女性声音。[8] 这种声音的恢复挑战了由男性设计的学科的客观性和权威性。

---

〔7〕 Holmes,'A Feminist Analysis of the Universal Declaration of Human Rights' in C. Gould(ed.),*Beyond Domination*:*New Perspectives on Women and Philosophy*(1983)250;A. Byrnes,'Can the Categories Fit the Crimes? The Possibilities for a Feminist Transformation of International Human Rights Law'(paper delivered at Conference on International Human Rights and Feminism,New York,Nov. 18,1988);Neuwirth,'Towards a Gender-Based Approach to Human Rights Violations'(1987)9 *Whittier Law Review* 399;Bunch,'Women's Rights as Human Rights: Toward a Re-vision of Human Rights'(1990)12 *Human Rights Quarterly* 486.

〔8〕 E. SHOWALTER,*A Literature of Their Own*:*British Women Novelists from Bronte to Lessing*(1977); R. RUETHER,*Sexism and God-Talk*:*Toward a Feminist Theology*(1983).

女性主义法学家们特别借鉴了心理学家卡罗尔·吉利根(Carol Gilligan)[9]的工作,以研究是否存在一种独特的女性思维或解决问题的方式:那么,女性是否有"不同的声音"、一种不同于男性的逻辑?

吉利根对儿童发展的研究表明,当小女孩被要求解决一个假定情境中的道德困境时,她们通常会以不同于男孩的方式来思考和应对这个问题。[10] 女孩们倾向于运用"关怀伦理"(ethic of care)[11]从关系、责任、关爱、情境和交流来看待问题;男孩们则依赖"权利伦理"(ethic of rights)或"正义"(justice),[12]从抽象的对和错、公平、推理、理性、赢者和输家的角度来分析问题,忽略了情境和关系。传统的心理学理论认为男性的推理方式比女性的更"先进"。

吉利根的工作对批判声称是抽象、客观决策的法律推理很有帮助。如果法律推理只是简单地复制一种男性化的推理类型,那么它的客观性和权威性将会降低。女性主义者已经能够描述一种同样有效的"女性"推理的可能性,它基于那些常被认为与法律思维无关的因素,[13]如替代性的、非诉讼的争端解决方法和非对抗性的谈判技术。[14]

不过女性"不同的声音"这一概念被一些女性主义学者批评。[15] 尽管吉利根将男性和女性声音的差异主要归因于性别化的育儿实践,[16]但卡罗尔·斯马特

---

[9] C. GILLIGAN, *In a Different Voice:Psychological Theory and Women's Development*(1982).

[10] Ibid. , 25-51.

[11] Ibid. , 164.

[12] Ibid. , 164,174.

[13] 参见,例如 Menkel-Meadow, 'Portia in a Different Voice:Speculations on Women's Lawyering Process' (1985)1 *Berkeley Women's Law Journal* 39;Menkel-Meadow, 'Excluded Voices:New Voices in the Legal Profession Making New Voices in the Law' (1987)42 *University of Miami Law Review* 29;Sherry, 'Civic Virtue and the Feminine Voice in Constitutional Adjudication' (1986)72 *Virginia Law Review* 543;Bartlett, *supra* note 1, at 8. 有观点认为,汉斯·摩根索(Hans Morgenthau)对国际关系的有影响力的作品对道德的等级排序与心理学家劳伦斯·科尔伯格(Lawrence Kohlberg)的研究类似。这一点遭到了卡罗尔·吉利根的质疑,见 Tickner, 'Hans Morgenthau's Principles of Political Realism:A Feminist Reformulation' (1989)17 *MILLENNIUM* 429,433。

[14] 参见,例如 Menkel-Meadow, 'Towards Another View of Legal Negotiation:The Structure of Problem Solving' (1984)31 *UCLA Law Review* 754;Rifkin, 'Mediation from a Feminist Perspective' (1984)2 *LAW & INEQUALITY* 21。并非所有的女性主义法学家都支持这种方法,例如 Bottomley, 'What is happening to family law? A feminist critique of conciliation' in J. Brophy & C. Smart (eds.), *Women in Law* (1985)162;Shaffer, 'Divorce Mediation:a Feminist Perspective' (1988)46 *University of Toronto Faculty of Law Review* 162。

[15] 对吉利根的经验研究及她对男女道德推理二分法的批判分析,请见 Mednick, 'On the Politics of Psychological Constructs' (1989)44 *American Psychologist*1118, 1119-1120;另见 C. FUCHS EPSTEIN, *Deceptive Distinctions:Sex, Gender, and the Social Order*(1988)76-83。

[16] C. GILLIGAN, *supra* note 9,171. 参见 N. CHODOROW, *The Reproduction of Mothering:Psychoanalysis and the Sociology of Gender*(1978)。

（Carol Smart）写道,用关爱、调和以及对私人关系的关注这些特征来识别女性,"不自觉地、极其迅速地滑向了社会生物主义（socio-biologism）,这只是将女性放回她们的位置"。[17] 凯瑟琳·麦金农（Catharine MacKinnon）认为:"对于女性来说,当差异意味着支配地位时,肯定差异——就像性别一样——意味着肯定了失权（powerlessness）的品质和特征。"[18] 然而,在这里我们关注女性的声音,并不是为了确定独特的女性道德,而是为了确定独特的女性经验,这些经验被排除在国际法律程序之外,使这门学科并不具有普遍的有效性。

（一）女性主义者和第三世界对国际法的挑战

女性的声音和价值是否已经通过第三世界这一媒介出现在国际法中? 发达国家和发展中国家（以及社会主义和非社会主义国家）之间的分歧引发了有关国际法原则的普遍性的激烈讨论。[19] 去殖民化的成果之一是数量大幅增加的独立国家,尤其在非洲和亚洲。这些国家质疑国际法的实质规范以及传统的立法过程,认为它们不利于自己或不满足自己的需求。[20] 通过揭示国际法规范支持了西方的价值观和利益,它挑战了法规范的客观中立性的假设,其影响是巨大的。[21] 发展中国家还强调通过协商和共识来作出决策,并强调使用非传统的立法方法,如联合国大会决议这种"软法"。[22] 这些技术在一定程度上与女性"不同的声音"相关的争端解决方法类似。在乔治·凯南（George Kennan）对 20 世纪上半叶美国外交的研究中,他暗示国际关系中的非西方观点与女性有所联系。

> 如果……我们不想让自己成为国际法和道德概念的奴隶,我们应当把这些概念限制在不突兀的、几乎女性化的功能中,即国家自身利益的温良教化者（gentle civilizer）,这才是它们真正的价值——如果我们在与东方人打交道

---

〔17〕 C. SMART, *Feminism and the Power of Law* (1989) 75.

〔18〕 C. MACKINNON, *Feminism Unmodified: Discourses on Life and Law* (1987) 38-39. *Compare* Gilligan, ' Reply [to Critics] ' (1986) 11 *SIGNS* 324.

〔19〕 A. CASSESE, *International Law in a Divided World* (1986) 105-125.

〔20〕 F. Snyder & S. Sathirathai (eds.), *Third World Attitudes Toward International Law: An Introduction* (1987).

〔21〕 See A. CASSESE, *supra note* 19, 105-125.

〔22〕 Chinkin, ' The Challenge of Soft Law: Development and Change in International Law ' (1989) 38 *International & Comparative Law Quarterly* 850; Bedjaoui, ' *Poverty of the International Legal Order* ' in R. Falk, F. Kratochwil & S. Mendlovitz(eds.), *International Law: A Contemporary Perspective* (1985) 152, 157-158.

时能够做到这些,那么我想后人在回顾我们的努力时可能会少问些麻烦的问题。[23]

文化上被判定为"女性"的观点,与发展中国家的观点之间具有明显的相似性,这一点已在不同的背景中得以证实。在《女性主义中的科学问题》(*The Science Question of Feminism*)中,桑德拉·哈丁(Sandra Harding)注意到"非洲的和女性的'世界观'的奇妙巧合",[24]并探讨了二者是否可以充当传统意义上的主流科学和认识论的替代者。哈丁观察到一系列概念上的二分法,它为传统的启蒙科学和认知论提供了基本框架,而女性与这些二分法的后半部分相联系:"理性对应情感和社会价值、心灵对身体、文化对自然、自我对他人、客观对主观、认识(knowing)对存在(being)。"[25]在生成科学真理时,这些二分法中的"女性"部分被认为是次要的。哈丁随后指出这种模式与其他学科的学者所描述的"非洲世界观"的相似之处。非洲世界观的特点是"将自我(self)视作社区(community)和自然(nature)固有的紧密相连的一部分"。[26] 女人和非洲人归属于"一种依赖于他人的自我概念,通过与他人的关系来定义自己,并认为自我的利益在于关系综合体(relational complex)的福利之中",这使这些群体被赋予了一种建立于维护关系之上的伦理,和一种结合了"手、脑、心"的认识论。(译者注:女性主义的科学认识论区分不同的知识类型。"手知识"指的是通过身体经验和手工劳动获得的知识,"脑知识"是通过学习获得的知识,"心知识"则指直觉或经验性的知识。女性主义认识论者认为,传统的知识获取方式为男性所主导,过于强调脑知识而低估了手知识和心知识。)这完全不同于"欧洲的"和男性的自我认知。他们认为自我是自主的,独立于自然和他人,与之相关的伦理学是"基于规则,对自利、自主的他人之间相互竞争的权利作出裁决",并将知识视为独立的、"客观"存在的实体。[27]

不过识别这些次要的声音仍存在问题。例如:这些世界观在多大程度上是殖民主义和父权制概念框架的产物?[28]这些观念对于它们所归属的群体来说普遍

---

[23]　G. KENNAN,*American Diplomacy*,1900-1950(1953),at 53-54. 不同观点请参见 Jaquette,'Power as Ideology:A Feminist Analysis' in J. Stiehm(ed.),*Women's Views of the Political World of Men*(1984)9,22.（请注意在国际体系中,处于弱势地位的小国家所采取的说服而非对抗的策略与"女性"策略之间的相似性）

[24]　S. HARDING,*supra note* 5,165.

[25]　Ibid.

[26]　Ibid. ,170.

[27]　Ibid. ,171.

[28]　Ibid. ,172-173;see also C. MACKINNON,*supra* note 18,39-40.

吗?[29]用这种对比来捕捉现实能有多精准?[30]尽管如此,哈丁认为这两种话语之间的联系还是有用的,它提供了"挑战的类别"——也就是说,指出了"男人和欧洲人的思维和社会活动中缺乏的东西",并激发了对社会秩序的成因基于性别和种族的分析。[31] 第三世界国家的地位和女性的地位之间有着更一般化的类比。这两个群体都遭遇了家长主义的对待,认为它/她们必须经过适当的训练才能适应发达国家和男性的世界。[32] 女性主义者和发展中国家也都拒绝被现行的标准同化,主张激进的变革,强调合作而非个人主义的进步。[33] 这两个群体都识别出了单线结构,正是这种结构使它/她们能被系统性地支配,也是这种结构从相当狭窄的角度发展出了看似普遍适用的理论。[34]

然而,迄今为止,发展中国家在国际法中的"不同声音"对女性主义视角的关注并不多。这些社会的权力结构和决策过程与西方社会一样排斥女性,而且关于支配和剥削的话语也没有包含女性,女性仍然是最贫困的和最没有特权的。[35] 因此,在 1985 年哥本哈根的"联合国妇女十年"中期审查会议上,印度代表主张他经历了殖民主义,所以他知道这不能等同于性别歧视。[36] 尽管发展中国家根本挑战了国际法,但其重点是经济地位的差异,并未质疑半数世界人口在国际法创制中的沉默,抑或是国际法规则对女性地位不平等的影响。[37] 实际上,正是第三世界对国际法及其许多内在假设的欧洲起源的挑战,反而可能对基于性别的国际法分析方法产生了不利影响,因为人们认定这种分析将引起更进一步的冲突。

---

〔29〕 S. HARDING, *supra* note 5, 1.

〔30〕 Ibid. , 174-176.

〔31〕 Ibid. , 186.

〔32〕 Brock-Utne, 'Women and Third World Countries-What Do We Have in Common?' (1989)12 *Women's Studies International Forum* 495, 496-497.

〔33〕 Ibid. , 497.

〔34〕 Ibid. , 500-501.

〔35〕 K. JAYAWARDENA, *Feminism and Nationalism in the Third World* (1986); C. EN-LOE, *Making Feminist Sense of International Politics: Bananas, Beaches And Bases* (1989), 42-64.

〔36〕 引自 C. BUNCH, *PASSIONATE POLITICS* (1987)297。这种无视性别的另一个例子是 Cassese 引用的尼赫鲁的评论,以体现发展中世界对传统法律秩序的拒绝:"当今时代的精神是反对任何形式的一方对另一方的支配,无论是国家支配、经济支配、阶级支配还是种族支配。人们强烈抵制这种形式的支配。"See T. MENDE, *Conversations with Mr Nehru* (1956)44. 转引自 A. CASSESE,同前注 19,第 56 页。

〔37〕 在她对非洲和女性世界观之间"奇妙的巧合"的研究中,哈丁还指出,无论是非洲主义者还是女性主义者,都没有承认彼此认识论中的相似之处。S. HARDING,同前注 5,第 177—179 页。

(二)第一世界和第三世界的女性主义

国际法的另一种女性主义的分析必须考虑到第一世界和第三世界女性主义者的不同视角。[38] 第三世界女性主义者在尤为艰难的背景下运行。不仅是由欧洲男性主导的法律、政治和科学话语排除了特定的"不同的声音"——女性的和非欧洲的话语,而且第三世界女性主义的关注点在很大程度上被西方女性主义者忽视或误解。[39] 西方女性主义起源于要求同等对待女性与男性的权利。无论是在争取平等权的运动中,还是在争取堕胎权等特殊权利的运动中,西方女性主义者都在寻求国家的保证,要求尽可能地将她们置于与男性同等的位置。这种诉求对非西方女性来说并不总是具有相同的吸引力。例如,西方女性主义者对女性堕胎权的关注对于许多第三世界的女性来说意义不大,因为人口控制计划往往剥夺了她们生育的机会。[40] 此外,亚洲和非洲等"新实证主义"(neopositivist)文化同样男权主义,甚至比法律和科学的语言得以发展的西方文化更加的男权主义。[41] 因此,在国际法(实际上也包括国内法)的背景下,第三世界的女性主义者除了挑战传统非欧洲社会中与欧洲父权话语类似的"声音"外,还不得不用西方理性主义的法律语言进行交流。在这个意义上,第三世界的女性主义与其社会中占主导地位的男性话语有着双重的矛盾。

对第三世界的许多女性来说,殖民统治的遗产尤其棘手。当地女性被视为工业、农业和家政服务的廉价劳动力来源,当地男子往往被招募至远离家庭的工作岗位。当地女性还要为殖民者提供性服务,特别是在殖民者缺少足够的来自本国的女性时。[42] 对当地男性来说,他们的女人的地位象征并反映了他们自己的支配

---

〔38〕 第一世界和第三世界的女性运动当然存在着重大差异。虽然这里的讨论仅限于一般层面,但在对国际法作详细审查时需要研究这些差异。See Lazreg, 'Feminism and Difference:The Perils of Writing as a Woman on Women in Algeria' (1988)14 *Feminist Studies* 81;Mohanty, 'Under Western Eyes:Feminist Scholarship and Colonial Discourses' (1988)30 *Feminist Review* 61;Strathern, 'An Awkward Relationship:The Case of Feminism and Anthropology' (1987)12 *SIGNS* 276.

〔39〕 一些第一世界和第三世界女性主义者在处理女性割礼问题上的紧张就是一个例子。Savane, 'Why we are against the International Campaign' (1979)40 *International Child Welfare Review* 38;R. MORGAN, *Sisterhood is Global* (1984)1-37;Boulware-Miller, 'Female Circumcision:Challenge to the Practice as a Human Rights Violation' (1985)8 *Harvard Women's Law Journal* 155.

〔40〕 C. Bulbeck, 'Hearing the Difference:First and Third World Feminisms' (paper delivered at Women's Studies Conference, University of Melbourne, September 1990), 3-6.

〔41〕 Narayan, 'The Project of Feminist Epistemology:Perspectives from a Nonwestern Feminist' in *Gender/Body/Knowledge*, *supra* note 6, at 256.

〔42〕 C. ENLOE, *supra* note 35, 65-92.

地位:虽然殖民主义意味着允许殖民权力虐待被殖民的女性,但对殖民主义的反抗包括了重新确认殖民地男性对他们的女人的权力。[43]

民族主义运动通常追求更广泛的目标,不仅是将权力从白人殖民统治者手中转移至原住民:他们关心的是重组权力与控制的等级制度,重新分配社会财富,以及创造一个基于平等和非剥削的新社会。女性主义的目标——包括超越性别界限的社会重组——与民族主义的目标放在一起时,不可避免地会引起紧张,因为民族主义的目标尽管听起来与其很相似,但经常不考虑女性主义的观点。

然而,在与对她们施加了诸多限制的殖民主义的抗争中,本地女性仍不可或缺。斯里兰卡女性主义者库马里·贾亚瓦德纳(Kumari Jayawardena)指出,对许多民族主义者来说,推翻殖民统治既要创造一个民族身份,使人们能够团结在一起,也需要进行内部改革以显示自己是西方的和"文明的",所以值得自治。[44] 一方面,"淑女般的"(西方的)行为被认为是"帝国主义行为的支柱","女性的体面"(feminine respectability)教导着殖民者和被殖民者"外国征服是正确的和必要的"。[45] (译者注:"女性的体面",亦作"受人尊敬的女性气质"(respectable femininity),指的是欧洲女性所确定的行为标准,在殖民时期它是西方社会更加"文明"和"得体"的象征,并被强加给殖民地女性。)另一方面,许多当地男性认为"女人需要充分西化和接受教育,以增强国家现代的和'文明'的形象"。[46] 当然,西方文明流传下来的模式包含了对西方女性施加的所有限制。

然而,这种团结于民族身份的需要,要求当地女性即使在按西方模式培养的同时,也要自觉承担起"守护民族文化、本土宗教和家庭传统"的责任。[47] 这些体系在许多情况下都压制着女性。哈利戴(Halliday)指出,尽管人们认为民族主义和民族主义思想的传播对女性有利,但"民族主义运动通过对女性角色和社会地位的特定定义,使女性处于从属地位,并强制要求她们遵守通常由男性定义的价值观"。[48] 女人们可能会发现自己被外来统治、经济剥削和侵略以及当地根深蒂固的父权制、宗教结构和传统统治者共同支配。

---

〔43〕 Ibid., 44.

〔44〕 "西方世俗思想是形成意识和发明结构的关键因素,这些结构将使逃离西方政治权力的支配成为可能。"K. JAYAWARDENA,*supra* note 35,6.

〔45〕 C. ENLOE,*supra* note 35,48.

〔46〕 K. JYAWARDENA,*supra* note 35,8.

〔47〕 Ibid., 14.

〔48〕 Halliday,'Hidden from International Relations:Women and the International Arena'(1988)17 *MILLENNIUM* 419,424.

这些相互冲突的历史观点凸显了发展中国家的许多女性主义者面临的一个重大问题。[49] 至少从 19 世纪末和 20 世纪初开始,女性主义和妇女运动就一直活跃在许多发展中国家,[50]但民族主义运动中的女性往往不得不在强调她们自己的关切和目睹这些关切被反殖民斗争的重量碾碎之间作出选择。[51] 非西方国家的女性主义者以及获得独立前的民族主义运动中的女性主义者,由于接受了堕落的西方资本主义,拥抱了外来文化的新殖民主义,背弃了自己的文化、意识形态和宗教,因而受到本国人民的攻击,即或明示或暗示地攻击她们对西方女性主义价值观的接受使她们偏离了反对殖民政权的革命斗争。在其他语境中,妇女解放被认为是共产主义的策略,需要诉诸传统价值来加以抵制。[52] 在这种情况下,出现了西方女性主义者不存在的忠诚度和优先性的问题。许多第三世界的女性主义运动要么开始与民族主义的反殖民运动的合作,要么与国家建设的进程团结一致。[53] 公开的政治镇压是第三世界女性主义面临的另一个问题。在非西方文化中,对女性的恐惧和仇恨可能比西方社会中表现出来的多得多,特别是当女性没有严格自限于家庭领域的时候。[54]

尽管历史和文化存在差异,但来自各个世界的女性主义者分享同一个核心关切:男性对女性的支配。比吉特·布洛克－乌特内(Birgit Brock-Utne)写道:"尽管父权制是分等级的,不同阶级、种族或民族的男性在父权制中有着不同的地位,但他们团结在支配女人的相同关系中。并且,尽管他们的资源不平等,但他们相互依赖以维持这种支配。"[55]不过第三世界女性主义者要求重新定位女性主义,以处理受压迫最严重的妇女而不是那些最享有特权的女性面对的问题。尽管如此,西方和第三世界女性主义的永恒主题是挑战这种允许男性支配的结构,虽然挑战

〔49〕 参见 Chinkin,'A Gendered Perspective to the International Use of Force'(1992)12 *Australian Year Book of International Law*forthcoming。

〔50〕 K. JAYAWARDENA,*supra note 35.* 介绍了土耳其、埃及、伊朗、阿富汗、印度、斯里兰卡、印度尼西亚、菲律宾、中国、越南、韩国和日本的女性主义运动。不同观点参见 J. CHAFETZ & A. DWORKIN, *Female Revolt :Women'S Movements in the World and Historical Perspective*(1986)。尤其是第四章,其中特别描述了中国、日本、印度、印度尼西亚、波斯/伊朗、埃及、加勒比海岛屿、墨西哥、阿根廷、巴西、智利、秘鲁和乌拉圭的"第一波"女性运动。

〔51〕 这并不是第三世界妇女特有的经历。关于 20 世纪 60 年代美国革命运动中对女性的态度,参见 R. MORGAN,*Going to Far :The Personal Chronicle of a Feminist*(1977)。

〔52〕 一个例子是 1979 年以来阿富汗女性的地位。'An Afghan Exile,Her School and Hopes for Future' *New York Times*(12 June 1988),§1,at 14,col. 1.

〔53〕 现在这个问题也可能出现在中欧和东欧。

〔54〕 H. AFSHAR,*Women ,State and Ideology :Studies from Africa and Asia*(1987)4.

〔55〕 Brock-Utne,*supra note 32* ,500.

的形式和男性结构在不同社会中可能有所不同。国际女性主义者对国际法的看法,将重新思考和修正那些排斥大多数女性声音的结构和原则。

三、国际法的男性世界

在本节中,我们认为国际法秩序几乎无视女性的声音,并提出两种相关的解释:国际法的组织结构和规范结构。

(一)国际法的组织结构

国际法秩序的结构反映了男性的观点,并确保其继续占据支配地位。国际法的首要主体是国家和逐渐成为首要主体的国际组织。无论是在国家还是国际组织,女性的不可见(invisibility)都是极其鲜明的。政府内的权力结构极度男性化:仅在极少的国家,女性能担任重要权职;而即便在这些国家,她们的人数都是微不足道的。[56] 女性在国内或全球的决策过程中要么没有代表,要么代表不足。

国家是父权制结构,不仅因为它们将女性排除在精英职位和决策角色之外,还因为它们以权力集中和控制在精英手中为基础,把垄断武力以维持这种控制的行为通过国内法正当化。[57] 这种基础得到了主权平等、政治独立和领土完整的国际法原则的加强,也因使用武力来捍卫这些原则的合法化而强化。

国际组织是国家的功能性延伸,使它们能够集体行动以实现目标。毫不奇怪,它们的结构复制了国家的结构,将女性限制在无足轻重的从属地位。因此,即便在实现了几乎普遍的成员资格、被视作国际社会巨大成就的联合国,这种普遍性也并不适用于女性。

《联合国宪章》第八条确保了女性作为国际组织工作人员的合法性。第八条规定:"联合国对于男女均得在其主要及辅助机关在平等条件之下,充任任何职务,不得加以限制。"虽然在起草宪章的1945年旧金山会议上没有公开反对性别平等的概念,但一些代表认为这一条款是多余的,并表示将这样"不言自明"的东

---

〔56〕 1991年3月,联合国的159个成员国中仅有4个国家的政府由女性领导。1989年中期,155个国家的内阁这一层级仅有3.5%的部长由女性担任,99个国家没有女性部长。UN DEPARTMENT OF PUBLIC INFORMATION, *United Nations Focus: Women in Politics: Still the Exception?* (November 1989). 参见 Halliday,同前注48。各国在任命女性常驻联合国代表方面进展缓慢:1990年3月,149个国家中只有4个女性,分别来自巴巴多斯、新西兰、塞内加尔、特立尼达和多巴哥共和国;有10个国家尚未公布常驻代表。

〔57〕 B. REARDON, *SEXISM AND THE WAR SYSTEM* (1985) 15.

西写入宪章是"荒谬的"。然而,在妇女组织委员会(the Committee of Women's Organizations)的坚持下,《联合国宪章》第八条被纳入其中。它以否定的形式措辞而非规定纳入女性的肯定性义务,因为选择国际组织代表的权利被认为属于民族国家,其选择的自由不应受到任何阻碍。[58] 现实情况是联合国内部的女性任命甚至没有实现第八条的有限承诺。[59] 联合国妇女平等权利小组(the Group on Equal Rights for Women in the United Nations)观察到,联合国人事政策"每周、每月、每年"都在实行"性别种族主义"(gender racism)。[60]

无论决策会对女性造成何种影响,她们都被排除在国际机构关于全球政策和指导方针的所有重大决策之外。1985 年以来,女性在联合国及其专门机构中的代

---

〔58〕 R. B. RUSSELL, *A History of the United Nations Charter* 793-794 n. 24 (1958); Editorial, 'The United Nations' Women at 40' (40th Special Anniversary Issue,1985) *EQUAL TIME*, at 1.

〔59〕 联合国妇女地位委员会于 1946 年成立,以促进妇女的平等权利和消除性别歧视。ESC Res. 2/11 (June 21,1946). 到了 1975 年,女性在联合国及其专门机构中专业职位的参与程度仍然非常低,以至联合国妇女十年(1976—1985 年)的目标之一是提高女性在受地域分配限制的专业岗位中的代表性。(译者注:联合国为确保组织内的多元性和地区代表性,在招募和雇用工作人员时会仅限特定地区的申请人申请某些专业岗位。)"大会第五委员会的大部分注意力都集中在这些地域性职位上,因为这些职位意味着权力。"*E-QUAL TIME*(July 1985),at 5. 关于"国际社会对提高妇女地位和消除性别偏见的新承诺",参见 *Forward-Looking Strategies for the Advancement of Women to the Year 2000*(adopted by the World Conference of the UN Decade for Women,Nairobi,Kenya,July 15-26,1985),UN Doc. A/CONF. 116/12(1985).

1978 年制定了到 1982 年妇女在联合国专业职位上占 25% 的目标,到了 1986 年这一目标还没有达到。时任加拿大大使和常驻联合国代表的斯蒂芬·刘易斯(Stephen Lewis)在大会第五委员会上说:"妇女在这个领域的机会和权利方面的进展……是如此细微地递增……它就像社会变革的拙劣模仿。"*EQUAL TIME*(July 1985),at 5. 随后大会将这一目标重新制定为到 1990 年达到 30%,再在 1995 年达到 35%。

〔60〕 *EQUAL TIME*(March 1986),at 8-9. 有几个联合国机构值得特别一提。妇女是全世界儿童保育的主要提供者,但在 1989 年,负责儿童福利的联合国儿童基金会的 29 名高级官员中只有 4 名女性。非洲超过一半的粮食是由女性生产的(参见 S. CHARLTON, *WOMEN IN THIRD WORLD DEVELOPMENT*(1984)61),但在 1989 年,粮食和农业组织的 51 个高级职位中没有女性。健康问题特别是婴儿和儿童死亡率是妇女的主要关切,但在 1989 年世界卫生组织的 42 个职位中最多只有 4 名女性高级官员。在经济功能失调的任何情况下都是妇女和儿童受到的伤害最大[See Riley, 'Why are Women so Poor?' *EQUAL TIME*(March 1987),at 18;A. DWORKIN, *RIGHT WING WOMEN*(1983)151-152];然而 1989 年国际货币基金组织中没有女性高级决策者。世界上大多数难民都是女性,但在 1989 年联合国难民事务高级专员办事处的 28 个高级职位中只有 1 个由女性担任,1990 年才任命了绪方贞子教授(Sadako Ogata)为第一位女性高级专员。

表数量有所改善。[61] 然而,据估计,"按照目前的变化速度,需要再过将近 40 年 (2021 年)才能达到平等(即 50% 的专业职位由女性担任)"。[62] 这种情况近期被称为"怪诞的"。[63]

女性的沉默和不可见也刻画着那些在国际法的发明和渐进发展中具有特殊职能的机构。只有一位女性曾经担任过国际法院的法官,[64]从未有女性成为国际法委员会的成员。(译者注:作者在此处援引的是文章发表时的情况。)常有批评指出国际法院法官的分配未能反映国际社会的构成,这一关注在 1966 年"西南非洲案"的判决后达到了顶峰。[65] 此后,虽然国际法院采取了措施,以改善"世界主要文明形式和主要法律体系"[66]在法院的代表性,然而却没有朝着占世界一半人口的女性代表性的方向发展。

尽管人们普遍接受了人权是一个能够关注女性的领域,但女性在联合国人权机构中的代表人数仍然严重不足。[67] 唯一拥有全体女性成员的委员会是"消除

---

[61] 1985 年联合国秘书长任命了一名提高妇女地位协调员,任期为 12 个月。这一任期随后被延长。秘书长的报告《审查和评价内罗毕提高妇女地位前瞻性战略》(UN Doc. E/CN. 6/1990/5,以下简称《内罗毕审查》)表明,在 1984 年至 1988 年期间,联合国专业和管理职位上女性任职人数总共增加了 3.6%,占专业工作人员总数的 21%。然而在 1988 年的高级管理层中,只有 4% 是女性。同上,第 84—86 页。1990 年 3 月在受地域分配限制的职位上,女性的比例为 27.7%。*UN REVIEW*(August 1990),at 4. 虽然到了 20 世纪 80 年代中期,秘书处的工作人员中有 40% 以上是女性,但她们主要担任低级秘书和文员职位。UNITED NA-TIONS,Department of Economic and Social Affairs, *Compendium of Statistics and Indicators on the Situation of Women 1986*,at 558-77(Statistical Office Social Statistics and Indicators Series K,No. 5,1989). 副秘书长和助理秘书长这些重要而有声望的职位几乎全部由男性担任。到了 1990 年,有两名女性担任副秘书长一职,没有女性担任助理秘书长。

[62] *EQUAL TIME*(JUlY 1985),at 5.

[63] B. URQUHART & E. CHILDERS,*A World in Need of Leadership:Tomorrow's United Nations*(1990)29; ibid,61.

[64] 在申请复核和解释 1982 年 2 月 24 日对大陆架(突尼斯/阿拉伯利比亚民众国)案所作判决一案中,苏珊娜·巴斯蒂德(Suzanne Bastid)女士担任专案法官(*ad hoc judge*)。*Tunisia v. Libya*(Judgment)[10 December 1985]ICJ Reports 192.

[65] *South-West Africa Cases*(Ethiopia v. South Africa;Liberia v. South Africa);*Second Phase*(Judgment)[18 July 1966]ICJ Reports 6.

[66] *Statute of the International Court of Justice*,Article 9. 关于法院组成的变化,参见 E. MCWHINNEY,*The International Court of Justice and the Western Tradition of International Law*(1987)76-83。

[67] 和 1989 年差不多,1991 年经济、社会及文化权利委员会只有 2 名女性(共 18 人),消除种族歧视委员会有 1 名女性(共 18 人),人权事务委员会(Human Rights Committee)有 2 名女性(共 18 人),禁止酷刑委员会有 2 名女性(共 10 人)。参见 Byrnes,'The "Other" Human Rights Treaty Body:The Work of the Committee on the Elimination of Discrimination Against Women'(1989)14 *Yale Journal of International Law* 1,8 n. 26。防止歧视及保护少数小组委员会的 26 名成员中有 6 名女性。因此,在联合国人权体系中,除了消除对妇女歧视委员会外,90 名"独立专家"中共有 13 名女性。

对妇女一切形式歧视委员会"（以下简称 CEDAW 委员会），它是《消除对妇女一切形式歧视公约》（以下简称《消歧公约》）的监督机构，[68]但联合国经济社会理事会（以下简称 ECOSOC）一度批评该委员会的女性代表"比例过高"。当 ECOSOC 审议 CEDAW 委员会的第六份报告时，它呼吁缔约国同时提名女性和男性专家参选该委员会。[69]因此，当一个专注于女性利益的委员会有着良好的女性代表性时，人们努力减少女性的参与，而联合国其他机构中男性普遍占得多的支配地位却没有得到关注。CEDAW 委员会以各种理由拒绝了 ECOSOC 的建议，包括担心可能会为男性的涌入打开大门，稀释女性的多数票并破坏委员会的有效性。CEDAW委员会的代表们认为，缔约国和 ECOSOC 在试图干预委员会的成员资格之前，应当把注意力放在其他地方的平等代表性问题上。[70]

为什么国际法秩序的所有主要机构均由男性组成是一个值得关注的问题？长期以来，国内和国际上所有掌握政治权力的机构都由男性支配，意味着以往男性的关注被视为人类的普遍关注，而"女性的关注"则被归入一个特殊、有限的类别。举例来说，由于男性通常不是性别歧视、家庭暴力、性虐待和性暴力的受害者，这些问题统统被归入了一个单独的领域，并且总是被忽视。如果国际法和国际政治机构在人员构成上能做到真正人性化，那么它们的传统面貌将发生巨变：它们的视野将扩大到包括从前被认为是内部的（domestic）问题——这个词的双重含义——国内的和家庭的。自 20 世纪 60 年代去殖民化时期以来，不同经济结构和不同实力的国家在国际组织中的代表性平衡问题一直是联合国的一个突出主题。联合国结构和工作的各个方面都意识到了调节发达国家、发展中国家和社会主义国家的利益，平衡各区域和各意识形态团体利益的重要性。这种敏感应当进一步延伸至所选代表的性别。

---

〔68〕 GA Resolution（18 December 1979）UN Doc 34/180（entered into force Sept. 3 ,1981）. See also "Declaration on the Elimination of Discrimination against Women"（7 November 1967）GA Resolution 2263（XXII）.

〔69〕 A. BYRNES, *Report On The Seventh Session Of The Committee On The Elimination Of Discrimination Against Women And The Fourth Meeting Of States Parties To The Convention On The Elimination Of All Forms Of Discrimination Against Women* （FEBRUARY-MARCH 1988）, at 13（International Women's Rights Action Watch 1988）.

〔70〕 同上注。女性的关注在联合国体系内地位低下的另一个表现是《消歧公约》在人权议程中体现出较低的优先级。在 1987 年的第七届会议上，CEDAW 委员会称其工作条件比其他人权委员会的要差得多。同上注，第 16 页。另见 Byrnes，同前注 67，第 56—59 页。Byrnes 观察到："尽管涵盖了经济社会权利和公民政治权利，但《消除对妇女一切形式歧视公约》比起其他类似的组织机构得到的时间反而更少了，这或许反映出对追求《消歧公约》目标不够充分的承诺，或者至少严重低估了有待完成的工作规模。" A. BYRNES，前注 69，第 20 页。

(二)国际法的规范结构

由于国际法的主体主要是国家,有时会认为国际法的影响及于国家,而不是直接影响个人。事实上,国际法的适用确实影响到个人,这一点已在国际法院的一些案件中得到确认。[71] 国际判例假定针对个人的国际法规范是普遍适用和中立的。然而,人们没有认识到这些原则可能会对男性和女性产生不同的影响;因此,女性在这些法律运作中的经历往往被压制或被忽视。

正是国际法的规范结构使女性特别关注的问题要么被忽视,要么被削弱。例如,现代国际法建立在公共和私人领域的二元结构并再生产这种二分法,其中"公共"领域才是国际法的领域。一个例子是区分国际公法和国际私法,前者是规制民族国家之间关系的法律,而后者是关于国内法律体系之间冲突的规则。另一个二分法是国际"公共"关注和国家"私人"事务之间的区别,后者被认为属于国内管辖范围,与国际社会没有法律利害。[72] 还有一个是法律和其他形式的"私人"知识——例如道德——之间的界限。[73]

人们会在更深层次上发现基于性别的公/私二分法。[74] 女性主义学者为西方自由主义传统中男性和男性声音在所有权力和权威领域中占主导地位提供了一种解释,即公共领域和私人或家庭领域之间存在着二元对立。工作场所、法律、经济、政治、知识和文化生活等公共领域是行使权力和权威的地方,被视为天然的男性领域;而家庭、炉灶和孩子的私人世界才是适合女性的领域。这种公/私区分同时具备规范性和描述性两个面向。传统上,这两个领域被赋予了不对等的价值:公共的男性世界比私人的女性世界更有意义。因此,公共和私人之间的区分不仅合理化了两性之间劳动分工和报酬分配的区别,而且使这种区别看起来自然而然。这种二分在所有知识领域的再生产和广泛接纳中赋予了男性世界首要地位,

[71] *Legal Consequences for States of the Continued Presence of South Africa in Namibia* (*South West Africa*) *notwithstanding Security Council Resolution* 276 (1970) (Advisory Opinion) [21 June 1971] ICJ Reports 16,56, para. 125. 咨询意见中指出,不承认南非在西南非洲的管理权不应当对纳米比亚人民产生不利影响。在"英国诉挪威渔业案"(ICJ Reports 116,18 December 1951)以及"英国诉冰岛捕鱼管辖区案"(Merits,ICJ Reports 3,25 July1974)中,法院都考虑到了捕鱼区变化对各国渔民生计的影响。

[72] *UN CHARTER* Article 2(7).

[73] 例如,*South West Africa*,*Second Phase* (Judgment) [18 July 1966] ICJ Reports 6. 参考 *Western Sahara Case* (Advisory Opinion) [16 October 1975] ICJ Reports12,77:"economics,sociology and human geography are not law" (Gros,J. ,separate opinion).

[74] 关于更全面的讨论,见 Charlesworth,'The Public/Private Distinction and the Right to Development in International Law' (1992)12 *Australian Year Book of International Law* forthcoming。

并支撑着男性的支配。[75]

女性主义者对公/私区分的关注源于其在自由主义理论中的核心地位。当人们解释为什么所有社会都普遍认为女性和她们的活动不如男性有价值时,有时会提出公/私二元论的一个变种:女人常被认为与自然有关,而自然的地位低于文化——男人的领域。[76] 然而,正如卡罗尔·帕特曼(Carole Pateman)所言,这种对男性支配女性的普遍解释并没有认识到"自然"这个概念在不同社会中可能有很大的差异。这种分析很容易沦为简单的生物学解释,而不能解释特定的社会、历史或文化情况。[77] 女性并不总是以相同的方式与男性相对:在一个社会中被视为"公共"之事,在另一个社会中很可能就是"私人"的事情。然而能够发现一种普遍模式的存在,即将女性活动认定为私人的,因而只有较低的价值。[78]

西方自由主义版本的公/私区分是如何维持的?它依赖于对性别根深蒂固的信念。传统的社会心理学教导人们,男性和女性"正常"的行为标准完全不同。对于男性来说,普通的和自然的行为基本上是积极的:它包括坚韧、攻击性、好奇心、雄心、责任和竞争——这些特征都适合参与公共世界。相比之下,女性的"正常"行为则是被动的和消极的:深情的、情绪化的、顺从的和取悦他人。[79]

虽然公/私二分的科学基础已被彻底击溃和揭露为一种文化建构出的意识形态,[80]但它仍然强烈控制着法律思维。公/私二分的语言已经嵌进法律语言本身:法律主张理性、文化、权力、客观——与公共的或男性的领域相连的所有术语。它与家庭、私人、女性领域相连的属性对立:感觉、感情、被动、主观。[81] 此外,法律一

---

〔75〕 H. EISENSTEIN, *Contemporary Feminist Thought* (1984) 11-26; Rosaldo, 'Women, Culture, and Society: a Theoretical Overview' in M. Z. Rosaldo & L. Lamphere (eds.) *Women, Culture, And Society* 17 (1974); J. Elshtain, *Public Man, Private Woman* (1981); E. Gamarnikow et al. (eds.) *THE PUBLIC AND THE PRIVATE* (1983); Pateman, 'Feminist Critiques of the Public/Private Dichotomy' in S. I. Benn & G. F. Gaus (eds.) *Public and Private in Social Life* (1983) 281.

〔76〕 Ortner, 'Is Female to Male as Nature is to Culture?' in *Women, Culture, And Society, supra* note 75, at 72.

〔77〕 Pateman, *supra* note 75, 288. See also Rosaldo, 'The Use and Abuse of Anthropology: Reflections on Feminism and Cross-Cultural Understanding' (1980) 5 *SIGNS* 409; Goodall, '"Public and Private" in Legal Debate' (1990) 18 *International Journal of the Sociology of Law* 445.

〔78〕 Imray & Middleton, '*Public and Private: Marking the Boundaries*' in *The Public and the Private, supra* note 75, at 12, 16.

〔79〕 See H. EISENSTEIN, *supra* note 75, 8; K. MILLETT, *Sexual Politics* (1970) 228-230.

〔80〕 例如, E. JANEWAY, *Man's World, Women's Place: A Study In Social Mythology* (1971); J. ELSHTAIN, *supra* note 75。

〔81〕 Olsen, 'Feminism and Critical Legal Theory: An American Perspective' (1990) 18 *International Journal of the Sociology of Law* 199; Thornton, 'Feminist Jurisprudence: Illusion or Reality?' (1986) 3 *Australian Journal of Law and Society* 5, 6-7.

直主要在公共领域运作;人们认为规制工作场所和经济活动、调整政治权利的分配是适当的,但国家直接干预家庭长期以来就被视为是不合适的。[82] 例如,家庭暴力的法律定性通常与家庭外发生的暴力不同;法律认可的可获得赔偿的伤害要发生在家庭外。民事诉讼中的损害赔偿通常是根据介入公共领域的能力来评估的。女性很难说服执法官员家庭暴力是犯罪行为。[83]

从某种意义上说,现代国家发挥分散与集中国家司法权力的功能,其根基就是公/私二分。这种区分意味着私人世界是不受控制的。事实上,税收、社会保障、教育、卫生和福利的监管对私人领域有着直接的影响。[84] 这种国家权力不在分配给女人的私领域中运行的神话掩盖了国家对其的控制。

那么,对公/私二分的女性主义批评对国际法秩序有何影响呢?传统上,国际法被视为只在最具有公共性的公共领域内运作:民族国家之间的关系。但我们认为,部分国际法原则的定义是基于并再生产了这种公/私区分,由此赋予男性世界观以特权,并支持着男性在国际法律秩序中的支配地位。

国际法中公/私领域的区分以及由此导致的排除女性声音与关切的情形,在国际禁止酷刑中体现得淋漓尽致。免受酷刑和其他残忍、不人道或有辱人格的待遇的权利被普遍认为是一项典型的公民和政治权利,[85] 它被包括在所有国际公民和政治权利的清单中,也是联合国的和区域性的专门条约关注的重点。[86] 免遭酷刑的权利也被视为习惯国际法的规范——事实上就像禁止奴隶制一样,它是强行法(*jus cogens*)规范。[87]

---

[82] K. O'DONOVAN, *Sexual Divisions in Law* (1986); Stang Dahl & Snare, 'The coercion of privacy' in C. Smart & B. Smart(eds.), *Women, Sexuality, and Social Control*(1978)8.

[83] See D. Russell & N. Van de Ven(eds.), *Crimes Against Women: Proceedings of The International Tribunal*(1984)58-67,110-175.

[84] K. O'DONOVAN, *supra* note 82,7-8.

[85] 例如,"International Covenant on Civil and Political Rights" (16 December 1966), Article 7,999 UNTS 171;"European Convention for the Protection of Human Rights and Fundamental Freedoms" (4 November 1950), Article 3,213 UNTS 221 [hereinafter European Convention];"American Convention on Human Rights"(22 November 1969), Article 5, *reprinted in* Organization of American States, *Handbook Of Existing Rules Pertaining to Human Rights in the Inter-American System*, OEA/Ser. L/ V/II. 65, doc. 6, at 103(1985)。

[86] "United Nations Convention against Torture and Other Cruel, Inhuman or Degrading Treatment or Punishment" (10 December 1984), GA Resolution 39/46, *draft reprinted in* 23 ILM 1027(1984), *substantive changes noted in* 24 ILM 535(1985)[hereinafter Torture Convention];"Inter-American Convention to Prevent and Punish Torture" (9 December 1985), *reprinted in* 25 ILM 519(1986);"European Convention for the Prevention of Torture and Inhuman or Degrading Treatment or Punishment" (26 November 1987), Council of Europe Doc. H(87)4,reprinted in 27 ILM 1152(1988).

[87] See *Filartiga v. Pena-Irala*,630 F. 2d 876(2d Cir. 1980).

这个权利的基础可以追溯到"人类的固有尊严"。[88] 构成酷刑的行为在《禁止酷刑公约》中被规定为：

> 为了向某人或第三者取得情报或供状，为了他或第三者所作或涉嫌的行为对他加以处罚，或为了恐吓或威胁他或第三者，或为了基于任何一种歧视的任何理由，蓄意使某人在肉体或精神上遭受剧烈疼痛或痛苦的任何行为，而这种疼痛或痛苦是由公职人员或以官方身份行使职权的其他人所造成或在其唆使、同意或默许下造成的。[89]

这个定义被认为是广泛的，因为它涵盖了精神上的痛苦和在公职人员的"唆使"下的行为。[90] 然而，尽管序言中使用了"人"（human person）这个术语，但在定义禁止行为时仅使用了男性代词（him），立即使得这一定义仅具有男性而非真正的人类意涵。更重要的是，它所描述的禁止行为依赖于公共和私人行为之间的区分，这掩盖了女性通常遭受的人格尊严的损害。传统的人权法规范并不处理女性的经验。它使用的术语仅限于个别的侵犯权利的行为，对普遍的、结构性的权利剥夺仅提供微不足道的救济。[91]

国际上对酷刑的定义不仅要有造成痛苦的故意意图，而且还要有达到某种目的的次要意图。妇女和儿童在"内战"或武装冲突时往往成为广泛的和明显随机的恐怖活动的受害者。这种痛苦没有明确包含在国际上对酷刑的定义中。

根据定义，酷刑和残忍、不人道或有辱人格的行为的一个关键方面是它们发生在公共领域：必须涉及公职人员或具有官方身份的人。然而，如果在国家公共场域之外发生的严重痛苦和折磨——例如，在家庭内的或者由私主体施加的女性遭受的最普遍也最显著的暴力——即使它损害了人类尊严，也不符合酷刑的定义。事实上，某些形式的暴力被归结为文化传统。夏洛特·邦奇（Charlotte Bunch）认为，针对女性的暴力表达着支配：

> 要么待在你的位置，要么就去害怕吧。与认为这种暴力只是个人的或文化的观点相反，它是深刻的政治问题。它源于社会中男女之间的权力、支配和优势的结构性关系。针对女性的暴力是维持家庭、工作和所有公共领域中

---

〔88〕 Torture Convention, *supra* note 86, Preamble.

〔89〕 Ibid. , Art. 1(1).

〔90〕 See J. BURGERS & H. DANELIUS, *The United Nations Convention Against Torture* (1988) 45-46.

〔91〕 A. Byrnes, *supra* note 7, 10.

这些政治关系的核心。[92]

只有当国家指定的代理人对这些行为直接负责,并且这种责任被归于国家时,国家才会对酷刑负责。如果国家维持着一种世俗性的、侵犯身体和精神健全的法律与社会制度,那国家没有责任。[93] 在《国家责任条款草案》中,国际法委员会没有拓宽可归责性的概念来包括此类行为。[94] 女性主义看待人权的视角需要重新思考可归责性和国家责任的概念,在这个意义上,它将挑战国际法最基本的假设。如果国际法律体系认为针对女性的暴力与针对人们政治观点的暴力一样可憎,那么女性的斗争将会得到相当大的支持。

包括国际人权法在内的所有法律的基本假设都是公/私二分:人类社会和生活可以分为两个不同的领域。然而,这种划分是一种意识形态的建构,合理化地将女性排除在权力来源之外。它也使当没有公共领域人权保障的介入时,维持对女性的压制性控制系统成为可能。通过超越限制了我们权力分析视野的公/私意识形态,当前的人权话语可被用来描述远超国际法狭窄视野的更为严重的压迫形式。比如,强制实施的人口控制技术,如强制绝育,将可能构成国家为实现其目标而实施的惩罚或胁迫。[95]

国际法的规范结构并不适配女性处境的另一个例子是它对贩卖妇女的回应。通过卖淫、色情业和"邮购新娘"贩卖女性是在发达国家和发展中国家都普遍存在且严重的问题。[96] 由于贩卖和剥削关系的后果跨越了国际边界,这些行为不仅仅属于国内管辖范围。它们包括对女性的压制和剥削,这不是简单的因为个体之间的不平等或差异,而是由性别的根深蒂固的权力和支配结构所致。麦金农指出,女性"物质上的绝望"(material desperation)与针对女性的暴力密切相关,[97] 这在

---

〔92〕 Bunch, *supra* note 7, 490-491.

〔93〕 Byrnes, *supra* note 7, 10.

〔94〕 See [1979] 2 *Yearbook of the International Law Commission* 90, UN Doc. A/CN. 4/SER. A/1979/Add. 1; [1980] 2 *id.* at 14, 70, UN Doc. A/CN. 4/SER. A/1980/Add. l. 第19(3)(c)条确实指出"严重违背对保护人类具有根本重要性的国际义务,例如禁止奴隶制度、灭绝种族和种族隔离的义务"可能导致国际犯罪。然而从历史上看,从未从这个角度来看待过对女性的压迫。另见 J. Weiler, A. Cassese & M. Spinedi (eds.), *International Crimes of State: A Critical Analysis of the ILC's Draft Article* 19 *On State Responsibility* (1989); M. Spinedi & B. Simma (eds.), *United Nations Codification of State Responsibility* (1987)。

〔95〕 另一个极端的例子是罗马尼亚齐奥塞斯库政权要求所有已婚妇女接受公共卫生官员的定期体检,以确定她们是否怀孕或流产过。其目的是实现一个明确的国家目标:每个已婚妇女至少要有四个孩子。

〔96〕 See K. BARRY, *Female Sexual Slavery* (1984); Kappeler, 'The International Slave Trade in Women, or, Procurers, Pimps and Punters' (1990) 1 *LAW & CRITIQUE* 219; C. ENLOE, *supra* note 35, 19-41, 65-92.

〔97〕 C. MACKINNON, *supra* note 18, 40-41.

国际上更是如此。在很大程度上,第三世界贩卖女性的增加源自国内和国际经济差距的扩大。[98] 一旦陷入人口贩卖网络,来自外国的身无分文的女性就会受到那些组织交易并从中获利的人的任意摆布。

本来,现有的国际法规范可被援引来禁止至少一部分对妇女和儿童的国际剥削。[99] 然而,关于这一问题的国际法是不完整的和有限的。就像禁止奴隶贸易和随后的废奴一样,只有当经济考虑足以支撑它的废除时才会发生。[100] 因此,除非不对其他经济利益产生不利影响,否则就不太可能对杜绝性贩运女性作出真正承诺。正如乔治·舍勒(George Scelle)所写:

> 只有在清楚地证明奴隶劳动具有经济缺陷,并且现代技术的进步使其能够被替代时,反对奴隶制的斗争和对个人身体自由的保护才开始出现在国际法中。只要人力资源没有被取代,哪怕用尽所有努力去禁止,奴隶劳动和强迫劳动仍然会存在。这证明了道德信念(moral conviction)即使具有普遍性,在法律规则的形成中也无法凌驾于经济生活的必要性之上。[101]

技术的进步不能替代女性的许多服务,而色情业和贩卖人口的经济利益是巨大的。[102] 同时,媒体在"炒作、剥削和商品化女性身体"上充当的角色和当中的利益也不能被忽视。[103]

国际法的一些分支已经认识到并试图解决与女性有关的问题。国际劳工组织的许多公约都关注女性。[104] 逐渐增多的关于这些公约的文献研究了它们对女

---

〔98〕 See *EQUAL TIME*(March 1989),at 22-23(report on UNESCO Conference on the Elimination of Trafficking in Women and Children,New York,1988).

〔99〕 《消歧公约》第 6 条规定缔约国应"采取一切适当措施,包括制定法律,以禁止一切形式贩卖妇女和强迫妇女卖淫对她们进行剥削的行为",前注 68。另见 B. WHITAKER, *Slavery*: *Report*(1984),11-20,UN Doc. E/CN. 4/ Sub. 2/1982/20/Rev. 1,UN Sales No. E. 84. XIV. 1;"Convention for the Suppression of the Traffic in Persons and of the Exploitation of the Prostitution of Others"(21 March 1950),96 UNTS 27 1;Reanda,'Prostitution as a Human Rights Question:Problems and Prospects of United Nations Action'(1991)13 *Human Rights Quarterly* 202。

〔100〕 关于国际禁止奴隶制的简要历史,见 A. CASSESE,前注 19,第 52—54 页。

〔101〕 2 G. SCELLE,*PRÉCIS DE DROIT DES GENS* 55(1934),翻译并且转引自上注,第 53 页。

〔102〕 C. MACKINNON,*supra note* 18,179.

〔103〕 *EQUAL TIME*,*supra note* 98,22.

〔104〕 关于这些公约的清单,见 Hevener,'An Analysis of Gender Based Treaty Law:Contemporary Developments in Historical Perspective'(1986)8 *Human Rights Quarterly* 70,87-88.

性角色的假设、所涉的主题,以及它们对女性地位的处理方式。[105]

《消歧公约》是承认女性特殊关切的最为重要的国际规范性文件,但是它的条款和它被各国接受的方式让我们质疑它提供的究竟是真正的还是幻想中的变革可能性。

《消歧公约》已被联合国几乎三分之二的成员国批准或加入,[106] 其第一条定义了"对妇女的歧视":"基于性别而作的任何区别、排斥或限制,其影响或其目的均足以妨碍或否认妇女不论已婚未婚在男女平等的基础上认识、享有或行使在政治、经济、社会、文化、公民或任何其他方面的人权和基本自由。"[107] 尽管《消歧公约》的范围比起简单地要求机会平等更进一步,并涵盖了更具争议性的"结果平等",这一概念为肯定性行动计划(affirmative action programs)和反对间接歧视提供了正当性,但该公约对歧视的定义的基本假设是男人和女人一样。(译者注:肯定性行动计划指的是采取积极措施来消除对特定群体的歧视和不平等对待的政策,如确保组织雇用人员时为这些特定群体提供一定的名额,确保人数比例,提供培训机会等。)

大多数国际评论家认为这种平等模式毫无争议。[108] 然而,机会平等和结果平等的概念都接受了男性标准的普遍适用性(除了怀孕等特殊情况)并承诺了一种相当有限的平等形式:平等就是像男人一样。[109] 麦金农写道:"男人已经成了衡量一切的标准。"[110] 根据这种分析,平等可以通过在法律上要求消除妨碍女性达到与男性同等地位的明显障碍来相对容易地实现:它意味着在现有的社会和法律

〔105〕 赫韦纳(Hevener)将涉及女性的公约根据其目的分为保护性公约(认为女性需要保护的)、纠正性公约(纠正过去的性别不平衡)以及非歧视性公约(旨在实现男女之间的形式平等)。见 Hevener,前注 104。早期的一些旨在保护妇女作为儿童养育者角色的公约现在正被重新评估。例如,1988 年澳大利亚政府宣布退出国际劳工组织 1935 年 6 月 21 日《妇女在各类矿山井下作业公约》(第 45 号公约)。《公约》的最终修订版见 *Final Articles Revision Convention*(1946),40 UNTS 63。该公约最初被视为保护性公约,但现在被认为具有歧视性,因为它否定了妇女接触某些形式的就业机会。澳大利亚于 1988 年 5 月 20 日提交了退出公约的文件,生效时间为一年后。COMMONWEALTH OF AUSTRALIA, *TREATY LIST* 1988(1989),at 28.

〔106〕 截至 1991 年 5 月,根据澳大利亚悉尼的联合国信息办公室的数据,有 105 个国家或批准或加入了该公约。关于《公约》文献的实用指南,见 Cook,' *Bibliography:The International Right to Nondiscrimination on the Basis of Sex*'(1989)14 *Yale Journal of International Law* 161。

〔107〕 《消除对妇女一切形式歧视公约》,前注 68,第 1 条。

〔108〕 参见,例如 M. HALBERSTAM & E. DEFEIS, *Women's Legal Rights:International Covenants An Alternative To Era?*(1987);D'Sa,' Women's rights in relation to human rights:a lawyer's perspective'(1987)13 *Commonwealth Law Bulletin* 666,672-674。

〔109〕 关于这一路径的讨论,见 Lacey,' Legislation Against Sex Discrimination:Questions from a Feminist Perspective'(1987)14 *Journal of Law and Society* 411。

〔110〕 C. MACKINNON, *supra note* 18,34.

结构内,平等是可以实现的。然而这种假设忽略了两性之间许多真正的差异和不平等,以及消除这些差异和不平等的重大障碍。[111]

男性对女性的支配现象首先是一种权力。性别歧视不是法律上的偏差,而是一种普遍的结构性问题。麦金农说:"(性别)是等级制度的(问题)。等级制度的顶层和底层是不同的,但这远不是全部。"[112]基于此,对不平等最有成效的分析是在支配与从属的层面上。因此,平等不是不考虑性别的自由,而是不因性别而受系统性压制的自由。

当然,《消歧公约》对女性的单独关注在某些方面是有益的。它使人们注意到了与女性确切相关的问题(如贩卖女性和卖淫)[113]以及不是所有女性都面临相同问题这一事实(如农村妇女会有特殊的需要)。[114]其报告条款要求各缔约国集中关注它们采取了哪些步骤来实现公约的目标,以便针对女性的歧视不会淹没在一般的人权问题中。[115]《消歧公约》还提供了一个重要的公民政治权利和经济社会权利的组合。

然而,《消歧公约》的实施程序比其他普遍适用的人权工具(如《消除一切形式种族歧视国际公约》[116]和《公民权利和政治权利国际公约》[117])要弱得多。更广泛地说,《消歧公约》的专门性质被"主流"人权机构用以正当地忽略或最小化女性的视角。他们确信,由于这些问题在其他地方已经有了仔细的审查,他们的组织就可以免除这项任务。然而,如《公民权利和政治权利国际公约》的许多规定对女性和男性的影响就不尽相同。

各国在加入《消歧公约》时都作出了相当数量的保留和谅解声明。第 28 条第 1 款允许在保留的情况下批准公约,但要求保留"不能与本公约的宗旨和目的抵触"(第 28 条第 2 款),但《消歧公约》没有给出抵触的标准。公约的 105 个缔约方

---

〔111〕 See Dowd,'Work and Family:The Gender Paradox and the Limitation of Discrimination Analysis in Restructuring the Workplace'(1989)24 *Harvard Civil Rights-Civil Liberties Law Review*79.

〔112〕 MacKinnon,'Feminism, Marxism, Method and the State:Toward Feminist Jurisprudence'(1983)8 *SIGNS* 635.

〔113〕 《消除对妇女一切形式歧视公约》,前注 68,第 1 条。

〔114〕 Ibid.,14.

〔115〕 Ibid.,18.

〔116〕 1966 年 3 月 7 日开放签字。660 UNTS 195,*reprinted in* 5 ILM 352(1966).

〔117〕 前注 85。关于这些区别的分析,见 Reanda,'Human Rights and Women's Rights:The United Nations Approach'(1981)3 *Human Rights Quarterly*11;Meron,'Enhancing the Effectiveness of the Prohibition of Discrimination against Women'(1990)84 *American Journal of International Law* 213。

中有超过40个对条款作出了近百项保留。[118] 其他缔约方认为,无论是一般性保留还是针对具体条款的保留[119]都与《消歧公约》的宗旨和目的相抵触。[120] 对于《消歧公约》的保留模式突出了目前国际法规范结构的不足。国际社会准备正式承认女性面临的大量不平等问题,但似乎只有在各个国家不被要求改变使女性处于从属地位的父权制实践时才会如此。监督《消歧公约》实施的 CEDAW 委员会成员曾就缔约国的保留向其代表提出过质疑,然而它没有管辖权来确定保留与《消歧公约》是否抵触。[121] 但是,缔约国两年一次的会议也没有采取行动,就保留是否符合公约的目标和宗旨作出权威决定。[122] 与对《消歧公约》的众多保留声明形成鲜明对比的是只有四项实质性保留的《消除一切形式种族歧视国际公约》,[123]这表明歧视女性在某种程度上被认为比种族歧视更加"自然"和可以接受。

总之,作为有关女性的国际法旗帜的《消歧公约》是一个模棱两可的提议。它承认对女性的歧视是一个法律问题,但其前提是以善意、教育和态度转变来取得进展,并未向女性承诺任何形式的结构上的、社会的或经济的变革。国际社会普遍容忍缔约国对《消歧公约》的保留,这进一步限制了《消歧公约》的有限范围。

四、迈向国际法的女性主义分析

女性主义的法律观该如何在国际法中应用? 女性主义法律理论可以促进多种活动。这个术语标志着一种兴趣(性别作为首要问题)、一个焦点(作为个体和群体的女性)、一个政治议程(不分性别地实现真正的社会、政治、经济和文化的平等);一种批判立场(对"男权主义"和男性等级权力或"父权制"的分析);一种重

---

[118] *Multilateral Treaties Deposited With The Secretary-General*: *Status As At* 31 *December* 1989(1990), at 170-79, UN Doc. ST/LEG/SER. E/8 [hereinafter MULTILATERAL TREATIES]. 关于在《消歧公约》范围内对保留的一般讨论,见 Byrnes, 前注 67, 第 51—56 页。Cook, 'Reservations to the Convention on the Elimination of All Forms of Discrimination Against Women' (1990) 30 *Virginia Journal of International Law* 643; Clark, 'The Vienna Convention Reservations Regime and the Convention on Discrimination against Women' (1991) 85 *American Journal of International Law* 281.

[119] 例如,埃及对《消歧公约》的保留。*Multilateral Treaties*, *supra* note 118, 172-173.

[120] 德意志联邦共和国、墨西哥和瑞典的反对声明,同上,第 179—184 页。

[121] 同上,第 708 页,脚注 303、304。

[122] 1986 年的缔约国会议对一些保留及其与《消歧公约》是否相抵触表示关切,并请秘书长征求缔约国的意见。其后的会议并没有继续讨论这个问题。Ibid., 708; Clark, *supra* note 109, 283-285.

[123] 参见 Cook, 前注 118, 第 644 页, 脚注 5; Clark, 前注 118, 第 283 页。

新解释和制定实体法的手段，使其能更充分地反映所有人的经验；以及另一种实践、谈论和学习法律的方法。[124] 女性主义方法必须关注如何审查法律的说服力：它所使用的语言、它预设的组织法律素材的方式、它如何认可正当或"纯粹"的抽象概念、它在实践中对对抗性技术的依赖以及它对所有法律和政治组织中男性等级结构的允诺。

克里斯汀·利特尔顿(Christine Littleton)曾说："女性主义方法始于认真对待女性这一激进行为，相信我们关于自己和自己经验的陈述是重要的和有效的，即使(或者说尤其是)当它与过去和正在讨论的、有关我们的事情没什么关系时。"[125] 没有单一的方法能够处理国际法的组织、过程及规则的复杂性，或者处理结构内外女性经验的多样性。在本节中，我们将研究从女性主义的法律论述中发展起来的两个相互关联的主题，这些主题提出了分析国际法的新方法。

(一)对权利的批判

女性主义对权利的批判质疑了获得法律权利是否就能促进女性平等。[126] 女性主义学者认为，尽管通过制定权利、寻求法律上的形式平等在女性主义运动的早期阶段就政治上而言是适当的，但继续关注权利的获得可能对女性没有好处。[127] 除了诸如权利以何种形式拟就、法院对权利的解释以及女性能否落实权利等问题外，一些女性主义法律学者认为，权利的修辞已经山穷水尽。[128]

权利话语被要求用一种简单化的方式减少复杂的权力关系。[129] 形式上获取权利(如平等待遇权)通常被假定为已解决了权力失衡的问题。然而在实践中，权力的不平等阻挠着权利的承诺：女人们对男人经济和社会的依赖，可能阻碍了援引以权利人和侵权人之间对抗关系为前提的权利主张。[130] 更为复杂的问题仍然

---

[124] Wishik, 'To Question Everything. The Inquiries of Feminist Jurisprudence' (1985) 1 *Berkeley Women's Law Journal* 64.

[125] Littleton, 'Feminist Jurisprudence: The Difference Method Makes (Book Review)' (1989) 41 *Stanford Law Review* 751, 764.

[126] 一些批判法学研究运动的成员对权利作了并行但不尽相同的批评，例如 Tushnet, 'An Essay on Rights' (1984) 62 *Texas Law Review* 1363; Hyde, 'The Concept of Legitimation in the Sociology of Law' 1983 *Wisconsin Law Review* 379。

[127] Gross, *supra* note 6, 192; C. SMART, *supra* note 17, 138-139.

[128] C. SMART, *supra* note 17, 139.

[129] Ibid. , 144.

[130] Ibid. , 146-157.

是专门针对女性的权利,如生育自由和堕胎权。[131]

另外,虽然权利回应了普遍的社会失衡,但权利的表述通常是以个人为基础的。因此,性别平等的权利也许可以解决个别女性偶尔的不平等地位,但无法改变女性的整体处境。[132] 此外,国际法把公民政治权利放在优先位置,但这些权利一般来说对女性没什么帮助。女人受压迫的主要形式是在经济、社会和文化领域发生的。然而经济、社会和文化权利传统上被视为级别较低的国际权利,实现起来要困难得多。[133]

第二种批评认为,赋权必然意味着女性进步的这种假设忽略了权利的竞争:在家庭中,妇女和儿童不受家庭暴力侵害的权利可能会被男性的家庭财产权或者家庭生活权所制衡。[134] 进一步地,某些权利可能被更有权势的群体所占据:斯马特提到,《欧洲人权公约》关于家庭生活的条款[135]被父亲用来维系他们对非婚生子女的权威。[136] 可能的一种解决方法是制定只适用于特定群体的权利。然而,除了会带来严重的政治困难外,正如我们在国际上看到的那样,制定仅适用于女性的权利可能会导致这些权利被边缘化。

女性主义者对实现平等的"权利"路径的第三个担忧是,部分权利的运行会损害女性权益。例如,宗教信仰自由的权利[137]就对男性和女性有着不同的影响。宗教信仰在任何方面的自由并不总是有利于女性,因为许多被接受的宗教活动降低了女性的社会地位和处境。[138] 然而,确定优先次序并讨论这个问题的尝试却遭遇了敌意和阻挠。因此,在 CEDAW 委员会 1987 年的会议上通过了一项决议,要

---

〔131〕 Ibid. , 146-157. 关于女性主义者对诸如强奸法律等性别化法律的矛盾的讨论,见 Olsen,'Statutory Rape: A Feminist Critique of Rights Analysis' (1984) 63 *Texas Law Review* 387。

〔132〕 C. SMART, *supra* note 17, 145; Lacey, *supra* note 109, 419.

〔133〕 参见如 Cranston,'Are There Any Human Rights?' (1983) *DAEDALUS*, No. 4, at 1。

〔134〕 C. SMART, *supra* note 17, 145; E. Kingdom,'The right to reproduce' (paper delivered at 13th Annual Conference of the Association for Legal and Social Philosophy, Leeds, Apr. 4-6, 1986). 引自上注,第 151 页。另见 Fudge,'The Public/Private Distinction: The Possibilities of and the Limits to the Use of Charter Litigation to Further Feminist Struggles' (1987) 25 *Osgoode Hall Law Journal* 485。

〔135〕 European Convention, *supra* note 85, Article 8.

〔136〕 C. SMART, *supra* note 17, 145.

〔137〕 例如《公民权利和政治权利公约》,前注 85,第 18 条。

〔138〕 Arzt,'The Application of International Human Rights Law in Islamic States' (1990) 12 *Human Rights Quarterly* 202, 203. 参见 A. SHARMA, *Women in World Religions* (1987). *Cf.* Sullivan,'Advancing the Freedom of Religion or Belief through the UN Declaration on the Elimination of Religious Intolerance and Discrimination' (1988) 82 *American Journal of International Law* 487, 515-517.

求联合国及其专门机构"促进或开展关于伊斯兰法律和习俗下妇女地位的研究"。[139] 伊斯兰国家的代表们在 ECOSOC 和联合国大会第三委员会中批评这一决议威胁了宗教自由。[140] CEDAW 委员会的建议最终被拒绝。联合国大会通过一项决议,决定"不对委员会通过的第 4 号决定采取任何行动,并要求委员会……重新审查该决定,同时考虑到各代表团在 1987 年 ECOSOC 第一次常规会议以及联合国大会第三委员会上表达的观点"。[141] CEDAW 后来解释说,它提议的这项研究对于履行《消歧公约》下的职责是必要的,绝没有不尊重伊斯兰教的意思。[142]

另一个国际公认的可能对男女产生不同影响的权利是与保护家庭有关的权利。主要的人权文件都有适用于家庭的条款。《世界人权宣言》宣布,"家庭是天然的和基本的社会单元,并应受社会和国家的保护"。[143] 这些规定忽视了对许多妇女来说,家庭也正是虐待和暴力的单元;因此,保护家庭也维护了家庭内部的权力结构,这会导致男人对妇女和儿童的统治与支配。

对第三世界的女性来说,权利的发展可能尤其棘手,因为女性和男性平等的权利与传统价值观可能会发生冲突。第三世界国家对女性问题持矛盾态度的一个例子是非洲统一组织(the Organization of African Unity)的人权文件——《班珠尔宪章》。[144]

《班珠尔宪章》与"西方"的人权文件不同,它强调应当承认社区和民族作为享有权利的实体,并规定社群内的人们负有对群体的责任和义务。"人民"在《班珠尔宪章》中的权利包括自决权、[145] 处置本国天然财富和资源权、[146] 发展权、[147] 国

---

[139] UN Doc. E/1 987/SR. 11,at 13,引自 A. BYRNES,前注69,第 6 页。*Cf. An-Na'im*, 'Rights of Women and International Law in the Muslim Context' (1987)9 *Whittier Law Review* 491.

[140] A. BYRNES,*supra* note 69,6.

[141] GA Resolution 42/60(30 November 1987),para. 9.

[142] A. BYRNES,*supra* note 69,6-7. 关于这些事件,另见 Clark,前注118,第287—288 页。

[143] "Universal Declaration of Human Rights" (1948),GA Resolution 217A(III),Article 16(3),UN Doc. A/8 10,at 71. 参考 "International Covenant on Economic,Social and Cultural Rights"(16 December 1966),Article 10(1),993 UNTS 3;"International Covenant on Civil and Political Rights",*supra* note 85,Article 23. See Holmes,*supra* note 7,252-255。

[144] *African Charter on Human and Peoples' Rights*(adopted 27 June 1981),OAU Doc. CAB/LEG/ 67/3/ Rev. 5,*reprinted in* 21 ILM 59(1982)[hereinafter *Banjul Charter*]. See Wright, 'Economic Rights and Social Justice:A Feminist Analysis of Some International Human Rights Conventions' (1992)12 *Australian Year Book of International Law* forthcoming.

[145] *Banjul Charter*,*supra* note 114,20.

[146] Ibid. ,Article 21.

[147] Ibid. ,Article 22.

际和平与安全的权利[148]和享有普遍良好的环境权。[149]

然而，社群或"人民"权利的建立并没有考虑女性在这些群体、社区或"人民"中的权利往往受到严重限制。《班珠尔宪章》的序言明确提到消除"一切形式的歧视，特别是基于种族、民族、肤色、性别、语言、宗教或政治观点的歧视"。第2条规定了享有宪章中的所有权利而不受任何歧视的权利。但在第2条之后，《班珠尔宪章》只专门提到了"他的"（his）权利，即"男人的权利"。第3—17条规定了基本的政治、公民、经济和社会权利，类似于其他文件尤其是《经济、社会及文化权利国际公约》《公民权利及政治权利国际公约》《世界人权宣言》（在序言中引用）以及欧洲的文件。其中第15条的重要意义在于，它确保工作权包括了"同工同酬"的权利。这项权利对于那些受雇于也有男性从事的工作的女性可能是有用的，但困难在于大多数非洲女性和其他地方的女性一样，通常不从事与男性相同的工作。

第17条和第18条以及第27条至第29条所载的义务清单阻碍了非洲女性享有《班珠尔宪章》中其他条款规定的权利。第17条第3款规定"促进和保护社会承认的道德和传统价值是国家的责任"，第18条将这些道德和价值观的监护交给了家庭，称其为"天然的和基本的社会单元"。该条同时还要求消除对妇女的歧视，但把平等的概念与保护家庭和"传统"价值观结合起来会带来严重的问题。人们已经注意到了津巴布韦和莫桑比克的情况：

> 这些非洲南部关于女性的官方政治辞令可能根源于通过苏联传进来的恩格斯思想，但他们今天所面临的实际情况与苏联相去甚远。特别是在津巴布韦，政策制定者陷入了一些意识形态与物质的矛盾之中，这些矛盾对以女性为导向的政策尤为重要。主导的意识形态由两个信仰体系塑造而成，而它们关于女性的概念截然相反。马克思主义与源自前殖民社会的模型相抗争，后者认为女性无论是在社会上、经济上还是生物上繁衍与传承血脉的能力都至关重要，在这种情况下族系的男性掌控着女性劳动力。[150]

妇女解放与坚持传统价值观之间的这种矛盾是许多第三世界妇女人权讨论的核心，也使之更加复杂。在国内和国际层面上，人权的修辞将女性视为平等的公民，因为女性"个体"受到与男性同等的待遇和保护。然而"传统价值观"的话语

---

〔148〕 Ibid. , Article 23.

〔149〕 Ibid. , Article 24.

〔150〕 Jacobs & Tracy, 'Women in Zimbabwe: Stated Policies and State Action' in H. Afshar(ed.) *Women, State Ideology: Studies from Africa and Asia*(1988)28 ,29-30.

可能会阻止女性享有任何人权,无论这些人权是如何被描述的。[151]

尽管存在所有这些问题,权利的主张对于社会中受压迫的群体具有巨大的象征力,它构成了反抗不平等斗争中的组织原则。帕特里夏·威廉姆斯(Patricia Williams)指出,对于美国黑人来说"根据法律获得完全权利的前景始终是一种极具鼓舞力量、几乎是宗教般的希望来源"。[152] 她写道:"'权利'在大多数黑人眼里感觉是如此的新鲜。说出来仍然感到非常有力量。它是自我意识的标志,也是一份礼物,在这个历史时刻很难重新构思……它是可见和不可见、包容和排斥、权力和失权的魔杖……"[153]

在国际层面上,权利的话语可能比许多国内系统具有更重大的意义。它提供了一种公认的手段来挑战传统的法律秩序并发展出替代的原则。虽然不能把获得权利与女性自动的和直接的进步联系起来,而且必须承认权利路径的局限性,但妇女权利的概念仍然是女性在国际法中潜在的力量来源。现在的挑战是要重新思考这一概念,使权利符合女性的经验和需要。

(二)公/私分界

上文概述了公/私二分的性别影响。[154] 这里我们举出两个例子,说明公私二分法如何破坏了国际法的运作。

发展权。[155] 发展权最近才以法律形式被提出,它在国际法中的地位仍然有争议。[156] 支持者将其作为一种集体或团结性的权利,以应对全球相互依存的现象,

---

〔151〕 在特殊语境下,一些黑人和亚洲女性主义者主张家庭应该是斗争的集结点。例如,Valerie Amos 和 Pratibha Parmar 写道:"白人女性主义者将家庭制度视为女性受压迫的根源,暴露了她们在文化和种族方面的目光短浅,因为对亚洲女性来说,英国政府已经通过其移民立法尽其所能地破坏亚洲家庭……"Amos & Parmar, 'Challenging Imperial Feminism' (1984)17 *Feminist Review*3 ,15.

〔152〕 Williams, 'Alchemical Notes:Reconstructing Ideals from Deconstructed Rights' (1987)22 *Harvard Civil Rights-Civil Liberties Law Review* 401 ,417.

〔153〕 Ibid. , 431. 另见 Schneider, 'The Dialectic of Rights and Politics:Perspectives from the Women's Movement' (1986)61 *NYU Law Review* 589. Hardwig, 'Should Women Think in Terms of Rights?' (1984)94 *ETHICS* 441。

〔154〕 见前注 74-86 的文本。

〔155〕 关于这一主题的更全面的分析,参见 Charlesworth,前注 74。

〔156〕 Alston, 'Making Space for New Human Rights:The Case of the Right to Development' (1988)1 *Harvard Human Rights Yearbook*3;Rich, 'The Right to Development:A Right of Peoples' in J. Crawford(ed.), *The Rights of Peoples*(1988)39.

而批评者则认为它只是一种愿望而非一种权利。[157] 1986 年《联合国发展权利宣言》(以下简称《宣言》)将其权利内容描述为"参与、促进并享受经济、社会、文化和政治发展,在这种发展中,所有人权和基本自由都能获得充分实现"。[158] 国家对创造有利于该权利的条件负有主要责任:"国家有权利和义务制定适当的国家发展政策,其目的是在全体人民和所有个人积极、自由和有意义地参与发展及其带来的利益的公平分配的基础上,不断改善全体人民和所有个人的福利。"[159]

这项权利显然旨在适用于国内的所有个人,并被认为将平等地惠及女性和男性。《宣言》的序言部分两次提到《联合国宪章》中关于促进和鼓励尊重所有人的人权而不分种族或性别的劝告。此外,《宣言》第 8 条规定,各国有义务确保所有人在获得基本资源和公平分配收入方面的机会平等。它规定,"应采取有效措施确保妇女在发展进程中发挥积极作用"。

然而《宣言》的其他条款表明,针对女性的歧视并不被视为发展或公平分配其利益的主要障碍。例如,发展权的一个方面是国家有义务采取"坚决步骤"以消除"大规模公然侵犯各国人民和个人人权"的情况。所举的侵犯行为的例子包括种族隔离和种族歧视,但不包括性别歧视。[160]

三种关于欠发达的理论占据了分析的主导地位:资本、技术、熟练劳动力和企业家精神的短缺、发达国家对发展中国家财富的剥削,以及发展中国家对发达国家的经济依赖。[161] 然而女性之于男性的从属地位并没有进入这种传统的计算。此外,"发展"作为经济增长最重要的因素,对于这种增长可能对它声称想要惠及的社会的一半人口缺乏好处甚至产生不利影响不闻不问。

国际发展权的一个方面是提供发展援助和协助。联合国大会呼吁国际的和国内的努力目标是"不加歧视地在世界各地消除经济贫困、饥饿和疾病",并呼吁通过国际合作维持"稳定和持续的经济增长",增加对发展中国家的优惠援助,建立世界粮食安全和解决债务负担问题。[162]

---

[157] 例如,Brownlie, 'The Rights of Peoples in Modern International Law' in *The Rights of Peoples*, at 1,14-15。

[158] GA Resolution 41/128(4 December 1986), Article 1(1)。

[159] Ibid. , Article 2(3).

[160] Ibid. , Article 5.

[161] Thomas & Skeat, 'Gender in Third World Development Studies:An Overview of an Underview' (1990) 28 *Australian Geographical Studies* 5,11;see also J. HENSHALL MOMSEN &J. TOWNSEND, *Geography of Gender in the Third World*(1987)16.

[162] GA Resolution 41/133(4 December 1986).

女性和儿童比男性更容易成为贫困和营养不良的受害者。[163] 因此,女性理论上应该从国际发展权中获益良多。然而,在过去二十年中,发展中国家的许多女性地位已经恶化:她们获取经济资源的机会减少了,她们的健康和教育状况下降了,她们的工作负担增加了。[164] 联合国宣言所规定的发展权的通用性和显然的普适性,由于国际经济体系根本的男性中心主义和对公/私区分的强化而受到削弱。当然,目前第三世界女性的发展实践的问题不能简单地归咎于发展权的国际法表述,但国际法的修辞既反映又强化了一种致使女性处于从属地位的制度。

在过去的二十年里,人们对女性以及第三世界的发展进行了大量的研究。[165] 这些研究记录了女性在发展中国家经济方面的关键作用,特别是在农业方面。它还指出"发展"对许多第三世界妇女的生活作用不大或产生负面影响。国际法律秩序就像大多数发展政策一样,制定发展权时在任何方面都没有考虑过这些研究。

公共和私人领域之间的区分使女性的工作和需求变得不可见。经济上的可见性取决于在公共领域的工作,而在家庭或社区中的无偿劳动被归类为"非生产性的、非雇佣的和经济上不活跃的"。[166] 玛丽莲·沃林(Marilyn Waring)最近指出,这种在发达国家中制度化的区分,已经部分地通过联合国国民账户体系(UNSNA)舶来至发展中国家。[167]

UNSNA 主要由理查德·斯通爵士(Richard Stone)在 20 世纪 50 年代发展,使专家们能够监测各国的财政状况和其国家发展趋势,并比较一个国家与另一个国家的经济。因此,它将影响国家被归类为发达国家还是发展中国家,以及所需国际援助的方式和规模。UNSNA 衡量的是所有实际进入市场的商品和服务的价值,以及其他非市场生产的价值,如政府免费提供的服务。[168] 然而,一些活动被指定为在"生产范围"之外,因此不被衡量。经济现实是由 UNSNA 的"生产边界"建构的,生育、儿童保育、家务劳动和自给自足的生产,这些都被排除在经济生产力和

---

〔163〕 参见 M. WARING, *Counting for Nothing*(1988)134。

〔164〕 参见 UNITED NATIONS, *World Survey on the Role Of Women In Development*(1986)19-20;J. HENSHALL MOMSEN & J. TOWNSEND, *supra* note 161, 15; *Nairobi Review*, *supra* note 61, 8-10。

〔165〕 第一个重要研究是 E. BOSERUP, *Woman's Role In Economic Development*(1970)。关于这些文献的珍贵概述,见 Thomas & Skeat,前注 161。

〔166〕 M. WARING, *supra* note 163, 13.

〔167〕 Ibid., 83.

〔168〕 Ibid., 27.

增长的测量之外。[169] 1985年,秘书长在向联合国大会提交的报告《千禧年前世界经济的总体社会经济观》中很好地总结了不把女性的工作看作工作的观点。报告称:"在低收入国家的农村地区,妇女的生产和再生产角色往往是兼容的,因为家庭农业和家庭手工业让妇女离家近、工作条件灵活,需要母亲投入的时间少。"[170]

将女性和男性的工作分配到不同的领域,并由此将女性定性为"非生产者",在许多方面都对发展中国家的女性产生了不利影响,并使她们的发展权比男性的难实现得多。例如,国际经济测量中公/私二分的运作把女性排除在许多援助项目之外,因为她们被认为不是工人,或者不如男性有生产力。[171] 如果向女性提供援助,通常是为了使她们边缘化:外国援助可能只提供给做了母亲的女性。[172] 尽管自1967年以来,人们就已经认识到了在发展中国家,女性负责高达80%的粮食生产。[173] 不承认女性在农业生产中的重要作用、不关心发展对女性的影响,这意味着任何发展权的潜力从一开始就受损了。

虽然第三世界的工业化程度提高增加了女性的就业机会,但这种表面上的改善并没有提高她们的经济独立性或社会地位,对女性的平等几乎没有什么影响。女性从事的是收入最低、地位最低的工作,没有职业发展道路;她们的工作条件常常是歧视性的、没有保障的。[174] 此外,即便是在社会主义政治秩序的发展中国家,女性的地位也没有太大区别。[175] 主导的发展模式假定任何有偿的雇用都比无偿的好,[176] 没有考虑到增加女性不平等和降低其经济地位的可能性。

正如我们看到的,发展权的国际宣言并没有区分男性和女性的经济地位。在使用发展和经济的中性语言时,它没有挑战普遍且有害的假设:女性的工作不同——而且低于男性。因此,它无法促进发展中国家中最需要发展的群体的发

---

〔169〕 Ibid. , 25.

〔170〕 UN Doc. A/40/519(1985),para. 210,at 99. 引自上注,第177页。

〔171〕 一个例子是美国对外援助机构 USAID 在撒哈拉旱灾后的援助计划。该计划重建了牧群,但仅仅是替换男性族长的牲畜。游牧女性用于支付嫁妆和聘礼的牲畜没有得到替换。这降低了女性的独立性。M. WARING,*supra* note 163,144.

〔172〕 世界银行关于其赞助的发展项目的报告承认,它几乎只支持"健康、卫生、营养和婴儿照料"方面的女性项目。WORLD BANK,*World Bank Experience With Rural Development*,1965—1986(1987),at 89.

〔173〕 S. CHARLTON,*supra* note 60,61.

〔174〕 Thomas & Skeat,*supra* note 161,8.

〔175〕 See Molyneux,'Women's Emancipation under Socialism:A Model for the Third World' (1982)9 *World Development* 1019.

〔176〕 See Thomas & Skeat,*supra* note 161,11.

展。联合国最近对发展问题的审议更加关注女性的状况,[177]然而,对她们诉求的描述与诉求本身大不相同,又或是可以通过特殊的保护措施来加以解决,因此也就没有从根本上将她们的诉求视为与发展本身息息相关的重要问题。[178]

自决权。公/私二分降低了国际法上自决权的有效性。自决权被定义为"所有人民"都有权"自由地决定其政治地位,以及自由地追求其经济社会及文化发展",[179]这与民族国家内一部分人口持续地受到另一部分人口的支配与边缘化完全相悖。对于那些声称拥有自决权的团体,女性的待遇应当与其自决权主张息息相关。然而,国际社会对阿富汗和撒哈拉自决权要求的反应显示,他们对这些群体中女性的处境关注甚少。

苏联在 1979 年入侵阿富汗时侵犯了它的领土完整和政治独立,这和其他战略、经济和地缘政治上的考虑一并促使着美国相信支持阿富汗反抗组织是合法的和道德的。[180] 在决定支持反抗组织时,美国未曾考虑阿富汗"圣战者"(*muja-hideen*)对女性的政策。"圣战者"致力于建立一个压迫性的、农村的、明确的父权制社会形态,这与由苏联支持的社会主义政权截然不同。事实上辛西娅·恩洛(Cynthia Enloe)指出:"苏联支持的喀布尔政府推行的政策之一是扩大阿富汗妇女的经济和教育机会,这让男性部族领导人感到相当陌生。"[181]由于持续支持反抗组织,大量难民涌入巴基斯坦。其中 30% 是女性,40% 是 13 岁以下的儿童。[182]事实上,阿富汗女性的这种边缘化和被孤立正映射着未来——联合国难民署提供的教育服务绝大多数都是给男孩的。[183] 已有充分的文献说明女性教育的重要影响及其在削弱男性支配中的作用。[184]

---

〔177〕 例如,由秘书长递交的关于执行《联合国发展权利宣言》评论意见的分析性汇编,见 UN Doc. E/CN. 4/AC. 39/1988/L. 2, paras. 59-63; *Report prepared by the Secretary-General on the Global Consultation on the Realization of the Right to Development as a Human Right*, UN Doc. E/CN. 4/1990/9, paras. 15,42,51,52,59. 以下简称为《1990 年报告》。

〔178〕 例如,秘书长报告中题为"实现作为人权的发展权的障碍"一节提到了不尊重人民的自决权、种族歧视、种族隔离、外国占领、对技术转让的限制和工业化国家的消费模式是实现发展权的严重障碍,但是没有提到性别歧视。《1990 年报告》,前注 177,第 27—35 段。参考《消歧公约》第 14 条,前注 68。

〔179〕 "International Covenant on Civil and Political Rights", *supra* note 85, Article1; "International Covenant on Economic, Social and Cultural Rights", *supra* note 143, Article 1.

〔180〕 见 Reisman, *The Resistance in Afghanistan Is Engaged in a War of National Liberation*, 81 AJIL 906 (1987)。

〔181〕 C. ENLOE, *supra* note 35,57.

〔182〕 *New York Times*(27 March 1988), §1, at 16, col. 1.

〔183〕 Ibid. 联合国学校的总入学人数为 104000 名男孩和 7800 名女孩。

〔184〕 如参见 K. JAYAWARDENA,前注 35,第 17—19 页。

摩洛哥对西撒哈拉的主张和波利萨里奥对这些主张的抵抗导致了在阿尔及利亚建立撒哈拉难民营,这些难民营住着的主要是女人和小孩。在这些难民营中,女性们已经能够维护自我权利:她们建立了医院和学校,实现了高素质的文化水平,并支持"女人和母亲的权利"以及"独立斗争"。[185] 国际社会通过国际法院和联合国大会重申了西撒哈拉人民的自决权。[186] 尽管得到了法律上的支持,但撒哈拉人的唯一支持来自阿尔及利亚,摩洛哥则得到了法国和美国等国家的支持。难民营中的女性决心在恶劣条件下努力维持一种"以比例代表制为基础的民主,集中和平等的分配,充分就业,以及在社会与政治上性别平等"的生活,但她们很少得到国际社会的支持。

国际社会只承认"民族"(people)的自决权,这在实践中最常与独立国家的概念联系在一起。就自决权而言,女性从未被视为一种"民族"。在大多数情况下,追求民族自决权作为对殖民统治的政治回应,并没有终止社会中一部分人对另一部分人的压迫和支配。

各国在决定他们对民族自决权主张的回应时,通常对女性的处境完全漠不关心;女性在国际上的不可见依然存在。因此,在苏联否决了联合国安全理事会关于入侵阿富汗的决议后,联合国大会重申了"所有民族都有不可剥夺的自决的权利……不受外界干扰选择自己的政府形式",并声明阿富汗人民应能够"选择其经济、政治和社会体制,不受任何形式的外部干涉、颠覆、胁迫或限制"。[187] 联合国大会关心的仅仅是"外部"干涉。可是女性更多地遭受"内部"干涉:女性没有在不受国家内部男性支配的情况下,选择自己在社会中角色的自由;同时她们还持续地受到男性的胁迫。冠冕堂皇的不干涉原则不适用于她们,因为她们的自决权被集体的自决权所取代。各国在评估为实现民族自决而提出的援助请求或者使用武力的请求的合法性时,应该考虑到是否存在剥夺女性决定自己的经济、社会和文化发展自由的情况。[188]

---

〔185〕 正如成立于 1974 年的全国撒哈拉妇女联盟(National Union of Sahrawi Women)的目标所表明的那样。Cumming, 'Forgotten Struggle for the Western Sahara' (20 May 1988) *NEW STATESMAN*, at 14. ("妇女是革命的核心;她们自己争取权利的斗争不必等到战争结束,这两者是不可分割的。")

〔186〕 *Western Sahara Case* (Advisory Opinion) [16 October 1975] ICJ Reports12.

〔187〕 GA Resolution ES-6/2 (14 January 1980).

〔188〕 关于女性地位与使用武力的国际法的相关性的进一步讨论,见 Chinkin,前注 49。

五、结论

有人说,女性主义具有"挑战现有规范并制定新的理论议程的双重目的"。[189]
本文强调,有必要把性别视为重要因素的视角引入国际法传统领域的下一步研究
当中。在评论两本加拿大关于法律救济的教科书时,克里斯汀·博伊尔(Christine
Boyle)指出,它们根本不涉及女性的关切和利益。[190] 她批评了这种巨大的沉默并
总结道:"男性和法律"作为一种智识活动是可以容忍的,但如果它伪装成"人类和
法律",那就不可容忍了。[191] 国际法的结构和原则伪装成"普世的"——普遍适用
的一套标准,对它们更准确的描述是全世界男人的法律。

现代国际法不仅是以男性为中心的,而且在起源上也是以欧洲为中心的,并
从西方法律思维中吸收了许多关于法律以及法律在社会中地位的假设。这些假
设包括基本的父权制法律机制,法律是客观的、性别中立的、普遍适用的,以及将
社会区分为公共和私人领域,这把许多涉及女性的事项归入了私人领域,认为其
不适合法律规制。我们需要研究来质疑国际法规范的中立性和普适性的假设,并
揭示女性及她们的经验在法律讨论中的不可见。女性主义的视角以其将性别作
为分析类别的关注和对真正性别平等的承诺,可以照亮国际法的许多领域:例如
国家责任、难民法、武力使用和战争中的人道法、人权、人口控制及国际环境法。[192]
女性主义研究给予了从根本上重构传统国际法话语和方法论从而包容其他世界
观的希望。正如伊丽莎白·格罗斯(Elizabeth Gross)指出的,这种重构并不是说用
另一组"真理"取代旧的,"(女性主义理论)旨在使父权制的系统、方法和假设无
法运作,无法保持其支配地位和权力。它意在明确这种支配地位是如何形成的,
并让它不再可行"。[193]

国家在国际法中的中心地位意味着国际法的许多结构其实反映了国家的父
权制形式。不过矛盾的是,相比其他领域的法律,国际法可能更容易接受女性主

---

[189]　*Supra* note 81,Thornton,23.

[190]　Boyle,'Book Review'(1985)63 *Canadian Bar Review* 427.

[191]　Ibid.,430-431.

[192]　1990 年 8 月在澳大利亚国立大学国际法和公法中心举行的性别和国际法会议上发表的论文涉及
了其中一些领域。这些论文已发表在 1992 年的《澳大利亚国际法年鉴》上。See also Greatbatch,'The Gender
Difference:Feminist Critiques of Refugee Discourse'(1989)1 *International Journal of Refugee Law* 518.

[193]　Ibid.,Gross,197.

义的分析。区分法律和政治之于国内维护法律的中立和客观性来说处于核心地位，但在国际法中却没有同样的势力。因此，西方国内法的强制性模板并未能在国际法中复制：国际法的程序是协商性的，它的目标是和平共处。第三世界对国际法的持续批评和对其多样性的坚持，很可能已经为女性主义的批判搭建好了哲学基础。

国际法的女性主义变革将绝不仅仅是完善或改革现有法律。它能够导向一个专注于解决结构性压迫的国际制度，并修正我们关于国家责任的概念。它还能够挑战国家在国际法中的核心地位以及传统的国际法渊源。

已经有了实现其中一些目标的机制。《经济、社会及文化权利国际公约》和《消歧公约》可作为推动经济和社会结构改革的基础，以削弱女性遭受性虐待及其他虐待的原因。然而，无论是在这些公约下还是一般情况下，国家责任的概念都必须扩大，以涵盖基于性别歧视（广义）的系统性的虐待的责任，并且国家责任的可归因性也必须扩大到包括私主体的行为。建立一个听取个人或团体诉讼的国际机制，如《消歧公约》的议定书，允许个人或代表向 CEDAW 委员会申诉，将让女性的声音在国际社会中得到直接的关注。

国际法的重新转向是否可能对女性产生真正的影响呢？女性主义者已经对国内法上的法律改革尝试的效用提出了质疑，并警告说，不要把改变基本政治和经济上性别不平等的权力过多地交给法律。[194] 那么，对于在任何情况下都更具争议的国际法，是否更应持这种保留态度？在绝大多数权力形式仍由男性掌控的世界中，一个改造后的、人性化的国际法是否有能力实现社会变革呢？

像所有的法律体系一样，国际法在构建现实方面发挥着重要作用。它未触及的领域似乎天然地属于国家的国内管辖范围。国际法界定了国际社会就各国准备让位于超国家规制和审查的事项所达成的共识。它的权威来源于国际上认可的主张。因此，国际法的议题具有特殊的地位；那些在国际法范围外的问题似乎不容易以同样的方式得到发展和改变。重新定义国际法的传统范围以承认女性的利益，可以开辟重新想象变革的可能性，并使国际法的和平共存与尊重所有人尊严[195]的承诺成为现实。

---

[194]　例如 C. SMART，前注 17，第 25、81 页。

[195]　*UN CHARTER*，Preamble.

译后记

希拉里·查尔斯沃斯、克里斯蒂娜·钦金和谢利·赖特三人合著的这篇《女性主义国际法方法》于 1991 年发表在《美国国际法杂志》(*The American Journal of International Law*)上。毫不夸张地说,这篇文章开创了在国际法上应用女性主义方法的先河。[1] 尽管早在 1915 年女性主义运动就通过海牙国际妇女大会(International Congress of Women)登上了国际舞台,[2]但女性主义作为一种研究方法却迟迟未能进入国际法。[3] 其原因正如文章中所说,国际法长期被视为是一个性别中立的场域,既不需要也不适用女性主义的分析。与此同时,联合国持续充当着保护女性权益的正面角色。1975 年第一次关于妇女地位的世界会议在墨西哥城召开,大会将 1976—1985 年定为"联合国妇女十年",1979 年《消除对妇女一切形式歧视公约》通过,1980 年在哥本哈根召开了第二次妇女问题世界会议,1985 年内罗毕会议评估了联合国妇女十年的成就,并进一步承认了性别平等问题应当涵盖人类活动的所有领域。[4] 在这样的历史背景下,自由主义的国际机构与人权保护的权利话语相辅相成,使国际法成了在形式上要求国家保护女性的"排头兵",进一步地免于女性主义的批评。

20 世纪 80—90 年代也是女性主义理论激荡的年代。随着"冷战"逐渐走入尾声,女性主义理论呈现复苏之势,[5]并意识到了传统的自由主义权利观的不足。

---

〔1〕 B. S. Chimni, 'Feminist Approaches to International Law: The Work of Hilary Charlesworth and Christine Chinkin', *International Law and World Order: A Critique of Contemporary Approaches*(2nd edn, Cambridge University Press 2017)359.

〔2〕 Freya Baetens, 'International Congress of Women(1915)', *Max Planck Encyclopaedias of Public International Law*(Oxford University Press 2011); *supra* note 1,358.

〔3〕 Christine Chinkin, 'Feminism, Approach to International Law', *Max Planck Encyclopedia of Public International Law*(Oxford University Press 2010)para 1.

〔4〕 "会议 | 妇女与性别平等 | 联合国"〈https://www. un. org/zh/conferences/women〉(访问日期:2023 年 3 月 20 日)。

〔5〕 契姆尼(B. S. Chimni)认为,十月革命以来的国际环境并不利于女性主义的发展。一方面,民族国家的利益超越了女性权益成为首要议题;另一方面,国际反共势力也因女性主义与共产主义的关联而反对女性主义。这一点译文当中也有提到。"冷战"后期,随着苏联的式微,西方民主国家试图以保护女性权益的话语批评共产主义国家及第三世界国家内部糟糕的女性处境,这使女性主义方法不管是在国内还是国际上都获得了发展空间。*Supra* note 1,365-368.

卡罗尔·佩特曼（Carole Pateman）在《性契约》（*The Sexual Contract*,1988）一书中追问,为什么西方社会表面上男女享有平等权利和机会,但女人的工资仍然低于男人？为什么还有大量的女性沦为妓女？为什么女性总是如此贫困？她认为问题不在于没有好的契约,问题恰恰就在契约本身——自由主义的契约建立在对女性的奴役之上,并通过自由的契约延续对女性的压迫。[6] 女性主义的批判不仅限于法律:桑德拉·哈丁批评看似中立的科学方法,指出其父权意识形态并呼吁一种女性主义认识论;[7]南希·哈特索克和凯瑟琳·麦金农均借鉴了马克思主义,前者提出了女性主义的历史唯物主义观,[8]后者则认为资本主义国家和法律将男性特权制度化。但与马克思主义分道扬镳的是,麦金农并不认可消除阶级剥削就能消除男性对女性的剥削。她认为父权制的性别压迫是比阶级压迫更为严重的问题。[9] 不难看出,此时的女性主义理论已在全方位地论证女性受压迫是系统性和结构性的问题。前人的研究提供了强大的理论来源,揭露了社会结构中看似中立的外衣——不管它是法律的、科学的还是经济的。女性主义的批评已经洞穿了形式的藩篱,父权制与资本主义作为两个不分国界的压迫性结构已被识别出来,国际法不能再免于女性主义的批评。

1991 年,这篇在国际法学界引起轰动的文章应运而生,"第一次让大多数说英语的国际律师们看到了国际法的性别界限"。[10] 它将女性主义理论应用于国际法,论证了女性的经验和声音在国际法规范结构和组织结构中的不可见（invisibility）。就国际法规范而言,三位学者着重分析了公/私二分的方法如何边缘化了女性,导致国际法规范无视女性及其不公;就国际法组织而言,她们将重点放在女性代表性的严重不足上。九年后,希拉里·查尔斯沃斯和克里斯蒂娜·钦金两人发

〔6〕 Carole Pateman, *The Sexual Contract*(Stanford University Press 1988) ; Nancy J Hirschmann, ' Review of The Sexual Contract' (1990)18 *Political Theory* 170,170.

〔7〕 Sandra Harding, *The Science Question in Feminism*: *Industrial Policy in Europe*(Reprint edition, Cornell University Press 1986); Heidi Grasswick, ' Feminist Social Epistemology' in Edward N. Zalta(ed), *The Stanford Encyclopedia of Philosophy*(Fall 2018, Stanford University 2018). 参见佟新:《女性的生活经验与女权主义认识论》,载《云南民族学院学报(哲学社会科学版)》2002 年第 19 卷第 3 期。

〔8〕 Nancy Hartsock, *Money Sex and Power*: *Toward a Feminist Historical Materialism*(Longman's 1983); Joy Huntley, ' Book Review: Money, Sex, and Power: Toward a Feminist Historical Materialism' (1984)78 *American Political Science Review* 1187.

〔9〕 Catharine A. MacKinnon, ' Feminism, Marxism, Method, and the State: An Agenda for Theory' (1982)7 *Signs* 515; Catharine A. MacKinnon, *Feminism Unmodified*: *Discourses on Life and Law* (Harvard University Press 1988); *supra* note 1,372-375.

〔10〕 See José E. Alvarez, ' Review of The Boundaries of International Law: A Feminist Analysis' (2001)95 *The American Journal of International Law* 459,459.

表了专著《国际法的边界：女性主义分析》(*The Boundaries of International Law: A Feminist Analysis*)，在原有基础上将女性主义的分析扩展应用于条约法、国家概念、使用武力和冲突解决等领域，进一步地阐释国际法的结构、程序和方法是如何对女性抱有偏见，不考虑女性的生活经验，并将她们边缘化的。[11] 此书和这篇文章一并奠定了两人在女性主义国际法研究中的学术地位，也启发了源源不断的后来者。[12] 今天我们可以在国际法的各个领域发现女性主义研究的身影，这种批判分析模式"像纽黑文学派一样无处不在"[13]：国际法的历史研究还原了学科内在的父权制，[14]国际刑法和武装冲突法对女性生命和尊严的漠视得到了持续关注，[15]国际私法这一传统上被认为与实质问题无涉的程序法领域也逐渐纳入了女性主义研究。[16]

然而，先锋的观点总是招致猛烈的批评。从 1991 年发表此文以来，三人及女性主义国际法方法面临的批评未曾停止过。一方面，她们面临来自传统国际法学者的"愤怒"。[17] 在 20 世纪末，美国国际法学界还在争论"性别化"(Gendered)是不是一个"词"，[18]将这个概念应用于以国家为中心的规则体系太过离经叛道。绝大多数的国际法学者仍然秉持实证主义法学传统，认为国际法的绝大多数规则是不分性别的。[19] 著名的国际法学者安东尼·达马托(Anthony D'Amato)甚至建议查尔斯沃斯先去学习国际法而不是批判国际法。[20] 更为核心的是，她们对自由主义国际法秩序的质疑是不可接受的。在部分传统学者看来三人属于"激进女性

---

〔11〕 Hilary Charlesworth and Christine Chinkin, *The Boundaries of International Law: A Feminist Analysis* (Manchester University Press 2000); *supra* note 3, paras 1-3.

〔12〕 Aaron Xavier Fellmeth, 'Feminism and International Law: Theory, Methodology, and Substantive Reform' (2000) 22 *Human Rights Quarterly* 658, 667.

〔13〕 *Supra* note 10, 459.

〔14〕 Ignacio de la Rasilla, 'Feminist Approaches to the History of International Law', *International Law and History: Modern Interfaces* (Cambridge University Press 2021).

〔15〕 Karen Engle, *The Grip of Sexual Violence in Conflict: Feminist Interventions in International Law* (Stanford University Press 2020).

〔16〕 Karen Knop, Ralf Michaels, and Annelise Riles, 'From Multiculturalism to Technique: Feminism, Culture and the Conflict of Laws Style' (2012) 64 *Stanford Law Review* 589.

〔17〕 *Supra* note 1, 409.

〔18〕 *Supra* note 10, 459.

〔19〕 Fernando R. Teson, 'Feminism and International Law: A Reply Essay' (1992) 33 *Virginia Journal of International Law* 647, 655; *supra* note 10, 459.

〔20〕 Anthony D'Amato, 'Review of Human Rights of Women: National and International Perspectives.' (1995) 89 *The American Journal of International Law* 840; *supra* note 1, 409.

主义"（radical feminism）,[21]因为她们主张国际法的内在结构是性别化的,这种说法"既不符合事实,也不符合国际法对人和人权的尊重"。[22] 传统国际法学者引以为傲的就是自由主义国际秩序倡导的民主治理和尊重人权的法律体系:西方民主国家比起第三世界国家要尊重女性得多,国际组织的女性代表性比起国家内部的普遍情况要好得多。换言之,实证国际法学者们认为女性面临的问题压根儿就不在于国际法,而在于尚未实现的全球性民主政治。[23]

另一方面,三人还面临着批判研究阵营内部的批评。左翼批判学者尤其是涉及第三世界的女性主义学者和国际法学者将她们定性为"折中的自由主义的女性主义"（liberal eclectic feminism）。[24] 这是因为她们的批评过于简单,关注的重点仅仅是女性及女性经验在国际法立法过程和国际组织中的缺席,而没有根本挑战现存的国际法秩序。如果只是诉求女性要更多地参与国际法,这与自由主义的女性主义寻求女性在法律地位和政治参与的形式上的平等没有多大区别。与此同时,其暗含的逻辑是如果国际法有了更多的女性参与者,那么它就可以通过纳入性别关切来为其压迫性的决策获得正当性[25]——这种压迫常见于资本主义对全球资源和廉价劳动力的掠夺、发达国家对第三世界国家的剥削以及白人对少数族裔的压迫。这使自由主义的女性主义的号召存在着与全球新自由主义霸权合谋的危险。换言之,女人的身份由性别、阶级、民族、种族、文化、宗教等多个维度互动而成,[26]而她们的分析缺乏交叉性（intersectionality）。对于文化女性主义者（cultural feminism）来说,三人否认女性与男性存在本质上的差别,那就意味着否认一种可以应用于国际法的"独特的女性道德"（distinctive feminine morality）;[27]对于第三世界女性主义者来说,她们作为白人女性主义（White feminism）对南方国家女性境况差异性的关注还远远不够;[28]对于马克思主义的女性主义者（以及一

---

〔21〕 *Supra* note 20,842.

〔22〕 *Supra* note19,648.

〔23〕 Ibid;*supra* note 12,662;*supra* note 1,409.

〔24〕 关于契姆尼对她们立场的分析,参见脚注1,409。

〔25〕 *Supra* note 1,368-369.

〔26〕 Chandra Mohanty,'Under Western Eyes:Feminist Scholarship and Colonial Discourses'（1988）30 *Feminist Review* 61,72.

〔27〕 *Supra* note 12,682.

〔28〕 *Supra* note 1, 386-392; Karen Engle, 'International Human Rights and Feminism: When Discourses Meet'（1992）13 *Michigan Journal of International Law* 517,519-520. 关于第三世界的女性主义与白人的女性主义的分歧,参见脚注26。

元论的马克思主义国际法学者[29])来说,她们完全没有讨论国际经济制度,忽视了资本主义和阶级剥削对全球范围内女性的压迫,也没有剑指父权制国家,甚至由于诸多女性主义号召都需要借助国家力量才能完成而存在着与霸权国家合谋的风险。[30] 简言之,她们的研究只能算作自由主义秩序内部的改革派,而并非挑战不公平国际秩序的革命派。

查尔斯沃斯和钦金对这些批评作出过回应。在她们看来,自由主义的女性主义仅关心个人权利而忽视结构性的压迫,[31]她们的批评显然超越了这一点,同时文中也质疑了法律的形式平等和权利话语的局限性。与此同时,她们认为在国际背景下区分自由主义的女性主义还是激进的女性主义没有多大意义。她们的工作的确融合了多种不同的女性主义学说,这一过程被比喻为"考古挖掘"(archaeological dig),用不同的方法挖掘不同的批评层次。[32] 国际法不存在主流的女性主义理论,她们希冀能用女性主义的视角不断质疑国际法的客观性,不断挑战其中性别化的等级制度。[33]

无论存在何种争议,这篇文章对于国际法上的女性主义研究乃至批判研究的影响力是绝对不容小觑的。女性主义国际法方法也开始更多地拥抱交叉性。在恩蒂娜·佐瓦拉(Ntina Tzouvala)的最新作品中,我们可以看到一种联结了性别、

---

〔29〕 在这里存在着有关阶级统治和性统治的三大理论:一元论的马克思主义、激进女性主义者和二元论的马克思主义的女性主义者。一元论马克思主义者认为阶级解放包含了妇女解放,只要完成了阶级革命,女性自然而然就会得到解放;激进女性主义者认为性统治超越了阶级统治,如上文提到的麦金农;二元论的马克思主义的女性主义者则认为马克思主义的阶级分析没有触及家庭内部的父权制,因此需要同时反对父权制与资本主义。对于一元论马克思主义者——例如,契姆尼来说——他认为三位作者对第三世界国家女性境况的批评过于严厉,没有考虑它们遭受殖民主义和资本主义压迫的影响,甚至暗示了西方民主国家就是相对进步的国家。这种立场在二元论者眼中正是在边缘化女性。关于三大理论流派的分歧,参见[日]上野千鹤子:《父权制与资本主义》,邹韵、薛梅译,浙江大学出版社 2020 年版。关于契姆尼的观点,参见脚注 1。

〔30〕 *Supra* note 1,378,438. 事实上被支配群体的利益总是容易被霸权力量"招安",这一点贯穿了批判研究。见 Robert W. Cox, 'Ideologies and the New International Economic Order:Reflections on Some Recent Literature' (1979)33 *International Organization* 257,259。关于新自由主义如何通过世界银行和发展话语俘获发展中国家,见 Sundhya Pahuja, *Decolonising International Law:Development, Economic Growth and the Politics of Universality*(Cambridge University Press 2011)。另见 Ingo Venzke, 'Possibilities of the Past:Histories of the NIEO and the Travails of Critique' (2018)20 *Journal of the History of International Law* 263,287-288。

〔31〕 Charlesworth and Chinkin,*supra* note 11,38-39.

〔32〕 Hilary Charlesworth, 'Feminists Critiques of International Law and Their Critics' (1995)13 *Third World Legal Studies* 6.

〔33〕 Christine Chinkin,note 3,12-16.

种族和资本主义的对国际法文明范式的批评。[34] 马克思主义的女性主义、黑人的女性主义、文化女性主义等不同方法持续丰富着女性主义的批判视角,源源不断地为挑战国际法的性别等级提供新的工具。但必须提请读者注意的是,女性主义方法顶多是批判法学内部的"自言自语"。[35] 在更为广泛的层面上,直到今天实证主义研究仍然是国际法——乃至整个法学研究——绝对的主流。但正因为如此,才更有必要温习这篇三十年前的文章。如同三位女性学者在文章结尾所说,相较于国内法,国际法反而存在着变革的更大空间。这是一个缺乏"主权"的场域,一个法律的规范性与强制性都不如国内法那般坚固的场域,通过国际法对抗父权制国家也许是可能的;与此同时,资本主义也进入了跨国资产主义的时代,国际法同样具备规制全球资本主义的潜力。今天,我们仍然需要构筑有关性别压迫的多元化理论,探寻"如何对抗国别、阶级、种族、年龄等种种分裂,进而建构女性主义者的国际主义(Feminism Internationalism)"。[36]

---

[34] Ntina Tzouvala, *Capitalism As Civilisation: A History of International Law* (Cambridge University Press 2020).

[35] Hilary Charlesworth, 'Talking to Ourselves? Feminist Scholarship in International Law' in Sari Kouvo and Zoe Pearson (eds), *Feminist Perspectives on Contemporary International Law: Between Resistance and Compliance?* (Hart Publishing 2011).

[36] 见上野千鹤子,前注29,第259页。

国际法及其历史:方法论上的风险和机遇

◇ [意]瓦伦蒂娜·瓦迪* 著 李馥含** 译

国际法的历史近年来成为法学领域争论的焦点。广义上,国际法史指的是研究国际公法的演变并调查国家实践、特定法律概念和理论的发展以及其制定者的生活和工作的一个研究领域。近年来,国际法史吸引了越来越多的关注,但学界仍在寻找有关国际法史研究的正确的方法论。在国际法史的写作过程中,两种文化相互竞争:"历史学家的历史"和"法学家的历史"。历史学家对过去本身感兴趣,并将法律史置于背景之中;法学家倾向于对过去如何影响现在感兴趣。这两种方法的存在和竞争提出了一个重要的问题:国际法史学者应该局限地在这两种方法中作出选择,还是应该自由地采取一种全面的和跨学科的立场? 本文旨在解决该问题,并研究国际法史的方法论存在的风险和机遇。

一、简介

国际法史近年来成为法学领域争论的焦点。作为一项研究国际公法的演变和国家实践、法律概念和理论的发展以及其制定者的生活和工作的研究领域,国际法史或国际法律史[1]已经吸引国际法学者、法律史学者和其他对此感兴趣的

---

* [意]瓦伦蒂娜·瓦迪:英国兰开斯特大学法学院教授。

** 李馥含:北京大学法学院硕士研究生。

〔1〕 本文将"国际法史"和"国际法律史"这两个词等同使用。See David Kennedy,'International Law and the Nineteenth Century:History of an Illusion'(1997)17 *Quinnipiac Law Review* 99,99. Kennedy 将术语"国际法史"(International Legal History)和"国际法律史"(History of international law)互换使用。

学者越来越多的关注。在该领域,新的专著、文集、丛书和期刊纷至沓来。[2] 国际法和历史之间的联系吸引了越来越多且有前景的研究。[3]

以下三个因素促使国际法史的复兴。第一,传统上专注于国内法史的法律史学家已然意识到,国际法的历史尚未被充分叙说、研究不足,而且需要进行系统化,因此法律史学家开始研究国际法的历史。相应地,国际法学者也对该领域给予了持续的关注。国际法领域的扩张及其对几乎所有人类活动领域的治理,导致了一些"成长的痛苦"(growth pains)和对其正当性的担忧,故国际法学者开始对国际法的起源和目的进行反思。第二,随着"冷战"的结束,过去不对公众和学者开放的档案重见天日,这些档案的数字化便于学者获取新资料。第三,与其他充满巨大政治、经济和文化动荡的时代一样,许多人开始认为历史对理解过去和更好地塑造未来至关重要。[4]

国际法史领域虽然欣欣向荣,但仍然缺乏适当的方法论指导。有两种书写历史的路径互相竞争:一种是"历史学家"的历史,另一种是"法学家"的历史。[5] 这是两个不同的认识论群体——历史学者和国际法学者——对法律文本提出不同问题。历史学家对历史本身感兴趣,并希望将其放入历史语境之中;[6]而国际法学者则倾向于对"历史照亮当下的功用更感兴趣",[7]并认为它是"一个自洽的宇

〔2〕 Matthew Craven,'Introduction:International Law and Its Histories' in Matthew Craven et al. eds.,*Time,History and International Law*(2007)1,2. Craven 指出,近年来"关于该学科历史的文章和专著大量涌现",而且"出现了关于该主题的新的专业期刊"。

〔3〕 See,e. g. Randall Lesaffer,'International Law and Its History:The Story of an Unrequited Love' in *Time,History and International Law*,*supra* note 2,at 28. Lesaffer 指出,在过去十年中人们对国际法历史的兴趣突然上升了。

〔4〕 See,e. g. Stefan-Ludwig Hoffmann,'Human Rights and History'(2016)232 *Past and Present* 279,304. Hoffmann 指出若没有过去,当下似乎会再孕育过去,"未来不再被视为一种承诺,而是一种威胁"。Craven,*supra* note 2,5. Craven 指出"对历史的反思若不是继续前进的唯一途径","也可以作为定位当下的一种方式来使用";Lesaffer,*supra* note 3,29. Lesaffer 注意到,在国际法史上的所有关键时刻,学者们通常会转向重新审视该学科的基础。

〔5〕 Lesaffer,*supra* note 3,29. Lesaffer 指出,国际法史学是一个跨学科的学科,有两个天然的支持者:国际法学者和法律史学家。

〔6〕 See Michael Kammen,*Selvages & Biases:The Fabric Of History in American Culture*(1987)116-17. Kammen 注意到 20 世纪中期历史学家的范式转变,从寻找"可用的过去"到关注"过去的过去",也就是说,"按其原本的模样去接受过去",而不是将其"转化为我们自己的当代参照系"。

〔7〕 See,e. g. Edward M. Wise,'Legal History' in Daniel Robert Woolf ed.,2 *A Global Encyclopedia of Historical Writing*(1998)551,551;Lesaffer,*supra* note 3,29. Lesaffer 指出:"总体而言,国际法学者对其历史所表现出的兴趣是功能性的,是由当前的需求所决定的。"

宙",因此国际法学者追踪特定概念的谱系,而很少(如果有的话)注意到其历史语境。[8]

在这种背景下出现以下几个问题:学者们是否应该仅仅坚守一个学科领域——如国际法或法律史——还是应采取一种全面而跨学科的立场? 或者他们应采取后学科方法(post-disciplinaryapproach),放弃现有的学科路径、超越旧有的界限进行思考?[9]

如果我们合理地假设国际法和法律史之间是平等的,那么两者在构建国际法史方面应有同等地位。然而,由于大多数国际法学者并非受过专业训练的历史学者,而大多数历史学者也没有国际法专业知识,因此关于采取何种适当的方法论的疑问仍存在:应该关注历史记录还是其法律意义? 历史学者是否应掌握当前的国际法以了解其历史? 同时,国际法学者是否应掌握撰写该领域的历史学方法? 他们是否应关注机构或概念跨越不同时空的历史,还是更倾向于传记体裁? 他们应该研究国际法产生的背景吗? 是否可以期待他们浏览史料并批判性地使用历史资料? 国际法史是否是一个自成一体的研究领域,确实需要专门的方法和研究路径?

本文旨在通过检视书写国际法史的方法论风险和机遇以讨论上述问题。国际法史是一个充分发展的学术领域,需要对方法论问题进行细致讨论。然而,本文并不追求在所有的学术研究中使用某种特定方法:国际法史是一个多样化的领域,需要灵活性。国际法史并非单一的,恰恰相反,根据所选择的主题、方法和视角,可以并且已经进行了多样的历史叙事。不同的方法和路径可以并存,这取决于学者如何确定一个合适的方法来开展他的研究。

研究方法的确定和标准化并非一项艰巨的工作,相反地,有许多经过测试的、严格的和一致的方法可供学者使用。同样,不存在一种理想的研究形式,因为概念史、法律传记和制度史都有助于呈现如万花筒般复杂的国际法史。本文认为,关于国际法史的方法论之争,应通过对国际法学者和法律史学家专业知识的互补性的日益了解以逐步解决。对文化背景和方法自觉的承认促进了对国际法史的更好叙述。本文研究国际法史的学科内和跨学科方法。学科内研究方法要求学者在特定的学科范围内(如法律史或国际法)对特定的研究问题使用同一套特定

---

〔8〕 Wise,*supra* note 7,551.

〔9〕 See generally Bob Jessop and Ngai-Ling Sum, ' Pre-disciplinary and Post-disciplinary Perspectives ' (2001)6 *New Political Economy* 89,89. Jessop 和 Sum 拒绝学科界限,致力于超越相同的学科界限。

的方法。这是统一但过时的。[10] 鉴于法律史和国际法都是新兴的国际法史领域的必要组成部分,本文还研究跨学科方法——该方法使来自不同学科(包括但不限于法律史和国际法)的知识得以结合和整合。[11]

本文的具体内容如下。第一,讨论为什么历史是重要的,以及为什么国际法史受到越来越多的关注。第二,研究历史学者和国际法学者之间关于如何书写国际法史的争锋。第三,研究国际法史的四个方面:(1)全球/地方;(2)内部/外部;(3)历时/共时;(4)微观/宏观。第四,研究书写国际法史的主要史学潮流,分析并批判性地评估了它们的优缺点。但本文的目的并非对该领域的工作进行完整总结,而是介绍国际法史中一些关键的议题和辩论,目的是激发人们对该领域的兴趣并促进其发展。第五,讨论了书写历史的三种模式——事件的历史、概念的历史和个人的历史,并研究了作为一种文学体裁的法律传记(legal biography as a literary genre)在国际法史中的应用,探讨了国际法史是否可能从该方向的进一步工作中受益。第六,在对国际法的历史转向和法律史的国际转向的承诺和陷阱进行批判性反思之后,本文得出结论:国际法史的写作并无单一的方法,相反,学者们可以从不同的方法中选择适合自己且适合解决具体研究问题的方法。无论是国际法学者还是法律史学者都可以从对话、交流和方法论的自觉中受益。因此,本文认为国际法史应超越纯粹的国际法和法律史分析的范畴,成为一个独立的研究领域。

---

〔10〕 See,e. g. Lesaffer,*supra* note 3,37. Lesaffer 认为国际法史学家"应以适当的尊重来对待过去"。Ibid. ,41. Lesaffer 表明"该领域以跨学科方法为前提"。David J. Bederman, ' Foreign Office International Legal History' in *Time*,*History and International Law*,*supra* note 2,46. Bederman 暗示:"存在一个非常现实的风险,即国际法的宣传和学术研究可能会被同样不恰当的历史学方法所玷污,就像'法律派历史学家'(law office historian)对国内法的剪裁所做的那样。"译者注:所谓"法律派历史"(law office history),是指操纵历史数据以实现法律目的的、由法律宣传者而非严肃的历史研究者进行的历史书写。这一概念最早由美国学者 Alfred H. Kelly 提出,参见 Alfred H. Kelly, ' Clio and the Court:An Illicit Love Affair' (1965) *Supreme Court Review*,122,n. 13;晚近的讨论,可参见 David T. Hardy, ' Lawyers,Historians and "Law Office History" (2015)46 *Cumberland Law Review* 1。

〔11〕 See,e. g. Friedrich Kratochwil, ' A Guide for the Perplexed? Critical Reflections on Doing Inter-Disciplinary Legal Research' (2014)5 *Transnational Legal Theory* 541,541. Kratochwil 讨论了跨学科法律研究的"限制和机会"。

二、历史是否重要

虽然在过去的两个世纪里，国际法史几乎没有受到任何关注——历史学者对国际法不感兴趣，而国际法学者对法律史同样不感兴趣——但这种情况已经开始改变。[12] 出版物数量和质量的转变增强了人们对该领域重要性的认识。[13] 在该

---

〔12〕 See Lassa Oppenheim, '*The Science of International Law: Its Tasks and Method*' (1908) 2 *American Journal of International Law* 313, 316. Oppenheim 指出："尽管这项任务非常重要，但至今几乎没有人承担；国际法的历史肯定是其中最被忽视的部分。"一个世纪过去了，这种评价并没有改变。See Stephen C. Neff, 'A Short History of International Law' in Malcom D. Evans ed., *International Law* (2003) 31, 31. Neff 指出："国际法的任何领域都没有像该主题的历史那样被学者们探讨得如此之少。"

〔13〕 See, e. g., Pierre Marie Dupuy and Vincent Chetail eds, *The Roots of International Law/Le Fondements Du Droit International: Liber Amicorum Peter Haggenmacher* (2014). 该书分析了国际法体系的起源和基础，并对格劳秀斯给予了充分的关注。Dominique Gaurier, *Histoire Du Droit International: De l'Antiquite à la création de l'ONU* (2014). Gaurier 使用了大量的原始资料研究国际法从古代至 1945 年间的演变。Bardo Fassbender and Anne Peters eds, *The Oxford Handbook of the History of International Law* (2012). 该书采用了全球历史的方法分析了从 15 世纪到"二战"结束的国际法史，并简要研究了那些影响国际法发展的人的生平和理论。Amnon Altman, *Tracing the Earliest Recorded Concepts of International Law: The Ancient Near East* (2500-330 *BCE*) (2012). Altman 调查了公元前 2500 年至公元前 330 年期间古代近东地区与国际关系有关的法律理论和实践。Carlo Focarelli, *Introduzione Storica al Dirito Internazionale* (2012). Focarelli 的讨论涵盖了从古代到现在的国际法历史。Emmanuelle Jouannet, *Le Droit International Libéral-providence: Une Histoire du Droit International* (2011). Jouannet 将 18 世纪视作国际法起源产生的时代。Alexander Orakhelashvili ed., *Research Handbook on the Theory and History of International Law* (2011). 该书分析了从中世纪至今的国际法理论和历史。Gustavo Gozzi, *Diritti e Civiltà. Storia e Filosofia del Dirito Internazionale* (2010). Gozzi 探讨了 16 世纪以来国际法的演变。*Time, History and International Law, supra note 2.* 该书界定并讨论了研究国际法和（其）历史之间关系可能的不同方式。Luis Fernando Álvarez Londoño, *La Historia del Derecho Internacional Público* (2006). 该书的讨论涵盖了从古代世界到 20 世纪的国际法历史。Péter Kovács ed., *Historia ante Portas: L'histoire en Droit Internationa-History in International Law* (2004). 该书选择了几种国际法学说、案例和机构，对它们的演变情况进行了讨论。Ram Prakash Anand, *Studies in International Law and History: An Asian Perspective* (2004). Anand 批评了国际法研究中的欧洲中心主义，并提出了不同的研究视角。Slim Laghmani, *Histoire du Droit des Gens, du Jus Gentium Impérial Au Jus Publicum Europæum* (2004). Laghmani 研究了万国公法从古代到第一次世界大战结束时在全球范围内的演化。Martti Koskenniemi, *The Gentle Civilizer of Nations: The Rise and Fall of International Law 1870—1960* (2002). Koskenniemi 将国际法的源头置于 19 世纪。Carlo Focarelli, *Lezioni di Storia del Diritto Internazionale* (2002). Focarelli 考察了国际法从古至今的演变情况。Wilhelm G. Grewe, *The Epochs of International Law* (2000). Grewe 以特定大国的霸权为特征对国际法进行历史分期。A. Truyoly Serra, *Historia del Derecho Internacional Público* (1998). Serra 以一种普遍主义的方法对国际法进行历史分期。对于早期的研究，see, e. g., Arthur Nussbaum, *A Concise History of the Law of Nations* (1947). Nussbaum 的研究专注于外交和条约关系。Johan H. W. Verzijl, *International Law in Histoiucal Perspective* (Brill 1968—1998). Verzijl 区分不同主题讨论了国际法。对一般的参考书而言，参见 Peter Macalister-Smith and J. Schwietzke, 'Literature and Documentary Sources relating to the History of International Law' (1999) 1 *Journal of the History of International Law* 136。

领域已出现有声誉的丛书和期刊。[14] 国际法和法律史杂志越来越多地刊登关于国际法史的文章。[15] 国际法子领域的历史也已出现。[16] 这代表了一种转变:过去大多数法律史学者关注的是国内法的变迁,而国际法学者则把历史作为研究法律概念或制度的工具,而非研究的具体对象。学者们越来越多地研究制度的历史背景,[17] 描述关键概念的演变[18],或者叙述学科的历史。[19] 现在,学者们书写国际法史——无论他们把自己看作历史和国际法的学者,还是碰巧研究国际法的历史学者、碰巧研究历史的国际法学者,"或者完全排斥学科分类的学者……甚至在缺乏明确方法论时"[20],都是如此。

两种截然不同的融合现象促成了国际法史的复兴:国际法的"历史转向"和法律史的"国际转向"。国际法中的"历史转向"一词,指的是"国际法学者越来越多地需要回顾国际法的历史,并在国际法规范、机构和学说的过去与现状之间建立

---

〔14〕 See Jus Gentium;《国际法史杂志》(*Journal of the History of International Law*)是美国第一份专门讨论国际法历史的期刊,于 2016 年 1 月创刊发行。期刊"鼓励对历史档案的进一步研究,……欢迎学者对国际法史所有方面的'持续重新研究'(continued reassessment)"。http://www. lawbookexchange. com/jus-gentium. php(最后访问日期 2016 年 9 月 26 日)。See also *Journal of the History of International Law*, launched in 1999;Ronald Macdonald, 'Editorial' in (1999) 1 *Journal of the History of International Law* 1,1。值得注意的是,注意到《国际法史杂志》旨在"促进努力使国际法的过去变得清晰——无论它可能是多么不同和古怪——以激发学者对国际法发展的原因、内容和地点的兴趣,而不是将现在的关系投射到过去……"

〔15〕 See, e. g., Amanda Alexander, 'A Short History of International Humanitarian Law' (2015) 26 *European Journal of International Law* 109. Alexander 指出,国际人道法"并不是简单地由国家管理、由红十字国际委员会推动的非历史性法规";相反,它是一个"相对较新的、具有历史偶然性的领域",是"由各种传统和非传统的行为者创造、塑造和戏剧性地重新解释的"。Ziv Bohrer, 'International Criminal Law's Millennium of Forgotten History' (2016) 34 *LawHistoryReview* 393-485. Bohrer 挑战国际刑法"诞生"于纽伦堡的通说,主张其历史在纽伦堡审判前已跨越了几个世纪。

〔16〕 See, e. g. Peter H. Sand, *The History and Origin of International Environmental Law* (2015). Sand 追溯了国际环境法的演变史。Alex Mills, 'The Private History of International Law' (2006) 55 *International & Comparative Law Quarterly* 1,4. Mills 认为国际私法一直是国际法的一部分。

〔17〕 See, e. g. Antonio R. Parra, *A History of ICSID* (2012). Parra 讨论了 ICSID 的起源和演变情况。

〔18〕 See, e. g. Ruti Teitel, 'Transitional Justice Genealogy' (2003) 16 *Harvard Human Rights Journal* 69. Teitel 分析了转型正义(transitional justice)这一概念的演变。

〔19〕 See, e. g. Kate Miles, *The Origins of International Investment Law:Empire, Environment, and the Safeguarding of Capital* (2013). Miles 阐述了国际投资法起源于殖民帝国对殖民地资源的控制与掠夺的需求的观点。Charles Lipson, *Standing Guard:Protecting Foreign Capital in the Nineteenth and Twentieth Centuries* (1985). Lipson 深入研究了投资者在 19 世纪和 20 世纪是如何保护其海外投资的。Anthony Anghie, *Imperialism, Sovereignty and the Making of International Law* (2004). Anghie 从一个非欧洲的视角来叙述国际法的历史。

〔20〕 Catherine L. Fisk and Robert W. Gordon, ' "Law As…":Theory and Method in Legal History' (2011) 1 *UC Irvine Law Review* 519,523-524. Fisk 和 Gordon 指出:"在没有宏大理论的情况下写出一流的历史是完全可能的,而且非常普遍。"

联系".〔21〕 同时,法律史中的"国际转向"一词指的是历史学家对全球现象越来越
感兴趣.〔22〕

国际法的历史性转变背后的动机可追溯到几个全球趋势。首先,国际法变得
越来越重要,几乎治理着"生命、宇宙和万物"的方方面面.〔23〕 然而,国际法的扩
散伴随着一些"成长的痛苦"。历史提供了一个研究和解决这些困难的视角,促进
了对国际法的起源、目的和目标的反思.〔24〕 因此,国际法学者在寻求国际法的意
义、功能、正当性和争议时,越来越关注国际法的历史。反过来,国际法的历史在
某些情况下为他们提供了认同感、灵感和连贯性,在另一些情况下则提供了不安、
愤怒和混乱。

然而,国际法的历史转向也提出了一些解释论上的挑战。在某些情形下,对
国际法史的研究像打开了"潘多拉魔盒"。国际法学者不但不能为他们的正当性
难题找到明确的、黑白分明的答案,反而发现多层次、互相冲突的描述以及对历史
的不同解释.〔25〕 这种领域新边界的开放创造了批判性反思和持续研究的机会。

尽管这种"法学家的历史"大有可为,但它仍受到传统成见的约束。国际法学
者往往将国际法史等同于国际法本身,然而,这两个领域在概念上仍是不同的。
国际法史不同于国际法:国际法史叙述的是国际法的历史演变,国际法则是这种
发展的结果,并在广义上指的是治理跨国关系的法律。国际法学者的历史书写往
往缺乏对如历史资料等非法律资料的参考。有时,国际法学者几乎完全依赖法律
资料来撰写国际法的"历史",仿佛国际法史是一个独立自主的机制,完全脱离了
历史本身。然而,一些国际法学者对国际法史领域采取了更加反思性的路径,并

---

〔21〕 George Rodrigo Bandeira Galindo, 'Martti Koskenniemi and the Historiographical Turn in International Law' (2005) 16 *European Journal of International Law* 539, 541. Galindo 认为科斯肯涅米的《万国的温良教化者》"导致科斯肯涅米的工作出现历史学上的转向,并……鼓励了整个国际法领域的历史学转向"。

〔22〕 David Armitage, *Foundations of Modern International Thought* (2013) 17. Armitage 注意到了"思想史上的国际转向"(international turn in intellectual history)。

〔23〕 笔者借用了 Catherine Redgwell 的这个表达方式. See Catherine Redgwell, 'Life, Universe and Everything: A Critique of Anthropocentric Rights' in Alan Boyle and M. Anderson eds., *Human Rights Approaches to Environmental Protection* (1996) 71.

〔24〕 Martti Koskenniemi, 'Histories of International Law: Significance and Problems for a Critical View' (2013) 27 *Temple International & Comparative Law Journal* 215, 216. Koskenniemi 认为:"似乎需要的是更好地理解我们是如何走到今天的——对国际法历史的更全面和更现实的描述。"

〔25〕 Bederman, *supra note* 10, 63. Bederman 指出,"历史记录往往是稀少和不完整的""即使在历史材料丰富的情况下,历史记录仍然可能是含糊不清或相互矛盾的"。"历史并没有提供答案,或者至少没有以国际法学者认可的形式提供答案"。

采用各种方法成功克服了国际法的传统学科边界,从而进入国际法史的新世界。[26] 另一些国际法学者则在档案馆里进行艰苦卓绝的工作,以此来展现长期被忽视的判例。[27]

法律史的"国际转向",指的是历史学家对国际法问题越来越感兴趣。为什么法律史学家会对全球现象感兴趣? 例如,法律史学家对帝国主义和去殖民化的全球现象更为重视。这主要有两个原因:第一,全球化使得人们认识到国内历史是全球历史的一个组成部分,它参与并反映了更为广泛的背景。第二,国际法和比较法在法律教育中变得更加重要。[28] 由于国际法在广度和重要性上与日俱增,法律史学家逐渐开始研究国际法的起源和演变。

以历史调查、档案研究和各种史学方法为特征的历史学家的国际法史在数量上仍是有限的,仅在过去几十年里有所增长,但从质上看是有影响的。[29] 通过解读史料信息,绘制知识网络图,并将法律文本置于其历史背景中,历史学者对该领域作出深入贡献。[30]

此外,"冷战"结束后,长期保密档案的开放和历史资料可及性的增加,使历史学家更有可能进行有洞见的、可信度高的和突破性的研究。这些资源的数字化及

---

〔26〕 Alexandra Kemmerer,'Völkerrechtsgeschichten-Histories of International Law',*EJIL:Talk!*(6 January 2015). Kemmerer 指出,"历史学家和法律学者讨论、辩论和争论(他们各自的)国际法史",并强调需要"知识的碰撞和冲突与合作的空间,这将反过来挑战和促进各自领域的反思性学科。在这里,至关重要的是研究者对自己的立场和处境的认识"。

〔27〕 Jenny S. Martinez,*The Slave Trade and the Origins of International Human Rights Law*(2012) 210. Martinez 提及档案材料在国际人权法历史中的使用。

〔28〕 Anne-Marie Slaughter,'The International Dimension of Law School Curriculum'(2004)22 *Penn State International Law Review* 417,418. Slaughter 认为,法学教育"不仅要教学生成为跨越边界的人,而且要教他们成为世界公民"。

〔29〕 See,e. g. ,Lesaffer,*supra note* 3,at 27. Lesaffer 认为,国际法和法律史之间的联系是一种"单恋"的关系。Randall Lesaffer,'The Classical Law of Nations(1500-1800)',in Alexander Oralchelashvili ed. ,*Research Handbook on the Theory and History of International Law*(,2011)408-440. Lesaffer 研究了从 16 世纪到 19 世纪的国际法的演变情况。Randall Lesaffer,'The Grotian Tradition Revisited:Change and Continuity in the History of International Law'(2002)73 *British Yearbook of InternationalLaw* 103,103. Lesaffer 指出,"长期以来,万国法的历史一直被法律史学家所忽视,被国际法学者过度简化和扭曲"。Alain Wijffels,'Early Modern Scholarship and International Law',in Alexander Orakhelashvili ed. ,*Research Handbook on the Theory and History of International Law*(2011)23. Wijffels 研究了从 16 世纪到 18 世纪国际法学的发展情况。

〔30〕 See,e. g. ,Mira Siegelberg,'Unofficial Men,Efficient Civil Servants:Raphael Lemkin in the History of International Law'(2013)15 *Journal of Genocide Research* 297,298. Siegelberg 指出,"随着历史学家开始翻阅国际组织的档案记录和《灭绝种族罪公约》的主要缔造者和倡导者 Raphael Lemkin 的文件","二战"后在人权、人道法和国际刑法领域的创新"显得更加纷争和分裂,而非一个国际主义的恩典时刻"(amomentof internationalist grace)。

其在线资源的可及性也为进一步的研究提供了便利。

出现上述两种现象的一个核心前提在于：历史是重要的。正如法国中世纪历史学家和抵抗运动领袖马克·布洛赫（Marc Bloch）所指出的，对历史的了解使我们能够理解现在。[31] 就像在其他危机时期一样，历史被视为理解过去和当下，以及提供一种新视角的一把万能钥匙。[32] 如同法律与人类学、[33] 地理、[34] 文学[35] 和文化[36]等其他联系一样，法律与历史之间的联系为理解国际法体系提供了一个额外的视角和工具箱。它可以"澄清（国际法）的盲点、偏见以及……隐匿的解放潜力"。[37] 因此，国际法史"构成了批判法学者的一个主要研究领域"。[38] 国际法的历史不仅可以描述当前国际法框架的特点，[39]而且它还可以提供一个批判性的视角，通过它来研究过去和展望未来。

---

〔31〕 Marc Bloch, *The Historian's Craft* (Peter Putnam trans. ,1992) ,36. Bloch 指出,"对现在的误解是对过去无知的必然结果";同时,一个人如果对现在完全无知,就不可能"理解过去"。

〔32〕 See Hoffmann, *supra* note 4 ,26.

〔33〕 See Sally Engle Merry, ' Anthropology and International Law' (2006) 35 *Annual Review of Anthropology* 99 ,100. Merry 讨论了人类学理论如何帮助社会科学家、活动家和法学者了解国际法的产生和运作。

〔34〕 See, e. g. Lauren Benton, *A Search for Sovereignty: Law and Geography in EuropeanEmpires* ,1460—1900 (2010). Benton 通过研究 1400—1900 年期间欧洲各个帝国的法律和地理关系来走进世界历史。Upendra V. Baxi, ' Some Newly Emergent Geographies of Injustice: Boundaries and Borders in International Law' (2016) 23 *Indiana Journal of Global Legal Studies* 15. Baxi 研究了国际法中的边界与不公正的地理环境的产生之间的相互作用。Tayyab Mahmud, ' Colonial Cartographies, the Postcolonial Borders, and Enduring Failures of International Law: The Unending War Along the Afghanistan-Pakistan Frontier' (2010) 36 *Brooklyn Journal of International Law* 1 ,73. Mahmud 注意到殖民统治"重新配置了空间",这些领土划分"往往跨越了古老的文化和历史社会单位",从而决定了"一系列特有的政治和安全问题"。Daniel Bethlehem, ' The End of Geography: The Changing Nature of the International System and the Challenge to International Law' (2014) 25 *European Journal of International Law* 9. Bethlehem 审视地理在国际体系中不断变化的地位以及其对国际法带来的挑战。

〔35〕 See Christopher N. Warren, *Literature &the Law of Nations* (2015). Warren 讨论了国际法的文学史。See also Matthew Windsor, ' Narrative Kill or Capture: Unreliable Narration in International Law' (2015) 28 *Leiden Journal of International Law* 743 ,743. Windsor 讨论了国际法学术研究中"叙述转向"的好处。

〔36〕 Richard Ned Lebow, *A Cultural Theory of International Relations* (2008). Lebow 审视了文化和身份对国际政治秩序发展的影响。

〔37〕 Ntina Tzouvala, ' New Approaches to International Law: The History of a Project' (2016) 27 *European Journal of International Law* 215 ,224. Tzouvala 反思了批判法学研究。

〔38〕 Ibid.

〔39〕 Matthew Dyson, ' If the Present were the Past ' (2016) 56 *American Journal of Legal History* 41 ,50. Dyson 指出,历史的联系"使我们能够看清当下的内在实质"。

三、作为战场的国际法史

在书写国际法史的过程中,有两种历史观在竞争。一方面,国际法学者自然而然地被推动去探索其学科的起源,并倾向于使用传统的国际法解释工具来进行研究。他们"重视法律概念的'历史渊源',挖掘过去来寻找先例和习惯"。[40] 然而,他们缺乏对历史学方法的认识,这影响了他们进行历史研究的质量。缺乏对第一手资料的引用,以及对第二手资源的有限涉及,也使国际法学者的一些研究存在根本性缺陷。此外,许多国际法学者认为国际法是"思想演变的进步"的产物,[41]他们常常假设国际法的进步处于进行时。[42] 他们"对具体的语境化研究不甚了解",[43]而往往倾向于采用谱系化和非历史化的方法,"以产生对解决当代法

---

〔40〕 Laura Kalman, 'Border Patrol: Reflections on the Turn to History in Legal Scholarship' (1997) 66 *Fordham Law Review* 87,107. Kalman 注意到,法律学者总是"将过往视作正当(legitimating)的"。

〔41〕 Philip Alston, 'Does the Past Matter? On the Origins of Human Rights' (2013)126 *Harvard Law Review* 2043,2063. Alston 评价了 Jenny S. Martinez 在 2012 年出版的专著《奴隶贸易与国际人权法的起源》(*The Slave Trade and the Origins of International Human Rights Law*),并注意到"国际法学者长久以来因其认为国际法学是一门本质上'不可逆'的进步的(intrinsically or inexorably progressive)学科而被批评"。

〔42〕 See Ian Hurd, 'Enchanted and Disenchanted International Law' (2016)7 *Global Policy* 96,96. Hurd 认为存在着两种对待国际法的态度:其一,以一种赋魅的态度(enchantedattitude)预设遵循国际法所有的规范价值和政治智慧;其二,以一种祛魅的态度(disenchantedattitude)将国际法的价值和对国际法的遵守视作可供讨论的开放的问题。值得注意的是,国际法学者经常会采取前一种态度理解国际法。对国际法的进步主义本质(progressivenature)的批评,see, e. g., Thomas Skouteris, *The Notion of Progress in InternationalLaw Discourse*(2010). Skouteris 检讨了国际法中的进步概念。NathanielBerman, *Passion and Ambivalence: Colonialism, Nationalism and International Law* (2011). Berman 拒绝了事件史学(*histoire événementielle*)追踪某一领域中的那些标记着发展里程碑的进步叙事的方法,转而关注那些并不明显但可能具有深远重要性的事件。

〔43〕 Marcus M. Payk, 'The History of International Law-or International Law in History? A Reply to Alexandra Kemmerer and Jochen von Bernstorff' (8 January 2015) EJIL:Talk!, 〈http://www. ejiltalk. org/thehistory-of-international-law-or-international-law-in-history-a-reply-to-alexandra-kemmerer-and-jochen-von-bernstorff〉. Payk 指出,"那些认为国际法本身是一种善的力量(a force for good *per se*)并且只对追溯其发展的成功故事感兴趣的人,并不会对详细的背景介绍感兴趣"。

律争议有用的材料和解释"。[44] 然而,谱系化和非历史化的国际法史可能"导致对历史现象的不合时宜的解释",并忽略了其历史背景。[45]

另一方面,法律史学家声称,国际法史只是法律史的一个子领域,因此需要采用历史学方法。他们不赞成"可用的过去的观念",而注重"过去的过去性"。[46] 他们致力于"理解过去……因为它对生活在其中的人们的意义",而不是"因为它带来了什么"。[47] 在他们的叙述中,他们寻找"可替代的方案和未走过的路,有选择性的亲和而非明显的联系"。[48] 这可能导致三个缺点:(1)可能缺乏对国际法学者认为至关重要的问题的关注和/或专业知识;(2)可能对国际法学者看上去无关的历史细节和资料进行"艰苦卓绝"的研究;(3)很少或没有关注国际法史的现时关联。

因此,在历史学家和法学者之间爆发了一场关于我们可以和/或应该拥有什么样的国际法史的地盘之争。这绝非仅仅是一场没有什么实际影响的理论争论,[49] 而是一场争夺国际法史灵魂的斗争,也可以说是争夺国际法本身的斗争——它把这个领域变成了一个"战场"。[50] 这场论争不仅涉及方法、形式和程序,而且涉及国际法史的实质、目的和目标。这个冲突是"对解释权的争夺",由此产生了强加霸权话语和驯化"不同的叙述愿景"的能力。[51] 这场争论的结果很重

---

〔44〕 Kalman, *supra* note 40,115. See also Steven Wilf, ' Law/Text/Past' (2011)1 *UC Irvine Law Review* 543, 533. Kalman 检视了法律史学家和法律文本间的复杂关系。Anne Orford, ' On International Legal Method' (2013)1 *London Review of International Law* 166,171. Orford 注意到"年代倒错(anachronism)在今天被视作'忤逆历史之圣灵的罪愆' (sin against the holy spirit of history)",但认为"法官、法律拥护者、法律学者和法学学生都在精细地钻研过去的文本以解释当前义务的性质"。译者注:"年代倒错" (anachronism),本义是指年代上的不一致,即人为地将本不属于同一时代的人、事、物并列。在历史研究中,年代倒错特指采用一个时代的政治、社会或文化观念和假设来解释或评价另一个时代的事件和行动的研究。具体到本文讨论的法律史场域中,年代倒错应理解为作为一种教义学方法的历史解释法,即基于记述了解释对象(法律条文、法律现象等)的历史变迁的学术史的法律解释。

〔45〕 Lesaffer, *International Law and Its History*, *supra* note 3,34-35.

〔46〕 Kalman, *supra* note 40,114.

〔47〕 Lesaffer, *supra* note 3,34-35; see also Quentin Skinner, ' Meaning and Understanding in the Historyof I-deas' (1969)8 *History and Theory* 3,27-30. Lesaffer 认为,应当警惕带着"先入为主的范式" (preconceived para-digms) 寻求研究素材的危险,因其是一种"概念上的狭隘主义" (form of conceptual parochialism) 和"对历史的废话书写" (writing historicalnonsense)。

〔48〕 Wilf, *supra* note 44,558.

〔49〕 Alston, *supra* note 18,2074.

〔50〕 Jenny S. Martinez, ' Human Rights and History' (2012) 126 *HarvardLawReview Forum* 221, 239. Martinez 注意到在关于国际法历史的辩论中,"有更深层次的因素"在发挥作用。

〔51〕 Windsor, *supra* note 35,743.

要,因为它不仅涉及确定法律研究的形式,还很可能影响相同问题和研究的类型。此外,国际法的历史可以影响国际法本身的演变,并可以成为权力的工具。

历史学家和国际法学者之间的辩论发生在国际法的各个领域。人权法就是一个例子:国际法学者和历史学家争论谱系研究在人权法中是否重要。虽然国际法学者们通常采用谱系法,并同意人权有一个古老的血统且最终随着时间的推移获得不同的政治和法律含义,[52]但历史学家认为人权是偶然的。[53]

一方面,人权法学者倾向于将人权的起源追溯到人类历史本身的起源。例如,七位人权法学者将废奴主义者的论辩中提到的"权利"思想归结为"人权"的当前含义,认为"废奴运动"是人权的早期胜利。[54] 尽管其他人权法学者会承认,"权利"在早期几个世纪的使用与今天存在差异,但他们仍然同意谱系和分析方法很重要。[55]

另一方面,历史学家认为,过去不应该被解读为仅仅是当下的前兆,并对谱系框架保持警惕。例如,哈佛大学法律和历史教授塞缪尔·莫恩(Samuel Moyn)认为,人权出现在1977年,因为"它们被广泛理解为是对破产的政治乌托邦的道德替代",如社会主义、商业主义和民族主义。[56] 因此,人权运动是"最近才出现的,

〔52〕 Lynn Hunt, *Inventing Human Rights* (2007)21-25. Hunt 讨论了法国大革命与战后人权运动之间的共同点和连续性。Alston, *supra* note 18,2074,2045. Alston 指出了在这些理论讨论中谱系分析的重要性。

〔53〕 将人权运动视作"二战"结束的一个直接影响的学术著作,see, e. g. , Andrew Fagan, *Human Rights: Confronting Myths And Misunderstandings*(2009)7,10,64;Mark Freeman And Gibran Van Ert, *International Human RightsLaw*(2004)19;Jim Ife, *Human Rights From Below:Achieving Rights Through Community Development*(2009)78. 但见 Samuel Moyn, *The Last Utopia:Human Rights In History*(2010)3。Moyn 认为人权概念与话语"在20世纪70年代似乎是凭空出现的",并认为在某些方面与当代人权相似的早期概念只不过是当代人权相似的概念的虚假同义词(*faux amis*)。

〔54〕 See, e. g. , Martinez, 'The Slave Trade', *supra* note 27, at 6. Martinez 主张"奴隶法院"(slave courts)是第一个国际人权法院。Ibid. , 13. Martinez 认为,废除跨大西洋奴隶贸易是国际人权法历史上最成功的事件。Jenny S. Martinez, 'Antislavery Courts and the Dawn of International Human Rights Law' (2008)117 *Yale Law Journal* 550,550. Martinez 认为根据1817—1871年英国和其他国家之间的双边条约设立的禁止奴隶贸易的国际法院是第一个国际人权法院。Seymour Drescher, *Capitalism And Antislavery:British Mobilization InComparative Perspective*(1986). Drescher 主张废奴主义即结束奴隶贸易的历史运动是狭义上第一个最成功的人权运动。

〔55〕 Alston, *supra* note 18,2077. Alston 注意到了人权事业内在的多中心性(intrinsic polycentricity)。Ibid. , 2063. Alston 警告,国际法史学家不应"从一个历史时刻到另一个历史时刻"而不展现其间的因果关系、核实其连续性或考虑历史背景,也不应过分强调一致性和连续性,因为这种做法有可能使相互竞争的不同见解被边缘化,并可能被用来使其他观点失去合法性。

〔56〕 Moyn, *supra* note 53,5.

以至于缺乏一个名副其实的谱系"[57] 莫恩的理论被描述为人权的"大爆炸理论",其主张人权"从虚无中突然出现"[58] 莫恩的开创性专著《最后的乌托邦:历史上的人权》(*The Last Utopia:Human Rights in History*)主要依据两个概念性的步骤。首先,莫恩阐述了对国际法学者的国际法史("解构性部分",*pars destruens*)的一些主要批评。人权目前可能"在我们的道德景观中如此根深蒂固,以至于我们几乎不可能想象另一种样貌会是如何"[59] 莫恩告诫人们不要通过现在的视角来阅读历史,鼓励尊重历史的原样[60] 其次,他对当前人权概念的起源提出了一个发人深省的(尽管是有争议的)理论("构建性部分",*pars construens*),认为人权的当代意义在20世纪70年代才出现[61] 即使不一定赞同莫恩理论的构建性部分,《最后的乌托邦:历史上的人权》一书的解构性部分也有两个主要优点:一方面,它"通过对长期视角的相关性提出质疑,重振了人权的历史研究";[62]另一方面,它使人们对国际法的历史进行深刻而有益的反思。他在其作品的解构性部分提出了一个基本的方法论问题:过去应该被解读为过去本身,而不仅是对当下的预测。

这种框架性的二分法——国际法学者的历史和历史学者的历史之间的冲

---

〔57〕 Alston,*supra note* 18,2063. Alston 总结了修正派史学(revisionist school)的研究成果。译者注:在史学写作中,修正派史学表示对以往历史叙述的重新解释。它通常涉及对专业学者就历史事件、人物等所持的正统观点提出质疑,提供相反的证据,或重新解释所涉人物的动机和决定。对历史正统观点的修正不仅意味着新证据、新解释和新方法,也往往会牵涉道德评价的转变。修正主义的历史通常是由少数派所写,如女权主义历史学家、少数族裔历史学家、主流学术圈以外的学者、年轻学者等。通过主流历史解释与历史修正主义之间的论战,以往公认的历史观念既有可能被改变,也有可能更加巩固或越发清晰。如果一段时间后,修正主义成为新的"正统"观点,那么就可以认为是发生了范式转变。

〔58〕 Ibid. , 2074. Alston 称莫恩(Moyn)认为人权在 1977 年几乎凭空出现的理论是人权的"大爆炸理论"。Martinez,'Human Rights and History',*supra note* 50,237. Martinez 注意到,正如阿尔斯通(Alston)所描述的那样,莫恩的理论是一个大爆炸:从虚无中产生物质。

〔59〕 Adam Etinson,'The Last Utopia:Human Rights in History'(2012)34 *Human Rights Quarterly* 294, 296. Etinson 点评了莫恩的著作《最后的乌托邦:历史上的人权》(*The Last Utopia:Human Rights in History*)。Ibid. , 299. Etinson 主张,我们与其担心如何将人权的乌托邦地位保留到未来,不如将人权停留在其适当的位置上,即人权作为权利而不是作为乌托邦。

〔60〕 Moyn,*supra note* 53,11. Moyn 指出,如果把过去解读为对最近发生的惊人事件的预备,那么两者都会被扭曲。

〔61〕 Ibid. , 43. Moyn 讨论了"人权的破碎的历史"(broken history of human rights)。

〔62〕 Lynn Hunt,'The Long and the Short of the History of Human Rights'(2016)233 *Past and Present* 323, 323.

突——是描述问题核心的一种分析。它划定了相互竞争的韦伯式理想类型,[63] 即对学者如何处理国际法史进行审查和系统定性的概念工具。这种划分代表了一种有价值的方法论工具,以实现对相关学者——国际法学者和法律史学者——如何处理国际法历史的更为深入的理解。二分法的使用并不意味着准确描述每个学者对待该领域的方式,相反,它作为一种研究工具,用于审查、分类和比较。它强调了大多数学者在叙述国际法史时都在努力寻找一种适当的语言,并存在着不同阵营之间的辩论。

由于国际法学者的历史和历史学者的历史之间的二分法并非对现实的描述,而是理解和分析国际法史的一种构建,因此没有一个学者能完全符合给定的类别。国际法史的史学方法绝非只为法律史学家所认可,一些国际法学者采用了史学方法并提请注意国际法史的纯法律主义方法使用。[64] 同样地,一些法律史学家也采用了概念性的历史叙事方法。[65]

四、我们应该有怎样的国际法史?

国际法史的蓬勃发展促使人们思考我们应该拥有什么样的国际法史:国际法学者应该关注历史记录还是其法律文本? 历史学者应该了解当前的国际法吗? 在撰写国际法史的过程中,使用一种主要是法律而不是历史的方法,是否有什么

---

〔63〕 Susan J. Hekman, 'Weber's Ideal Type: A Contemporary Reassessment' (1983) 16 *Polity* 119, 119. Hekman 认为,韦伯对理想概念型的使用是"方法上合理、逻辑上一致的"(methodologically sound and logically consistent)。

〔64〕 See Alston, *supra* note 18, 2043. "直到最近,人们一直对人权的历史研究不甚关注,主流的历史大多反映了一种不加批判的叙述,即思想的演变相对稳定的进展……但这些……谱系受到了各种批评家的强烈挑战。"例如,马蒂·科斯肯涅米(Martti Koskenniemi)在其作品中采用了多种方法来研究国际法的历史。See, e.g. Martti Koskenniemi, *From Apology To Utopia-The Structure of International Legal Argument* (2006) 603. Koskenniemi 注意到,尽管不一定赞同,他的同事怀疑他"以(后现代)无休止地重复悖论式的表述为乐"。Koskenniemi, *supra* note 13, 353-509(2002). Koskenniemi 在写作中使用了传记体裁。

〔65〕 Hayden White, 'Foreword' to Reinhart Koselleck, *The Practice of Conceptual Historytiming-History*, *Spacing Concepts*(2002) ix. White 将 Koselleck 定位为"概念史的最主要倡导者和实践者"。概念史(Begriffigeschichte)是一种历史研究方法,侧重于基本概念(Begrtffe)的发明和发展,主张这些概念是世界上一种独特的历史(geschichtliche)的存在方式的基础和依据。

好处? 法学思维是否应该成为历史学者在整个研究过程中提出问题的框架?[66] 同时,国际法学者是否应该认识历史方法? 他们应该专注于机构和概念的历史, 还是更倾向于传记体裁,研究著名法学者的生活? 他们应该研究国际法产生的背景吗? 能否可以期待他们浏览并批判性地使用历史资料? 国际法史是一个自成一体的研究领域,实际上需要特别的方法和途径吗?

为了解决这些问题,本节将按以下步骤展开。首先,讨论国际法和法律史的趋同分歧。如果人们合理地接受了国际法和法律史之间的等同性,那么在理想情况下,两者在描述国际法历史时应该有同等的地位。因此,研究它们各自的主题、语言和文化至关重要。[67] 其次,本节说明了国际法史的四个维度:(1)全球/地方;(2)内部/外部;(3)历时/共时;(4)微观/宏观。本节讨论了国际法史在这些不同层面上的明显趋势。

国际法和法律史在主题、语言和文化等方面有所不同。国际法是规范国际关系的一个完善而又丰富的法律领域,而法律史则研究法律的演变和变化背后的原因。[68] 对国际法学者来说重要的东西可能与历史学者无关,反之亦然。[69]

国际法学者和相关从业人员通常刻意采用一种清晰、客观和简练的语言,[70] 以一种相当保守的方式进行术语的使用和重复使用。[71] 事实上,"除了在困难的情况下,法律并不鼓励创造力,而鼓励逻辑和经验"。[72] 无论是在规则、辩护还是学术作品中,这种语言都是说服和权力的工具,往往声称是确定的,"(其)结论是

---

〔66〕 Orford, *supra* note 44, 166. Orford 认为,从理论上、政治上和经验上来说,通过发展一种主要是法学而不是历史、哲学、经济或社会学的方法作为探索当代国际发展的基础大有裨益。Orford 进一步解释说,司法思维为(Orford 的前一本书)提供了问题意识,塑造了整个研究并构建其叙述所选择的档案,支撑了其论点并提供了概念的基础。See also Anne Orford, *International Authority and the Responsibility to Protect* (2011). Orford 认为保护责任原则的哲学根源可以在内战和革命时期的政治权威的困境中找到。

〔67〕 Gerry Simpson, 'The Sentimental Life of International Law' (2015) 3 *London Review of International Law* 3, 6. Simpson 承认国际法可以而且已经被视为"一种语言、文化或自称为'国际法学者'的共同体,他们以特定的方式做事,使用独特的语言模式或语调,并在一套可识别的文化习俗中运作"。Dyson, *supra* note 39, 50. Dyson 反思了法律史及其结构。

〔68〕 Ibid. , 50.

〔69〕 Carlo Ginzburg, 'Checking the Evidence:The Judge and the Historian' (1991) 18 *Critical Inquiry* 79, 85. "有时,法官认为法理上不成立的案件会被驳回,但在历史学家的眼里却可能从中收颇丰"。

〔70〕 Simpson, *supra* note 67, 11. Simpson 注意到法律学者倾向于以一种高度特殊的形式来表达自己,这种形式的理想型是"一种脱离传统的(deracinated)、反传记的、非个人化且格式化的……散文风格"。

〔71〕 Wilf, *supra* note 44, 550.

〔72〕 Gerald Lebovitz, 'Legal Writing Myths' (2015) 16 *Scribes Journal of Legal Writing* 113, 114. "律师们必须依靠先例。一个发明了新方法的科学家是一个创新者。律师则不然"。

不可避免的",[73] 从而阻止了关于国际秩序的"更多解放性或异见的"话语。[74] 然而历史学者的语言与法律不同,它绕过了法律的技术性问题,[75] 显示出一些文学性[76]并经常"(传达)对人物和情况的生动表述"。[77] 此外,历史学者也意识到他们的偶然性,历史叙述"从未排除所有未来的可能性"。[78]

国际法学者和相关从业人员共享一种重要的文化资本:某种理解世界的方式。[79] 国际法学者"从过去寻找权威",并经常假设"过去和现在之间有连续性"。[80] 相比之下,法律史学者在特定背景下研究过去。他们往往"对理论持怀疑态度",[81]依靠经验和推理方法。[82] 他们从尘封的档案中收集信息,这些档案往往"分散在很远的地方",[83]其访问受到限制,开放时间短。他们的叙述是暂时的,直到进一步的史料研究促使他们进行修改。[84] 尽管被描述为"一个干燥且尘土飞扬的学科",[85]并且在其发展过程中是"非专业的",[86]法律史还是有相当悠久的传统。

然而,上述这些分歧不应该被夸大。国际法和历史之间存在着有趣的交

---

〔73〕　Wilf, *supra* note 44, 550.

〔74〕　Simpson, *supra* note 67, 6. Simpson 注意到国际法是一种禁止过多的个性或异见表达的外交修辞形式。

〔75〕　Kemmerer, *supra* note 26. "历史学家……不喜欢技术性的东西,不喜欢复杂的体制架构,不喜欢错综复杂的案例和错综复杂的判决"。

〔76〕　Hayden White, 'The Question of Narrative in Contemporary History Theory' (1984) 23 *History and Theory* 1. White 认为历史学家对过去的叙述是以文学模式为基础的,他们借助文学来传达其历史的意义。

〔77〕　Ginzburg, *supra* note 69, 79.

〔78〕　Koskenniemi, *supra* note 24, 239.

〔79〕　Simpson, *supra* note 67, 8.

〔80〕　George Rodrigo Bandeira Galindo, 'Force Field: On History and Theory of International Law' (2012) *Rechtsgeschichte-Legal History* 86, 87. Galindo 注意到几个世纪以来,历史和法律之间的关系非常密切,并强调了历史学家和法学者职业之间的交集和分异。

〔81〕　Maks del Mar and Michael Lobban, 'Preface' to (Maks del Mar and Michael Lobban eds. , *Law in Theory and History-New Essays on a Neglected Dialogue* (2016) v-ix. 该文讨论了法律理论和法律史之间的对话。

〔82〕　Ginzburg, *supra* note 69, 84. "一个历史证据既可以是不自觉的(一个头骨、一个脚印、一个食物遗迹),也可以是自觉的(一个编年史、一个公证行为……)。但对这两种情形而言,它们都需要一个解释框架"。

〔83〕　Dyson, *supra* note 39, 52.

〔84〕　See generally *Law in Theory and History*, *supra* note 81.

〔85〕　Dyson, *supra* note 39, 52.

〔86〕　Roman J. Hoyos, 'Legal History as Political Thought' (2016) *American Journal of Legal History* 56, 79 n. 13. Hoyos 认为,法律史是一种政治思想的形式。

集。[87] 历史学者和国际法学者都需要解释和重建过去的事件。[88] 虽然国际法学者的写作并非追求文学的目的,但他们的文本"可以具有文学性"。[89] 此外,一些国际法学者受益于历史学的洞察力。与此同时,法律史学者与国际法学者在方法上也有相似之处,他们开始关注概念的谱系或演变,并研究特定思想的过去、现在和未来。[90]

然而,由于大多数国际法学者并非经过培训的历史学者,而且大多数历史学者在国际法方面也没有深入的专业知识,因此对于采用何种适当的方法仍然存在疑问。本文并不旨在追求某一特定的国际法史方法论的优越性,而是强调有多种国际法史可以而且已经被写出,并说明了一系列可行的方法。尽管国际法史的发展蒸蒸日上,但它仍然在寻找一种适当的方法。国际法史学者应坚持学科内的方法——只在一个学科的范围内工作,如国际法和法律史——还是应该在书写国际法史的过程中支持一种全面和跨学科的立场?

无论是历史学者还是国际法学者都不能"垄断国际法的过去"。[91] 相反,本文认为,国际法史是一个跨学科的领域,可以联结历史学者和国际法学者的学术兴趣。[92] 历史学者和国际法学者应该"超越他们的传统对立",[93] 从而撰写对双方都有意义的国际法史。[94]

为了设计一种适当的方法,需要注意到国际法史的四个层面:(1)全球/地方;(2)内部/外部;(3)历时/共时;(4)微观/宏观。

第一,国际法史可以是"地方性的",侧重于国内和/或区域性的国际法史轨

---

[87] Thomas Skouteris,'Engaging History in International Law' in José María Beneyto and David Kennedy eds. ,*New Approaches to International Law*(2012)99,99. Skouteris 强调了国际法和历史之间的关联性。

[88] Ginzburg,*supra* note 69,84-85. Ginzburg 强调,历史学家和法官的任务都意味着其有能力根据具体规则证明甲做了某事,其中甲可以被视作历史或法律行为的主要行为者(尽管他没有名字),而这件事则指向任何类型的行动。Skouteris,*supra* note 87,101. Skouteris 认为,法律工作不可避免地需要对过去进行定位,因此其有助于产生历史知识。但见 Bederman,*supra* note 10,63. Bederman 注意到,虽然律师收集历史数据以支持客户在特定背景下的立场(正如法官审查该材料以就争端的是非曲直作出决定),但是历史学家不以这种结果驱动的方式思考。

[89] Brook Thomas,'Reflections on the Law and Literature Revival'(1991)17 *Critical Inquiry* 510,533.

[90] See,e. g. Vincenzo Ferrone,'The Rights of History:Enlightenment and Human Rights'(2017)39 *Human Rights Quarterly*130-141. Ferrone 对人权进行谱系学研究,并将其追溯至启蒙运动。

[91] Kalman,*supra* note 40,114. Kalman 主张:"历史学家对过往并没有垄断权。"

[92] Ibid. ,116. Kalman 希望有更多的"既对历史学家是'有效的'(valid)——因其代表了对历史的一种引起争议的解释——又对法学教授是'有效的'——因其提供了关于过去的有用数据——的"学术研究。

[93] Ibid. ,118.

[94] Ibid. ,116. Kalman 主张历史学家和法学者应该创作出既是优秀的法学者的法律史(goodlawyers' legal history)又是优秀的历史学家的法律史(good historians' legal history)的作品。

迹;也可以是"全球性的",采用"一种去中心化的视角,尽可能地脱离具体的情境和观察者的国家身份。"[95]尽管根据定义,国际法史关注的是国际法事实,但在很长一段时间内,它采用的是欧洲中心主义视角。[96] 国际法史的地方和全球方法皆旨在克服国际法历史的传统欧洲中心主义。[97] 直到最近,学者们才通过说明其他地区对国际法发展的贡献来探讨国际法的历史。[98] 在这些方法中,全球史提倡"去中心化"的观点,关注人民之间而不是国家之间的互动。[99] 全球/地方法史不一定取代国家和国际法史之间的传统二分法。虽然国内法史主要是法律史学家的事情,但它也可能与国际法史学家有关。[100] 同时,国际法史也可以呈现国家的角色。国际法的国家史是指从国家外交政策的角度叙述的国际法史,包括"规范

---

〔95〕 Bardo Fassbender and Anne Peters, 'Introduction: Towards a Global History of International Law' in Bardo Fassbender and Anne Peters eds. , *The Oxford Handbook of the History of International Law* (2012) 1,9. 该文使用了一种全球史的路径进行研究。另见 Galindo, *supra* note 80, at 93。Galindo 强调,在国际法史上,那些倾向于地方性方法的人"拒绝……对国际法的发展进行单一和统一的叙述,而是关注这种发展如何以不同的方式、不同的速度和不同的角度发生"。

〔96〕 See Martti Koskenniemi, 'Histories of International Law: Dealing with Eurocentrism' (2011) 19 *Rechtsgeschichte* 152,158. "欧洲被视作是历史知识的起源、动力和目的。"Ibid. , 155. "欧洲的故事、神话和隐喻继续为理解国际法的过去创造条件。"Arnulf B. Lorca, 'Eurocentrism in the History of International Law' in Bardo Fassbender & Anne Peters eds. , *The Oxford Handbook of the History of International Law* (2012) 1034,1034. "传统上,国际法的历史一直是以欧洲为中心的。" Ibid. , 1035. Lorca 认为欧洲中心主义的历史叙事可以发挥意识形态的功能,使特定的西方立场普遍化和合法化,并呼吁产生不同的叙事。

〔97〕 See Fassbender and Peters, *supra* note 95,9. 该文指出,全球历史研究的一个目标在于"打破国别史尤其是欧洲史范式的藩篱"。Galindo, *supra* note 80,93. Galindo 指出,关于国际法在世界"边缘"地区的思想和实践方式的研究正在变得很重要。

〔98〕 See, e. g. Arnulf B. Lorca, *Mestizo International Law: A Global Intellectual History* 1850—1950 (2012) 10. Lorca 表示,国际法并不完全是由欧洲人制定的,并认为欧洲以外的国家并没有被动地接受"欧洲国际法",而是重塑了这些规则,为国际法的制定作出了贡献。Ibid. , 8. Lorca 整理了"混血儿国际法"(mestizo international law)的全球发展和知识史。Taslim O. Elias, *Africa and the Development of International Law* (1988). Elias 分析了非洲在国际法历史上的重要性。Arnulf B. Lorca, 'International Law in Latin America or Latin American International Law? Rise, Fall, and Retrieval of a Tradition of Legal Thinking and Political Imagination' (2006) 47 *Harvard International Law Journal* 283,283. Lorca 研究了国际法在拉丁美洲的发展轨迹。Liliana Obregón, 'Regionalism Constructed: A Short History of Latin American International Law' in Mariano J. Aznar & Mary E Footer eds. , *Select Proceedings of the European Society of International Law* (2012). Obregón 研究了拉丁美洲国际法的历史。Daniel P. Moynihan, *On the Law of Nations* (1990). Moynihan 追溯了从建国初期到布什政府时期国际法在美国外交政策中的作用。

〔99〕 Fassbender and Peters, *supra* note 95,9.

〔100〕 See, e. g. Lauren Benton, 'Toward a New Legal History of Piracy: Maritime Legalities and the Myth of Universal Jurisdiction' (2011) 23 *International Journal of Maritime History* 225,239. Benton 强调,应该避免将海盗行为作为反人类罪的历史,与海盗行为作为违反国家法律的历史错误地对立起来。市民法在处理海盗问题上的更大实际力量并没有被其支持者视为对基于自然法原则的海盗禁令的拒绝。

对外关系行为的国内法律和条约安排"。[101]

这种走向地方/全球历史的趋势既有希望,也有缺陷。一方面,它们能以一种多元化的方式描绘国际法的历史。[102] 此外,它们为分析非国家行为者在国际法史上所扮演的角色打开了大门。[103] 另一方面,克服认识上的偏见仍是一项重大挑战。[104] 国际法史总是需要解释,因此国际法史学者在国际法史的生产中发挥着核心作用。[105] 同时,"历史学家作为个人的经验与他的研究方法之间或多或少存在着直接联系"。[106] 对历史资料的获取受制于"权力关系",正如金斯伯格(Carlo Ginzburg)所言,"那些属于受压迫和/或少数群体的声音通常是由不相干的,甚至是敌对的人过滤给我们的,如编年史官、公证人、官员、法官等"。[107]

第二,国际法史可以是"内部"或"外部"的。"内部"国际法史"尽可能地停留在独特的法律框架内",主要依赖法源和对法律问题的描述,而外部国际法史则使用跨学科的方法,如关注法律问题和"法律的社会背景"之间的互动。[108] 到目前为止,内部法史一直占主导地位。[109] 早在 20 世纪 60 年代,意大利历史学家阿纳尔多·莫米利亚诺(Arnaldo Momigliano)就提出了一个著名的观点:由于法律是一种社会现象,法律史学家不应仅仅从内部角度进行写作,而应该研究法律与其背

---

〔101〕 Koskenniemi, *supra* note 24,237.

〔102〕 See Fassbender and Peters, *supra* note 95,10. 该文强调了全球史研究所拓展的一个"多极的视野"(multi-polarperspective)。

〔103〕 Galindo, *supra* note 80,93. Galindo 强调了研究中可能与道德"更小规模的'地方'历史"。Fassbender and Peters, *supra* note 95,9. Fassbender 和 Peters 注意到,全球历史学家,重点关注基层运动、商业活动和非国家行为体。

〔104〕 See Ibid., 10. Fassbender 和 Peters 提及国际法学者为克服国际法学科"认识论上的民族主义"(epistemic nationalism)——以及对部分学者而言的"传统的认识论上的欧洲中心主义"(traditional epistemic Eurocentrism)——所作的斗争。

〔105〕 Matthew Craven, 'Theorizing the Turn to History in International Law' in *The Oxford Handbook of the History of International Law*, *supra* note 96,35. Craven 认为任何历史重建工作都会涉及选择并编排史实的行为。Hayden White, 'Interpretation in History' (1973)4 *New Literary History* 281. White 发现一些历史学的批评者"甚至认为历史叙述只不过是解释"。

〔106〕 Carlo Ginzburg, 'Some Comments on the Discussion at the Accademia dei Lincei' (2013)18 *Cyber Reviewof Modern Historiography*,128.

〔107〕 Carlo Ginzburg, 'Some Queries Addressed to Myself' (2013)18 *Cyber Reviewof Modern Historiography* 90,91.

〔108〕 Robert W. Gordon, 'Introduction:J. Willard Hurst and the Common Law Tradition in American LegalHistoriography' (1975)10 *Law & Society Review* 9,11. Gordon 指出,虽然美国的法律史往往是"内部"(internal)的,但自威拉德·赫斯特(J. Willard Hurst)的著作出版以来,它逐渐变得更加"外部"(external)。

〔109〕 Jacob K. Cogan, 'Book Review' (2014)108 *American Journal of International Law* 371,375. Cogan 指出,"许多……(国际法)历史体现出强烈的内部主义,所使用的是法律学者通常采用的方法和材料"。

景之间的互动。[110]

如今,国际法学者和法律史学家似乎都认为"自成一体的法律史"已然过时。[111] 有一种新兴的观点认为"有意义的法律史不能仅仅是……内部的历史"。[112] 如果法律反映了社会,法律史就不能脱离其背景。然而,一些折中主义是可能的,甚至是可欲的。[113] 例如,"我们不需要在……内部和外部法史之间作出选择"。[114] 与之相反的是"法律史的常规来源——司法意见、法规、论文、诉状和法庭记录"可以"与知识史和社会史的常规来源一起出现"。[115]

第三,国际法史可以是共时或历时的。国际法史是"共时"的,因为它研究的是在某一时间点存在的法律问题,而不涉及其演变。国际法史是"历时"的,因为它研究法律现象的长时段(*long durée*)。[116] 除了研究思想史和概念发展的思想史家,[117]大多数历史学者一般采用共时的方法,强调"过去……与现在不同"。[118] 对历史学者来说,"过往是异邦,他们在那里做的事情都不一样"。[119]

相比之下,国际法学者更倾向于采用历时的方法,认为法律和历史必然相伴相生。他们专注于一个特定的法律概念并研究其演变。国际法的语言有"很强的谱系或先例成分,即上一代为下一代用法的出现和形成提供了基础或动力"。[120] 因此,国际法学者执着于寻找与过去的延续性。国际法的来源之一是以国家实践为基础的习惯国际法,要求国际法学者考察国家过往的行为。虽然国际法中并无遵循先例原则,但国际法院和法庭往往参考过去的案例。

当国际法学者在处理国际法时,历时方法是其特点,但在处理国际法史时,该

---

[110] Arnaldo Momigliano, 'The Consequences of New Trends in the History of Ancient Law' in *Studies in Historiography*(1966)239,240-241. "如果不对特定社会在特定时刻的性取向、道德和宗教信仰、经济生产和军事力量进行分析,就无法理解法律作为特定层面的社会关系的系统化。" Ginzburg, *supra* note 69, 84. Ginzburg 认为如果不参考文本外的现实情况,就无法理解任何文本。

[111] Wise, *supra* note 7,551. Wise 发现各路研究者皆对以传统的法律术语处理法律史问题有反对。Galindo, *supra* note 80,97. Galindo 批评了历史研究中完全依赖典籍作者和史官的方法。

[112] Ibid.

[113] Ibid. Galindo 认为,法律史学家在探求法律历史的真相时"不应拒斥不同的路径与尝试"。

[114] Fisk and Gordon, *supra* note 20,526.

[115] Ibid.

[116] Fernand Braudel, 'History and the Social Sciences' in Sarah Matthewstrans., *On History*(1980)25,27(1980). Braudel 强调了长时间跨度(long time span)历史研究的价值。

[117] 与法学者一样,历史学家尤其是思想史学家研究的是概念的发展。

[118] Kalman, *supra* note 40,121.

[119] David Lowenthal, *The Past is a Foreign Country*(2015)3.

[120] Alston, *supra* note 18,2052.

方法是否仍合理,则是一个问题。国际法学者和相关从业人员质疑国际法历史中的历时方法的神圣性(sacredness)。[121] 这种历时方法可能会阻碍对特定历史事件的意义和由此产生的法律文本的深入理解。[122] 然而,对于国际法史的纯共时研究也出现了问题。事实上,正如科斯肯涅米(Koskenniemi)所指出的:"历史研究的对象和研究者的文本之间的明确分隔是不可能成立的;历史研究不可避免地且是极大地受到历史学家的前见、概念框架和兴趣的制约。"[123]

第四,国际法史可以是微观或宏观的。微观史通常涉及"规模的缩小",并侧重于特定的事件或个人,而非时代性的事件。[124] 微观史的目的是以小见大,可以将法律、文学同历史联系起来。尽管规模小,但这种故事可以反映特定社会的行为、逻辑和动机。[125] 尽管程度有限,但国际法史学家已经挖掘了一些小插曲,这些小插曲往往是偶然发现的,以了解国际法史的主要主题。[126] 微观历史的潜力正在逐步显现。[127] 人们不仅对国际法学者和相关从业人员越来越感兴趣,其传记成了微观史的重要主题,而且对将机构、概念和国际法学者与他们的环境联系起来也越来越感兴趣。小规模的体量使学者能够从新角度审视特定主题,甚至对历史上的小细节(minetiae)进行深入分析。[128] 然而,这种方法也有一些缺陷,如难以选择一个适合研究的主题,需要处理数量稀少的证据和数据之间的差距,并保持与广大受众的相关性。

反过来,宏观史学追踪国际法史上大型和长期的趋势,研究几个世纪以来的

---

〔121〕 Galindo, *supra* note 80,101. Galindo 指出,有必要的是任何国际法学者——国际法从业人员或国际法理论家——应更仔细地对待历史,避免在过去看到根本不存在的东西——现在。

〔122〕 See, e. g. Koskenniemi, *supra* note 96,226. Koskenniemi 反思了年代倒错(anachronism)和国际法创始人之一弗朗西斯科·德·维多利亚的遗产。"萨拉曼卡的神学教授维多利亚,如果他知道他在一个'人权'一词毫无意义且与自由相关的思想皆被坦率地视为异端的世俗世界里将被降格为'法学家'或'人权学者',他可能会怎么想? 毕竟,维多利亚赞成烧死异端教徒!"

〔123〕 Ibid. , 230.

〔124〕 对于微观历史方法的反思,see Ginzburg, *supra* note 107,93. "在观察中缩小规模(而非观察对象)是一种宝贵的认识工具,因为……一个经过深入研究的案例——如果它是一个反常的案例,因为反常意味着规范——可以成为概括的起点。" Carlo Ginzburg, 'Microhistory:Two or Three Things that I Know aboutit' (1993)20 *Critical Inquiry* 10.

〔125〕 William W. Fisher III, 'Texts and Contexts:The Application to American Legal History of the Methodologiesof Intellectual History' (1997)49 *StanfordLawReview* 1065,1071.

〔126〕 See, e. g. Jan Paulsson, *Denial of Justice in International Law* (2005)10.

〔127〕 Galindo, *supra* note 80,98. "国际法学者很少甚至从未着手进行全面的、小规模的历史研究。一些值得称赞的努力挖掘了被遗忘的作者的学说,但他们一般不关心……微观历史"。

〔128〕 See, e. g. , Philippe Sands, *East West Street* (2016)3-4. Sands 将纽伦堡审判与劳特派特、莱姆金的历史以及作者自己家族的历史联系起来。

多个事件和概念,在更大的时间尺度上研究过去。[129] 大多数国际法史都侧重于大型历史事件及其法律结果。[130] 但宏观史学方法占主导地位的事实并不意味着它们在未来一定会继续如此,这种方法往往忽视了地方和个人对国际法史的贡献。

宏观历史和微观历史是相辅相成的。[131] 在历史学家称为的"框架问题"(issue of framing)中强调了二者的互补性:"在书写的过程中,正如在美术馆中一样,框架决定了我们所看到的东西以及我们如何看到它。通过告诉我们什么在里面,什么在外面,它们表明什么是重要的,什么是不重要的。因此,框架可以隐藏和揭示一样多的东西。"[132] 通过微观和宏观的历史框架来研究国际法史,"应该能对历史有一个更丰富、更全面和更连贯的理解。"[133] 此外,国际法史学家很可能需要"在更广泛和更狭窄的范围内不断往返,以便逐渐对其研究对象有一个更清晰的看法"。[134]

在这些不同的维度上,是否存在可辨识的国际法史趋势?几十年甚或几个世纪以来,国际法的历史一直是以欧洲为中心的。自非殖民化进程开始,这种关注已经让位于更全面、更包容的国际法史。[135] 在 19 世纪末 20 世纪初,法律史——包括国家和国际法史——主要是内部视角。[136] 然而,最近,学者们强调有必要扩大资料来源的类型,并采取更多的跨学科立场,以便将特定的历史事件置于更广泛的背景中。[137]

直到最近,当历史学者开始对国际法的历史采用历时的方法,而国际法学者

---

[129] See, e. g. Grewe, *supra* note 13, 1. Grewe 讨论现代国际法的历史并提出了一个历史分期方案。

[130] See Koskenniemi, *supra* note 24, 235. Koskenniemi 注意到国际法的历史往往包括大的甚至是全球性的整体,这些整体被认为决定了一个时期的国际法的实质,例如 Grewe 讨论的"西班牙""法国"或"英国"时代。

[131] See David Christian, 'Macrohistory: The Play of Scales' (2005) 4 *Social Evolution & History* 22, 28.

[132] Ibid., 26. Christian 讨论了国内历史叙事中对原住民观点的传统忽视。

[133] Ibid., 27-28. "通过观察非常小的事物,你有时可以瞥见非常大的事物。但反过来也是如此;通过试图把握非常大的主题,你有时会惊讶地发现,你正在接近个人"。

[134] Koskenniemi, *supra* note 24, 236.

[135] See, e. g., Onuma Yasuaki, 'When was the Law of International Society Born? An Inquiry of the History of International Law from an Intercivilizational Perspective' (2000) 2 *Journal of the History of International Law* 1. Yasuaki 强调了对欧洲中心主义的克服。Dipesh Chakrabarty, *Provincializing Europe: Postcolonial Thought and Historical Difference* (2000) 27, 43, 45. Chakrabarty 强调历史在很大程度上仍然是欧洲中心主义的,并试图将其"行省化"(provincialize),亦即旨在将一个超现实的欧洲从中心移除。

[136] See Kunal M. Parker, 'Writing Legal History Then and Now: A Brief Reflection' (2016) 56 *American Journal of Legal History* 168, 168.

[137] See Alston, *supra* note 18, 2048.

则采用了共时的方法。[138] 法律是一门奇特的学科,法学者"寻找过去的文本,正是为了发现当前义务的性质"。[139] 然而,法律史学家批评了谱系法,"因为它没有考虑到历史的复杂性"。[140] 对历史学家来说,将一个概念或思想置于其适当的时间段之外,构成"最不可原谅的罪过"。[141] 然而对于国际法学者来说,这是日常工作。[142] 如果说共时的方法,甚或在某些情形下使用的年代倒错法(anachronism),对国际法的研究而言很有效的话,这并不一定意味着它对国际法史的研究很有效。正如国际法学者托马斯·斯库特里斯(Thomas Skouteris)所指出的,"研究对象是'法律'这一事实并不意味着仅靠法律技术就能提供答案"。[143] 对于年代倒错是否能够或应该在国际法史的书写中发挥任何作用,仍然存在疑虑。

五、史学研究方法

作为对应用于某一研究领域的方法的分析,方法论问题"涉及关于我们阅读什么、如何阅读、我们使用的材料的性质、(以及)我们如何进行研究的关键选择"。[144] 为什么要为国际法史的方法而烦恼? 人们可以争辩说,任何历史学的辩论"不仅没有促进,反而积极威胁着历史的实践"。[145] 因此,为了研究历史,学者"应该忘记理论,继续做历史的工作"。[146] 按照这一论点,如果需要任何指导来确定如何撰写国际法史,学者可以看看同行的工作。[147] 简言之,过于努力地去理解国际法史,会使人无法欣赏到其有趣之处。[148]

这种表面上自由的方法的问题在于,若采用这种方法,研究将停滞于一个不确定且混乱的泥泞地带而无法进行。参考同行的作品可能是有启发性的,但目前

---

〔138〕 See Orford, *supra* note 44, 172.

〔139〕 Ibid., 171.

〔140〕 Lesaffer, *supra* note 3, 33-35. Lesaffer 批评谱系法"从与现在的相似性或差异性来描述历史,而不是从它的本质来描述"。

〔141〕 Carlo Ginzburg, 'Our Words and Theirs: A Reflection on the Historian's Craft, Today' (2013) 18 *Cyber Review of Modern Historiography* 97, 98.

〔142〕 See Orford, *supra* note 44, 172.

〔143〕 Skouteris, *supra* note 87, 115.

〔144〕 See Orford, *supra* note 44, 167.

〔145〕 Fisher, *supra* note 125, 1087. Fisher 讨论了对美国法律史方法的类似批评。

〔146〕 Ibid.

〔147〕 Ibid.

〔148〕 Ibid., 1086.

的文献是相当零散的,因为国际法史范围的非凡扩展涵盖了国际刑法、国际经济法和海洋法等不同领域。学者们往往没有明确阐明他们所采用的方法,而这并非意味着他们的工作与方法无关,只是他们常常认为方法的使用是理所当然的。此外,如上文在第三节的讨论,近来关于方法论的争论使人很难从争论中得出合理的结论。

因此,对国际法史的现有方法进行规划和批判性评估是一项有用、及时和关键的工作。它不仅可以澄清现有的选择范围,而且还可以使研究者确定追求其研究目标的最佳方法。对现有方法的审查并不意味着用预先确定的路径来取代创造性的努力,相反,它的目的是促进对该领域的理解,并使国际法史学家能够设计出恰当的方法来解决特定的问题。这就像提供一张地图:人们不仅可以自由选择可能的目的地,而且还可以自由选择可能的路线和/或绘制其他地图。在国际法史中,没有占主导地位的单一范式,而是国际法史学家可通过一系列方法来完成他们的工作。虽然本文可能无法提供最终的地图,其他地图的选择也是存在可能性的,但本文的目的是为新兴的国际法史领域作出贡献,促进该领域的进一步研究,并为富有成效的争论打开空间。

虽然本节提供了一个重要的历史学方法样本,但并不意味着它是详尽的,特别是它并不旨在描绘所有可用的国际法方法或法律史方法。相反,它确定了一系列选定的方法,这些方法可以而且已经被用于撰写国际法史。[149] 本节探讨了这些方法论的决定性特征,并承认"每一种方法论都是富有生命力的,被不同的学者群体所采纳",因此,每一种方法论都可能不断改进。[150]

本文确定了国际法史的七种主要方法和/或途径:(1)结构主义;(2)后结构主义;(3)语境主义;(4)文本主义;(5)批判法学;(6)第三世界国际法方法;(7)法社会学。前四个流派源于思想史,后三个流派源于国际和国内法。

结构主义认为,历史学家的工作是绘制"普遍的跨时代(法律)结构……而完全不关注社会背景"。[151] 它专注于理论教条,其所产生的根本不是真正的历

---

〔149〕 类似的方法(尽管与美国法律史而非国际法史有关),参见 Fisher, *supra* note 125,1065。Fisher 总结了法律史学家所使用的知识史的四个学派:结构主义、背景主义、文本主义和新历史主义。

〔150〕 类似的方法(尽管与识别国际法的方法而不是国际法史的方法有关),see Steven R. Ratner and Anne-Marie Slaughter, 'Appraising the Methods of International Law: A Prospectus for Readers' (1999) 93 *American Journal of International Law* 291,295. 该文着重讨论了方法论自身的演化。

〔151〕 Justin Desaurels-Stein, ' A Context/or Legal History, Or, This Is Not Your Father's Contextualism ' (2016) 56 *American Journal of LegalHistory* 29,35.

史。[152] 它研究的是"法律规则的演变"，关注的是"规则如何随时间变化"。[153] 根据结构主义者的观点，法律可以被理解为一种"永恒的和普遍的"[154]"受一种深层语法的支配的"语言系统。[155] 因此，他们关注国际法的"深层语法"。[156] 虽然结构主义"在思想史学家中只有少数的追随者"，但它"深刻地影响了一大批法律史学者的研究"。[157] 然而，结构主义的法律史因其自身的僵化而越发受到批评，"在20世纪的最后几十年里被排挤到一边"。[158]

后结构主义提倡批判性的思维方式。语境主义、葛兰西派、女权主义和法兰克福学派都可以列入这个大群体。这些学派的共同点是认为应该对历史和文化背景进行调查，以及共享对事实、事件和理论不断进行评估的方法。换言之，后结构主义将历史学转变为一个批评工程。

语境主义是历史学的主流，强调需要将文本与其背景联系起来，并不断重新评估事实、事件和理论。它是对结构主义的一种后结构主义的反映。语境论者强调，文本的意义取决于其历史语境，而"历史学家的核心工作是重构这种语境，然后根据它来解释文本"。[159] 根据剑桥思想史学派的创始人昆廷·斯金纳（Quentin Skinner）的观点，[160] 法律文本"不应作为永恒真理的来源"来解读，而应被视为"对特定社会背景和政治权力斗争的政治干预"。[161] 因此，国际法学者应该在其文本自身的历史背景下处理过去的事件和文本，而不是根据当前的辩论对它们进行不

[152] Ibid.

[153] Ibid. , 36.

[154] Fisk and Gordon, *supra* note 20 ,530.

[155] Justin Desautels-Stein, 'Structuralist Legal Histories' (2015)78 *Law and Contemporary Problems* 37 ,45.

[156] China Miéville, *Between Equal Rights:A Marxist Theory of International Law* (2005)3 ; see also Martti Koskenniemi, 'What is Critical Research in International Law? Celebrating Structuralism' (2016)29 *Leiden Journal of International Law* 727 ,727. Koskenniemi 将"结构主义"定义为一种将立即可见的社会生活现象与通常"隐蔽"但在某种程度上有助于产生前者的其他现象区分开，以便一旦隐蔽背景的运作被揭示出来即使我们觉得我们更"了解"、更熟悉的现象的分析范式。

[157] Fisher, *supra* note 125 ,1073.

[158] Desautels-Stein, *supra* note 151 ,37 ; see also Alston, *supra* note 18 ,2080.

[159] Fisher, *supra* note 125 ,1068.

[160] 剑桥思想史学派是一个传统上与剑桥大学有关的历史学运动，他们的目的是"重建一个思想背景，在这个背景下可以研究主要的哲学作品，而不是传统的研究哲学的方式"。在这种方式下，这批学者认为，伟大的文本往往是为了其内部的一致性和它们所提出的主张的真理地位而被研究。

[161] Anne Orford, 'On International Legal Method' (2013)1 *London Review of International Law* 166 ,170 (referring toSkinner, *supra* note 47 ,3).

合时宜的研究。[162] 事实上,背景——特定文本的社会、文化和政治背景——可以构成某种"圣经"(shibboleth),是理解文本正确含义的万能钥匙。[163] 反过来,"对文本的理解……预示着要掌握它们的本意是什么,以及如何理解这种本意"。[164] 一些国际法学者对这种方法表示了一定的支持,[165] 但也提请研究者注意,对相关语境的选择是一种主观的努力,不可避免地受到研究者(当前)关注的影响。[166]

文本主义认为,"每份文件都会产生……多种意义"。[167] 文本主义者认为,"试图通过查看上下文来赋予一个模棱两可的文本以意义是徒劳的,因为上下文的意义同样依赖于对(文本)的解释"。[168] 此外,将一个文本仅仅视为是"对其作者的同时代人的想法的回应",似乎接近于决定论,并忽视了特定文本的"超越潜力"。[169] 文本主义者主张文本和读者之间存在持续的对话,并赞成年代倒错的做法。[170] 对他们来说,过去和现在之间存在着一种鲜活联系。文本主义分析"在对文本本身的阐释和对这些文本如何照亮和被照亮……当今法律思想和实践的反思之间摇摆不定"。[171] 一些国际法学者含蓄地采用了文本主义的方法论信条。[172]

20世纪70年代以来,批判法学派(Critical Legal Studies,CLS)对国际法的历

---

〔162〕 Skinner,*supra* note 47,40,48. Skinner 认为,语境阅读法考虑了产生文本本身的历史条件,为思想史提供了适当的方法。Lesaffer,*supra* note 3,38-40. Lesaffer 提出一种两阶段的方法:第一步,国际法史学家"应尝试像作者的同时代人那样阅读文本;第二步,基于第一步的阅读构建一个真正从过去到现在的演变理论。

〔163〕 Skinner,*supra* note 47,43.

〔164〕 Ibid. ,48.

〔165〕 Koskenniemi,*supra* note 96,156. See also MarntiKoskenniemi,'Why History of International Law Today?'(2004)4 *Rechtsgeschichte* 61,64-65. Koskenniemi 指出,剑桥学派是思想史领域的一个模范。Nathaniel Berman,'But theAlternative is Despair:European Nationalism and the Modernist Renewal of International Law'(1993)106 *HarvardLawReview*1792,1795.

〔166〕 Koskenniemi,*supra* note 24,239. "历史叙述对其背景的还原是相对于历史学家框定背景、决定其范围和选择其规模的方式而言的"。

〔167〕 Fisher,*supra* note 125,1069.

〔168〕 Ibid.

〔169〕 Ibid.

〔170〕 Ibid. ,1070.

〔171〕 Ibid. ,1081.

〔172〕 See,e. g. Anne Orford,'International Law and the Limits of History' in Wouter Werner,Marieke de Hoon & Alexis Galin,eds,*The Law of International Lawyers:Reading Marti Koskenniemi*(2017)1,6-7. Orford 指出,将历史方法作为处理过去文本的唯一一手段,就不可能研究法律概念、思想或原则是如何随着社会世界的变化而转变的,从而无法充分掌握法律概念的现有功能。

史作出了贡献。[173] 批判法学派"没有明确的方法论"，他们的支持者使用各种方法"来解决在国际法议程中出现的不同但相互关联的失败"，包括但不限于贫困、文化帝国主义和暴力。[174] 批判法学派似乎致力于重新评估法学的基本方法。[175] 批判法学派以一种后结构主义的方式，将历史学转变为一个批判性议程来解决国际法的失败。批判法学派呼吁"任何颠倒或打乱熟悉的叙事、能在该领域产生干扰的有关过去的方法；任何能推进研究发展的敌对观点（如失败者而非胜利者的观点），或提出可能产生大不同于当前的替代轨迹"。[176] 在国际法中，批判法学者"试图超越法律的构成……关注国际法话语的矛盾、虚伪和失败"，[177] 并"创造一个更加人道、平等和民主的社会"[178]。在国际法史研究领域中，批判法学者们创造了一种"渐强复调"（empoweringpolyphony）。[179] 科斯肯涅米的《从辩解到乌托邦》通常被认为是国际法史中"批判法学派"的体现。[180]

　　第三世界国际法方法（Third World Approaches to International Law，TWAIL）[181]

---

〔173〕　See Robert W. Gordon，'Critical Legal Histories'（1984）36 *Stanford Law Review* 57，59；JasonBeckett，'Critical International Legal Theory'（2012）*Oxford Bibliographies*. "尽管大多数关于国际公法的著作都有一种批判精神，但批判法学与之的区别在于，批判不是边缘的或例外的，而是普遍的、一致的和结构性的。"

〔174〕　See Beckett，*supra* note 173，1.

〔175〕　David Kennedy，'Critical Theory，Structuralism and Contemporary Legal Scholarship'（1986）21 *New England Law Review* 209，210.

〔176〕　Robert W. Gordon，'The Arrival of Critical Historicism'（1997）49 *Stanford Law Review* 1023，1024.

〔177〕　Ratner and Slaughter，*supra* note 150，294.

〔178〕　Duncan Kennedy and Karl Klare，'A Bibliography of Critical Legal Studies'（1984）94 *Yale Law Review* 461，461.

〔179〕　Skouteris，*supra* note 87，117-118. 译者注：文本中"empowering polyphony"值得讨论。"Empowering"一方面有赋予自主权的意思，这里应指批判国际法学的学者的研究逐渐获得了学术主体地位、获得了理论自觉；另一方面有逐渐增强、强大的意思，这里应指批判国际法研究的影响日益增强。"Polyphony"应系比喻批判国际法学的学者们各自不同的方法（没有方法论的方法）像一部复调曲。两相对举，以一个音乐的比喻"渐强复调"翻译之，更能体现其比喻义。

〔180〕　Jean d'Aspremont，'Martti Koskenniemi，the Mainstream，and Self-Reflectivity'（2016）29 *Leiden Journal of International Law* 625，629. d'Aspremont 注意到科斯肯涅米的《从辩解到乌托邦》"拒绝推理叙事，（承认）知识的不稳定性，并远离普遍的宏大理论"，但又说它也与结构主义有关。

〔181〕　See James Thuo Gathii，'TWAIL：A Brief History of its Origins，its Decentralized Network and a Tentative Bibliography'（2011）3 *Trade，Law and Development* 26，26. Gathii 追溯自 20 世纪 90 年代末以第三世界国际法方法论的当代起源，论证了"从那时起，第三世界国际法方法者……围绕殖民历史、权力、身份和差异问题，以及这些问题对国际法的意义展开了辩论"。Makau Mutua，'What is TWAIL？'（2000）94*Asil Proceedings* 31，32. Mutua 讨论了第三世界国际法运动的历史基础、哲学基础和政治利益诉求。

旨在将殖民地遭遇置于国际法(历史)中心的学术运动。[182] 它不是一种经典意义上的方法,但它质疑国际法及其历史的基础、运作和方法,构成了一种独特的路径。[183] 第三世界国际法方法并不仅仅关注国际法史,其对殖民地遭遇的历史解读影响了一系列国际法问题的处理。[184] 第三世界国际法学者专注于"第三世界人民的历史"[185],提出"国际法和暴力之间的持续共谋",[186] 并"寻求将国际法从压迫的语言转变为解放的语言"。[187] 换言之,他们探索国际法的殖民遗产,并参与非殖民化的努力。第三世界国际法学者为国际法史贡献了若干作品。[188]

法社会方法(Law and Society,L&S)将国际法的历史"放在其适当的社会背景下",[189] 将法律视为一种社会产物[190],同时也将社会视为法律的产物。[191] 法律"与社会生活的结构紧密地交织在一起,因此很难在法律和法律之外或'社会现实'之间划出明确的界限"。[192] 法社会学者认为"法律、社会、文化和经济"是"一个更大的共同综合体的一部分"。[193] 然而,"有时为国际关系所倡导的"对社会历

---

〔182〕 Michael Fakhri,'Introduction-Questioning TWAIL's Agenda'(2012)4 *Oregon Review of International Law* 1,6. Fakhri 注意到,有关第三世界国际法文献侧重于国际法是如何被殖民者和被殖民者之间的接触所驱动和塑造的。

〔183〕 Antony Anghie and B. S. Chimni,'Third World Approaches to International Law and Individual Responsibilityin Internal Conflict'(2003)2 *Chinese Journalof International Law* 77,77. 该文强调,第三世界国际法构成了"关于国际法是什么和应该是什么"的独特思维方式。

〔184〕 Ibid. ,102.

〔185〕 Anghie and Chimni,*supra* note 183,78;see also,Fakhri,*supra* note 182,11. 该文注意到第三世界国际法学者致力于建构"能引起第三世界国家人民共鸣的国际法历史"。

〔186〕 Anghie and Chimni,*supra* note 183,102.

〔187〕 Ibid. ,79.

〔188〕 See,e g. Antony Anghie,*Imperialism,Sovereignty,and the Making of International Law*(2005)3. Anghie 认为殖民主义是构成国际法的核心。AntonyAnghie,'Colonialism and the Birth of International Institutions;Sovereignty,Economy,and the Mandate System ofthe League of Nations'(2002)34 *New York University Journal of International Law and Politics* 513,514. Anghie 研究前殖民地转变为独立主权国家与国际联盟的委任制度之间的关系。Michael Fakhri,*Sugar and the Making of International Trade Law*(2014)5-8. Fakhri 研究了国际贸易层面的糖业监管的历史发展,并认为"国际法是由帝国锻造出来的许多新的治理模式之一"。Miles,*supra* note 19,2. Miles 认为国际投资法的起源"深深嵌入了 17 世纪至 20 世纪初欧洲贸易和投资活动的全球扩张之中"。

〔189〕 Desautels-Stein,*supra* note 151,32.

〔190〕 Fiskand Gordon,*supra* note 20,525.

〔191〕 Linda L. Berger,'"Law &"Meets"Law as"'(2016)13 *Legal Communication& Rhetoric* 221,223. Berger 讨论了法律和社会相互建构对方的路径。

〔192〕 Wisc,*supra* note 7,551.

〔193〕 David Sugarman,'Writing Law and Society Histories'(1992)55 *Modern Law Review* 292,298. Sugarman 主张法律、社会、文化和经济不是彼此孤立的,而是一个更大的共同综合体的一部分。

史的转向,还没有进入国际法领域。[194] 事实上,国际法史传统上采用的是以国家为中心的视角,[195] 侧重于外交或理论的历史,而不是个人、社会或部门的微观历史。换言之,"国际法学者一直对主权的变迁感兴趣",而不是社会的变迁。[196] 国际法史很少有像法社会学这样更为广泛地被关注,这一方法仍然没有得到充分的利用。[197]

上述这些方法对国际法的历史有什么贡献? 通过对概念和文本的关注,结构主义和文本主义对法学者的历史作出了贡献。结构主义寻找历史的超越性,并假设法律概念具有形而上的、超越的和永恒的品质。类似地,文本主义强调特定文本的超越性。另外,语境主义和法社会学方法有助于历史学家的历史。

有什么方法可以弥补历史学者的历史和法学者的历史之间的差距? 批判法学派可以为这一努力作出贡献。通过倡导批判性的思维方式,批判法学派可以破除围绕国际法史的一些神话,如进步主义的叙述,以及该领域所谓的历史中立性。第三世界国际法学者也对法学者的国际法史和历史学者的国际法史作出了贡献。虽然有些人对国际法史采取了学科内的方法(主要依靠法律来源而非历史来源),但更多的学者则进行了彻底的历史研究。

从这项研究中产生了一些问题。第一,如果有的话,上述方法中哪一种最有希望? 如前所述,没有完美或统一的方法来撰写国际法的历史。相反,国际法史学者可以自由选择合适的方法来解决特定的研究问题。现有方法的多元性和严谨性使研究类型、风格和结果多样化,使国际法史成为一个有趣和富有成果的研究领域。

第二,是否有一种方法可以让国际法史学者决定要使用这七种(或更多)方法中的哪一种? 国际法史学者能否从每种方法中选择那些听起来最令人振奋的要素? 在国际法史中,似乎没有一种方法占主导地位,也没有一种简单的方法能够确定适合这种调查的路径。相反,需要根据给定的研究问题、目的和目标,在个案

---

〔194〕 Martti Koskenniemi, 'Expanding Histories of International Law' (2016) 56 *American Journal of Legal History* 104, 107.

〔195〕 Ibid. , 109.

〔196〕 Ibid. , 110.

〔197〕 See, e. g. Mark Mazower, *Governing the World : The History of an Idea* (2012). Mazower 注意到许多国际法议程背后的复杂性,并对多个国际主义行动主义进行评估。Mark Mazower, *No Enchanted Palace : The End of Empire and the Ideological Origins of the United Nations* (2009) 18. Mazower 通过各种人物的冲突来叙述联合国的起源和早期发展。Lauren Benton & Richard J. Ross eds. , Legal Pluralism and Empires, 1500—1850 (2013) 5-6. 该书关注了两个或多个法律秩序并存的社会。

的基础上仔细选择方法,即在各种方法中进行合理的选择是可能的,将不同的方法结合起来也是可行的——如将批判法学与第三世界国际法结合起来,或将语境主义与法社会学结合起来——只要所选择的方法是密切相关和/或兼容的,而且知识折中主义不会"侵蚀每种方法的核心前提"。[198] 换言之,选择特定的方法需要对所选择的方法作出一些承诺。成功的折中主义的例子并不少见。[199]

第三,上述研究方法之间的关系如何?它们之间是否有交集和/或分歧?有三组方法似乎密切相关:批判法学、第三世界国际法和法社会学——它们强调需要对国际法的演变采取批判性的立场,批评权力的单一分配和不公正;语境主义和法社会学——它们强调背景下的法律;文本主义和结构主义——它们强调国际法的历时性。但也可以找到其他联系。例如,看起来截然相反的方法,如结构主义和语境主义,对国际法的历史提供了互补的描述。

第四,撰写国际法史的方法论发展中是否呈现任何趋势?持续从单纯的结构主义方法转向采用语境主义方法的趋势反映了人们对国际法的历史方法而不是纯粹的内部法律方法越来越感兴趣。虽然国家仍然是国际法的经典主体,但个人和民族已经开始在国际法中发挥重要作用。与此同时,法律史学家也越来越关注微观历史。虽然本节已经描述了一些重要的方法,但其他的方法也存在,并且很可能在未来产生重要的学术成果。新的方法也可能出现,以回应新的研究问题。事实上,对现阶段主要方法论的承诺及其缺陷的审查,"可能会为新的方法论议程播下种子,从而为该领域注入活力"。[200]

第五,现有的方法对该领域的未来有何启示?这些方法中的每一种(除第三世界国际法方法外)都起源于对国家法史和/或国家法律的研究方法。它们在概念上从国家领域转向国际领域,反映了国际法在人类事务中的扩张及其普遍性,以及它作为一个值得历史调查的主题的出现。[201] 对国内历史学的新讨论可以使国际法的历史受益。反过来,国际法史不仅可以促进法律史的发展,而且可以通过为国际法提供新的视角、新的主题和新的研究领域,促进国际法的发展。

---

〔198〕 Ratner and Slaughter, *supra* note 150,300.

〔199〕 Galindo, *supra* note 21,545. "科斯肯涅米在《万国的温良教化者》第 5 章中采用的方法与前面几章中采用的方法不同,不仅在于将研究重点转向对单一作者的分析,而且在描述这个作者的作品时传记的基调变得更加相关。"

〔200〕 Ratner and Slaughter, *supra* note 150,301.

〔201〕 Ibid.

总之,国际法的历史仍然是富有生命力的。[202] 对国内史学的新兴讨论可以使国际法史受益,而国际法史可以通过提供新的视角和新的研究领域来促进法律史的发展。国际法和其历史之间也存在同样的协同作用。或许有人会问,国际法史是否应该被认为只是国际法或历史的附属品,还是两者的混合体,抑或是一个新兴的研究领域? 无论如何分类,国际法史不仅可以为法律史和国际法的发展作出贡献,而且还可以作为一门独立的学科出现。

六、法律传记:一条值得走的路

> 故事是讲出来的,不是活出来的;生活是活出来的,不是讲出来的。[203]

根据所选择的调查对象,可以确定三种编写历史的模式:事件的历史、概念的历史和个人的历史。[204] 外交史传统上侧重于与国际法有关的事件,国际法史传统上侧重于概念。叙述与国际法有关的人物生活史的法律传记并不构成一种特殊的研究方法;事实上,它们构成了一种文学体裁,一种接近国际法史的方式,以及一种微观历史。本节将重点讨论国际法律传记,因为国际法学者正逐渐对自身的前辈感兴趣。法律传记并不被认为是撰写国际法史的最佳模式,而是作为研究该领域的现有工具之一。

在国际法中,法律传记并不是一种非常流行的文学体裁。国际法史往往掩盖了个人的故事,而倾向于对趋势、事件或概念的研究。国际法学者不仅对其制定者的生活不感兴趣,[205] 而且在国际法中也有一个"反传记"的传统。反过来,历史学家认为传记是一种"边缘体裁",是历史和文学之间"边缘的、模糊的区域"。[206]

---

[202]　*Cf.* Robert W. Gordon, ' Introduction:J. Willard Hurst and the Common Law Tradition in AmericanLegal Historiography' (1975—1976)10 *Law & Society Review* 9,9. "1963 年,意大利历史学家阿纳尔多·莫米利亚诺告诉一个法律史学家大会,他们聚集在一起是为了庆祝一个具有一定重要性的历史事件:法律史作为历史研究的一个独立分支的结束。"

[203]　Paul Ricoeur, ' Life:A Story in Search of a Narrator' in Marinus C. Doeser & JohnN. Kraay eds. , *Facts and Values:Philosophical Reflections from Western and Non-Western Perspectives* (1986)121,121.

[204]　Fassbender and Peters, *supra* note 95,11.

[205]　Simpson, *supra* note 67,12.

[206]　Ginzburg, *supra* note 69,85,87.

历史学很少关注个人对创造历史的贡献。[207]

法律传记是一项有风险的工作,因为其有"三重障碍:根据传统标准,该主题无关紧要;证据稀少;以及缺乏文体模式"。[208] 以下将逐项进行研究。第一,国际法学者的生活一直被认为与历史无关。人们普遍认为,律师不一定是有趣的和/或与历史相关的人,而且很少有国际法学者和从业人员值得写传记。一般来说,法律人被认为是"代理人,而不是委托人","从事专门的、高度重复的工作,这些工作通常是枯燥的日常工作,很难以吸引人的方式表现出来"。[209] 此外,它可能难以满足不同的受众。国际法学者可能希望对某位学者的工作进行深入的处理,法律史学者可能希望使用适当的历史方法,而普通公众可能希望对工作背后的人进行深入研究。

第二,证据的稀缺性会使收集与国际法学者生活相关的原始材料变得具有挑战性。这种批评往往被高估了:事实上,国际法学者的信件、个人文件和网络可以帮助研究者在工作之外勾勒出这个人。对书面和视觉证据的研究都可以产生重要的资料。[210]

第三,文体模式的缺失,首先是由于法律传记的稀缺性。法律传记被认为是

---

〔207〕 关于历史学家忽视个人对历史的贡献的普遍趋势,see, e. g. , Giovanni Levi, 'Les usages de la biographie' (1989) 44 *Annales. Économies*, *Sociétés*, *Civilisations* 1325-1333. Levi 讨论了传记研究的利弊。Jean-Claude Passeron, 'Biographies, flux, itinéraires, trajectoires' (1990) 31 *Revue francaise de sociologie* 3-22. Passeron 讨论了传记研究的方法论。Sabina Loriga, *Le Petit X: de la biographie à l'histoire* (2010). Loriga 认为 X 因素,即个人对历史的贡献,使后者有了自己的发展轨迹。Sabina Loriga, 'The Plurality of the Past-Ilistorical Time and the Rediscovery of Biography' in Hans Renders et al. eds. , *The Biographical Turn: Lives in History* (2016) 31, 31. Loriga 指出,虽然在过去两个世纪中非个人化的历史占了上风,但对"历史经验的集体层面"、微观历史和传记体裁的关注最近变得很有影响力。HansRenders and Binne de Haan eds. , *Theoretical Discussions of Biography-Approaches from History, Microhistory, and Life Writing* (2014). 该书阐明了研究个人生活的关键挑战和问题,并对传记研究的出现作出贡献。

〔208〕 Susan Tridgell, *Understanding Ourselves: The Dangerous Art of Biography* (2004) 25.

〔209〕 Mark Fenster, 'The Folklore of Legal Biography' (2007) 105 *Michigan Law Review* 1265, 1265.

〔210〕 Leslie J. Moran, 'Judicial Pictures as Legal Life-Writing Data and a Research Method' (2015) 42 *Journal of Law and Society* 74, 96. Moran 提倡使用司法图片作为数据来源和研究工具。

一个"认识论的雷区"。[211] 国际法学者质疑法律传记是否属于学术,[212] 认为法律传记存在"方法论上的个体主义",[213] 而历史学家则质疑传记是属于历史学,还是构成一种文学流派(*Bildungsroman* 成长小说),[214] 或一种"传记"。[215]

法律传记能够为国际法史研究提供什么? 如果国际法被理解为一个纯粹的技术学科,那么研究它的参与者就没有什么意义。然而,如果国际法被视为一门艺术和科学,那么研究其艺术家和科学家在其制定过程中所扮演的角色就具有相当大的意义。国际法学者的传记不仅可以构成有关国际法制度的重要信息来源,[216] 而且还可以促进对历史的了解,为后代留下遗产。它们可以启发和教导后来者。[217] 研究前辈的生活可以"提供灵感和启迪",尤其在逆境中。[218]

事实上,一些国际法学者和从业人员是很好的传记题材,提供了吸引人的叙事弧线与"令人信服的段落和戏剧性的时刻"。[219] 例如,该学科的创始人之一真提利(Alberico Gentili,1552—1608)在逃脱宗教裁判所并成为宗教难民后,成为牛

---

[211]　Linda Mulcahy and David Sugarman, ' Introduction: Legal Life Writing and Marginalized Subjects and Sources' (2015)42 *Journal of Law and Society* 1,4.

[212]　R. Gwynedd Parry, ' Is Legal Biography Really Legal Scholarship?' (2010) 30 *Legal Studies* 208, 208. Parry 认为法律传记在英国法学院内历来受到怀疑,原因在于对这种形式的知识有效性和稳健性的意识形态和方法论方面的担忧,以及对其真正的学科范围的保留。然而,最近的传记已经成功地证明了法律传记在加深我们对法律现象的人文背景的理解方面的潜在价值。Richard A. Posner, ' Judicial Biography' (1995)70 *New York University Law Review* 502,507 n. 16. Posner 提到 Aldous Huxley 的一句格言:"喜欢一个作家并想见他,就相当于喜欢鹅肝酱并想见到鹅。"(to like a writerand want to meet him is the equivalent of liking *pâté de foie gras* and wanting to meet the goose)Ibid. , 516. Posner 认为,律师或法学者的训练和经验中没有任何东西使他有能力写传记,"他没有接受过撰写叙事或以同情心描绘人类的训练"。然而,波斯纳也承认,一些传记可以为未来的作品设定标准。Ibid. , 518. Posner 认为, Gerald Gunther 书写的汉德法官的传记 (Learned Hand:The Man and the Judge)为以后所有的司法传记设定了评判标准。

[213]　William Craig Rice, ' Who Killed History? An Academic Autopsy' (1995)71 *Virginia Quarterly Review* 601,610. Rice 认为,虽然爱默生(Emerson)主张"没有历史,只有传记",但对社会历史学家而言,爱默生犯了"方法论个人主义的错误"。

[214]　Ginzburg, *supra* note 69,85.

[215]　Patricia Hagler Minter, ' Law,Culture,and History:The State of the Field at the Intersections' (2016)56 *American Journal of Legal History* 139,148. Minter 批评法律传记写作'' 吹捧'(hagiography)盖过了历史书写"。

[216]　Ibid. Minter 认为,法律传记可以(对历史研究)"提供新的见解",并"在更广泛的背景下丰富……传统议题的构建"。

[217]　See Fenster, *supra* note 209,1281.

[218]　David Sugarman, ' From Legal Biography to Legal Life Writing:Broadening Conceptions of Legal History and Socio-legal Scholarship' (2015)42 *Journal of Law and Society* 7,8;Susan Bartie, ' Histories of Legal Scholars: thePower of Possibility' (2014)34 *Legal Studies* 305,317. 文章注意到研究法律学者的生命具有"学术力量"。

[219]　Fenster, *supra* note 209,1266.

津大学的法学教授。[220] 该学科的另一位创始人胡果·格劳秀斯（Hugo Grotius，1583—1645）因参与荷兰共和国的宗教争端而被判监禁，但他藏在一箱书中得以逃脱。[221] 但是，国际法学者并非只在现代早期历史中面临过非同寻常的挑战。甚至在最近，他们还克服了战争和流亡、迫害和损失。[222] 这些历史显示了国际法学者面对逆境时的坚韧不拔，他们如何成为自己命运的主人，以及他们对该领域的发展所作的贡献。

国际法学者正逐渐对他们的前辈感兴趣。科斯肯涅米的《万国的温良教化者》（*The Gentle Civilizerof Nations*）一书的出版，是国际法史写作的分水岭。该书采用了传记方法来研究关键人物，包括汉斯·凯尔森（Hans Kelsen）、赫尔希·劳特派特（Hersch Lauterpacht）、卡尔·施密特（Carl Schmitt）和汉斯·摩根索（Hans Morgenthau）。通过将国际法学者变成主角，科斯肯涅米的国际法史克服了"结构方法的限制"，并"为国际法研究注入了历史运动和政治，甚至个人斗争的意识……"[223] 其他专著和编辑的文集则侧重于国际法学者和从业人员，[224] 一些国际法杂志推出了

---

[220]　Valentina Vadi, *At the Dawn of International Law : Alberico Gentili*, 40 *North Carolina Journal of International Law and Commercial Regulation* (2014) 131, 139-140; Gezina Van der Molen, *Alberico Gentili andthe Development of International Law : His Life, Work and Times* (1968); Diego Panizza, *Alberico Gentili giurista ideologo nell' Inghilterra Elisabettiana* (1981).

[221]　对这一问题的生动叙述,参见 Hedley Bull, 'The Importance of Grotius in the Study of InternationalRelations' in Hedley Bull et al. eds. , *Hugo Grotius and International Relations* (1992) 65, 68; Martine Julia Van Ittersum, *Profit and Principle : Hugo Grotius, Natural Rights Theories andthe Rise of Dutch Power inthe East Indies* 1595—1615 (2006).

[222]　See Giorgio Sacerdoti, *Nel caso non ci rivedessimo : Una famiglia tra deportazione e salvezza* 1938—1945 (2013). Sacerdoti 叙述了他如何在"二战"期间躲过迫害。

[223]　Koskenniemi, *supra note* 13, 2.

[224]　See, e. g. Geoffrey Lewis, *F. A. Mann* (2013); Elihu Lauterpacht, *The Life of Hersch Lauterpacht* (2012); Reut Yael Paz, *A Gateway between a Distant God and a Cruel World : The Contribution of Jewish German Scholars to International Law* (2012); Bardo Fassbender & Anne Peters eds. , *The Oxford Handbook of the History of International Law* (2012); Jurists Uprooted, 'German-Speaking Émigré Lawyers' in Jack Beatson & Reinhard Zimmermann eds. , *Twentieth-Century Britain* (2004). 更早期的研究, 参见 Mary Ann Glendon, *A World Made New-Eleanor Roosevelt andthe Universal Declaration of Human Rights* (2001); Emmanuelle Jouannet, *Emer de Vattel et l'emergence doctrinaledu droit international classique* (1998); H. Vreeland, *Hugo Grotius* (1986); PeterHaggenmacher, *Grotius et la doctrine de la guerre juste* (1983); C. Gellinek, *Hugo Grotius* (1983).

一系列的法律传记,[225] 更多的专著和文章也频繁出现在法律史或国际法的杂志上。[226]

虽然撰写国际法学者的法律传记似乎是一条值得走的路,但这种特殊体裁是否存在方法论上的问题?一些准则可以帮助传记作者在叙述他人的生活时找到自己的声音。第一,法律传记作者应该解释为什么一个法学者——与绝大多数学者不同——值得用传记处理。这并不是说只应该研究大师。[227] 一方面,正是因为他们不知名,"较小众的国际法学者"可能更有趣;[228] 另一方面,只关注大师会使法律传记沦为吹捧文章。然而,国际法不是由少数人制定的,而是一个真正的世界性的集体努力。解释为什么一位学者值得写传记,可以帮助读者决定该研究是否有用或有趣。

第二,仅仅强调辉煌事业的公共成就是不够的,"因为这将错过(一个人)生活的重要方面"。[229] 法律传记作者应该让人感觉到研究主体是一个人,以及其在其所处的更广泛的历史背景中的地位。[230] 传记作者必须在特定的历史背景下"在一个连贯的叙述中塑造和统一材料,并精心设计一个论点,说服我们了解主角生活的意义"。[231] 仅仅描述公共和私人生活的主要事件而不分析其历史背景,对国际法史没有任何贡献。

第三,所有传记都是"主体间的",因为"一个人的故事总是其他人的故事"。[232] 与同事、导师和家庭成员的个人关系可以提供一个更全面的主体形象。

---

[225] 例如,《欧洲国际法杂志》(*European Journal of International Law*)曾推出了"国际法中的欧洲传统"系列,介绍了乔治·斯凯勒(Georges Scelle)、迪奥尼西奥·安齐洛蒂(Dionisio Anzilotti)、阿尔弗雷德·维德罗斯(Alfred Verdross)、劳特派特、汉斯·凯尔森、查尔斯·德维舍(Charles De Visscher)、阿尔夫·罗斯(Alf Ross)、胡伯、瓦尔特·施廷克(Walther Schicking)和奥本海。《莱顿国际法杂志》(*Leiden Journal of International Law*)曾推出了一个关于非欧洲国际法学者的系列,介绍了 Alejandro Alvarez 和 Taslim Olawale Elias。

[226] See, e. g. Nico Schrijver, 'A Portrait of Judge P. H. Kooijmans-A Passionate Advocate of the Rule ofLaw in International Affairs' (2014) 27 *Leiden Journal of International Law* 839; Yolanda Gamarra, 'Rafael Altamira yCrevea(1866—1951). The International judge as "Gentle Civilizer"' (2012)14 *Journal of the History of International Law* 1; C. Landauer, 'J. L. Brierly and the Modernization of International Law' (1992—1993) 25 *Vanderbilt Journal of Transnational Law* 881.

[227] Galindo, *supra* note 21,554. Galindo 认为从传记的角度研究国际法史的问题之一在于,在进行这种研究时我们常常只注意到该学科的大师们的想法和行为。

[228] Ibid.

[229] Mulcahy and Sugarman, *supra* note 211,5.

[230] Fenster, *supra* note 209,1267.

[231] Ibid. , 1269.

[232] David McCooey, 'Understanding Ourselves:The Dangerous Art of Biography(Review)' (2005)28 *Biography* 667,680.

对社交关系的分析可以提供关于作者生活和工作的文化、政治和社会背景以及其对该领域贡献的额外见解。[233]

第四,在撰写法律传记时,国际法史学者不应美化过去;他们应该进行严格的法律历史研究。理想情况下,法律传记应该与法学者和历史学家以及更广泛的受众相关。

第五,客观性问题——国际法史学者是否可以对他们所要了解的世界重新进行外部分析?是否存在客观的叙述?虽然国际法史学者试图表现得客观,[234]但"每个作者都是从个人的角度进行书写"。[235] 传记作者的个人经历不可避免地会影响他们的研究问题。[236] 特别是,传记往往是"传主和传记作者的传记的产物"。[237] 如果主观的观点是不可避免的,[238]那么在所有的叙述中,对作者的角色有更多的认识就变得至关重要。关于作者的专业知识、所选择的观点和方法以及所利用的资料来源的类型,需要事先有一定的透明度。作者应该"有意识地反思他们所作的选择",并且"明确和透明地表达出来"。[239] 通过这种方式,"不可避免的变形本身就是……论证和思考的丰富来源,而不是无效的缺陷。"[240]

第六,法律史学家和国际法学者应该向谁介绍他们的工作?在学术和大众文学之间存在着一条细微的界限。到目前为止,国际法史学家一直保持着一种基本的学术方法,避免过多的叙述,并优先考虑评估和理论洞察力。他们的著作几乎不针对普通大众。然而,人们可能会问,国际法学者是否"应该考虑如何最好地说服更多受众了解(国际)法史的价值"。[241]

第七,文本研究是否应与视觉研究和民族志研究相结合?关于国际法史是否

---

[233]　Pierre Bourdieu, *L'illusion biographique* 62-63 *Actes De La Recherche En Sciences Sociales* (1986) 69, 72. Bourdieu 认为,我们无法理解一条轨迹,除非我们事先构建了将相关人员与同一领域的所有其他人结合起来的一套客观关系。

[234]　Gordon Wood, 'In Defense of Academic History Writing' (2010) 48 *Perspectives On History* 19, 19-20 n. 4.

[235]　Fassbender & Peters, *supra* note 95, 15.

[236]　Hoyos, *supra* note 86, 78-79. Hoyos 指出"我们对过去提出的问题,或明或暗地被我们自己的个人经历或当前历史时刻提出的问题所呼应"。

[237]　Sugarman, *supra* note 218, 15.

[238]　See Doug Munro, 'The "Intrusion" of Personal Feelings: Biographical Dilemmas' (2014) 30 *Flinders Journal of History and Politics* 3, 3. Munro 认为"期望传记作者……在处理人类的阴暗面时摒弃自己的感情和价值观是'不现实的'"。

[239]　Fassbender & Peters, *supra* note 95, 15.

[240]　D'Aspremont, *supra* note 180, 626-627.

[241]　Dyson, *supra* note 39, 48.

应该以民族志为基础的问题仍然没有答案。[242] 国际法民族志（international legal ethnography）是一个几乎无人涉足的领域，尽管最近有一些努力来填补这一空白。[243] 民族志是一种依靠通过慢节奏的参与观察来获得数据的研究类型。国际法史学者的田野调查可以包括：与同事进行非正式的交谈，观看电影或听录音，走访相关的城市街道或其他相关的地方，或与利益攸关方进行访谈。[244] 当然，人们对国际法的物质和视觉文化有了新的兴趣。[245]

然而，尽管晚近的国际法可以通过口述研究，而且国际法的某些方面，如边界的划定，可能需要研究实物和遗址，但研究国际法史的经典方法仍是阅读文本。[246] 在大多数情况下，已经不可能采访那些为国际法的制定作出贡献的律师、法官和学者。在某些情况下，由于特定区域的重新开发，已经不可能看到这些人居住的地方。然而，这些困难并不影响民族志学研究对国际法历史的潜在附加价值。

本节确定了三种书写历史的模式——事件的历史、概念的历史和个人的历史，并将法律传记作为一种文学体裁、一种接近国际法史的方式和一种微观历史来研究。如果国际法被认为是一门艺术和科学，那么调查其艺术家和科学家在其形成过程中所发挥的作用就具有重大意义。国际法学者的传记可以构成关于国际法体系的重要信息来源。他们可以启发和教导。国际律师正逐渐对他们的前辈感兴趣，该领域出现了一个新的传记方向。本节详细分析了这种体裁的前景和缺陷，讨论了它的一些方法论问题。

---

〔242〕　See, e. g. Merry, *supra* note 33, 99. Merry 突出了"在构成国际法和法律监管的一系列复杂的规范、原则和机构中，对具体地点进行人种学研究的价值。"Rosemary J. Coombe, ' The Cultural Life of Things: Anthropological Approaches to Law and Society in Conditions of Globalization ' (1995) 10 *American University Journal of International Law and Policy* 791, 791-792. Coombe 指出参与"民族志的实践，以揭示……全球力量的当地生活"，并认为在"在人员、资本、信息、图像和货物的全球流动所形成的背景下，法律的表述需要新的学术表述形式"。

〔243〕　See, e. g. Luis Eslava, *Local Space, Global Life: The Everyday Operation Of International Law And Development*(2015) 28; Miia Halme-Tuomisaari, ' Toward a Lasting Anthropology of International Law/Governance ' (2016) 27 *European Journal of International Law* 235, 235. 文章将国际法人类学概念化为"批判国际法学者和人类学家之间的对话"。

〔244〕　See Orford, *supra* note 44, 169.

〔245〕　Alexandra Kemmerer, ' On International Law and Its History ' in Russell A. Miller & Rebecca M. Bratspies eds., *Progress In International Law*(2008) 71, 86-87.

〔246〕　Fisk and Gordon, *supra* note 20, 527.

七、历史转向的前景和危险

在国际法史中,没有单一的法律方法。国际法学者和法律史学者从不同的角度探讨国际法的历史,采取不同的史学方法。国际法学者并不像历史学者那样写作,而法律史学者也不像国际法学者那样写作,我们也不应该期望如此。

一方面,国际法学者在思想谱系和所谓的"过去和现在之间的连续性"的基础上,捍卫了一种教条式的国际法史方法。[247] 他们声称,国际法的历史"本质上是谱系性的,因为它取决于概念、语言和规范在时间和空间上的传播"。[248] 虽然提供了丰富的概念动机,但他们的叙述有可能仍然与历史相脱离。[249]

另一方面,历史学者将法律背景化,"明确其时间、空间和社会背景",并挑战其自诩的永恒性、自主性和分离性。[250] 根据历史学的传统,每一个历史记录都是暂时的。[251] 事实上,"历史总是在重写,不仅是因为一个时代感兴趣的东西不一定能吸引它的后继者,而且还因为大量的新材料不断地出现,或者被更多的人所接受"。[252] 法律史学者寻找历史真相,依靠经验方法和从档案中收集信息。[253] 对历史真相的探寻可能有些理想化——它不可能被重建,因为即使我们拥有世界上所有的历史资料,我们仍然无法完全知道发生了什么以及人们是如何理解的。然而,今天,如果不参考可验证的历史资料,就无法出版任何权威的历史作品。与原

---

〔247〕 Kalman, *supra* note 40, 103.

〔248〕 Orford, *supra* note 44, 175.

〔249〕 See Skinner, *supra* note 47, 22-24. Skinner 批评"任何目的论的解释形式",根据这种解释,"行动必须等待未来以等待其意义"。

〔250〕 See Kunal M. Parker, 'Law "In" and "As" History: The Common Law in the American Polity, 1790—1900' (2011) 1 *UC Irvine Law Review* 587, 590. Parker 指出背景主义否定了"法律的预设时空基础,它自称的自主性,以及它坚持不受外界影响"。

〔251〕 See Alston, *supra* note 18, 2077-2078. Alston 指出"我们应该非常警惕任何声称已经找到谜题答案并使其他解释无效的单一说法"。

〔252〕 F. J. Weaver, *The Material Of English History* (1938) 35.

〔253〕 See generally Maksymilian Del Mar & Michael Lobban eds. , *Law In Theory And History-New Essays On A Neglected Dialogue* (2016).

始资料和档案的接触已经成为一种惯例(*de rigueur*)。[254] 这种"档案热"[255]或"文本热"(*maldetexte*)[256]大大有助于揭开新资料的面纱,促进对历史的新解释。[257] 档案研究可以让人真正感受到特定机构的运作和个人的生活方式。[258] 研究"现有的资料,看看它们提出或可能回答什么样的问题"可以是一种富有成效的方法。[259] 虽然因编目不当而使档案的使用受到影响,但今天档案的索引和编目,以及正在进行的数据来源的数字化,已经重启了以前认为因编目不当而无法利用的档案。档案数据与其他来源——包括法律、文学和艺术——的交叉融合,使档案被重新定位为学者行业的众多工具之一。

每种可用的方法都有其优点和缺点。国际法学者的历史和历史学者的历史都有价值。[260] 学者们的学科背景影响着他们对调查对象的看法。然而,虽然过分强调国际法部分有可能掩盖国际法史的历史部分,但与此同时,过分强调历史部分也有可能掩盖其中的国际法部分。国际法学者和法律史学者应该跨越学科界限,采取跨学科的方法吗? 一些学者认为,国际法学者和法律史学者不应该变得"过于跨学科",因为"他们有可能成为另一门学科的俘虏"。[261] 然而,正如劳特派特曾经说过的,一日为法律人,终生为法律人。[262] 可以说,这一点对法律史学家也

---

[254] Ginzburg, *supra* note 141, 108-109. Ginzburg 认为"我们与主要证据的距离越大,被中间人或我们自己提出的假说发现的风险实际上就越大。换句话说,我们有可能找到我们正在寻找的东西——而不是其他东西",并进一步指出"线索需要第一手的阅读:负责最后综合的人不能把这个任务委托给其他人"。

[255] Jacques Derrida, *Archive Fever: A Freudian Impression*(Eric Prenowitz trans. ,1996)91. Derrida 认为"档案热"是一种激情的燃烧。这种热情从未停歇,无休止地寻找档案的痕迹。即使档案数量庞大,它也要不懈追寻。它是对档案有强迫性的、重复性的和怀旧的欲望,是一种不可抗拒的返回原点的欲望,思乡之情,对回归至绝对开始的最古老之地的怀旧。

[256] Wilf, *supra* note 44, 549.

[257] Ginzburg, *supra* note 254, 109. Ginzburg 指出"仔细的、分析性的阅读与大量的证据是相容的。熟悉档案研究的人知道,人们可以继续翻阅无数的文件,快速检查无数档案箱里的内容,然后突然停顿下来,被一份可以仔细研究多年的文件所吸引"。

[258] See Alston, *supra* note 18, 2047. Alston 赞扬 Martinez"出色地将混合委员会(the mixed commissions)的故事带入了现实。主要是通过档案研究,让人真实地感受到委员会的运作方式,使其故事变得生动。她提供了参与其中的人的生活的精彩片段,包括奴隶本身、船长和船员、司法官员、奴隶主和种植园经理,以及帝国的官僚"。

[259] See John Baker, 'Reflections on "Doing" Legal History' in Anthony Musson and Chantal Stebbings eds. , *Making Legal History: Approaches And Methodologies*(2012)7.

[260] See Kalman, *supra* note 40, 124.

[261] See Ibid. , 123.

[262] Elihu Lauterpacht, 'The Place of Policy in International Law' (1971)2 *Georgia Journal of International and Comparative Law* 23, 27-28.

是有效的。因此"与其他学科的联系是有空间的"。[263]

用一位早期的国际法史学家的话说,"历史可以被比作一个广阔而多样的国家,对于不同的旅行者,或者对于同一个旅行者,如果他在不同的时间访问它,它会给他带来不同的乐趣和困难"。[264] 没有单一的历史,而是"许多国际法的历史"。[265] 没有单一的方法来解决法律或历史的鸿沟,恰恰相反,人们设计了多种方式和方法来撰写国际法的历史。国际法的起源"可以从不同的和多样的地方找到,它们不能通过任何单一的来源,或通过研究单一主题、过程或机构的演变被有效地追溯"。[266] 虽然国际法史各不相同,但各种类型的国际法史同样有效,[267] "每一种不同的历史学方法都有一些重要的东西可以提供"。[268]

同时,"我们应该对方法论更加自觉"。"我们必须谨慎对待资料来源,努力追求事实,承认他人的贡献……并使一个时期的政治和社会文化具有意义。"[269] 对各种法律史方法的认识可以丰富国际法史的纹理。

八、结论

国际法史作为一个研究领域正在走向成熟,但国际法史似乎还没有构成一门独立的学科,它仍然是处于法律史和国际法之间的一个混合研究领域。国际法史已经成为法律史学者和国际法学者之间的"紧张局势的根源"。[270] 这些认识论团体有不同的目的、目标和方法。历史学者的目标是发现"历史真相",[271] 而国际法学者的目标是调查特定法律概念的谱系。历史学者认为法律是一种历史产物并研究其历史背景,而国际法学者则认为法律是一种永恒的、非历史的和自主的对象。

---

[263]　Ibid.

[264]　Matt Craven, 'Theorising the Turn to History in International Law' in Bardo Fassbender & Anne Peters eds. , *The Oxford Handbook Of The History Of International Law* (2012) 21 ,25. 作者参考 Robert Ward, *An Enquiry Into The Foundation And History Of The Law Of Nations In Europe* , *From The Time Of The Greeks And Romans To The Age Of Grotius* (1795) xx。

[265]　See Fassbender and Peters, *supra* note 13 ,3.

[266]　Alston, *supra* note 18 ,2078.

[267]　See Kalman, *supra* note 40 ,89.

[268]　Alston, *supra* note 18 ,2077-2078.

[269]　Wilf, *supra* note 44 ,563.

[270]　See Anthony Musson and Chantal Stebbings, 'Introduction' in Anthony Musson and Chantal Stebbings eds. , *Making Legal History: Approaches And Methodologies* (2012) 4.

[271]　Ibid.

但并不存在单一的"一刀切"的方法，[272] 各种方法比比皆是。没有哪一种技术比另一种更好，[273] 不同的方法和途径可以并存；研究者要确定合适的方法来解决其研究问题。研究方法的确定和校准并不是一项完全主观的工作；相反，有许多综合的方法可以供研究者使用。同样，也没有理想的研究形式，因为概念的历史、法律的传记和机构的历史都对国际法历史组成的复杂万花筒有所贡献。

本文认为，关于国际法历史的适当方法的思想斗争，经由日益认识到的两组学者的专业知识和技能的互补性，已经可以被克服。鉴于法律史和国际法都是新兴的国际法史领域的必要组成部分，与其建议采用一种过时的学科内方法来研究国际法史（即从纯粹的内部视角来研究国际法史），不如采用跨学科方法。本文认为，承认特定的文化背景和方法论意识可以促进对国际法史的更好叙述。国际法学者和法律史学家可以克服彼此的弱点，加强彼此的优势，并进行富有成效的对话。这种参与可以鼓励以新的方式来思考国际法的历史。只有通过方法论的认识深化，国际法史才能从其作为国际法和历史的"子学科"的地位演变为一种独立的分析模式。通过这种方式，"法律成为历史，而历史成为法律"。[274] 它不是为了历史而解释历史，或为了国际法而解释国际法，而是为了"把法律理解为历史，把历史理解为法律"。[275]

译后记

本文的作者是瓦伦蒂娜·瓦迪（Valentina Vadi）教授。瓦迪教授学术视野广阔，是国际经济法、国际法历史与国际文化法等研究领域的著名学者，目前担任英国兰开斯特大学法学院国际经济法教授，并在多所大学与研究机构兼职。瓦迪教授近年的研究主要包括：（1）对国际投资法整体结构进行跨法域、跨学科的反思，

---

[272] Ibid. , 6.

[273] Ibid.

[274] See Hoyos, *supra* note 86 ,80.

[275] Ibid.

如在跨文化的背景下从宪法裁决的角度讨论国际投资争端解决途径；[1]国际投资仲裁中的自然资源与原住民文化遗产保护[2]与比例原则在国际投资仲裁中的具体适用[3]；(2)真提利(Alberico Gentili)对使用武力的理解及其对早期现代国际法的形塑；[4](3)对国际法研究的历史学转向的讨论与反思。[5]

本文于2017年发表于《哈佛国际法评论》，写作背景是近年来讨论得如火如荼的国际法的历史转向。作为较早从事以历史方法进行国际法研究的国际法学家，马蒂·科斯肯涅米(Martti Koskenniemi)于2004年在期刊《法制史》(*Rechtsgeschichte*)上发表的论文 *Why History of International Law Today?* 使用了"国际法的历史转向"(historical turn in international law)，相关讨论开始成为国际法研究中的显学。这种研究方法强调，国际法研究应当打破长期以来在自身与历史学之间的学科藩篱、国际法学者应当在方法论与研究素材上超越传统国际法研究所重视的实证国际法——尤其是国际条约、国际习惯等各种形成国际法的学科边界的素材，关注到国际法的历史，从中研究各种国际法现象与话语是如何生成、如何建构的。[6]这一"历史转向"引起了广泛的讨论，且招致部分历史学家与国际法学家的批评。较有代表性的批评意见主要指向年代倒错(anachronism)与工具主义，即

---

〔1〕 Valentina Vadi, 'Inter-Civilizational Approaches to Investor-state Dispute Settlement: Global Constitutional Adjudication or International Adjudication?' in *International Investment Protection and Constitutional Law* (Edward Elgar Publishing 2022) 306-352.

〔2〕 Valentina Vadi, 'The Protection of Indigenous Cultural Heritage in International Investment Law and Arbitration' in *The Inherent Rights of Indigenous Peoples in International Law* (Rome: Roma 3 Press 2020), 197-244; Valentina Vadi, 'Natural Resources and Indigenous Cultural Heritage in International Investment Law and Arbitration' in *Research Handbook on Environment and Investment Law* (Edward Elgar Publishing 2019), 464-479; Valentina Vadi, 'Heritage, Power, and Destiny: The Protection of Indigenous Heritage in International Investment Law and Arbitration' (2017) 50 *The George Washington International Law Review* 725.

〔3〕 Valentina Vadi, *Proportionality, Reasonableness and Standards of Review in International Investment Law and Arbitration* (Edward Elgar Publishing 2018).

〔4〕 Valentina Vadi, 'Perfect War: Alberico Gentili on the Use of Force and the Early Modern Law of Nations' (2020) 41 *Grotiana*, 263-281; Valentina Vadi, *War and Peace: Alberico Gentili and the Early Modern Law of Nations* (Brill 2020). Valentina Vadi, 'At the Dawn of International Law: Alberico Gentili' (2014) 40 *North Carolina Journal of International Law and Commercial Regulation*, 135.

〔5〕 Valentina Vadi, 'Perspective and scale in the architecture of international legal history' (2019) 30 *European Journal of International Law*, 53; Valentina Vadi, 'The Power of Scale: International Law and Its Microhistories' (2017) 46 *Denver Journal International Law & Policy*, 315; Valentina Vadi, 'Power, Law and Images: International Law and Material Culture' (2017) 45 *Syracuse Journal of International Law and Commerce*, 215.

〔6〕 Matilda Arvidsson and Miriam Bak McKenna, 'The Turn to History in International Law and the Sources Doctrine: Critical Approaches and Methodological Imaginaries' (2019) 33 *Leiden Journal of International Law*, 37-38.

国际法的历史研究中以今释古与以古释今。[7] 概而论之,相关讨论拓宽了国际法研究的视野与学科边界,重新发掘了掩盖在欧洲中心主义的传统国际法叙事话语之下的国际法的深层结构,以及在近现代国际法实践中各国的处遇、经验与诉求。本文正是在这一背景下,于方法论层面对"国际法的历史转向"进行的一个方法论反思。

本文讨论的核心问题在于:面对国际法的历史研究存在的"历史学家的历史"和"法学家的历史"之间的张力,研究者应该在这两种方法中作出选择,还是应该自由地采取一种全面且跨学科的立场? 这种方法间的张力对国际法的历史研究的意义何在? 这种张力的根源,在于两个学科关注重心的不同:历史学研究的重心在于"过去是怎么样的"与"如何理解过去",历史学家感兴趣的是历史本身,法律只是历史中值得研究的一个现象;国际法学研究的重心在于"为什么今天是这样的"与"如何理解今天",法学家感兴趣的是法律本身,历史知识解释今天的法律的一个(或许相当重要的)素材。在这一问题意识的指引之下,作者梳理了这种张力的生成与体现,并进一步讨论了国际法史的四个面向与三种书写方法。在总结部分,作者认为,国际法的历史研究应当超越纯粹的国际法和历史分析的范畴,各种范式只是进行学术研究的"工具箱",论者不应局限于单一的方法而应从"工具箱"中选择适合自己、可以解决具体问题的方法。

总的来看,作者对既往国际法的历史研究的各种场域、方法以及各派论者的不同关切进行了详尽而充分的梳理。值得关注的是作者在第三部分讨论的"作为战场的国际法史"。国际法的历史研究存在着历史学与法学两种方法论之间的张力,这是内在于国际法的规范性与时间性之间的张力的外化与投射。学科知识范畴和视野之别所带来的范式之争本应促进学科打破固有藩篱,但国际法史却成为范式之争的"论辩战场",学科融合被方法论争辩取代。对于此,本文作者给出的方法是将各种范式打包放入"工具箱",由论者自由选取。在此基础上,一个可能的出路或许在于:通过忠实的历史实证研究,寻找规范与时间的妥协之处。由此,在具体的语境与叙事下,超越法律和历史之间的二分,实现"法律成为历史,而历史成为法律"。

另一个值得进一步思考的有趣问题在于,国际法的历史转向似乎暗含了这样一个内在结构:回到历史是为了展望未来,国际法只有理解历史才能更好地建构

---

〔7〕 晚近的讨论,可以参考 Lauren Benton, 'Beyond Anachronism:Histories of International Law and Global Legal Politics' (2019)21 *Journal of the History of International Law/Revue d'histoire du droit international*,7-40。

未来。这体现了对国际法的一种理想主义想象,即国际法应当致力于与绝对专制对抗,其作为一个求而未达(not fulfilled)的应许(promise),为我们承诺了一个更好的未来(promise a better future),是存储人类社会进步希望之所在。这种愿景似乎潜藏了一种历史终结论的叙事:国际法的历史就是逐步走入我们基于国际法建构的大同的世界国家(worldstate)的历史。从历史终结论的谱系出发,无论是黑格尔—科耶夫(—福山)的进路还是黑格尔—马克思—列宁的进路,重新审视国际法的历史转向,也是一个值得深究的议题。

论　文

论联合国内部司法上诉机制的诉讼程序

——以中国籍职员争端案为视角

◇ 李　赞　唐彦嘉*

【内容摘要】在国际组织日益重视内部法治建设的背景下,部分中国籍职员诉诸改革后的联合国内部司法上诉机制维护自身权益。这些案件虽然综合反映出联合国上诉法庭在程序方面存在的法律问题,但也体现出上诉程序在保障国际组织职员的个人权利、促进国际组织内部法的统一等方面可圈可点。其独特的制度优势突破传统国际行政法庭一审终审模式的局限,进一步强化了内部司法系统对组织内部法治的影响。我国当前正在加大力度培养包括国际组织职员在内的涉外法治人才。研究中国籍职员争端案能加深对包括联合国在内的国际组织争端解决机制的理解,揭开国际组织内部法律制度的面纱,为引导和鼓励更多的中国公民任职于国际组织提供支持和保障。这也为我国主导成立的国际组织筹划建立内部争端解决机制提供参考借鉴。

【关键词】联合国;上诉法庭;争端解决

一、引言

作为国际社会发展到一定阶段的产物,国际组织能为国家提供更有效与规范的多边合作。[1] 党的二十大报告指出,我国积极参与全球治理体系改革和建设,坚定维护以联合国为核心的国际体系、以国际法为基础的国际秩序、以《联合国宪

---

* 李赞:法学博士,中国社会科学院国际法研究所副研究员;唐彦嘉:中国社会科学院大学法学院研究生。

〔1〕 参见饶戈平主编:《国际组织法》,北京大学出版社 1996 年版,第 7 页。

章》宗旨和原则为基础的国际关系基本准则。[2] 这体现出以联合国为主的国际组织在我国参与全球治理和发展对外关系中的重要性。

国际组织的有效运作离不开其职员,"一切组织由人构成,一切权力由人行使,行政质量的高低决定于组成行政机关人员质量的高低。不可能设想庸碌无能的行政人员会高效率反映公众利益"。[3] 目前,国际组织职员的数量随着国际组织的发展而激增,[4] 单论联合国秘书处,就有来自 191 个国家的 36827 名职员。[5] 由于国际组织享有司法管辖豁免权,因此有必要在组织内部设立一个公正高效的争端解决机制,以维护职员的基本权利,其中也包括对中国籍职员权利的维护。我国国际组织职员的数量当前仍处于较低水平,其中我国在联合国秘书处的任职人数共计 545 人,在联合国任职人数情况调查中被排在"任职人数不足"这一层级,[6] 远低于任职人数较多的美国(2482 人)等国家。[7] 当前,国家倡导加强涉外人才培养,2021 年 1 月 10 日国务院印发的《法治中国建设规划(2020—2025 年)》(以下简称《规划》)明确提出"加大涉外法治人才培养力度,创新涉外法治人才培养模式"的培养要求,[8] 加强涉外法治人才培养的一个重要方面即加强我国国际组织职员的培养。而国际组织职员的法律思维,以及职员对内部司法救济途径的了解,是其综合素养的重要组成部分,有利于职员雇用纠纷的有效解决,维护其正当权益,并使其更快地融入国际组织的工作环境。

《规划》还指出:"积极参与国际规则制定,推动形成公正合理的国际规则体系。"[9] 国际组织内部争端解决机制与国际组织内部法正是国际规则体系的一部分,能够保障组织的正常运作与其职能的充分履行。

---

〔2〕 参见习近平:《高举中国特色社会主义伟大旗帜,为全面建设社会主义现代化国家而团结奋斗——在中国共产党第二十次全国代表大会上的报告》,2022 年 10 月 16 日,北京。

〔3〕 王名扬:《王名扬全集:美国行政法(上下)》,北京大学出版社 2016 年版,第 144 页。

〔4〕 仅根据已公开的资料粗略统计,目前国际组织的国际公务员总数可能达到 220000 名。See Gerhard Ullrich: *The Law of the International Civil Service--Institutional Law and Practice in International Organisations*, (Duncker & Humblot Press 2018)50-51.

〔5〕 秘书处和联合国系统有关实体工作人员总计为 79605 人。See UNGA, "Report of the Secretary-General: Composition of the Secretariat" (29 November 2021) UN Doc. A/76/570.

〔6〕 截至 2020 年 12 月 31 日,我国联合国秘书处的在职人数共计 545 人,占比 1.48%。See ibid. 这一数字比 2019 年的 565 人还少 20 人,中国籍职员在联合国秘书处任职的人数在这一年不增反降。

〔7〕 其他任职人数较多的国家包括刚果民主共和国(1856 人)、肯尼亚(1729 人)、法国(1388 人)。See "Report of the Secretary-General: Composition of the Secretariat" (29 November 2021) UN Doc. A/76/570.

〔8〕《中共中央印发〈法治中国建设规划(2020－2025 年)〉》,载新华网,⟨http://www.xinhuanet.com/legal/2021-01/10/c_1126966552.htm⟩(访问日期:2022 年 5 月 1 日)。

〔9〕 同上注。

依此,研究国际组织的内部司法,有助于维护中国籍国际组织职员权益,鼓励和引导更多的中国公民赴国际组织任职。同时,这也有利于揭开当前国际组织内部法律制度的面纱,为在我国主导设立的亚洲基础设施投资银行、上海合作组织等国际组织内部争端解决机制的建立提供参考,[10]以进一步增强我国在国际社会的影响力,从而更好地为世界发展贡献中国智慧。

值得注意的是,在 2022 年举行的联合国大会第六委员会关于"联合国内部司法"的会议中,中方代表认为联合国内部司法系统对于加强联合国系统内部建设、保障员工合法权益具有重要意义。[11] 我国最高人民法院的一名法官首次成功获任国际劳工组织行政法庭的法官,[12]还有另外两名法官也参与联合国内部司法系统争议法庭和上诉法庭的法官竞选,[13]并于 2022 年 11 月 15 日分别成功当选为联合国争议法庭和上诉法庭的法官。这显示出我国对国际组织内部司法的高度重视。

上诉机制作为国际组织内部司法的进一步发展,一直为各国际组织所重视,并引起国际组织法学界和实务界的广泛兴趣和探讨。但国内对于国际组织内部司法的研究尚不活跃与充分,更遑论其上诉机制。作为最具影响力的国际组织,在联合国的内部司法实践中,上诉机制已被运用得比较成熟,成效显著,但也存在一些有待改进的问题。同时,尽管联合国的中国籍职员数量较少,但也初具规模,并已与组织的行政当局产生一些雇用纠纷,具有较高的研究价值。因此,本文拟以中国籍职员案件为视角,分析和论述作为国际组织内部司法上诉机制核心内容的诉讼程序,以期引起人们对国际组织内部司法这个日益重要的国际法和国际司法领域课题的重视。

二、中国籍职员争端案主要争议问题

"内部司法"(Internal Justice)一般意义而言泛指国际组织的内部司法系统,它

---

〔10〕 See 'AIIB Paper on the Oversight Mechanism' (2019)〈https://www. aiib. org/en/about-aiib/govern-ance/_common/_download/paper-on-the-oversight-mechanism-public. pdf〉, (accessed 8 May 2022).

〔11〕 《中方支持完善联合国内部司法系统管理机制》,载新华网,〈http://www. news. cn/world/2022-10/12/c_1129061031. htm〉,(访问日期:2022 年 10 月 17 日)。

〔12〕 See ILO, 'Report of the Finance Committee of Government Representatives' (10 June 2021) ILC. 109/Record No. 4A, p. 15.

〔13〕 同前注 12。

负责处理组织的行政当局与其职员之间基于就业关系所产生的争端,属于国际组织的争端解决机制之一。联合国内部司法上诉机制是 2009 年联合国内部司法系统改革的重要成果,不同于以往的一审构造,新的内部司法系统主要由联合国争议法庭(United Nations Dispute Tribunal,以下简称"争议法庭")和联合国上诉法庭(United Nations Appeal Tribunal,以下简称"上诉法庭")构成,通过上诉程序更好地协调其职员与行政当局的雇用纠纷,从而整体推动联合国内部法治的建设。在联合国中,已有部分中国籍职员利用改革后的上诉程序来维护自身权利,这些案件从整体上可以分为两大类:第一类为职位应聘案件;第二类为就业待遇案件。

第一类案件涉及的应聘是国际组织职员在组织任职的首要步骤,往往以程序公正为争议焦点。在"王诉联合国秘书长案"(以下简称"王嘉路案")中,上诉人王嘉路认为,在联合国日内瓦办事处(UNOG)中文审校职位的征聘过程中,行政当局对于其他候选人的工作时限要求低于内部规定,同时应聘的评估方法违背了平等标准,上诉法庭在本案中承认争议法庭对双方证据的裁量权,推翻了行政当局违背工作时限标准的上诉人举证,并认为行政当局对招聘制度的设计不存在法律错误,最终认为甄选行为合法。[14] 而在"赵、庄、谢诉联合国秘书长案"(以下简称"赵、庄、谢案")中,赵军湘、庄明良和谢琼是联合国日内瓦办事处会议管理司口译处职员,他们认为在应聘机构更高职位的过程中,面试人员在面试时变更了标准,同时在录入成绩时存在明显误差,并且负责招聘的管理人员向行政当局单独推荐了其他候选人。其中,谢女士还认为职员甄选程序违背了行政命令中关于性别平等的招聘要求。争议法庭支持了原告的判决,秘书长对此提出上诉,而上诉法庭认同了初审法庭对行政当局行政行为的举证责任推定,同时也尊重了法庭对相关文件中性别平等要求的司法解释,驳回了上诉请求。[15] 在"吴诉联合国秘书长案"(判决编号为 2010-UNAT-042,以下简称"吴明一号案")中,原告吴明申请了联合国日内瓦办事处会议事务司的中文审校职位,并符合行政命令规定的同等条件下优先录用的资格,但行政当局违反了该命令而选择了其他候选人,争议法庭认为该行为存在明显法律错误。但原告随后成功申请了日内瓦的另一个相关职位,所以争议法庭判决行政当局支付有限的精神损失赔偿。行政当局承认自身的行为存在明显法律错误,但对争议法庭提出的救济措施提出异议。上诉法庭最终通

---

〔14〕 See *Wang v. Secretary-General of the United Nations* 〔2014〕2014-UNAT-454. 此处及后续案件的中文名皆为判决中的英文音译。

〔15〕 See *Zhao,Zhuang and Xie v. Secretary-General of the United Nations* 〔2015〕2015-UNAT-536.

过对法庭规约相关部分的解释来使初审赔偿判决合理化。[16] 而"徐诉联合国秘书长案"(以下简称"徐正芳案")涉及原告对联合国总部中文审校的职位申请。本案中秘书长提起上诉,表示争议法庭对聆讯会的开会时间进行了错误通知,导致被告代理律师未出席聆讯,被告只能由其他法律部门的职员替代,这使行政当局的程序性权利没有得到充分保障,最终上诉法庭判决发回重审。[17]

第二类案件涉及联合国相关职员在任职期内的就业待遇问题。在"陈诉联合国秘书长案"(以下简称"陈云花案")中,联合国行政当局对作为制版校对科中文股长的陈云花的薪金与其他股长进行了区别对待,秘书长对争议法庭以内部法律文件以外的其他法源为依据进行裁判提起上诉,而原告则以损害赔偿的时间认定过短提起交叉诉讼。上诉法庭肯定了争议法庭的法律依据,同时以时效限制为由否定了原告的请求。[18] "刘诉联合国秘书长案"(以下简称"刘婧案")、"吴诉联合国秘书长案"(以下简称"吴明二号案"[19])以及"何诉联合国秘书长案"(以下简称"何蕊案")则都涉及合同的续约问题,这些案件的中国籍职员均以联合国行政当局未能继续签订合同为由提起上诉。通常情况下,短期、定期合同职员并不享有法律保障的续约期待权,除非当事人能够证明行政当局的不续约行为是基于歧视、偏见或其他不当目的。这些案件由于未能证明存在上述情况而被上诉法庭驳回。在"刘婧案"中,上诉法庭认为上诉人重复了在争议法庭阶段的观点,而没有提出新的要求或理由来证明自己的主张。[20] 在"吴明二号案"中,上诉法庭支持争议法庭在聆讯中的证据认定,以反对上诉人认为的争议法庭存在偏袒与歧视,并认为上诉人对续约例外事由的举证没有说服上诉法庭。[21] 在"何蕊案"中,上诉法庭认为行政机关充分履行了自身不存在偏见、歧视等不正当动机的证明义务,并认可争议法庭提出的以行为当时所掌握的信息来判定不作出续约决定是否合理的标准。[22]

这些由联合国上诉法庭进行裁判的中国籍职员上诉案件数量虽然不多,但内容却全面而丰富。通过这些案件,可对上诉程序的具体内容、产生的法律问题,以

---

[16] See *Wu v. Secretary-General of the United Nations* [2010] 2010-UNAT-042.

[17] See *Xu v. Secretary-General of the United Nations* [2010] 2010-UNAT-053.

[18] See *Chen v. Secretary-General of the United Nations* [2011] 2011-UNAT-107.

[19] 该案的原告与判决编号为 2010-UNAT-042 的"吴明一号案"相同,为作区分将其称为"吴明二号案"。

[20] See *Liu v. Secretary-General of the United Nations* [2015] 2016-UNAT-686.

[21] See *Wu v. Secretary-General of the United Nations* [2015] 2015-UNAT-597.

[22] See *He v. Secretary-General of the United Nations* [2018] 2018-UNAT-825.

及它对联合国乃至国际组织内部法的影响进行深入研究。

三、联合国上诉法庭的提起程序

在"王嘉路案"中,法庭指出:"我们的职能是确定联合国争议法庭是否犯了事实或法律错误,是否超越了其管辖权或权限,或是否没有按照《上诉法庭规约》第 2 条第 1 款的规定行使其管辖权"。[23] 由该段可以看出,上诉法庭管辖权受制于《上诉法庭规约》的限定,[24] 且法庭通常也严格遵守了规约的规定。这是国际行政法庭的普遍特征,其管辖权通常由国际组织制定的法庭规约或章程所限定,因此属于有限管辖权(*juridiction d'attribution*)。[25] 但为了平衡国际组织的公共利益与职员的个人权益,上诉法庭需要对《上诉法庭规约》给予自身的限制进行调整。

(一)联合国上诉法庭的管辖主体

与将提起诉讼的主体限定为职员的争议法庭不同,上诉法庭为行政当局也提供了上诉的可能性。[26] 在"陈云花案"、"吴明一号案"、"徐正芳案"以及"赵、庄、谢案"中都是行政当局提起上诉。这使上诉机制能够协调职员与行政当局的权利。在"徐正芳案"中,争议法庭向行政当局传达了错误的聆讯时间,导致其律师未能出席聆讯会,因此行政当局请求争议法庭进行重审,而法庭拒绝其申请,并直接作出有利于原告的判决。于是行政当局对此提起上诉,认为争议法庭"在确保秘书长有充分的代表权并给予双方完全平等的地位方面,存在法律错误"。[27] 上诉法庭最终支持了行政当局的重审诉求。如果在这种情况下不为行政当局提供有效的上诉途径,行政当局就无法得到最基本的公正裁判。这将对法庭的公信力以及后续行政当局对法庭裁判的执行造成严重阻碍。

虽然改革后的联合国内部司法上诉机制具有协调各当事方权利的独特优势,

---

〔23〕 See *supra* note 15, para. 24.

〔24〕《上诉法庭规约》第 2 条第 1 款规定:"一、上诉法庭有权审理对联合国争议法庭判决提出的上诉并作出判决,上诉可能指称争议法庭:(一)超越管辖权或权限……或(五)在事实问题上出差错,导致明显不合理的裁决。"UNAT, 'Statute of The United Nations Appeals Tribunal', amended by resolution 71/266 adopted on 23 December 2016, Article 2(1).

〔25〕 See C. F. Amerasinghe, *Jurisdiction of Specific International Tribunals*, (Martinus Nijhoff Publishers 2009) 299.

〔26〕 同前注 25,第 2 条第 2 款规定:"争议法庭所作判决的任何当事方均可提出上诉。"

〔27〕 *Supra* note 18, para. 9.

但在属人管辖的具体实践中,该机制仍然存在一些问题值得探讨。

首先,上诉机制对职员身份的要求存在一定的问题。依据《联合国争议法庭规约》,职员提起诉讼必须以"工作人员"(staff member)这一正式身份进行。[28] 而《联合国工作人员条例和细则》规定,"工作人员"是指由秘书长任命并收到任用文书的国际公务员。[29] 这是一个相当保守的定义,使大量同样为联合国提供服务的相关人员无法诉诸法庭。例如,联合国的实习生、志愿人员等特定群体只能要求给予作为非正式争端解决方式的管理评价(management evaluation),但不能诉诸内部司法。[30] 此种较为严格的定义方式可能在一定程度上违背了《世界人权宣言》所规定的国际人权标准,[31] 不符合平等保障个人诉诸司法权利的要求。由于联合国享有特权与豁免,上诉机制属人管辖权的过度限缩在严重情况下可能会被视为拒绝司法和无视正义,导致国内法院对国际组织的内部管理事项行使司法管辖权,进而损害组织正常运作所需要的独立性。

但上诉法庭并未完全严格遵循该属人管辖标准。例如,在"王嘉路案"中,原告王嘉路为首次申请联合国某职位的外部人员,而非联合国的工作人员,却依旧被法庭允许进入联合国内部司法上诉机制并提出上诉。[32] 除此之外,上诉法庭还承认,由于某些特殊原因进入联合国系统的其他国际组织职员也拥有上诉权。如在"依斯干达诉联合国秘书长案"中,上诉人为受国际劳工组织行政法庭管辖的世界粮食计划署工作,但被借调给受争议法庭管辖的非洲联盟/联合国的达尔富尔联合行动,而上诉法庭承认该职员的上诉权。[33] 可以看出上诉法庭在必要时可以谨慎地放宽联合国内部司法上诉机制的准入门槛。因此,法庭将来可能会遇到更

---

〔28〕 《联合国争议法庭规约》(*Statute of the United Nations Dispute Tribunal*)第 3 条第 1 款规定:"一、以下人士可提出本规约第二条第一款所述申请:(一)联合国任何工作人员,包括联合国秘书处或联合国内独立管理的基金和方案的任何工作人员……"

〔29〕 See 'Staff Regulations and Rules of the United Nations' (1 January 2021) ST/SGB/2018/1/Rev. 1, 1. 1, 1. 2, 1. 4.

〔30〕 See UNGA, 'System of administration of justice at the United Nations: Note by the Secretary-General' (15 April 2016) A /71/62/Rev. 1, para. 231.

〔31〕 《世界人权宣言》第 10 条强调,每个人都有权享有"一个独立而无偏倚的法庭"的审判。See 'Universal Declaration of Human Rights', ⟨ https://www. un. org/en/about-us/universal-declaration-of-human-rights⟩, (accessed 9 April 2022).

〔32〕 对此类人员上诉权的承认源于先前的判例,即"盖伯顿诉联合国秘书长案"。在该案中,法庭表示:"法庭认为,由于本组织为征聘某人为工作人员以签订一份——尽管没有完全确定——合同,因此,应认为该人打算受益于联合国法律的保护,从而受益于其内部司法制度的保护。因此仅为此目的,此人应被视为工作人员。" *Gabaldon v. Secretary-General of the United Nations* 〔2011〕 2011-UNAT-120, para. 1.

〔33〕 See *Iskandar v. Secretary-General of the United Nations*〔2011〕 2011-UNAT-116.

多关于"工作人员"概念的界定问题,[34]并在此之中对公正与效率进行取舍。

作为行政当局的代表,联合国秘书长在内部司法上诉机制中的定位也存在相应问题。在中国籍职员案件的所有判决书中,被告都为秘书长。但这种方式是否恰当仍然存疑。为解决该问题,首先需要对"秘书长"这一职位的性质进行判断。依照《联合国宪章》的规定:"秘书长……应为本组织的首席行政官员。"[35]国际组织与国家不同,其职权与任务被严格限定,具有明显的功能性,所以秘书长的地位和性质并不能与作为国家代表的国家元首相提并论。在"贝尔图奇诉联合国秘书长案"(以下简称"贝尔图奇案")中,争议法庭就表示秘书长"与任何工作人员一样,都要遵守规则、条例和行政通知……"。[36] 秘书长在本质上仍然属于为联合国服务的工作人员,应当与工作人员归于同一利益群体,并不适合作为职员争端案件的被告。这种矛盾在秘书长作为案件原告时最为明显。这在"谢里夫诉国际民用航空组织秘书长案"中体现得尤为明显,上诉法庭承认在特定情况下秘书长的职员地位,表示"谢里夫先生……在提交此案时为国际民航组织秘书长……可能出于某些有限的目的而被视为国际民航组织的工作人员"。[37]

另一个需要注意的问题是行政当局作为诉讼当事人的基本法律素养。在"吴明一号案"中,行政机关对类似的案情表达了截然相反的立场,上诉法庭批评了这种行为,认为"联合国(行政当局)应该作为一个模范诉讼人,在所有重要的问题上表现出明确和一致的立场。普通的诉讼当事人才会提出不一致和狡猾的请求,因为他们考虑的是自己的利益。"[38]秘书处拥有专门的法律部门以及专业的法律顾问,因此在联合国内部司法上诉机制案件压力过大的背景下,[39]行政当局理应满

---

〔34〕 See Tamara A. Shockley, 'The Evolution of a New International System of Justice in the United Nations: The First Sessions of the United Nations Appeals Tribunal' (2011—2012)13 *San Diego International Law Journal* 521,545.

〔35〕 Charter of the United Nations, 1945, Article 97, p. 18,〈https://treaties. un. org/doc/publication/ctc/uncharter. pdf〉,(accessed 9April).

〔36〕 See*BERTUCCI v. SECRETARY-GENERAL OF THE UNITED NATIONS* (RULING ON PRODUCTION OF DOCUMENTS)〔2010〕Case No. UNDT/NY/2009/039/JAB/2008/080 & UNDT/NY/2009/117*Order No. 40* (*NY/2010*),3 March 2010,paras. 11,13.

〔37〕 *Cherif v. Secretary General Of the International Civil Aviation Organization*〔2011〕2011-UNAT-165, para. 22.

〔38〕 *Supra* note 17,para. 32.

〔39〕 向上诉法庭提交的上诉案件数量一直在快速增加。2021 年,平均每月提交 12 起上诉案件。与 2020 年底相比,待决案件数量增加50% 以上。过去两年,积压案件本身在以惊人的速度增长,2019—2020 年,积压案件几乎翻了一番,2021 年仍在增长。See 'Administration of justice at the United Nations:Report of the Internal Justice Council' (8 July 2021) A/76/124,Annex I,para. 8.

足作为诉讼当事人的基本要求,甚至应当以高于其他诉讼当事人的标准来要求自己,而不是频繁提出明显不合理的论点或主张,浪费宝贵的司法资源。[40]

(二)联合国上诉法庭的诉讼时效

在"陈云花案"中,原告提出交叉上诉,认为她所享有的赔偿应该从 1999 年 1 月行政当局第一次作出区别对待的行为时算起,而不是从原告向行政当局提出改叙申请时才起算。上诉法庭在判决中表示:"我们将不允许对近十年前的行为作出损害赔偿。虽然陈某确实一直在抱怨她的不平等待遇,但直到本案,她才对行政当局行为存在的问题提出异议。"[41]同时,上诉法庭对赔偿时间的计算进行了时效限制,将赔偿起算点确定为原告职员对违法行政行为提出异议之日,而非她声称的行为受侵害之日。《上诉法庭规约》没有对此类赔偿的时效进行规定,因此时效的计算依赖于上诉法庭对救济措施的裁量权。这体现当法庭规约对时效的规定并不全面,法庭在此方面具有较大裁量空间。

但对《上诉法庭规约》明确规定的诉讼时效,如《上诉法庭规约》第 7 条第 1 款第 3 项的一般性时效等规定,[42]上诉法庭更倾向于采取严格遵循的态度。[43] 在"梅祖伊诉联合国秘书长案"中,虽然上诉法庭基于新旧系统处于过渡阶段而允许原告延长诉讼期限的请求,但法庭直接指出:"我们强调,本庭一直严格执行并将继续严格执行各项时限。旧制度在延长或放弃时间方面可能过于慷慨,但我们不会这样做。"[44]上诉法庭对诉讼时效的态度显示出法庭对立法机关的尊重,同时是为了提高裁判效率并减少法庭的积案压力。

---

〔40〕 在"陈云花案"中,上诉法庭认为:"行政当局的论点——我们毫不怀疑是出于善意提出的——要求本法院将《工作人员条例和细则》解释为允许违反同工同酬的原则……任何法律上的讼棍伎俩都无法掩盖本案发生的情况。"*Supra* note 19, para. 22.

〔41〕 *Supra* note 19, para. 17.

〔42〕《上诉法庭规约》规定:"上诉是在收到争议法庭判决后 60 个日历日内提出,或者是在收到争议法庭中间命令后 30 个日历日内提出,又或者如果上诉法庭已根据本条第三款决定免除或中止这一时限,则是在上诉法庭具体规定的时间内提出。"

〔43〕 See *Shakir v. Secretary-General of the United Nations*〔2010〕2010-UNAT-056;*Khalid Younis v. Secretary-General of the United Nations*〔2021〕2021-iUNAT-1094.

〔44〕 *Mezoui v. Secretary-General of the United Nations*〔2010〕2010-UNAT-043, para. 21.

四、联合国上诉法庭的裁决程序

(一)联合国上诉法庭裁决的法律适用

上诉法庭运用的法律依据具有重要意义。《上诉法庭规约》并没有对法庭裁判应考虑的法律渊源进行系统的规定,这导致法庭受到的限制并不多。[45] 联合国的行政当局有一种观念,即倾向于将自己定位为国际组织的政府,或至少弥补组织中政府的缺位。[46] 与此相对,行政法庭则与国家司法机关类似,[47]通过组织内部法对行政当局的权力进行规制,以维护组织的内部法治。2017 年,联合国内部司法理事会的报告就直接指出,成熟法律制度的特征之一是最高权力机构的所有三个要素——立法部门、行政部门和司法部门——尊重权力分立。法治若要得到尊重,就必须落实这一要求。[48] 此种定位赋予了联合国内部法以行政法的特征。而其他国际组织在内部运作中也大多如此,使得部分学者将国际组织内部法(Internal Law)称为"国际行政法"(International Administrative Law)。[49]

目前,国际组织内部法律体系仍然处于形成阶段。虽然经历了较长时间发展,但该体系具体包含的法律渊源以及渊源的效力等级,各组织的章程或法庭规约都付之阙如。因此,在组织内部法律体系塑造的过程中,法庭裁判时所运用的法律依据具有重要的影响力。通过对这些中国籍职员案件的判决依据进行研究,

---

〔45〕 See C. F. Amerasinghe, *Principles of the Institutional Law of International Organizations*(CambridgeUniversity Press 2005)286.

〔46〕 See S. Battini, *Political Fragmentation and Administrative Integration*:*the Role of the International Civil Service*, *International Administrative Tribunals in a Changing World*(Esperia Publication LTD 2008)188.

〔47〕 早在国际联盟行政法庭设立的讨论中,大会就强调需要建立一个与法国行政法院(French Conseil d'Etat)类似的司法机构。See 'League of Nations, Records of the 2nd Assembly, Meetings of Committees', II, p. 71-72.

〔48〕 See UNGA, 'Administration of justice at the United Nations:Report of the Internal Justice Council'(24 July 2017)A/72/210, para. 3.

〔49〕 学者阿梅拉辛格(Amerasinghe)认为"国际组织的内部法有时被泛称为国际行政法"。See C. F. Amerasinghe, *International Administrative Tribunals*, *in* Cesare P. R. Romano, Karen J. Alter, and Yuval Shany eds. , *The Oxford Handbook of International Adjudication*(Oxford University Press 2018)318. 而国际组织内部法之所以称为"行政法"是因为国际组织的职能与目标使其可以作为国际一级的公共行政机构。See Santiago Villalpando, *Managing international civil servants*, *in*Sabino Cassese ed. , *Research Handbook on Global Administrative Law*(Edward Elgar Publishing 2016)65. 在阿梅拉辛格的其他著作中,他补充道:"行政权力的行使,特别是涉及雇佣关系方面,是通过运用国际行政法来控制的,而(国际组织)一般通过行政决定对其工作人员行使权力。"*Supra* note 46, p. 303.

可以由点及面地对联合国内部法的内容、特征进行探求,并进一步了解联合国内部司法上诉机制所发挥的作用。

1. 成文法

中国籍职员案件的数量并不算多,但在这些案件中,上诉法庭运用了丰富的成文法渊源。任命合同(或者任命书)详细规定了行政当局与职员就业关系的权利和义务,是法庭处理行政当局与职员就业法律关系最基础的依据。[50] 在中国籍职员案的判决依据中,"合同"一词出现的次数相当多,"吴明二号案"、"刘婧案"以及"何蕊案"更是直指短期或定期合同的续约问题。但争端的产生往往因为合同未对相关问题进行明确规定。此外,上诉法庭认为任命合同"不是通常意义的合同",需要受工作人员条例与细则以及行政命令的制约,[51]因此,法庭需要从其他法源中推导出行政当局与职员的权利义务。

法庭一般还需要利用联合国内部的其他规范。在"陈云花案"中,上诉法庭认同原告提出的大会关于就业公平保障的42/207C 号决议;[52]"赵、庄、谢案"的核心焦点之一为对规定性别平等的ST/AI/2010/3 号行政命令的法律解释;[53]在"刘婧案"中,法庭通过《工作人员条例和细则》的相关条款,解决了定期合同的续约问题。[54] 从这些案件运用的法源中可以看出,联合国的内部成文法有一套由不同性质的法律文件构成的规范体系,而联合国内部司法上诉机制已经通过司法判决对其效力层级进行了确认。[55] 这使得联合国的成文法体系逐渐层级分明,体现出与国内法相似的特征。[56]

虽然联合国内部成文法与国内法的构造存在相似性,并且其发展受益于大陆法系的行政法院在过去一个半世纪总结的经验,但应当指出,组织的内部成文法

---

〔50〕 上诉法庭在判决中指出:"组织在法律上承诺雇用某人为工作人员的法律行为是通过秘书长或代表他行事的官员签署的任用书。" *Gaboldon v. the Secretary-General of the United Nations* 〔2011〕Judgment No. 2011-UNAT-120.

〔51〕 See *M. Castelli v. Le Secrétaire Général des Nations Unies* 〔2010〕2010-TANU-037, para. 23.

〔52〕 See *supra* note 19, para. 20.

〔53〕 See *supra* note 16, para. 45.

〔54〕 See *supra* note 21, para. 20.

〔55〕 争议法庭表示:"为确定联合国规则条款的含义和意图的相关内容是联合国内部立法的层级。首先是《联合国宪章》,其次是大会决议、工作人员条例和细则、秘书长公报,然后是行政命令"。*Hastings v. Secretary-General of the United Nations* 〔2009〕UNDT/2009/030, para. 18. 该初审判决在上诉中也得到确认。See *Hastings v. Secretary-General of the United Nations* 〔2011〕2011-UNAT-109.

〔56〕 See Santiago Villalpando, *The law of the international civil service*, in Jacob Katz Cogan, Ian Hurd, & Ian Johnstone eds., *The Oxford Handbook of International Organization* (Oxford University Press 2016) 1076.

作为国际行政法的一部分,具有国际法的独立性,而非任何特定国家法律的克隆。[57] 而这是中国籍国际公务员在权益维护过程中需要特别注意的问题。在"王嘉路案"中,上诉职员就错误地引用了国内法,认为根据禁止将兼职时间作为工时的中国法律,争议法庭不能将其他应聘者的非全职工作经验转化为全职工作经验,以满足招聘的工作年限需求。[58] 上诉法庭反驳了上诉人的观点,认为"组织的甄选程序受其内部规则和条例的约束,而不是成员国的国内法律"。[59] 这种与国内法的区分体现了国际组织内部法律秩序的国际性,这是国际组织独立运作并有效履行职能的必要前提,但可以看出,有部分中国籍职员相对缺乏这种国际法思维。[60]

2. 不成文法

联合国内部复杂的成文法体系并非无源之水,在作为法律之锚的统一性渊源缺位的情况下,用一个纯粹的实证主义概念来理解、运用国际层面的法律是有问题的。[61] 联合国大会以及秘书处的立法也无法涵盖就业关系所有方面所存在的问题。[62] 因此,上诉法庭不仅依据联合国的内部成文法,还通过一般法律原则与判例法对联合国内部法注入必要的法律价值,防止后者为任意专断的行政决策打开大门。通过法律原则与判例,法庭能够更好地维护上诉人的权益,并增加法庭裁判的权威。

法律原则的运用在"陈云花案"中尤为突出。在该案中,行政当局认为法庭只应以联合国的内部规则和程序为依据,而非《世界人权宣言》或《经济、社会及文化权利国际公约》中规定的"同工同酬"原则。[63] 上诉法庭在判决中直接指出行政当局的错误之处:"我们感到困惑的是,行政当局似乎认为这些文件并不能被适用……按照行政当局的逻辑,职位的分类完全由管理层决定,即便在国际公认的

〔57〕 See C. F. Amerasinghe, *Reflections on the internal judicial systems of international organizations*, in Olufemi Elias ed., *The Development and Effectiveness of International Administrative Law* (Martinus Nijhoff Publishers, 2012)45-46.

〔58〕 See *supra* note 15, para. 5(d).

〔59〕 See *supra* note 15, para. 32.

〔60〕 类似的情况还可以体现于争议法庭的一个中国籍职员案件,在该案中原告认为:"联合国项目事务厅(UNOPS)的决定违反了东道国适用的做法,据她所知,雇主不允许在任何雇员年满55岁时终止其合同。" *Zhao Sun v. Secretary-General of the United Nations* 〔2013〕 UNDT/2013/126, para. 2.

〔61〕 See Niamh Kinchin, *Administrative justice in the UN*(Edward Elgar 2018)41.

〔62〕 See*supra* note 57, pp. 1081-1082.

〔63〕 See *supra* note 19, para. 12.

人权可能受到侵犯的情况下。"[64]原则的广泛运用是上诉法庭比前联合国行政法庭做得更好的地方。[65] 除了"同工同酬"原则外,[66]上诉法庭还在判决中运用了其他实质性或程序性原则,如善意原则与正当程序原则。[67] 通过对原则进行阐述与处理,法庭能够对联合国内部法的空白与不合理处进行司法性的法律创制,以更有效地规制行政行为。上诉法庭曾表示:"世界各地的行政法庭不断演变法律原则,以帮助它们控制行政裁量权的滥用。"[68]而法庭在"陈云花案"中展现一种良好的趋势,即法庭倾向于认为在联合国内部法的层级体系中,具有基本权利性质的法律原则的效力高于组织的内部成文法,处于该体系的顶端。

这些法律原则往往通过判例法的形式得到确立与发展,事实上判例法也是上诉法庭裁判所遵行的法律依据的一个重要组成部分。在本文所列举的中国籍职员案件中,上诉法庭无一例外地引用了内部司法系统先前作出的判决。部分中国籍职员案件的判决由于体现了重要的法律原则或理论,还被上诉法庭作为其判例法的一部分反复提及。[69] 通过判例法,上诉法庭可以巩固已确认的法律原则或法律解释,以逐步构建并填补组织的内部法体系。因此,上诉法庭在判决中反复强调联合国内部司法上诉机制判决的整体性与连贯性,希望争议法庭遵循作为终审法庭的上诉法庭"明确和一致的"[70]"有约束力的"[71]判例,并表示将撤销争议法庭不遵守上诉法院判例的任何裁决。

除了内部司法上诉机制自身的判例,上诉法庭在判决中还会引用其他国际行

---

〔64〕 *Supra* note 19,para. 19.

〔65〕 联合国秘书长和联合国法律事务厅在 2000 年 8 月对联合国联合检查小组关于内部司法问题的报告提出一般性意见:"报告中提到的(国际)文书只适用于已批准这些文书的国家,而不适用于这些国家可能加入的任何国际组织。如果各国希望使这些文书的规定或原则适用于某个国际组织,它们可以通过该组织的适当决议来实现。"UNGA,"Report of the Joint Inspection Unit on the administration of justice at the United Nations,Note by the Secretary-General"(16 August 2000)A/55/57/Add. 1,page 2,paras. 2-6.

〔66〕 See *Tabari v. Comm-issioner-General of UNRWA* [2010] 2010-UNAT-030.

〔67〕 See *Balogun v. Secretary-General of the United Nations* [2012]2012-UNAT-278,para. 34.

〔68〕 *Sanwidi v. Secretary-General of the United Nations*,[2010] 2010-UNAT-084,p. 38.

〔69〕 例如,"陈云花案"与"吴明一号案"就被法庭大量引用,前者可参见 *Mahasin Alquza v. Secretary-General of the United Nations* [2020] 2020-UNAT-1065,para. 38;*Elmi v. Secretary-General of the United Nations* [2016] 2016-UNAT-704,para. 32 等。后者可参见 *Ivanov. v. Secretary-General of the United Nations* [2015] 2015-UNAT-572,para. 26;*Sirhan v. Commissioner-General of the United Nations Relief and Works Agency for Palestine Refugees in the Near East* [2018] 2018-UNAT-860,para. 24 等。

〔70〕 *Benchebbakv. Secretary-General of the United Nations* [2012] 2012-UNAT-256,para. 4.

〔71〕 *Likuyani v. Secretary-General of the United Nations* [2013] 2013-UNAT-297,para. 16.

政法庭的判例,[72]甚至包括前联合国行政法庭的判例。[73] 但法庭似乎并未承认这些判例的法律约束力,而只是将其作为一种"说理性"的支撑材料。例如,在"吴明一号案"中,面对行政当局提出的前联合国行政法庭的判例,上诉法庭表示:"我们认为没有任何理由重新审查前行政法庭……的判决",[74]这表明法庭并不希望联合国内部司法上诉机制受到外部判例法的不可控的制约。[75] 但即便不承认约束力,上诉法庭的行为也体现了法庭对自身及其他国际行政法庭判决的认可。这种行为可以促进国际组织内部法律的交流与融合,推动国际组织内部法的统一。

(二)联合国上诉法庭的事实调查

上诉法庭需要通过一定的调查方式获得裁判所需的事实依据。《上诉法庭规约》第 8 条规定,法庭可以通过举行聆讯会或命令出示文件来获取裁判所需的事实证据。[76] 通过对中国籍职员案件的分析,可以看出法庭在这两个方面均需要进一步完善。在聆讯方面,联合国内部司法上诉机制需要处理事实调查的责任分配问题;在文件出示方面,上诉法庭需要处理行政机关拒不执行法庭命令的情况。而这些问题都与上诉法庭在内部司法上诉机制中的自我定位,以及在此认知基础上合理地运用司法裁量权相关。

1. 举行聆讯

上诉法庭在所有中国籍职员案件中都没有举行聆讯(hearing),即便当事人提出聆讯申请,法庭也表示拒绝。在"赵、庄、谢案"中,面对赵先生和谢女士的口头聆讯申请,法庭引用了《上诉法庭规约》第 8 条第 3 款和《联合国上诉法庭议事规

---

〔72〕 See *Mindua v. Secretary-General of the United Nations* 〔2019〕2019-UNAT-921, para. 26;*Gehr v. Secretary-General of the United Nations*〔2012〕2012-UNAT-236, para. 26, 29.

〔73〕 在"陈云花案"(*supra* note 19, paras. 23-24.)中,法庭引用了前联合国行政法庭的"萨贝特与斯凯尔登诉联合国秘书长案"(*Sabet & Skeldon v. Secretary-General of the United Nations* 〔2003〕UNAdT Judgement No. 1136, para. XII.)来支持上诉法庭提出的"同工同酬"原则。

〔74〕 *Supra* note 17, para. 32.

〔75〕 法庭在判决中认为:"新的司法系统在法律问题上自然会有新的方法,新的判例会随着时间的推移而形成,可能与前行政法庭的判例不同,也可能不一样。因此,前行政法庭的判例虽然具有说服力,但不能成为新法庭遵循的约束性先决条件。"*Supra* note 69, p. 37.

〔76〕《上诉法庭规约》第 8 条规定:"一、上诉法庭可下令出示它认为必要的文件或其他此类证据,但须遵守本规约第二条的规定。二、上诉法庭应决定上诉人或任何其他人是否需要亲自出席口头诉讼以及达到这一目的适当途径。三、审案法官将决定是否举行口头诉讼。"

则》(以下简称《上诉法庭议事规则》)第 18 条第 1 款[77]表示:"各方已经明确界定了这一上诉引起的事实和法律问题,因此没有必要做进一步的探析。我们认为,口头聆讯不会增加效益,也不会依《上诉法庭议事规则》第 18 条第 1 款的要求'有助于迅速和公正地处理案件'。因此,该请求被驳回。"但事实上不论是《上诉法庭规约》还是法庭的议事规则,对举行聆讯的规定都相当宽泛,基本上等同于让法庭自行决定是否举行聆讯。

《上诉法庭规约》第 2 条第 4 款规定,如果上诉法庭"认定有必要进一步查明事实",则有权将案件发回争议法庭作进一步的事实认定。而《上诉法庭规约》第 2 条第 5 款规定:"如果上诉法庭认定在没有口头证词或其他形式的非书面证据的情况下无法作出裁决,则应将案件发回争议法庭重审。"这使上诉法庭将联合国内部司法上诉机制按照国家司法审级体制进行了严格的职能分层,认为上诉法庭只负责对法律问题进行审查,而事实审查主要由作为一审法庭的争议法庭负责。上诉法庭曾明确表示,争议法庭的事实调查行为"不是彩排",而自己"不是进行事实调查的适当法庭"。[78] 在"吴明二号案"中,争议法庭的聆讯裁量权就得到上诉法庭的肯定,法庭认为"案件管理问题,包括是否传唤某个人作证的问题,仍然属于联合国争议法庭的自由裁量权,不值得推翻",[79]"上诉法庭不会轻易干涉联合国争议法庭在管理案件方面的广泛司法裁量权"。[80] 因此,聆讯申请总是被上诉法庭以各种理由拒绝。[81] 在争议法庭全面履行事实调查义务的情况下,上诉法庭的这种自我定位是合理的。该模式有利于保障上诉法庭的裁判效率并节约当前紧张的司法资源,使上诉机制正常运作。所以有学者表示,将口头聆讯的启动留给法庭酌情裁量的确是最好的方式,"没有任何理由可以断定强制性口头聆讯会带

---

〔77〕 《上诉法庭议事规则》第 18 条第 1 款规定:"审理案件的法官可以根据当事方的书面申请或主动举行口头听讯,如果这种聆讯有助于迅速和公平地处理案件。" "Rulesof Procedureofthe United Nations Appeals Tribunal", As adopted by the General Assembly in resolution resolution 76/242 on 24 December 2021, Article 18(1).

〔78〕 *Leboeuf et al. v. Secretary-General of the United Nations* [2011] 2011-UNAT-185, para. 17.

〔79〕 *Supra* note 22, para. 35.

〔80〕 *Supra* note 22, para. 34.

〔81〕 联合国内部司法理事会的统计表示:"上诉法庭 2012 年春季会议有 37 起案件,其中只有一起被列为需举行口头聆讯,尽管有 7 起案件提出了这样的要求,另有 30 起案件是由上诉法庭决定是否举行口头听讯"。See UNGA, "Administration of Justice at the United Nations:Report of the Internal Justice Council" (18 June 2012) A/67/98, para. 32. 而截至 2015 年,该次数也仅为 20 次。See "Report of the Interim Independent Assessment Panel on the system of administration of justice at the United Nations" (15 April 2016) A/71/62/Rev. 1, para. 195.

来更公平和更好的判决"。[82]

但争议法庭在聆讯方面也具有相当大的自由。[83] 这是因为在实际运作中,争议法庭存在较大的积案压力,[84]且让联合国遍布全球的职员参与聆讯并非易事,法庭曾表示:"法庭上可能只有答辩人律师在纽约从上午 9 时(纽约时间)起出席全部聆讯,而在曼谷的申诉人则要从晚 8 时(曼谷时间)起开始聆讯。"[85]这就表明,由于时差给当事方参加聆讯造成诸多不便,争议法庭也存在"书面"举行聆讯的情况。[86] 此时,初审的事实依据在准确性与全面性上是存疑的。因此有观点认为,上诉法庭有必要更加频繁地启用聆讯程序。[87] 因为"在上诉一级,口头聆讯也是正当程序的一个重要部分,取消口头聆讯应该是例外,而不是常态"。[88] 总而言之,上诉法庭应当根据现实需要来决定是否举行聆讯,而不是一味地执行依照审级划分事实的调查义务。法庭应对争议法庭通过聆讯获得的证据采取更加严格的审查标准,尤其是在争议法庭未举行聆讯或其他严重影响案件公正性的情况下,并在必要时发回重审或自行举行聆讯。

2. 出示文件

除聆讯外,上诉法庭还可以要求行政当局出示文件以获取事实证据。在"赵、庄、谢案"的初审中,争议法庭要求行政当局出示与案件相关的记录,而后者没有

---

[82]　*Supra* note 50, C. F. Amerasinghe, pp. 330-331.

[83]　《争议法庭规约》第 9 条第 2 款规定:"争议法庭应决定申请人或任何其他人员是否需要亲自出席口头诉讼和满足亲自出庭要求的适当途径。"

[84]　截至 2020 年 1 月 1 日,争议法庭有 323 个待决案件,包括 104 个处于待决状态超过 400 天的案件。而仅 2020 年,争议法庭就收到 216 个新案件,处置了 352 个案件。在处置的这 352 个案件中,有 221 个作出了判决,这是自 2016 年以来法庭作出的最多判决。See 'Administration of justice at the United Nations: Report of the Secretary-General' (25 June 2021) A/76/99, para. 12.

[85]　*Survov. Secretary-General of the United Nations* [2015] UNDT/2015/069, para. 33.

[86]　在 2015 年的临时独立评估小组关于联合国内部司法系统的报告中,评估小组指出:"虽然一些(争议法庭)法官在凡有事实争议问题时均举行口头听讯,但其他法官对听讯的举行则被描述为'例外,而不是常规',包括在有重大事实争议的纪律案件中。"*Supra* note 82, 'Report of the Interim Independent Assessment Panel on the system of administration of justice at the United Nations', A/71/62/Rev. 1, para. 140.

[87]　See Rishi Gulati, 'The Internal Dispute Resolution Regime of the United Nations--Has the Creation of the United Nations Dispute Tribunal andUnited Nations Appeals Tribunal Remedied the Flaws of theUnited Nations Administrative Tribunal?' (2011) 15 *Max Planck Yearbook of United Nations Law* 489, 527-528; Abdelaziz Megzari, *The Internal Justice of the United Nations* (Koninklijke Brill NV2015) 492-494. 联合国内部司法理事会也持该观点,支持"上诉法庭更频繁地举行公开听讯,特别是关于具有全系统重要性案件的公开听讯"。'Administration of justice at the United Nations: report of the Internal Justice Council' (15 July 2019) A/74/169.

[88]　Louise Otis & Eric H. Reiter, 'The Reform of the United Nations Administration of Justice System: The United Nations Appeals Tribunal after One Year' (2011) 10 *The law and Practice of International Courts and Tribunals* 405, 412.

完全执行法庭的命令。[89] 但行政当局辩称自己误解了争议法庭的命令,并认为"甄选建议是以原始硬盘拷贝而不是通过电子邮件与证明文件一起发送的,因此没有电子记录用以证明文件是通过电子邮件传送的"。[90] 行政当局拒绝执行法庭命令的现象并不少见,并饱受争议。有学者认为,这不仅影响法庭在评估案件时考虑所有相关证据的能力,还有损法庭的权威与执行力,最终直接影响内部司法改革的效果。[91] 而上诉法庭在司法实践中已经逐渐找到对行政当局拒绝执行法庭命令的合理应对措施。在"卡尔瓦尼诉联合国秘书长案"中,法庭认为如果争议法庭错误地命令行政当局出示一份"非实质性、不存在或根据本组织有关规定被视为机密的"文件,那么对这一命令行政当局可以进行上诉。[92]

但在法庭认为某文件对于案件是必要的,而行政当局认为该文件涉及保密权或特权时,又产生了新的冲突。上诉法庭在"贝尔图奇案"中对此作出了回应。该案是新的内部司法系统成立以来遇到的最严峻的考验之一。[93] 在案件的一审中,原告申请查阅与助理秘书长的任命有关的某些文件。然而,行政当局拒绝向法庭提供这些文件,并认为这些文件是"机密的,以特权为由免于披露"。[94] 这使行政当局与争议法庭的矛盾在该案中达到顶端,[95]案件也被提交至上诉法庭。上诉法庭随后进行了恰到好处的公正处理。对于出示文件的标准,法庭认为:"原则上,当行政部门以保密权为由反对披露信息时,可以要求法庭核实文件的保密性,因为文件的出示可能与案件的解决有关。在这种核查完成之前,该文件不得转交给另一方。"[96]而对于拒不执行法庭命令的后果,上诉法庭认为,如果行政当局仍然拒绝配合,"法庭有权在其最终判决中根据该拒绝行为得出适当的结论。在这些结论的基础上,法庭可以根据情况认定,由于行政当局的拒绝,无论其裁量权的范

---

〔89〕 See *supra* note 16, paras. 9,47-50.

〔90〕 *Supra* note 16,para. 21.

〔91〕 See *supra* note 89,p. 419. 还有观点认为:"与前联合国行政法庭第一年的运作情况一样,新法庭很快就遇到了行政当局的问题,行政当局努力维护行政权力的最大自由度,反对它所认为的司法权力侵入联合国的运作。"*Supra* note 87,Abdelaziz Megzari,p. 503.

〔92〕 *Calvani v. Secretary-General of the United Nations* 〔2010〕 2010-UNAT-032,para. 9.

〔93〕 See *Bertucci v. Secretary-General of the United Nations* (Translated from French)〔2011〕 2011-UNAT-121.

〔94〕 *Supra* note 37,para. 6.

〔95〕 争议法庭表示:"不服从法庭的命令无疑是蔑视法庭。是否如此描述并不重要。故意不服从的决定是对法庭的管辖权及其承担大会制定的《规约》赋予它职责的权力的直接攻击。"*Supra* note 37,para. 4.

〔96〕 *Supra* note 94,para. 2.

围如何,都必须被视为接受另一方当事人对事实的指控"。〔97〕 因此,法庭巧妙地运用举证责任倒置来对拒绝执行命令的行政当局作出不利判决。"贝尔图奇案"证明了上诉法庭在化解司法机关与行政机关权力矛盾时的重要作用。在"赵、庄、谢案"中,法庭正是通过此方式维护了中国籍职员的权利。〔98〕

五、联合国上诉法庭的救济程序

在救济程序中,救济措施的范围将直接决定当事人的权利能否充分实现。毕竟"一个法律体系的效力在很大程度上取决于其司法机构可运用的救济措施的性质"。〔99〕 对于大部分中国籍职员案件,上诉法庭都需要处理关于救济措施的诉求。这些救济措施往往都为金钱赔偿。〔100〕 相关矛盾在"吴明一号案"中尤为突出,虽然作为上诉方的行政当局承认原告职员遭到甄选程序的不公正对待,但原告不久后就成功申请到另一个同等级的职位,因此行政当局认为依照法庭规约,行政行为轻微的违法性不能支持法庭的赔偿裁定。

通过这些中国籍职员案件判给的救济措施可以发现,虽然上诉法庭在整体上执行了规约的严格规定,但也尽可能通过司法裁量权判给公正的损害赔偿,这体现了法庭的司法独立性。

(一)法庭规约对救济措施的限制

《上诉法庭规约》第9条通过一系列规定严格限定了上诉法庭可采用的救济

---

〔97〕 *Supra* note 94, para. 3.

〔98〕 在"赵、庄、谢案"中,法庭认为:"我们认识到,在执行官方行为方面,存在着规律性的推定,也就是说,官方行为被推定为正常和适当的执行。然而,这种推定是可以反驳的。"*Supra* note 16, para. 48.

〔99〕 *Supra* note 50, C. F. Amerasinghe, p. 331.

〔100〕 例如,在"陈云花案"中,原告认为应延长赔偿的时限,而被告认为争议法庭裁定的精神损害赔偿没有事实依据;在"赵、庄、谢案"中,行政当局认为不论是物质还是精神赔偿,争议法庭都没有任何事实、法律依据;在"何蕊案"中,原告在上诉请求中要求上诉法庭判给她未说明具体数额的"因不续约而遭受的金钱和精神损害"赔偿。

措施。[101] 在规约的规定下,作为主要救济措施之一的金钱赔偿的数额被限制在较小的程度,而在部分情况下行政机关还拥有具体履行义务的选择权,因此即便法庭裁定行政当局具体执行,损害赔偿对其而言仍是一个更加"便宜"的选择。这导致行政机关在任何案件中都没有选择过具体执行损害赔偿,相应的规定失去实际意义。[102]

这种几乎不给法庭留出裁量空间的立法意图源于前联合国行政法庭的"麦卡锡系列案"(The McCarthy Cases)。[103] 在这批案件中,前行政法庭判给了七项共计122500美元的巨额赔偿金。[104] 随后大会对前联合国行政法庭规约进行第一次修订,以限制法庭在救济措施方面的裁量权,[105] 而改革后的上诉机制延续了这一传统。这对上诉法庭司法职能的履行提出了严峻挑战。

(二)上诉法庭在司法实践中的突破

上诉法庭在大部分案件中都严格遵循了大会的立法目的。尽管在"吴明一号案"中,法庭驳回了行政当局的上诉,但仍然谨慎地表示:"并非所有违反正当程序权利的行为都会导致判给赔偿。"[106] 同时,在一些案件中,法庭还削减了争议法庭

---

〔101〕 《上诉法庭规约》第9条规定:"一、上诉法庭仅可下令采取下列一个或两个步骤:(一)撤销有争议的行政决定或具体履约,但如果有争议的行政决定涉及任用、晋升或终止任用,上诉法庭还应设定一定数额的赔偿金,答辩人可选择支付赔偿金,作为根据命令撤销有争议的行政决定的替代办法,但须符合本款第(二)项的规定;(二)为有证据支持的损害支付赔偿金,数额通常不超过申请人两年净基薪。但在特殊情况下,上诉法庭可命令支付更高金额的赔偿,并应提出裁理由。二、上诉法庭如断定某一当事方明显滥用上诉程序,可裁定由该当事方支付费用。三、上诉法庭不得裁定对损害作出惩戒性或惩罚性赔偿。"

〔102〕 具体案件中,尤其会造成补偿不足的问题。一个不能保证给予适当补偿或采取其他适当救济办法的体制存在着重大缺陷。更重要的是,一个不具备最后确定权利和适当救济办法权力的体制不符合法制。See UNGA, "*Report of the Redesign Panel on the United Nations System of Administration of Justice*" (28 July 2006) A/61/815, para. 70.

〔103〕 See *Effect of Awards of Compensation Made by the United Nations Administrative Tribunal* (Advisory Opinion) [1954] ICJ Reports1954. 该案发生于"冷战"时期,当时美国盛行麦卡锡主义,美国政府以国家安全为由要求联合国秘书处配合其关于美国共产党的调查,并以拒绝回答美国参议院调查委员会有关共产党员或针对美国的颠覆活动的问题为由解雇了21名相关职员,这些受害者随后向前联合国行政法庭提起诉讼。

〔104〕 根据美国劳工部(United States Department of Labor)的相关统计数据,这在2022年11月相当于1355747.12美元的同等购买力。See United States Department of Labor, Inflation and Consumer Spending—Inflation Calculator, https://www.dol.gov/general/topic/statistics/inflation.

〔105〕 See UNGA, '*Report of the Secretary-General on Personnel Policy*' (2 November 1953) General Assembly document A/2533.

〔106〕 *Supra* note 17, para. 33.

裁定的赔偿金额。[107]

尽管如此,法庭还是遵循"有损害必有救济"(There cannot be a wrong without a remedy)这一法谚,必要且灵活地突破了规约的限制。法官们往往通过诉诸法庭所谓的"固有权力"(inheritpowers)来进行法律解释,以便扩张对职员的救济措施。除非法规中有禁止性的强制规定,否则上诉法庭可以通过该权力来适用一项与损害相适应的救济措施。[108] 例如,在"吴明一号案"中,法庭对惩戒性或惩罚性赔偿进行狭义解释,认为"对非金钱损害的赔偿裁决不等于旨在惩罚本组织和阻止未来不法行为的示范性或惩罚性赔偿裁决"。[109] 这就使争议法庭对吴明的赔偿判决并不违背规约的规定。这种对规约的创制性解释很好地适用在了"沃伦诉联合国秘书长案"中。在该案中,法庭首次以七人合议庭的方式作出多数裁决,认为虽然争议法庭或上诉法庭的规约都没有对法庭裁定赔偿利息的权力进行规定,但这并不妨碍法庭在判决中采用此种救济措施。而且法庭在本案中还提出一项重要的一般原则,即"赔偿的目的就是使工作人员处于这样一种地位,即在组织遵守其合同义务的情况下,该职员本来会处于的地位"。[110] 这些都体现法庭在必要时能够突破规约限制,对救济措施进行完善与补充,以充分保障职员权益。

法庭对救济措施的改变与法庭的独立性以及内部法治之间的这种明确联系是十分有趣的。它表明新的上诉法庭并不完全是规约的附属物,而更像一个正式的司法机关,其权力虽然有限,但仍然可以推导出法庭恪守一般法律原则和正当程序所必要的权力。[111]

六、从中国籍职员案件看上诉程序的价值

联合国内部司法系统改革小组最终选择通过上诉机制来解决组织的内部争端,体现出此机制的独特价值。但有研究者质疑上诉机制的必要性,联合国法律事务厅的干事菲利斯·黄(Phyllis Hwang)就表示,联合国职员的上诉权并不被国

[107] 上诉法庭在成立初就对于赔偿的判给较为谨慎合理,尤其是对于超过规约法定的两年基薪等值赔偿数额。在 2009 年至 2013 年争议法庭作出的 19 个高于法定标准赔偿金的判决中,上诉法庭只完全维持了 3 项判决。See *supra* note 87, p. 497.

[108] See C. F. Amerasinghe, *The Law of the International Civil Service* (Clarendon Press 1988) 444. ff.

[109] *Supra* note 17, para. 33.

[110] *Warren v. Secretary-General of the United Nations* (2010) 2010-UNAT-059, para. 10.

[111] See *The Reform of the United Nations Administration of Justice System: The United Nations Appeals Tribunal after One Year*, The law and Practice of International Courts and Tribunals (Leiden 2011) 416.

际人权标准以及一般法律原则所承认,联合国也没有提供上诉途径的义务。[112] 但改革应当被给予更多赞扬与支持,国际行政法庭处于国际法的实践前沿,像一个独特的思想和制度实验室,通过法庭检验的理念、制度随后可以拓展到国际法的其他领域,而上诉机制正是一个难得的制度创新。从上述中国籍职员案件的分析可以发现,虽然联合国内部司法上诉机制仍然存在不足,但已经体现出传统国际行政法庭的一审终审模式所不具备的制度优势,前者能够更好地保障职员权利,协调行政当局与职员之间的权利分配,统一国际组织的内部法律秩序,并从根本上对联合国乃至国际组织的内部司法产生积极影响。

(一)加强国际组织职员个人权利的保障

法律的一般原则,更确切地说,是关于保护人权的原则,要求国际组织为其工作人员提供向独立法庭申诉的机会,使其可能影响工作人员的最终决定得到法院的审查。[113] "即便法律被仔细地遵循,过程被公正、恰当地引导,还是有可能得到错误的结果"。[114] 通过联合国中国籍职员案件我们明显可以看出,上诉程序通过为职员提供对一审裁判进行重新判定的可能性,使案件得到公正处理的机会大大增加,这进一步保障了职员诉诸司法的权利。

从更具体的意义而言,联合国内部司法设立上诉程序的直接目的就是赋予其职员上诉权。目前,国际司法制度中的上诉程序多集中于少数几个司法机构,[115] 作为具有行政司法性质的联合国内部司法上诉机制的出现显得难能可贵,并体现了上诉权在不同司法领域的扩张与适用。

同时,正如联合国大会解释的,内部司法系统之所以须符合国际法,是因为国

---

〔112〕 See Phyllis Hwang, 'Reform of the Administration of Justice Systemat the United Nations' (2009)8 *The Law and Practice ofInternational Courts and Tribunals* 181,207-208.

〔113〕 See Laurent Germond:*Les principes généraux selon le Tribunal administratif de l'O. I. T* (A. Pedone 2009)266.

〔114〕 [美]约翰·罗尔斯:《正义论》,何怀宏、何包钢、廖申白译,中国社会科学出版社1988年版,第81页。

〔115〕《国际刑事法院罗马规约》第81条规定,对于国际刑事法院审判庭的决定,被告和检察官都可以向上诉法庭提出上诉。而《欧洲人权公约》第43条规定,欧洲人权法院的大分庭可以审理由一方在分庭作出决定后的三个月内提交的案件,如果其判定该案件提出了一个具有普遍重要性的或涉及《欧洲人权公约》的解释与适用的"严重问题"。根据《关于争端解决规则与程序的谅解》(*Understanding on Rules and Procedures Governing the Settlement of Disputes*),世贸组织的上诉机构(Appellate Body of the World Trade Organization)可以审理针对专家小组报告中的法律问题的上诉。See WTO, ' Understanding on Rules and Procedures Governing the Settlement of Disputes', in "The Uruguay Round agreements" (1994) Annex 2,Art. 17.

际法中的那些为伸张正义提供充分保障的习惯人权法及成文人权法原则也可被视为内部管理中善政的一部分。[116] 在中国籍职员案件中,联合国上诉法庭就适用了一些基本人权,例如在"陈云花案"中,法庭就运用《世界人权宣言》中关于"同工同酬"的条款;在"赵、庄、谢案"中,法庭则适用了关于性别平等的反歧视规定。通过对一审判决的纠错审查,上诉程序能够加强裁判的准确性与权威性,使这些权利的适用得到进一步的巩固。

(二) 平衡职员与行政当局的权利

有相当多的学者对联合国改革后的内部司法上诉机制乃至整个国际行政法庭的执行力表示担忧,例如有观点就指出:"最重要的问题之一仍然在于联合国普遍的组织文化,即它经常允许司法命令不被执行和解决。"[117] 执行力的缺乏将影响法庭的实际运作以及职员权利的保障。

面对该问题,联合国内部司法上诉机制提供了一种可行的解决方式。内部司法上诉机制不仅维护职员的基本权利,也为行政当局提供一次纠正的机会,并促进行政机关与司法机关的沟通。正如"徐正芳案"与"贝尔图奇案"所体现的,争议法庭在判决中不可避免地会产生一些不利于行政当局的错误,或与行政当局在某些重要问题上产生争议。上诉法庭则在这些案件后续的判决中充分体现对行政当局裁量权的尊重。在"吴明二号案"中,法庭就表示:"联合国争议法庭和上诉法庭都承认,行政当局拥有广泛的行政裁量权,可以安排其工作以满足本组织的需要和目标。"[118] 正因如此,上诉机制赋予联合国内部司法系统极为灵活的制度弹性,使法庭能够更好地处理行政当局的诉求,避免权力机关之间的激烈对抗。法庭命令与判决的执行离不开行政当局的配合与协作,因此组织为行政当局提供上诉权能加强判决的可执行性,这也间接地使职员的权利得到更有效的保障。同时,法庭的权威性也在与行政机关非对抗式的协商、沟通中得到增强,这种司法权威是构建国际组织内部的权力分立所必要的。

---

〔116〕　See *supra* note 82, 'Administration of justice at the United Nations: Report of the Secretary-General ', para. 238.

〔117〕　Rishi Gulati, 'An International Administrative Procedual Law of Fair Trial: Reality or Rhetoric?' (2021) 24 *The Max Planck Yearbook of United Nations Law* 50. 虽然改革司法系统机构的意愿足以建立新的机构,但接受和尊重有效、独立的司法系统运作所必需的权力的意愿是否也存在,还很难说。*Supra* note 89, p. 415.

〔118〕　*Supra* note 22, para. 26.

（三）促进国际组织内部法的统一

通过中国籍职员案件中上诉法庭的法律适用，我们还可以看出，虽然联合国内部法律规范具有多样性，且当前没有法律文件对它进行系统的规定，但在组织内部已经初步形成一个潜在的、具有等级性的法律体系，[119] 并且各组织内部法律还显现出趋同化的特征。不同国际组织的内部法看似可能存在很大的差异，但它们都需要解决福利、待遇、晋升、纪律、任命等基本问题，而这些问题的解决方案往往又趋于一致。[120] 因此有观点认为，可能存在某些适用于雇佣关系的一般法律原则与法律理念，它们超出了任何组织内部法的范围。[121] 这使国际组织内部法具有相当程度的普遍适用性。

在联合国内部法律体系形成的过程中，上诉程序提供的推动力是毋庸置疑的。考虑到联合国在各国际组织中的权威性与影响力，[122] 其上诉法庭有能力推动国际组织内部法的统一化。当然，这种可能性更是基于联合国内部司法上诉程序自身的优势。它使上诉法庭能在争议法庭判决的基础上进行纠正与调整，作出更公正、合理的判决。而上诉法庭所确定的判例法与原则也更能得到行政当局的认可。

在国际组织内部法趋同化的趋势下，这些优势使上诉法庭的判决更具有可行性，使法庭的判决能为其他国际行政法庭的裁判提供参考。例如，上诉法庭在纪

---

〔119〕 对国际行政法体系的具体分析，See Yaraslau Kryvoi,'The Law Applied by International Administrative Tribunals：From Autonomy to Hierarchy'（2015）47 George Washington International Law Review.

〔120〕 以联合国为例，联合国系统包含的组织和机构性质与职能的差异相当大，因此各机构具体规定有区别，但其共同体系不仅确保了联合国秘书处、各基金和项目以及各专门机构的统一服务条件，而且还确保了为统一目的与本组织签订协议的其他组织的统一服务条件。See UNGA,"the Statute of the International Civil Service Commission"（December 18 1974）A/RES/3357（XXIX）.

〔121〕 例如，亚洲开发银行行政法庭在其第一个判决中谈道："在这一领域，存在大量国际组织的'共同'法律，法庭将根据情况给予适当重视。"*Lindsey v. ADB* ［1992］ADBAT Decision no.1,para.4.

〔122〕 这种影响力早在1981年世界银行行政法庭（WBAT）就在其第一个裁判，即对国际行政法庭具有里程碑意义的"德梅罗德等人诉国际复兴开发银行案"中被承认，世界银行行政法庭"注意到其他行政法庭在充分可比的条件下制订的解决方案，特别是联合国系统的行政法庭"。See *De Merode and Others v. IBRD* ［1981］WBAT Decision no 1,para.28. 截至2020年1月1日，已有16个实体接受联合国争议法庭和联合国上诉法庭，或仅接受联合国上诉法庭的管辖权，共涵盖77920名工作人员。See 'Initial review of the jurisdictional set-up of the United Nations common system：Report of the Secretary-General'（15 January 2021）A/75/690, para. 37.

律处分案件中所采取的"明确以及令人信服"的证明标准[123]得到相当多国际行政法庭的认可。[124] 当然,各国际行政法庭出于独立性与专业性的考虑,很少直接引用其他法庭的判决,国际行政法的一般原则、标准以及法律解释的统一化往往通过相互默认的方式进行。[125] 但上诉法庭在成立时间较短的背景下,[126]仍有部分判例被其他法庭直接引用。[127] 这些都体现出上诉法庭判决形成的一般法律原则与判例法的较高认可度。

可见,上诉法庭不仅可以推动联合国内部法律体系的构建,也可以推动国际组织内部法的统一。即便每个国际组织的内部环境有相当大的差异,但在对判例以及法律原则的相互认可中,各法庭判决时所采用的方法越来越趋于一致。上诉法庭正是在这个过程中能够通过更合理的判决推动国际行政法的形成。

此外,需要简单提及的是,在联合国内部司法发展的过程中,设立统一的争端解决机制的尝试从未停止。[128] 这是因为国际组织内部争端解决机制的统一有利

---

〔123〕 该标准在"莫拉里诉联合国秘书长案"中被法庭提出。在判决的 1、2 段,上诉法庭表示:"不当行为必须通过明确和令人信服的证据来确立。明确和令人信服的证据需要的不仅仅是优势证据,但这低于'超出合理怀疑范围'标准的证据——这意味着所断言的事实的真实性极有可能",因为"纪律处分案件不是刑事案件"。*Molari v. Secretary-General of the United Nations*［2011］2011-UNAT-164.

〔124〕 See Joan S. Powers, *The Evolving Jurisprudence of the International Administrative Tribunals:Convergence or Divergence?,in*Peter Quayle & Xuan Gao eds. ,*AIIB Yearbook of International Law:Good Governance and Modern International Financial Institutions*(AIIB 2018)74.

〔125〕 例如,定期合同的职员在特定环境下被法庭赋予合法的期待权,这种特定情况包含不续期的具体标准,而联合国上诉法庭、国际劳工组织行政法庭、经济合作与发展组织行政法庭以及世界银行行政法庭都不约而同地采取类似的标准。See Louise Otis and Jérémy Boulanger-Bonnelly, *The Protection of Legitimate Expectations in Global Administrative Law*,*in* George P. Politakis,Tomi Kohiyama &Thomas Lieby,eds. ,*ILO100—Law for Social Justice*,(International Labour Office 2019)418-420.

〔126〕 联合国上诉法庭成立于 2009 年,对比其他影响力较大的国际行政法庭,如国际劳工组织行政法庭(成立于 1946 年)、欧洲委员会行政法庭(成立于 1965 年)、世界银行行政法庭(成立于 1980 年),其成立时间非常短。

〔127〕 例如,世界银行行政法庭当前发布的判决中有三个直接引用了联合国上诉法庭的案例,分别是:*FM v. International Bank for Reconstruction and Development*［2020］Decision No. 643,para. 129；*FA v. International Bank for Reconstruction and Development*［2019］Decision No. 612,para. 153；*AI(No. 3) v. International Bank for Reconstruction and Development*［2014］Decision No. 495,para. 25. 同时欧盟委员会行政法庭也引用了上诉法庭的案例:*Jannick DEVAUX (II) and (III) v. Secretary General*［2018］Appeals Nos. 587/2018 and 588/2018,para. 109.

〔128〕 早在 20 世纪 40 年代,负责制定前联合国行政法庭规约的咨询委员会主席向联合国第五委员会表示,拟议的法庭"应该为所有联合国机构服务"。See*supra* note 87,p. 369. 随后,联合国大会在 1978 年通过决议,要求"秘书长和他在行政协调委员会的同事研究为整个共同制度设立一个单一行政法庭的可行性"。See UNGA, 'Report of the International Civil Service Commission'(19 December 1978)A/RES/33/119,para. I. 2.

于削减成本,[129]优化法庭的行政管理,并减少法庭判决的冲突以及公务员制度委员会的决定和建议执行的不一致。[130] 在先前几次失败的尝试后,该议题于2021年被联合国秘书长重新提起。[131] 而联合国内部司法上诉程序的特征与优势为可能的改革提供了一种极佳的方案,即为各国际组织的行政法庭设立一个共同的上诉机构。这种方案的优势在于:首先,上诉机构能够提供多级审查,为国际组织职员诉诸司法的权利提供更充分的保障;其次,该机构能增强法庭与各国际组织行政当局的协调,加强判决的执行力;最后,最重要的是,设立一个共同的上诉机构,能够通过保留内部初审法庭维护各国际组织的独立性与差异性,而上诉机构的统一功能能够协调各法庭在共同法律问题上的差异,使得国际行政法既定的法律原则、判例得到尊重,并在其管辖范围内统一适用。[132] 这使得联合国内部司法上诉程序不仅能够推动国际组织内部法的形成,甚至可能为国际组织内部争端解决机制的统一方案提供制度参考。

七、结　语

从联合国中国籍职员上诉案件的分析可以看出,联合国内部司法改革建立的上诉机制及其诉讼程序使内部司法系统对行政当局权力的规制更加合理,为联合国内部法治建设提供一个不同于其他组织的优越的制度框架,也为组织的职员提供一套更公正的司法程序以保障其权利。

但中国籍职员案件也反映出联合国内部司法上诉机制的诉讼程序在管辖、证据调查、救济措施等方面有许多需要改进的地方。当前,联合国内部法极强的可塑性赋予上诉法庭相对宽松的裁量空间,因此法庭在诉讼程序中需要注重司法裁量权的合理运用,并通过终审判决的约束力来突破规约中不合理的限制。虽然大

---

〔129〕 例如,联合国内部司法理事会2020年的报告指出:"理事会无法评估司法质量和有效司法是否因此受到威胁。理事会意识到,联合国目前正经历财政现金流危机,因为在收到会员国分摊会费方面出现了很多的延误。" 'Administration of justice at the United Nations: Report of the Internal Justice Council' (10 July 2020) A/75/154, para. 64.

〔130〕 相关报告指出:"即便只发生一次有分歧或不一致的情况,也会产生重大财务影响,降低工作人员对公务员制度委员会和管理层行使职能方式的信任度。" *Supra* note 124, para. 95.

〔131〕 See *supra* note 124.

〔132〕 See Waltraud Hakenberg, *The European Union Civil Service Tribunal: A Three-tier Structure*, in Olufemi E-lias ed., *The Development and Effectiveness of International Administrative Law* (Martinus Nijhoff Publishers 2012) 251.

会与行政当局"强调新内部司法系统的所有要素都必须符合《联合国宪章》和大会批准的法律和监管框架",[133] 上诉法庭也承认自身管辖权的局限性,但如果组织仅"将新法庭严格视为规约的产物,就是无视改革的愿景,特别是违背使联合国内部司法系统符合更广泛的正义、问责和法治理想的雄心"。[134]

　　透过这些案件还能深入了解联合国内部司法的程序运作与组织内部的行政制度,有助于我国国际公务员更好地掌握国际组织内部司法救济途径,使其能够更好地融入国际组织的工作环境。联合国在解决职员争端的程序中所遇到的问题具有一定的普遍性,同样有可能存在于其他的国际组织中,包括中国主导成立的一些国际组织。这些国际组织对其内部职员争端的处理方式,将影响组织职能的履行。所以,中国主导成立的亚洲基础设施投资银行就正在考虑设立其内部争端解决机构。[135] 而联合国内部司法上诉机制正好提供了一套先进的程序规范可供参考借鉴。这些国际组织的运作状况和职能的发挥将影响未来其他国际组织在中国设立分支机构、办公室或总部的决策。[136] 这彰显出对国际组织内部司法上诉机制的诉讼程序进行研究的现实意义。

---

　　[133]　See UNGA,'Administration of Justice at the United Nations:Report of the Fifth Committee'(Administration of Justice at the United Nations:Report of the Fifth Committee) A/65/650, para. 9.

　　[134]　See *supra* note 89, p. 427.

　　[135]　亚投行公开资料表示:"随着本行在上述工作人员申诉程序方面积累了经验,将适时设立独立的行政法庭。"See 'AIIB Paper on the Oversight Mechanism'(2019) https://www. aiib. org/en/about-aiib/governance/_common/_download/paper-on-the-oversight-mechanism-public. pdf(accessed 8 May 2022).

　　[136]　在 2017 年亚投行法律会议报告中曾提及这一点:"亚投行是在中国成立的第一家国际金融机构……中国如何处理在其领土上设立的国际金融机构的角色和责任,可能会为中国未来的国际金融机构树立榜样。由于亚投行在中国,国际社会可能会对中国设定更高的期望或更高的要求。"See Peter Quayle & Xuan Gao eds. ,*AIIB Yearbook of International Law:Good Governance and Modern International Financial Institutions* (AIIB2018)169.

On the Proceedings of the Appellate Mechanismof United Nations Internal Justice from the Viewof Chinese Staff Dispute Cases

Zan Li;Yanjia Tang

Abstract:Under the background of international organizations' increasing emphasis on their internal rule of law,some Chinese staff members have resorted to the appellate mechanism of reformed United Nations internal justice to defend their rights and interests. While these cases reflect the legal problems of the United Nations Appeal Tribunal(UNAT)in terms of the procedures. These cases also demonstrate that UNAT has a remarkable effect on protecting the individual rights of staff members,promoting the uniformity of the internal law of international organizations. Its unique institutional advantages break through the limitations of the traditional international administrative tribunal model of first instance being the final,and further strengthen the influence of administrative tribunals on the rule of law within international organizations. China is currently stepping up its efforts to cultivate foreign-related rule of law talent,including staff memberof international organizations. Through the analysis to these Chinese staff dispute casesit will enhance the study of dispute resolution mechanisms in international organizationsincluding the United Nations,unveil the internal legal system of them,and provide support and protection to guide and encourage more Chinese citizens to serve in international organizations. It also provides a reference for international organizations established by China to plan for the establishment of their own internal dispute resolution mechanisms.

Keywords:United Nations;Appeal Tribunal;Dispute resolution

论国际法上的强行法概念
——历史和比较的视角

◇ 黄蓬北*

【内容摘要】虽然国际法上已有不少对强行法历史渊源的考察,但少有关于强行法概念如何、为何从一个国内法概念被引入国际法的过程分析,以及对国际法和国内法上强行法概念之间的对比。通过对国内法体系中强行法概念的引入和发展的阐述,以及对强行法概念在国际法上引入并发展的回溯,可以发现国际强行法(和任意法)的概念严重偏离了原本的语义和语境;更进一步可以看出,自然法和实证法传统分别形塑着我们今天对国际强行法概念的理解与困惑。国际强行法的概念"错位"使其变成一个充满差异化和歧义化的复杂概念,这也使得强行法从一个国内法体系中有着较为丰富的适用案例的实证规则,转变为国际法上争议不断、难以落实的"乌托邦"。

【关键词】强行法;任意法;国际强行法;学说汇纂学派;菲德罗斯

一、问题的提出

对于强行法概念产生并引入国际法的历史,已有不少学者做过梳理。[1] 概言之,强行法(或称不容由私人更改的法)这一理念源自罗马法,在近代得到自然法

---

* 黄蓬北:北京大学法学院博士研究生。

〔1〕 参见(包括但不限于):国际法委员会《特别报告员迪雷·特拉关于强制法的第一次报告》,A/CN. 4/693;张潇剑:《国际强行法之理论考察》,载《河北法学》2009 年第 8 期(第 27 卷),第 30—34 页;万鄂湘:《国际强行法与国际公共政策》,武汉大学出版社 1991 年版,第 1—24 页;Levan Alexidze, *Legal Nature of jus cogens in Contemporary International Law*, Recueil des cours, Vol. 172, (Martinus Nijhoff Publishers 1982)233-258;Thomas Weatherall, *Jus Cogens: International Law and Social Contract* (Cambridge University Press 2015)109-123;Egon Schwelb, 'Some Aspects of International Jus Cogens as Formulated by the International Law Commission' (1967)61 *the American Journal of International Law* 949-950。

学派的理论支持,其术语由 19 世纪德国的学说汇纂学派首次提出,于 20 世纪初被引入国际法,并在维也纳条约法公约中正式被写入实证国际法。然而,现有对强行法概念史的研究更多停留在罗列基本史实的层面,而鲜少追问其中具体的发展脉络。这种有"史"而无"论"的梳理,难以澄清人们在试图理解强行法历史的过程中产生的多重疑问。首先,强行法从国内法体系移植到国际法体系的过程是如何可能的? 特别是按照常见的叙事,一个被认为源自罗马法的概念,如何和近代自然法学派的思想"不谋而合",其又如何影响了由历史法学派衍生的学说汇纂学派,并成为国内法体系中的实证法规则,此后又如何被新自然法学派的国际法学者所用? 这些看上去完全不同甚至截然对立的学派,如何、为何要运用强行法的概念来实现各自的理论或现实目的?

其次,现有的概念研究缺少对国内法上强行法概念与国际法上强行法概念的纵向及横向比较。自强行法概念引入国际法后,国内法和国际法上的强行法概念并行发展,其内涵是否因语境、结构等外在因素而发生变化? 强行法的国内法理论基础,是否与其国际法理论基础是相同或相通的? 现有研究似乎更多关注的是强行法规则的发展史,而鲜少追问强行法概念本身的流变。对于"强行法"这一抽象的语词来说,似乎更有必要警惕和避免因"过度概括"而掩盖语义可能的差异化和多样化。[2]

倘若我们对比国内法与国际法上强行法规则的适用情况,这种追问的必要性便得以凸显。在各国的国内法体系中,几乎普遍存在着强行法的一般规定。[3] 即便和其他抽象的制度设计一样,不同国家乃至不同时期的立法或判例对强行法范畴与适用的边界都有不同解释,但人们对其概念的内核有着较为统一的认识,对国内法上许多规则的强行法性质并无疑义。这种确定性使得即便是较为晚近纳入强行法规则的国家,也有着不少与之相关的司法实践。与之相反,国际法上缺乏对"强行法是什么"的统一认识,现行的以《维也纳条约法公约》第 53 条为基础的定义仅仅提供了强行法的法律效果,而并不能为强行法的本质、内容、识别标准提供任何实质的界定。因此,有关哪些规则是强行法的争论从未停止,除了涉及国际犯罪和国际人道法的基本规则尚存共识,其他诸如禁止使用武力等国际法基

---

〔2〕 [英]奥斯汀:《感觉与可感物》,陈嘉映译,商务印书馆 2010 年版,第 7 页。另见陈嘉映《说理》,华夏出版社 2011 年版,第 149 页。

〔3〕 谢鸿飞:《论法律行为生效的"适法规范"——公法对法律行为效力的影响及其限度》,载《中国社会科学》2007 年第 6 期,第 124 页;孙鹏:《论违反强制性规定行为之效力——兼析〈中华人民共和国合同法〉第 52 条第 5 项的理解与适用》,载《法商研究》2006 年第 5 期,第 124 页。

本原则都遭到了不同程度的挑战。[4] 从司法实践来看,被赋予在争端中识别、适用强行法"重任"的国际法院,[5]在其判例中尽可能避免直接提及强行法概念,相关判例寥寥,且即便在"顺带"认定强行法规则的案例中,国际法院对某项规则构成强行法的论述也语焉不详。[6]

因此,通过历史追溯,本文试图进一步探究,倘若内容的广泛性和边界的模糊性不能成为一个概念缺乏明确内涵、难以具体适用的原因,那么与国内法上的强行法相比,究竟是哪些原因导致了国际强行法的概念模糊与适用困难? 在国内法落地生根,成为实证法体系一部分的强行法概念,为何到了国际法的土壤中,却常被视为如乌托邦一般的法律幻想? 对强行法概念从国内法引入国际法的过程进行重述,有助于寻找到这种适用差异背后的起源和成因。

与以往的历史叙事不同,本文并不会用单独的篇幅来追溯强行法(*jus cogens*)概念产生以前的历史,如古代罗马法与近代自然法理论。这并非否定强行法理论的历史渊源,而是将其作为历史背景和理论背景来考量。因为理念溯源固然重要,但本文着重于概念本身的发展史,也即将归纳得出的某个思想片段,用一种固定的语词或语言符号表述出来。[7] 这种对概念本身的探查对强行法的研究而言尤为重要。在国内法领域,学说汇纂学派提出强行法概念,距离古代罗马法的理念源头间隔了整个中世纪与启蒙时代;同样,在国际法领域,从格劳秀斯直至瓦泰尔的自然法学派,距离真正引入强行法概念的 20 世纪,中间隔着 18—19 世纪整个实证主义从兴起到鼎盛的时代。因此,比之理论溯源,或许更加重要的是追问将强行法概念引入现代国内法与国际法的学者,引入这一概念的理论与现实意义是什么? 在某个学科领域,任何一种新概念的提出,往往都意味着试图解决某个迫近的现实问题,或弥补理论的漏洞,以增强对现实的解释力。

本文结构分为三部分。首先,国内法体系中强行法概念的诞生与发展。德国的学说汇纂学派在罗马法的公私法划分基础上创设了一组对立概念:强行法(*jus cogens*)与任意法(*jus dispositivum*),这对概念的产生有其理论背景与目的。现代德国及大陆法系民法典承继了强行法(强制性规范)概念,英美法也随着普通法和制

---

〔4〕 国际法委员会《特别报告员迪雷·特拉关于一般国际法强制性规范(强行法)的第四次报告》,A/CN. 4/727,该报告用"禁止侵略"替代了宪章"禁止使用武力或武力威胁"原则的表述。

〔5〕 《维也纳条约法公约》第 66 条(a)款:"关于第五十三条或第六十四条之适用或解释之争端之任一当事国得以请求书将争端提请国际法院裁决之,但各当事国同意将争端提交公断者不在此限。"

〔6〕 参见邓华:《国际法院对强行法的发展:规则和方法》,载《南大法学》2020 年第 3 期,第 75—94 页。

〔7〕 金岳霖主编:《形式逻辑》,人民出版社 1979 年版。

定法发展出了限制合同自由的规则。尽管各国在不同时期对强行法的规则范畴、效力等级等有不同的阐释和理解，但对强行法的实质内容、发展历程和作用，仍然可以作出具有概括性和一般性的描述。其次，强行法概念引入国际法的过程。强行法概念出现在国际法学理讨论之中，离不开菲德罗斯的重要阐述。而菲德罗斯之所以能够"背离"实证法学派，与其老师凯尔森的理论有着密切的关联。其引入强行法概念，是为了解决当时国内与国际背景下的理论与现实问题。而将强行法概念规则化的努力，首先归功于国际法委员会的三位条约法报告员。作为实证法的"离经叛道者"，劳特派特在其作为条约法草案特别报告员的第一次报告中首次提出了强行法条款，后续两位报告员则对之作出了实证化的努力。后续的联合国条约法会议，与晚近国际法委员会对强行法专题的编纂，是国际机构层面对强行法规则实证法的两次尝试。然而，这一实证化的过程，也是强行法的实质内容不断被抽离的过程。最后，强行法的国内与国际适用殊异之原因。在前述概念史梳理的基础上，可以通过分析得出结论：强行法概念进入国际法之时的语境、作用之差别，使得强行法概念本身的语义也发生了转变；这一概念转变是强行法国内与国际适用状况迥异的一个重要原因。

二、国内法体系中的强行法概念

（一）罗马法与学说汇纂学派

谈及强行法的起源，无论是国内法还是国际法的学者都常常引用"私人协定不能改变公法"这一罗马法谚[8]　实际上，这一出自《学说汇纂》的准则是罗马法体系中为划分公法（*jus publicum*）与私法（*jus privatum*）而对公法适用原则所作的规定。与之相对，私法的适用原则是"对当事人来说，协议就是法律。"[9]换言之，罗马法上并没有单独的强行法与任意法概念，对罗马法上强行法法源的追溯，是在强行法作为独立概念确立之后的回溯。从限制私人自治意义上的现代强行法概念来看，上述准则似乎可以理解为，所有的公法规定都是强行法，因为其不能由

---

〔8〕　［罗马］乌尔比安：《学说汇纂》第 2 编第 14 章第 38 节。

〔9〕　周枏：《罗马法原论》（上册），商务印书馆 2004 年版，第 92 页。

私人选择排除适用,而所有的私法规定都是任意法,可以由私人自由通过协议排除。[10] 对于公法与私法,或言"强行法"与"任意法"的区分标准,罗马法通过"利益说"给出了一个实质性的划分原则。乌尔比安在《学说汇纂》中将公法与私法分别定义为"造福于公共利益"和"造福于私人"的法律,[11] 查士丁尼在《法学阶梯》更进一步认定"公法涉及罗马帝国的政体,私法则涉及个人利益。"[12]

　　然而,当我们具体到罗马法学家的语境之中,不难发现罗马法的公私法划分,与现代理解的强行法与任意法划分迥然不同。首先,从法律内容上看,公共—私人利益角度的公私法划分,与强行性—任意性角度的公私法划分之间并不能完全对应。如梅因所言,所有进步社会的运动都是"从身份到契约"的运动。[13] 罗马私法中的赋权性规定,是建立在不同的身份基础上的。其中最重要的身份划分就是自由人和奴隶。[14] 罗马法三大领域中的人法,集中规定了二者之间转化的条件,这些规则显然不能被视为"任意法"的范畴。而物法中的所有权等财产权利,同样是基于自由权与家族权的身份特征。诉讼法作为程序法,同样很难被视为具有任意性。因此,罗马法的公私法划分,似乎更侧重对公共利益和私人利益的划分,至于私法的"协议即法律"之称,可以被理解为是以符合身份秩序为前提的自由权。随着君主专制制度的建立,这种私法领域的自由权也受到了公权力的侵蚀,"在罗马法的渊源中,大量调整私人关系的规范又被说成是公法"。[15] 其次,罗马法学家提出公私法划分,并不是基于对契约自由的限制需要,而是基于罗马君主制政体下对公法研究的有意排除,"法学家谨小慎微地避开了这个禁区"。[16] 因此,与其说这一划分催生了强行法概念,不如说这一划分是对公法/强行法的主动放弃。"在公法方面,罗马法从未提供任何范例"。[17]

---

　　[10]　直到现代,依然有学者持相同的主张,认为公法就是强行法,法律由国家机关强制执行,私法是任意法,可由个人通过协议加以变更。参见孙国华、杨思斌:《公私法的划分与法的内在结构》,《法制与社会发展》2004 年第 4 期,第 103 页。

　　[11]　[意]彼得罗·彭梵得:《罗马法教科书》,黄风译,中国政法大学出版社 1992 年版,第 9 页。

　　[12]　[罗马]查士丁尼:《法学阶梯》,张企泰译,商务印书馆 1995 年版,第 5—6 页。

　　[13]　[英]梅因:《古代法》,沈景一译,商务印书馆 1997 年版,第 97 页。

　　[14]　[意]阿尔多·贝特鲁奇:《从身份到契约与罗马的身份制度》,徐国栋译,载《现代法学》1997 年 6月,第 90—91 页。

　　[15]　[意]彼得罗·彭梵得:《罗马法教科书》,黄风译,中国政法大学出版社 1992 年版,第 9 页。转引自郭明瑞、于宏伟:《论公法与私法的划分及其对我国民法的启示》,载《环球法律评论》2006 年第 4 期。

　　[16]　R. David and J. Brieley, 'Major Legal Systems in the World Today' (1985),63,转引自前注 10,孙国华、杨思斌文,第 101 页。

　　[17]　[法]勒内·达维德:《当代主要法律体系》,漆竹生译,上海译文出版社 1984 年版,第 45 页。

虽然由于公法极不发达,且法院常采用形式主义审查标准,罗马法实践中鲜有以公法规则限制私法自治的案例,[18]但从 11 世纪罗马法复兴运动开始,经过激烈论战,罗马法体系中的公私法划分及其区分标准得到了法学家们的继受。[19] 尽管对《学说汇纂》的阐释和理解早在中世纪晚期便已开始,但到了近代,罗马法文本无法满足当时私法学"体系化"的需求,因而法学家们寻求以新的方式重述罗马法,构建本国的私法体系。这就不得不提到 19 世纪初由胡果和萨维尼创建的历史法学派。与实证法学派一样,历史法学派以自然法学派为批判对象,否定其世界主义、普遍主义精神。历史法学派的核心思想是,每个社会都拥有自己独特的精神气质:其有自己的一套习俗、历史经验、文学和艺术表达方式、思维方式以及法律传统。[20] 因此,该学派强调实在法是民族精神(Volksgeist)或民族共同意识的体现,力图为德意志民族构建属于本民族的现代法律。[21] 经诸多学者的发展,该学派成为 19 世纪上半叶德国法学的主流学派。[22] 在该学派发展过程中,学者们就何种法源体现了德意志民族的精神产生了分歧。部分学者质疑罗马法的正统性,将注意力从罗马法研究转向了德意志(日耳曼)习惯法传统的整理,形成了"日耳曼学派",另一部分学者(以萨维尼为代表)依然着重于搜寻和整理罗马法素材,希望借助罗马法的统一性来制定德意志共同法,形成了"罗马法学派"。两个学派都共同致力于通过对各自法源的研究,来协助构建真正具有德意志民族特性的现代法学。[23]

在罗马法学派的基础上,"学说汇纂"学派(Pandektistik,又称潘德克顿学派)应运而生。[24] 与以往的注释法学派等专注于罗马法文本研究的法学流派不同,该学派以普赫塔为代表,致力于"创造性的教义学建构",从《学说汇纂》中抽象出一

---

〔18〕 刘凯湘、夏小雄:《论违反强制性规范的合同效力——历史考察与原因分析》,载《中国法学》2011年第 1 期,第 112 页。

〔19〕 参见李栋:《中世纪前期罗马法在西欧的延续与复兴》,载《法律科学(西北政法大学学报)》2011年第 5 期,第 28—29 页;郭明瑞、于宏伟:《论公法与私法的划分及其对我国民法的启示》,载《环球法律评论》2006 年第 4 期,第 426—427 页。

〔20〕 Steven Neff, *Justice among nations*(Harvard University Press 2014)237.

〔21〕 何勤华:《历史法学派述评》,载《法制与社会发展》1996 年第 2 期,第 8 页。[德]萨维尼:《当代罗马法体系》(上),朱虎译,中国法制出版社 2010 年版,第 17 页。

〔22〕 舒国滢:《19 世纪德国"学说汇纂"体系的形成与发展:基于欧陆近代法学知识谱系的考察》,载《中外法学》2016 年第 1 期,第 6 页。

〔23〕 同前注 22,第 7 页。

〔24〕 该学派是罗马法学派的一个分支,另一派以耶林为首,反对概念法学,强调社会现实利益/权利的斗争,同前注 21,何勤华文,第 9 页。

般的法规则和法概念,并对其进行体系化,从而实现罗马法的"德国化"和现代化,为德意志构建一个和谐的民法(私法)实证体系。[25] 这种对体系化与科学精神的强调,看似同萨维尼所主张的"法是民族精神的体现"相去甚远,而转入了实证主义的范畴。不过,从创立之初,历史法学派并不排斥实证法的方法。萨维尼本人就在其撰写的《当代罗马法体系》中强调体系化的重要性。[26] 学说汇纂学派的学者借助萨维尼对法的三阶段划分,主张现今法律已经从原始的习惯法阶段,发展到科学法阶段,而制定法律的法学家就是民族精神的代表,具有统合实在法与科学性、多样性与学问性的"双重功能"。[27] 无论如何,学说汇纂学派的工作重心虽然是德意志民法典的创制,但其已然将法学研究的重点从历史和民族特性的考察,转向了科学、体系性的法律建构。而之所以选择罗马法作为"模仿"对象,一方面是基于对罗马法自身的体系性和统一性的追随,另一方面也寄托了法学家对自身使命的期许——正如罗马法的编写离不开罗马法学家们的努力,在学说汇纂学派的"法学实证主义"理念中(与后期的"制定法实证主义"相区别),法学家们在法律体系的构建中起到了举足轻重的作用。

综上所述,正是基于对建构一门有明确概念谱系、完整和谐体系的现代私法学科的追求,以及科学高于传统的基本精神,学说汇纂学派的学者们提出并发展了"强行法"(jus cogens)这一原本罗马法上并不存在的概念。萨维尼早在其著作中阐明,"如果渊源中所使用的术语并不适当,我们就会使用新形成的专业术语"。[28] 而传统罗马法上的公法与私法概念,显然不能经受近代德国法教义学的精确审度。在萨维尼那里,强制法(他也称为绝对法)和任意法这对概念,就被从公法和私法的概念中剥离出来。其原因在于,jus publicum(公法)一词中的 publicum 与 populicum 同义,而后者又与 populus(民众)有关,从而使得 jus publicum 这一术语能够指代 jus 与 populus 之间完全不同的关联,这种多义性导致了大量的误解。[29] 为避免相近概念之间混淆产生错误,后续的学说汇纂学派也打破了公法—强行法与私法—任意法的对应关系,采用了强行法和任意法二分的新概念,认为

---

〔25〕 同前注22,第17页。

〔26〕 萨维尼对于这一"误解"作出过澄清,认为历史法学派并非奉传统为圭臬,而是以科学精神为指引,通过法学家阶层的努力来实现法律在理论和实践上的统一性,通过概念和规则的连接而形成一个统一的体系。见前注21,萨维尼书,第3—9页。

〔27〕 同前注21,何勤华文,第8页。

〔28〕 同前注21,萨维尼书,第18页。

〔29〕 同前注21,萨维尼书,第51—52页。

前者是不容许个人任意改变的规则,后者是以个人意志的自由选择为优先的规则。对于强行法的内容,其较少述及,一般表达为"存在于国民经济的目标之中",或"直接存在于道德考量之中"。[30]

(二)现代国内法体系中的强行法概念

虽然由于过分强调体系化、逻辑化而不顾实际,学说汇纂学派被视为"形式主义"法学而遭到了许多学派的猛烈抨击,但其留下的体系化遗产,特别是著名的"五编制"体系深刻影响了近现代德国乃至其他大陆法系国家的民法体系。[31] 其所提出的区别于公私法的强行法与任意法概念,因为能够适应近现代国内法体系的发展而得以留存并延续。在公私法日益相互渗透的现代法律体系中,各国民商法中都包含了许多限制私人自治的强制性规范。此外,现代公法也不再只是国家自上而下对民众的规制,而调整的是国家与公民、社会组织以及国家机关之间的关系,既包含国家基于社会公益而对个人自上而下的规制,也包含对国家及其各级机关权力的规制。认为公法是强行法,私法是任意法的片面划分,无法解释现代公法中限制公权力的相关规则,更难以解释现代国内法体系中公私法相互渗透的局面下较为复杂的法律关系。因此,强行法与任意法的区分被各国所沿用,各国民法典中几乎都有强行法的一般规定。[32]

尽管对于强行法的范畴、效力等,并没有一套统一的解释与适用方式,不同学派与学者之间仍旧存在论争,但对于强行法的概念与法源,民法学界存在较为公认的通说。对于强行法或强制性规范本身,通说认为其意指"不问当事人的意思如何而必须适用的法律",这类规定的适用"不以当事人意志为转移、不能通过约定予以排除或变更"。[33] 这类法律通常是国家基于各种考量而对私法自治作出的限定,在一般规定之外还遍布于民商事法规之中。例如,有学者认为物权法既是私法,也是强行法,[34]因为"除了极少数的例外,物权法的规定都不允许当事人任意变更而必须绝对适用"。[35] 然而,无论是各国的司法实践还是学界通说,对

---

〔30〕 同前注 21,萨维尼书,第 50 页。

〔31〕 同前注 22,第 28 页;其中温德西特更是《德国民法典》第一个草案的主要起草人之一。

〔32〕 同前注 3。

〔33〕 同前注 3,孙鹏文,第 122 页。

〔34〕 钱明星:《近现代物权法的发展趋势与我国物权法的制定》,载《中外法学》1999 年第 3 期,第 47 页。

〔35〕 郑玉波:《民法总则》,中国台湾三民书局 1979 年版,第 5 页。

强行法的适用都并非依照"违反即无效"的单一规则,[36]对强行法规则及其效力的认定,各国的立法与司法都遵循一定的实质标准。一方面,多数学者主张,法律行为违反民法上的强行法应附带有不同层级的法律后果,如无效、可撤销、效力待定等;[37]另一方面,即便是规定有"违反即无效"的强行法规范,也需要在个案中由法官探究相应强行法规范的立法目的,通过衡量公法规范保护的法益和私法自治体现的法益(即契约自由),来最终确定该法律行为的有效性。

在确定强行法之法律效力的过程中,各国的司法判决倾向于引入强行法规定是否基于"公序良俗"(或在普通法系中称为"公共政策")的判断,[38]也即"不能仅以违反强行法规为由直接认定行为无效,只有在进一步证明还存在违反公序良俗的事由时才能否定行为在私法上的效力"。[39] 公序良俗是公共秩序与善良风俗的简称,一般认为是指国家社会的一般利益与一般道德。[40] 就强行法与公序良俗的关系而言,公序良俗原则是大陆法系各国家和地区民法的一个基本原则,被用作一种弥补成文法之不足的手段,具有强行法的性质,[41]而公序良俗或公共政策的实体内容,则被作为违反强行法之法律效果,也即衡量强行法的"强行性"程度的评判标准。

对于公序良俗或公共政策具体包含哪些内容,各国的理解并不也不可能统一。不过,无论公法还是私法上的强行法规范,其终极目的,都是保障法律的实质正当性。具体而言,强行法规范的目的通常在于保护国家利益、社会利益和第三人利益或保护法律行为中弱势一方的当事人。[42] 例如,以公序良俗原则和诚实信用原则为代表的民法基本原则,"其强行性源于其负载价值的根本性,对这些价值的不尊重或破坏将危害该社会赖以生存的根基"。[43] 在公司法中,强行法规则往

---

〔36〕 同前注3,孙鹏文,第122页;前注18,第119—120页;前注3,谢鸿飞文,第130—134页。

〔37〕 同前注。

〔38〕 如《法国民法典》第6条规定"私人不得以特别协议违反有关公共秩序和善良风俗的法律"一句,是"列举强行法内容的两个方面",见万鄂湘:《国际强行法与国际公共政策》,武汉大学出版社1991年版,第2页。各国民法有关合同效力的规定中,几乎都有公序良俗的规则,只是用词和表述有所不同。见吴军:《民法上公序良俗条款的政治哲学思考——以私人自治的维护为中心》,载《法商研究》2005年第6期,第96页。

〔39〕 同前注3,孙鹏文,第126页。

〔40〕 杨德群:《公序良俗原则比较研究》,湖南师范大学2014年博士学位论文,第29页。

〔41〕 同前注,第30页。

〔42〕 王轶:《论合同法中的混合性规范》,载《浙江工商大学学报》2008年第3期,第13、15页。

〔43〕 徐国栋:《民法基本原则解释:以诚实信用原则的法理分析为中心》,中国政法大学出版社2004年版,第31页。

往来源于"国家基于社会利益的考虑为克服市场缺陷和痼疾而实行的宏观调控"。[44] 而在具体规则中,面对不同的公司形式,公司法往往会衡量各方利益而作出细致的强行性与任意性安排。例如,在股东信息不对称、意志存在瑕疵的情形下,往往存在为保护股东利益而作的强行法规定。[45] 在合同法中,对合同自由的限制,则往往是出于对合同中的弱者予以特殊保护,以防止强者一方滥用意思自治而使契约关系失去平衡。典型的强行法规则诸如劳工权益保障、环境保护的相关规则,反垄断法,对显失公平的格式条款效力的限制,对未成年人缔约能力的限制等。总而言之,国内法上的强行法规则是对私法自治的一种法律规制,其背后暗含了对实质正义的考量,并以公序良俗(公共政策)作为实质标准,通过法院在个案的利益平衡中选择适用。

三、菲德罗斯与强行法概念在国际法上的引入

菲德罗斯是将强行法引入国际法学术讨论的第一人,强行法理论也是其对国际法领域作出的突出贡献之一。[46] 进入 20 世纪,国际法思想流派之间呈现出相互借鉴甚至融合的趋势,一些学者的思想体系吸纳了多个学派,其理论内容也随着同其他学派之间的对话而不断调整,对这些学者用某个标签来定义往往会忽视其思想的全貌。菲德罗斯就是这类学者的典型代表。[47] 作为 20 世纪自然法复兴运动的先驱,菲德罗斯受到维也纳学派、西班牙萨拉曼卡学派和德意志民族主义等不同思想的影响,这些思想既影响了菲德罗斯自身国际法理论的形成,也是其提出强行法概念不可或缺的思想渊源。菲德罗斯提出强行法概念的 20 世纪 30 年代,正是两次世界大战期间国际和国内秩序剧烈变动的时期,西方国家从自由放任走向国家干预的经济政策引导了各国私法的转向,国际联盟和常设国际法院的建立为"国际法治"的理想提供了蓝图,这些现实背景同样是菲德罗斯提出强行法

---

〔44〕 吴弘、李霖:《我国公司章程的实践问题与法理分析》,载顾功耘主编:《市场秩序与公司法之完善》,人民法院出版社 2000 年 5 月版,第 230 页;转引自罗培新:《公司法强制性与任意性边界之厘定:一个法理分析框架》,载《中国法学》2007 年第 4 期,第 79 页。

〔45〕 汤欣:《论公司法的性格——强行法抑或任意法?》,载《中国法学》2001 年第 1 期,第 113—116 页。

〔46〕 Felix Lange, 'Challenging the Paris Peace Treaties, State Sovereignty, and Western-Dominated International Law-The Multifaceted Genesis of the Jus Cogens-Doctrine' (2018) 31 *Leiden Journal of International Law* 828.

〔47〕 布鲁诺·西马对菲德罗斯的评价是,他是"综合"(synthesis)的大师,在批判某种观点时总是试图达成某种融合。见 Bruno Simma, 'The Contribution of Alfred Verdross to the Theory of International Law' (1995) 6 *European Journal of International Law*, 33。

理论的重要因素。本章将着眼于其提出强行法概念的 20 世纪 30 年代,探讨不同学派和现实因素在何种层面上形塑了菲德罗斯的国际法理论,并在此基础上阐明其在这一时期提出的强行法概念。[48]

(一)思想渊源

1. 凯尔森与维也纳学派

作为凯尔森曾经的学生与同事,菲德罗斯早期是维也纳学派的重要成员之一。[49] 尽管自 20 世纪 20 年代开始,菲德罗斯就偏离了维也纳学派的形式主义法学,转向对法哲学实质问题的研究,但其从未全然摒弃凯尔森的纯粹法学理论,这一理论恰恰构成了菲德罗斯着力批判 19 世纪实证法学,从而转向自然法的思想基础。凯尔森常被归入实证主义的藩篱之中,但其主张与孔德开创并盛行于 19 世纪的实证主义,特别是自愿主义实证主义有着鲜明的区别。[50] 19 世纪主流的实证法学以经验为基础,强调国家主权的绝对性,认为只有基于国家意志的条约,或基于国家默示同意的习惯才是对国家有约束力的法。凯尔森的法哲学则以新康德主义的形式主义理念为基础,强调法律科学相对于经验与具体处境的独立性。其国际法理论中有三个主要观点为菲德罗斯所继受和发展,从而为强行法概念的形成提供了可能。

首先,法律体系的统一性,以及随之得出的国际法和国内法的一元论。虽然在自然法传统中,国际法与国内法的一元论,以及国际法的"(国内)私法类比"方

---

〔48〕 菲德罗斯早期的强行法概念(20 世纪 30 年代)和晚期的略有不同(主要体现在对其内容的归类上,晚期有《联合国宪章》原则的加入),晚期的强行法概念参见 Alfred Verdross,Jus Dispositivum and Jus Cogens in International Law,(1966)60 *American Journal of International Law*,55-63。本文从历史视角出发,仅就其最早提出强行法概念时的文本及语境进行分析。

〔49〕 凯尔森指导了菲德罗斯 1920 年提交的教授资格论文,见 Franz Leander Fillafer and Johannes Feichtinger,Natural Law and the Vienna School:Hans Kelsen,Alfred Verdross,and Eric Voegelin,in Peter Langford,Ian Bryan and John McGarry eds. ,*Hans Kelsen and the Natural Law Tradition*,Brill(2019),427;就凯尔森与菲德罗斯的关系,另见脚注 20,Neff,341-439。

〔50〕 为区分凯尔森和 19 世纪的实证主义,有人将凯尔森的理论称为"分析实证主义"、"批判实证主义"或"新实证主义"。Ibid.

法早已有之,[51]但凯尔森的一元论建立在更为直接的基础之上,即认为国际法和国内法本质上就是同一个法律体系。凯尔森将国家严格框定在法律之中,认为国家就是一系列规则和组织形成的法律体系的集合体,"法律即国家"。因此,国家与国际法指代两种法律秩序,不存在国际法上拟人的国家主体;而这两种秩序可以找寻到统一性。[52] 在凯尔森看来,包括法律在内的所有科学"都志在努力于在看上去各不相同的现象之中找到统一性"。若要成为一门科学,法律的所有方面(包括国内法与国际法)都必须是"一个和谐系统的组成部分",而不能互相矛盾。[53] 凯尔森通过形式主义的法律等级建构实现这种法律体系的统一性(同时也是普遍性和客观性)。菲德罗斯认同并发展了凯尔森的一元论。二者的不同之处在于,在国际法与国内法的优先性问题上,凯尔森虽然自身倾向于世界法律秩序的理念,[54]但极为克制地将该问题视为法律之外的政治选择,通过将其排除法律体系之外来保证其一元论的纯粹形式主义;[55]而菲德罗斯则认为在该问题上没有选择,明确将国际法置于国内法之上的优先地位。他从社会事实出发,认为跨越新旧宪法、不因国内制度更迭而失效的条约或习惯普遍存在,因而其基础必定不在频繁变换的国内宪法之上,而应来自超越国家的国际法原则。[56]

菲德罗斯的一元论与国际法优先说,为强行法概念在国际法上的引入埋下了伏笔。一方面,其为"国内私法类比"的方法提供了直接的正当性基础,国内法和国际法作为同一法律体系,必定可以共享一套法律语言,因而国内私法上的概念得以畅通无阻地进入国际法领域,用以描述或建构国际层面的某个规范性事实;另一方面,在这种统一的法律体系中,各国国内私法体系中共同的概念与规则,可以被视为各国共同承认的一般规则而上升到国际法层面,从而为国际法规则内容

---

[51]　See T. E. Holland, *Studies in International Law and Diplomacy*, 1898, p. 152, "显而易见,万国法就是私法,只是将那些原本适用于个人之间的法律观念适用到政治共同体之间"。这种类比暗含着一个前提假设,即国际法和国内法的适用环境是相同或相似的,只是适用主体不同,在自然法学者看来,二者的有效性都来自对自然法的遵从。见 Ralf Michales, 'Private Lawyer in Disguise:On the Absence of Private Law and Private International Law in Martti Koskenniemi's Work' (2013) 27 *Temple International & Comparative Law Journal* 499。

[52]　Henry Janzen, 'The Legal Monism of Alfred Verdross' (1935) 29 *The American Political Science Review* 394.

[53]　*Supra* note 20, Neff, Chp. 4.

[54]　*Supra* note 50, 434.

[55]　Ibid. , 437. 凯尔森指出主观主义—帝国主义意识形态倾向于国内法优先,而客观主义—和平主义意识形态倾向于国际法优先。

[56]　*Supra* note 53, Janzen, 400.

的具体化提供实质土壤。

其次,对法律体系等级性的强调,与由其派生的"基本规范"理论。在法律统一性的前提下,凯尔森发展出了法律的等级架构以解决法律的终极有效性问题。在他看来,制裁的合法性来自法律的授权,而法律由从低至高的不同等级的规范组成,低级规范的权威来自更高一级规范的授权,受到上级规范的约束,而高一级的规范又从更高一级的规范那里获得权威,以此类推。这一系列类推的终点是一个终极权威,即其无法再从另一个更高规范中获得效力。这一权威并非是一个主权统治者,而是一个"基本规范"(Grundnorm)。[57] 因此,国际法的约束力最终取决于一个被假定有效的基本规范,[58] 该规范在条约领域即"约定必须遵守"原则,[59] 在习惯法领域是国际习惯具有创制法律的能力这一假定。[60] 凯尔森的"基本规范"是其法律统一性和法律等级性主张的必然逻辑结果,是纯粹形式性的,并不涉及法律的实质内容或对法律正义与否的规定。[61] 菲德罗斯则通过改变内涵的方式借用了凯尔森的"基本规范"概念,用一种可确定的、客观的、普世的一般正义观念取代凯尔森关于习惯的造法能力的基本规范。具体而言,其内容包含:保有人类自由、尊严与不可侵犯的基本底线。[62] 也正是通过对"基本规范"的更改,菲德罗斯完成了从维也纳学派到自然法学派的跨越。

菲德罗斯的"基本规范"与法律等级观,为其提出国际宪法的理念奠定了基础。在他看来,国际社会的"基本规范"——其后被《常设法院规约》第38条(c)款具体化为一般法律原则——构成国际宪法的必要内容。[63] 而国际宪法的最高等级性,并非如凯尔森所坚持的那样来自结构性的功能,而是在于(不成文的)国际宪法本身反映了整个国际社会的普遍正义观。[64] 这一带有实质规范性内容的最高法观念,形塑了菲德罗斯的国际强行法概念,后者同样被置于国际法秩序的

---

〔57〕　*Supra* note 20, Neff, 341-439.

〔58〕　[美]凯尔森:《国际法原理》,王铁崖译,华夏出版社1989年版,第341页。

〔59〕　同上,第348页。

〔60〕　同上。

〔61〕　*Supra* note 50, 436.

〔62〕　Ibid.

〔63〕　Alfred Verdross, *Die Verfassung der Völkerrechtsgemeinschaft* [The Constitution of the International Legal Community] (1926), V [Verdross, *Verfassung*].

〔64〕　Thomas Kleinlein, ' Alfred Verdross as a Founding Father of International Constitutionalism?' (2012) 4 *Goettingen Journal of International Law* 392.

顶点。[65]

最后,对 19 世纪实证法学派"国家同意"学说的否定。凯尔森明确否认各国的共同同意能够作为国际法的根据,认为从经验事实上说,人的本性既非自由,也不平等。黑格尔的个人主义对个人自由意志的先在假定是一种虚构。而实证法学派不过是将黑格尔的个人主义转换到国际层面,因此,以各国共同同意作为国际法依据的学说,同样是一种虚构。现实情形是,即使没有国家的意志,甚至违反其意志,国家通常也受到一般国际法拘束。[66] 凯尔森继而拒绝了实证法学派对国际法的契约性描述,而选择了立法性描述。[67] 例如,他主张习惯法并非是一种默示的缔约,而是一种集体立法行为——其效果是所有国家都受到所形成的习惯法的法律约束,"这种约束无须甚至可以违背它们的意愿。"[68] 菲德罗斯承继了凯尔森的理念,即在国家意志之外确立法的权威性,认为存在独立并高于国家意志的法。他以条约为例,认为条约背后的"约定必守原则"高于条约自身,因为若无这一原则,条约的约束性便无从产生。因此,该原则体现了高于国家(个人)的客观秩序,其基础必然来自国家意志之外。[69]

在 19 世纪实证主义那里,国家的绝对主权理论既为国内法的强制性奠定了基础,也为国际法的自愿主义观点提供了理由。由于国际法完全基于国家自愿,因此不可能有国际强行法的存在。维也纳学派对国家同意学说的批判,与对国际法的立法性描述,为一个高于国家,而非仅仅是国家之间的法律提供了可能。

20 世纪 30 年代的欧洲法学界开始对凯尔森的理论展开批判,将其形式主义谴责为价值相对主义,认为其威胁甚至摧毁了政治社会生活所依据的价值。[70] 菲德罗斯对凯尔森的"偏离"也正是从这一点出发,认为凯尔森对实在法唯一性的坚持忽视了法律的目的,即法律秩序希望通过规则来形塑或对抗什么。[71] 不过,从强行法概念的产生来看,其理论可能性建立在对 19 世纪实证法学国家同意学说的否定之上,而对菲德罗斯来说,凯尔森构成了这一否定的起点。也正是在凯尔

---

〔65〕 O'Donoghue, Aoife, ' Alfred Verdross and the Contemporary Constitutionalization Debate ' (2012) 4 *Oxford Journal of Legal Studies*, 806.

〔66〕 [美]凯尔森:《国际法原理》,王铁崖译,华夏出版社 1989 年版,第 129 页。

〔67〕 *Supra* note 20, Neff, 341 - 439.

〔68〕 Ibid.

〔69〕 Anthony Carty, ' Alfred Verdross, and Othmar Spann: German Romantic Nationalism, National Socialism and International Law ', (1995) 6 *European Journal of International Law* 87.

〔70〕 *Supra* note 50, 426.

〔71〕 Ibid. , 431.

森的影响下,菲德罗斯的强行法理念逐渐受到国际法学界的接受。对强行法概念的产生与发展而言,凯尔森所起到的转折点作用不容忽视。

2. 西班牙学派与自然法传统

20世纪20年代,菲德罗斯开始抛弃凯尔森的新康德主义假定,转而寻求用客观的伦理秩序作为法律的基础。作为奥地利权贵家庭出身的学者,他的天主教保守主义背景使其自然而然地转向中世纪经院哲学与16世纪西班牙萨拉曼卡学派,[72]试图用"自然的"价值取向作为先在于法律的客观的伦理秩序。[73]

中世纪经院哲学吸纳了古希腊的理性与自然法传统,认为存在人类能够通过理性得以客观获取并实现的价值,这些价值构成一个正义的体系,从而成为法律普遍效力的基础。[74]因此,经院哲学强调人类的共同体观念,即认为人类整体构成一个以自然法为基础的道德—法律统一体。[75]文艺复兴时期的西班牙萨拉曼卡学派继承了这种普遍主义世界观,并以此为基础构建国际法理论。其奠基者维多利亚认为和个人一样,国家的相互关系也需要由一个法律秩序来管理,而国家组成的共同体是普遍性的,是为了所有人类的福祉。[76]苏亚雷斯发展了维多利亚的观点,认为"虽然划分为不同的民族与王国,但人类一直存在一个道德与政治的统一体,由互爱与仁慈的自然诚命所要求"。[77]

菲德罗斯援用西班牙学派的普遍主义视角,将国家视为更高的统一体,即全体人类或国际社会的必要组成部分。[78]因此,与实证主义对国际法的个人主义视角不同,国家并不具有绝对的权威性,不能自由地任意选择让自身受到何种国际法的制约,更无法自由地任意解除国际法的束缚,而是自始便作为一个整体的各个部分而互相约束。因此,普遍主义与个人主义相对,意指一种从整体性出发的视角,各个部分通过紧密地联结形成统一体,没有整体便不存在个人。[79]不过,其与西班牙学派及传统自然法思想的不同之处在于,菲德罗斯对自然法普遍性的论证并不是先验的,而是建立在国际关系的社会学理论之上。他认为国际法并非是从先验的道德规范中产生,而是通过普遍共识(*consensus gentium*)的经历形成。他

---

〔72〕 *Supra* note 47,Simma,37.

〔73〕 *Supra* note 50,430.

〔74〕 Ibid. ,433.

〔75〕 *Supra* note 47,Simma,38.

〔76〕 Ibid.

〔77〕 Francisco Suárez,Tractatus De legibus ac Deo legislatore,II,ex typis Fibrenianis,1872. Ch. 19,9.

〔78〕 *Supra* note 72,Carty,85.

〔79〕 Ibid. ,84.

援引斯潘的社会学理论,认为人类精神通过民族国家之间的相互对话而得以展现,国家在互动中形成一个统一的法律世界。因此,菲德罗斯的自然法并非是超越人性的,而是指向国际社会的一种集体内在良知。菲德罗斯试图平衡个人主义的现实考量与普遍主义的应然愿景,希望通过普遍主义的社会理论来反对让国家陷入对立和斗争的权力政治。[80]

菲德罗斯继而发展了苏亚雷斯的自然法与万国法(*jus gentium*)之分。后者并未将万国法视为自然法的次级替代品或逻辑衍生物,而是将其视为由国家意志产生的实在法,是"人类的法律"。[81] 自然法是不变和永恒的,是纯粹善的,人定的万国法则是依据国家的自由意志而不断变化的,存在恶的可能。[82] 虽然万国法的产生具有相对独立性,但其应同自然法相协调,其是人类在自然法赋予自由运作的领域中进行的立法活动。苏亚雷斯的二分法成为后续自然法的传统,如沃尔夫和瓦泰尔区分了必要法和自愿法,前者是所有国家都有义务遵守的自然法,后者则是由国家的明示或默示同意而产生。[83] 菲德罗斯同样区分了"前法"和"后法",前法是自然法的基本原则,而后法——国家制定的实在法——是自然法的补充。前法的基础是人类的普遍正义感,这种正义感同样遍及后法。[84]

菲德罗斯的强行法理念可以说是其普遍主义国际法观与自然法—(实在)国际法二分的逻辑结果。正因为存在实在国际法之上的自然法,这些自然法是基于一个共同的法律良知,所以国家间的缔约自由应当受到限制,以不违反和破坏国际法赖以建立的基本原则为条件。[85] 在这个意义上,近代自然法的确构成了强行法的直接思想渊源。不过,很难认为强行法理念在近代自然法学派那里已经成形,尽管近代自然法学派在构建其国际法理论时援引了罗马万民法的诸多概念,但就强行法(*jus cogens*)和任意法(*jus dispositivum*)这对术语而言,其与自然法—万国法二元划分的含义有所区别。直到菲德罗斯那里,这两对概念才得以联系起来,并成为强行法在国际法上定义"偏离"的原因。

---

〔80〕　Ibid. , 85.

〔81〕　*Supra* note 20,Neff,137-179.

〔82〕　*Supra* note 68,806.

〔83〕　Alfred Verdross, 'Jus Dispositivum and Jus Cogens in International Law', (1966)60 *the American Journal of International Law*,56.

〔84〕　*Supra* note 20, Neff,341-439.

〔85〕　*Supra* note 50,435.

3. 德意志民族主义与《凡尔赛和约》

德意志民族主义特指将所有德意志人与讲德语的人民统一为一个国家的意识形态。菲德罗斯对德意志民族主义的认同与其政治背景密切相关:其诞生于奥地利的一个显赫家族,其家族成员有不少曾担任哈布斯堡王朝的政府或军事官员。[86] 哈布斯堡家族起源于奥地利公国,从 15 世纪中期开始把持德意志神圣罗马帝国皇位直至帝国覆亡,其间将奥地利提升为大公国,成为各邦共主。尽管 19 世纪俾斯麦以普鲁士为核心建立的德意志帝国将奥地利排除在外,且"一战"期间的德奥同盟在战败后旋即瓦解,但无论出于对历史荣光的追念,还是对强大德国的追随,"大德意志"的理想在奥地利经久不衰,并具体化为德奥合并(Anschluss)的政治诉求。菲德罗斯也不能免俗地支持泛德意志的民族主义,并热衷于德奥合并的政治理想。[87] 早在 1919 年担任德意志—奥地利共和国外交官时,他就撰写了一篇支持奥地利立即并入德国的文章,主张所有德语母语者都应是一个统一的德国的一部分。[88] 在其 1937 年的《国际法》教科书中,他展现出其民族主义观点,认为个人仅作为民族的一员而存在,和平的国际秩序的目的是确保每个民族能建立自己的国家,以及国家和国际法律秩序的功能是为民族的福祉而服务。[89]

与此同时,德意志,特别是奥地利学者往往能够自如地在泛德意志民族认同与天主教普遍主义信仰之间找到某种结合。[90] 17 世纪关于德意志神圣罗马帝国性质的争论,间接构成了现代国际法的开端。由于德意志长期处于邦国林立的状态,德意志帝国是一个国家还是相互独立的不同实体,其基本法律的集合是"宪法"还是各主权国家之间的协议,便成为学者们争论的焦点。争论的结果是,德意志帝国是一个由各主权国家组成的体系,但其自身同时构成一个整体,通过法律形成"德意志"的框架,为各个"碎片"提供安全与福祉。[91] 近代德国的国际法学者如普芬道夫十分自然地将统一的德意志观念拓展为世界性的国际法观念,即将世界范围内的各个独立国家框定在一个更高的法律秩序之下。菲德罗斯的思想同样结合了看似无法弥合的政治性天主教信仰与德意志民族主义,试图在一个由

---

〔86〕　Ibid. , 427.

〔87〕　*Supra* note 72 , Carty , 94.

〔88〕　Alfred Verdross, ' Deutsch-Österreich in Groß-Deutschland ' in C. Haussmann (ed.) , 7 *Der Aufbau*, 1919 , 31-32.

〔89〕　*Supra* note 72 , Carty , 81.

〔90〕　*Supra* note 50 , 428.

〔91〕　Martti Koskenniemi, ' Between Coordination and Constitution: International Law as a German Discipline ' , in (2011) 15 *Yearbook of Political Thought* , *Conceptual History and Feminist Theory* 15 (1) , 48.

欧洲各国组成的基督教共同体中形塑一个由德意志民族组成的单一国家。[92] 其理论可能性同样来源于斯潘,后者对民族主义持一种浪漫主义的立场,反对认为民族国家概念本质上是完全自主的,而支持民族国家必须是更广泛的共同体的一部分。二人都相信政治生活是一种对话,民族之间可以依靠相互的意义给予而达成统一体。正是这种建立在社会学假定基础之上的国际共同体观点,使得菲德罗斯的民族主义区别于当时激进的国家社会主义,尽管其在 20 世纪 30 年代曾表达过对国家社会党的同情,并和其导师凯尔森一样,未能阻止纳粹主义在思想上的传播。与同时代的许多德意志学者不同,菲德罗斯并没有滑向保守主义的绝对主权学说,强调民族国家完全的意志自由,而是坚持将统一的国际共同体置于民族国家之上。因此,其民族主义并不影响读者对其普遍主义国际法理论的理解。但从另一方面来说,也不能忽视这种民族主义倾向对其国际法理论,尤其是强行法理论的提出产生的影响。

德意志民族主义在国际法上产生影响的重要体现,便是德奥国际法学界在 20 世纪 20—30 年代对《凡尔赛和约》的质疑与反对。德奥国际法学者形成了反对《凡尔赛和约》的共识,即便如舒金这样的和平主义者,也认为《凡尔赛和约》中对德奥同盟的"惩罚",诸如领土丧失、不得重新统一等规定是极不公正的。[93] 菲德罗斯也表达了对《凡尔赛和约》的质疑。在 1926 年撰写的一篇论证波尔扎诺自治省(South Tyrol)人民权利的文章中,他援引美国总统威尔逊提出的"十四点和平原则",指出《凡尔赛和约》侵犯了波尔扎诺自治省人民的自决权,因而是非法的。[94]

"一战"后以协约国为主导构建的国际体系对德奥民族主义的冲击集中体现在 1923 年和 1933 年常设国际法院的两起案件中,并加剧了德奥学界对《凡尔赛和约》合法性的抨击。1923 年,常设法院在其审理的首起案件,即著名的"温布尔登号"案中,援用耶利内克的自我限制学说,即一个真正的主权意志不是任意行为,而是依照所处社会环境的事实来调整其规范,[95] 驳回了德国认为自己有对运河的主权的主张,认定德国遵守《凡尔赛和约》不是对其主权的侵犯,而是其行使主权的一种表现。1933 年的"德奥合并"案中,常设国际法院又认可了协约国的指控,判定奥地利违反了其依据 1919 年《圣日耳曼条约》及 1922 年《日内瓦议定

---

[92]　*Supra* note 72,Carty,95.

[93]　W. Schücking,*Die nationale Aufgabe unserer Politik*(1926),pp. 8,12.

[94]　"Deutschsüdtirol",Drei Vorträge von Voltelini,Verdross,Winkler,in Winkler(ed.),*Schriften des Institutes für Statistik der Minderheitsvölker an der Universität Wien*,Vol. 5(1926).

[95]　*Supra* note 95,54.

书》所负有的不得通过经济或其他方式转让其独立的义务。关于主权是否享有完全的缔约自由,以及是否所有条约都必然有效的问题,很快成为国际法热议的焦点。具有讽刺意味的是,在这一时期,出于德意志民族主义攻击《凡尔赛和约》的现实需要,菲德罗斯略显缥缈的自然法思想有了用武之地。与其同时期的保守民族主义法学家埃里希·考夫曼在"一战"后的思想转变便是鲜明的例证。由于自愿主义实证法学将条约作为国际法的主要渊源,该学派无法为抨击《凡尔赛和约》提供理论支持。[96] 因此,考夫曼转而诉诸自然法,赞同法的统一性理念,承认"存在一些强加给国家意志的不成文的法律规则"。菲德罗斯关于强行法概念的灵感,也直接来源于对《凡尔赛和约》合法性的反思。在 1929 年的一篇演讲中,他就提出如果一项协定不允许一国适当保护自己的国民,则该协定无效。[97] 在 1935年希特勒违反《凡尔赛和约》中对德国军队的限令而开展征兵时,菲德罗斯撰文反驳国联理事会对德国违反条约义务的指责,指出约定必守原则只有在条约有效的前提下方得适用,而《凡尔赛和约》应属无效。其给出的理由包括德国在签字时处于被胁迫状态,以及和约因不道德而无效,因为维护国内国外安全属于一个国家的道德与强制性功能,而和约剥夺了德国在遭遇侵略时自我保护的机会。[98] 这距离其将国内法上的强行法概念引入国际法仅有一步之遥。

(二)现实背景

1. 国内私法的影响

在菲德罗斯提出国际法上强行法概念的 20 世纪 30 年代,西方各国的国内法环境较之 19 世纪发生了显著的变化。19 世纪末 20 世纪初,强行法与私法自治的边界经历了此消彼长的历史。为了克服自由资本主义带来的尖锐社会矛盾,无论是大陆法系还是英美法系,都开始立法干预社会经济生活,法律从个人本位走向社会本位,出现所谓"私法公法化"的趋向。[99] 民法的价值取向从注重法的安定性,强调形式正义,转向注重法的妥当性,强调实质正义。例如,在所有权领域,物权法被视为强行法的历程,来自现代所有权观念的转变,即用"社会性的所有权"取代个人的所有权,以使个人权利的行使不仅符合个人利益,同时适合于社会的

〔96〕 Steven Neff, *Justice Among Nations: A History of International Law*, Chp. 4.

〔97〕 *Supra* note 46, Lange, 829.

〔98〕 *Supra* note 46, Lange, 828.

〔99〕 钟瑞栋:《"私法公法化"的反思与超越——兼论公法与私法接轨的规范配置》,载《法商研究》2013 年第 4 期,第 118 页。

利益。[100] 这一转变在日耳曼法中得到典型体现。如 1919 年魏玛宪法第 153 条第 3 项规定:"所有权附有义务,对其行使应同时有益于公共福利。"[101]大陆法系国家在这一时期也纷纷通过立法限制所有权,实现所有权的社会化。此外,一些民事特别法,诸如消费者权益保护法、劳动法等的出台,也使得私人之间的经济关系受到更多强制性规范的限制。[102]

同一时期在美国,由著名的"洛克纳诉纽约州案"奠定的"洛克纳时代"自由放任的宪法秩序,也遭到了前所未有的挑战。随着罗斯福新政的凯歌高奏,美国的经济政策从自由放任走向了国家干预,最高法院终于卸下了自由放任秩序守护者的角色。美国 20 世纪 30 年代的司法判例,从原先对契约自由的严格维护,走向了对合同自由的限制。[103] 一些判例出于保护位居弱势地位的劳动者,开始限制意思自治的滥用。[104] 作为自产生之初便深受国内私法概念与规则体系影响的学科,这一时期的国际法思想无疑也受到国内私法发展的影响,从对(国家)个人自由的绝对维护走向国际关系的社会性视角。

值得一提的是,此时各国的国内法体系中还少有关于强行法的明文规定,无论是普通法系还是大陆法系,在判断民事行为是否违反强行法,以及违反带来的法律效果的问题上,都倾向于赋予法院一定的自由裁量权,在具体个案中通过价值权衡得出最符合实质正义的判决结果。[105] 这也一定程度上影响了国际法学者对国际法庭角色和功能的理解。

2. 国际联盟和常设国际法院的建立

国际联盟和常设国际法院的建立为强行法理论的现实可行性提供了基础,也为统一的国际法秩序的主张提供了"现身说法"般的支持。在国联建立的背景下,一些学者追随国际法制度化的进程,反思战前的自愿主义国际法传统,宣扬国际机构和国际法应被严肃对待,进而发展出了对抗国家主权教条的理论。国际法及

---

〔100〕 钱明星:《近现代物权法的发展趋势与我国物权法的制定》,载《中外法学》1999 年第 3 期,第 48—49 页。

〔101〕 同前注,第 49 页。

〔102〕 钟瑞栋:《"私法公法化"的反思与超越——兼论公法与私法接轨的规范配置》,载《法商研究》2013 年第 4 期,第 119 页。

〔103〕 田雷:《短意见的长历史——重读霍姆斯大法官在洛克纳诉纽约州案中的反对意见》,载《师大法学》2017 年第 2 辑,第 393 页。

〔104〕 O. Lando, Contracts, International Encyclopedia of Comparative Law, Vol. III, Chap. 24, (Tupingen/Paris, 1976) , p. 48. 转引自许庆坤:《论国际合同中当事人意思自治的限度》,载《清华法学》2008 年第 6 期,第 84 页。

〔105〕 同前注 3,谢鸿飞文,第 124—142 页。

国际法理论开始进入变革的时代。尽管德奥作为战败国被国联排除在外,但这并未影响和平主义的国际法学者试图将德奥融入国联体系的努力。[106] "一战"的挫折,奥匈帝国的解体与对新成立的国联的期望,深刻影响了菲德罗斯的国际法理论,为其从个人主义走向普遍主义,从国家意志走向对一个国际社会的认同提供了动因。在 20 世纪 20 年代,凯尔森和菲德罗斯的普遍主义国际法观点与一元论都指向了一个政治目标:反对耶利内克将黑格尔的个人主义引入法学理论,支持一个通过国际联盟得以构建起来的国际法治的理念,并以之对抗导致了"一战"灾难的"强权即公理"的意识形态。[107]

对国际法律共同体的畅想同样得益于 1921 年《常设国际法院规约》(以下简称《规约》)的签订。尤其是《规约》第 38 条(c)款对一般法律原则的规定,被实证法学派的反对者视为"对实证主义的致命打击",[108] 并引发了广泛的法理乃至哲学讨论。该条规定常设国际法院在争端中适用的规则不仅包括条约与国际习惯,还包括"为文明国家所承认的一般法律原则"。[109] 作为常设国际法院的缔造者之一,菲德罗斯支持并发展了一般法律原则理论,赋予部分原则以自然法基础。他区分了两种一般法律原则:第一种与国际法学界主流对第 38 条(c)款的解释一致,即各国内法普遍认同的法律原则;第二种则是所有法律体系都必然包含的基本原则,如果不承认这些原则,一国的法律体系就无法运行,例如诚实信用原则,对人权的基本尊重等。[110] 或许是受到国内法院的启发,菲德罗斯赋予常设国际法院以遵照"法律基本原则"并将之具体化的使命。同时代的英美自然法学者如布赖尔利也认同其对法院能动性的强调,认为"法律不是一套毫无意义的任意性原则,供法院机械地适用",而是需要由法院来对法律的目的予以解释和实现。[111] 常设国际法院的建立与运行,以及抱有理想主义色彩的国际法学者们对其寄予的厚望,深刻影响了菲德罗斯强行法理论的构建。

---

〔106〕 例如,舒金是第一个提出《国联盟约》具有国际宪法性质的学者,参见脚注 95,57。

〔107〕 *Supra* note 47,Simma,41.

〔108〕 Hersch Lauterpacht,Règles générales du droit de la paix,62 RdC(1937 IV),164.

〔109〕 Article 38(c),Statute of the Permanent Court of International Justice,⟨https://www. un-ilibrary. org/content/books/9789210559096s003-c002/read⟩(accessed 4 April 2023).

〔110〕 *Supra* note 47,Simma,47-49.

〔111〕 J. L. Brierly, *The Law of Nations:An Introduction to the International Law of Peace*,1st ed. ,(Oxford:Clarendon Press1928),16.

(三) 菲德罗斯的强行法概念

在 1929 年于海牙国际法学院的演讲中,菲德罗斯就提出了国际法中包含"强行法(*jus cogens*),其使得国家严格遵守某项行为"。[112] 菲德罗斯的助手冯·海德特在同年发表的文章中,认为强行法包括对于国际法作为一个法律秩序不可或缺的规则,以及有关国际社会所有成员共同利益的规则。[113] 不过,真正系统性地提出强行法理论,并产生国际影响力的,是菲德罗斯 1937 年在《美国国际法杂志》发表的"国际法上禁止的条约"一文。[114] 该文的背景是以詹姆斯·加纳为首的哈佛研究小组于 1935 年发布的一份关于条约法的研究报告,菲德罗斯批评该报告未能处理条约与一般国际法冲突的问题。

在文章开篇,菲德罗斯便反驳了自愿主义实证法认为条约是唯一国际法的论断,指出条约有效的前提是存在条约之外的规则,从而证明强行法存在的合理性。与一般国际法的分类相似,他区分了两种类型的强行法:一种是习惯法中的单独规则,如海洋自由与船舶在领海的通行权,这些习惯法规则不能由个别国家签订条约排除;另一种是禁止国家缔结违反善良道德(*contra bonos mores*)的条约的一般法律原则。[115] 他承认国际社会的伦理尚未像国内社会的那样发展成熟,但强调不应高估这种区别,国际社会存在所有国家都普遍承认的伦理底线(*ethical minimum*)。[116] 他以文明国家国内法庭关于合同效力的裁判作为例证,指出所有法律秩序在判断合同是否违反道德时,都会诉诸"保护共同体成员之间的理性和道德的共存"这一标准。[117] 而在国际法上,判断条约是否符合道德的标准,是"追问国家在国际社会中应当承担的道德任务是什么",[118]并判定条约是否允许国家完成这些必要的道德任务。菲德罗斯为这些任务罗列了一份清单,包括国家间法律与秩序的维持,抵御外部侵略,对国民身心健康的关照,对海外国民的保护等。在这一清单基础上,菲德罗斯列举了国际法上的几类因非道德而无效的条约,例如,倘

---

[112] A. Verdross, 'Règles générales du droit de la paix', (1929 V) 30 RdC 271, 304.

[113] F. von der Heydte, 'Die Erscheinungsformen des zwischenstaatlichen Rechts. Ius Cogens und ius dispositivum im Völkerrecht', (1932) 16 *Zeitschrift für Völkerrecht*, 461.

[114] Alfred von Verdross, 'Forbidden Treaties in International Law: Comments on Professor Garner's Report on "the Law of Treaties"', (1937) 31 *American Journals of International Law*, 571-577.

[115] *Supra* note 47, Simma, 51.

[116] Ibid. , 575.

[117] *Supra* note 68, 808.

[118] *Supra* note 118, 575.

若一项条约"要求一国减少其警力或法院组织,以至于其完全无法或不足以维护在其领土之上的人们的生命、自由、荣誉与财产",那么该条约便是国际法上禁止的。[119] 同理,一项"要求一国减少其军队以至于其无法抵御外来侵略的条约"也因其非道德性而无效:让一个主权共同体存在,同时又剥夺其维护自身存在之权利是一种自相矛盾。最后,菲德罗斯将强行法适用争议的决定权赋予常设国际法院和国际仲裁庭,认为其有义务在相关争端提交到其面前时,给出条约是否违反道德而无效的司法判定,这种判定是宣告性而非造法性的。[120] 在结论中,菲德罗斯提议条约法应纳入"条约如果违反一般国际法强制性规范或违反善良道德则无效"的规则。

　　菲德罗斯的强行法概念的特征可以归为三点:首先,其强行法与非道德条约的概念是在其以自然法为基础的普遍主义国际法观念基础上提出的,该概念(特别是第二类强行法)与其关于国际社会基本规范与国际宪法的理念如出一辙,共同构成其关于统一的国际法共同体信仰的一部分。[121] 其对国际法律秩序的宪法性视角蕴藏在其关于强行法的论述中。[122] 在菲德罗斯看来,实在国际法体系应基于国际社会对国际法核心原则的共同伦理观念或集体良知,这些核心原则就是强行法,任何国家间的条约或习惯都不能破坏这些原则。由于强行法"不是为了满足个体国家的需要,而是为了满足整个国际社会的更高利益"而存在,因此其在法律等级上高于国家宪法与条约或国际习惯,被置于国际法秩序的顶点,构成国际宪法的一部分。[123]

　　其次,尽管其内涵上同基本规范或国际宪法大体相同,但"强行法"(*jus cogens*)作为一个概念被引入国际法更多是基于一种实用主义或现实主义考量。作为在国际法具体问题上颇为务实的学者,菲德罗斯在概念运用与解释上往往会考虑现实的学术与实践背景。采用国际宪法或基本规范的称谓往往会被认为具有过于浓重的自然法色彩,从而难以得到主流国际法学界的接受。而援引"强行法"这一国内私法上较为成熟的实证法概念,有助于该概念被实证法学者所接纳。强行法概念的后续发展见证了菲德罗斯这一考量的前瞻性。此外,通过一元论的"国内法类比"方式,菲德罗斯得以将强行法规范迅速扩展的国内私法作为国际公

---

〔119〕　Ibid.

〔120〕　Ibid. , 577.

〔121〕　*Supra* note 46,Lange,834.

〔122〕　*Supra* note 68,822.

〔123〕　Ibid. , 806.

法的模板和例证,从限制私人自治的必要性引申至限制国家意志自由的必要性。这也为各国后续接纳强行法概念,特别是以法律实证主义为主流的苏联和第三世界国家支持强行法概念打下了基础。

最后,强行法概念,特别是其中关于强行法内容的论述中融入了菲德罗斯对《凡尔赛和约》的批判。菲德罗斯借自然法和国际正义的道德基础,批判"不公正"的和约。在他看来,《凡尔赛和约》使德国不能保卫其国民抵御外部侵略,尽管德国同其他任何国家一样有这样的道德义务。因此,《凡尔赛和约》违反了强行法。[124] 他还在文章中反驳了 1933 年常设国际法院的判决理由,认为一国签订条约约束自己合并到另一国,在这种情况下一国是将自己保护国民的任务转交给了另一国,其国民自此能够受到另一国的保护,因此条约并非无效。[125]

四、国际强行法的概念困境

(一)国际强行法概念的实证化:逃离"乌托邦"的尝试

1. 国际法委员会对强行法概念的规则化

国际法委员会自 1949 年开始正式系统性地展开对条约法的编纂。最早将强行法理念引入国际机构的国际法编纂实践,试图将强行法概念规则化的努力来自第二任特别报告员劳特派特,其在提交的条约法草案第 15 条中拟定了条约违背一般国际法无效的规则,"如果一项条约或条约的任何条款的履行涉及国际法上的违法行为,或这种行为被国际法院宣布为非法,该条约或条款无效。"[126]

作为与菲德罗斯同时代的德语系犹太人,劳特派特早期也曾师从凯尔森,在 1923 年移居英国后又受到英国国际法学者如麦克奈尔等人的影响。与菲德罗斯相似,他也受到凯尔森与自然法传统的影响,因而在抨击实证主义与国家主权理论、坚持法律体系的统一性、国际法与国内法的一元论与国内法类比方法,乃至对国际宪法的承认方面,与菲德罗斯如出一辙。[127] 不过,劳特派特对德意志民族主义并没有太多的同情,这也导致其在"二战"前对菲德罗斯提出的强行法概念抱有

---

[124]　*Supra* note 46,Lange,834.

[125]　*Supra* note 118,576.

[126]　Report on the Law of Treaties, by H. Lauterpacht, Special Rapporteur, A/CN. 4/63(French Version),
p. 216.

[127]　H. Lauterpacht,*Private Law Sources and Analogies of International law* (1927).

谨慎的怀疑。在 1937 年海牙国际法学院的演讲中,他还特别提到菲德罗斯,认为"不道德的条约无效的主张,是在不断邀请违法者单方面解除对自己造成妨碍的法律义务"。[128] 他担心德意志语境下强行法的政治隐喻,以及其对国际关系稳定性的潜在威胁。[129] 此外,劳特派特也受到英国自由主义与个人主义国际法的影响,因而在强调法律普遍性与整体性的同时,对国际法上个人人权的保护尤为重视。其对自由主义人权价值纳入国际法的考量促使其在"二战"后接纳了强行法概念。在其对条约法草案第 15 条的评注中,劳特派特借用英美法系的公共政策概念阐释强行法作为国际社会的基本原则,"(非法条约的)检验标准不是其完全与国际习惯法相抵触,而是与国际法的一些重要原则相违背。这些原则可以被认为是构成国际公共政策的基本原则"。[130] 他解释道,这些国际法首要原则(overriding principles)不一定需要具体化为法律规则,它们可能是被文明国家承认为国际法普遍原则的国际道德规则。劳特派特基于国内法院,特别是英美法系中的法庭或仲裁庭适用抽象原则的裁量权,主张国际法院或法庭适用与宣告强行法的权能,其与菲德罗斯一样暗含着对以国际组织为主导的国际法治的期待。

　　或许是出自对德语系法学概念的主动规避,[131] 劳特派特并未明确使用"强行法"这一术语。该术语是在其继任者,担任条约法第三任特别报告员的英国国际法学家菲茨莫里斯的报告中第一次提出的。在其 1958 年提交的第三份报告中,第 16 条第(1)款规定"条约的目的必须合法",第(2)款规定"条约应当符合、不违反或其执行不应导致违反本身具有强行法(jus cogens)性质的国际法原则或规则,这是条约是否有效的关键"。[132] 第 17 条则区分了强行法和任意法,规定条约违反具有任意法性质的习惯法规则不应无效,而"只是就国际法上那种具有强行法性质的绝对强制性规范而言,才会产生与这类规则相抵触的条约无效的问题"。[133] 在后续的评注中,菲茨莫里斯列举了三种强行法,即与个人地位相关的国际人权

---

〔128〕　H. Lauterpacht,'Règles générals du droit de la paix'(1937)62 *Recueil de Cours*,96,p. 306.

〔129〕　*Supra* note 46,Lange,832.

〔130〕　Report on the Law of Treaties, by H. Lauterpacht, Special Rapporteur, A/CN. 4/63(French Version),p. 216.

〔131〕　国际法委员会内部对是否选用"强行法"(jus cogens)一词曾有过争论,有学者认为该词理论性太强,还有学者认为英美法系并不常用该词。但正如苏伊(Suy)总结道:"尽管委员会内部有相反的主张,但却可以得出结论,'强行法'一词现在已经成为国际法上的专门术语。"

〔132〕　Third Report on the Law of the Treaties, by Mr. G. G. Fitzmaurice, Special Rapporteur, A/CN. 4/115(English Version),p. 26.

〔133〕　Ibid. , 27.

与人道规则,禁止侵略(第三国),禁止公海上的海盗行为,同时认为不可能详尽无遗地对具有强行法性质的规则加以罗列。他认为强行法规则的共同点是"它们不仅包含法律规则,而且还涉及对道德以及国际良好秩序的考量"。[134] 菲茨莫里斯强调国家缔约自由的原则性,并要求强行法规则必须被国家广泛接受,其对强行法规则的罗列也体现出对既有国家实践的重视,体现出其将强行法概念实证化的努力。但在强行法概念的核心特征这一问题上,其依然诉诸了国家意志之外的道德与良好秩序。

条约法第四任特别报告员沃尔多克延续了这种实证化努力。其于 1963 年提交的第二份条约法草案中,在第 1 条第 3 款(c)项便规定了强行法概念的定义,"'强行法(jus cogens)'指不容克减的一般国际法的强制性规范,除非基于一般国际法特别认可的理由才可以背离,且只能由后续的普遍国际法规范才可修改和废除。"[135] 强行法的具体规则在草案第 13 条"条约因非法而无效"中写明,第 1 款规定条约的目的或履行如果违反具有强制性的国际法一般规则或原则,则该条约无效。第 2 款列举禁止使用武力、国际法上的犯罪行为等强行法规则,同时指出"强行法的全部内容只有经过实践,国际法庭的判决和政治组织的决议才能最后决定"。[136] 沃尔多克采用了一种凯尔森式的形式主义定义,并在讨论中排除了道德考量,而将强行法具体规则的决定权交由国家实践和国际组织的决策文件,其本质上是试图将强行法概念完全,这一定义为强行法概念在条约法上的最终确定提供了范本。

2. 强行法概念的"确定"与迷思

关于强行法概念的形式性与实质性定义的争论,集中体现在 1966 年于希腊拉格尼西召开的关于"国际法上强行法的概念"的国际会议讨论中。部分学者认同菲德罗斯与劳特派特的强行法理念,认为有必要根据强行法的目的来对其加以定义,即强行法规则是整个国际体系的根基,对这些规则的破坏会危及整个国际体系的存亡。[137] 另一些学者则着重从强行法规则的效力对其加以定义,主张强行

---

〔134〕 Ibid. , 40-41.

〔135〕 Second Report on the Law of the Treaties, by Sir Humphrey Waldock, A/CN. 4/156(English Version) 39.

〔136〕 Ibid. , 52.

〔137〕 苏伊教授就持这种观点,认为法律主体如果不遵守强行法规则,就可能影响其所属法律体系的根本。See Erik Suy, ' The Concept of Jus Cogens in Public International Law ' , in *Lagonissi Conference on International Law Papers and Proceedings II*；*The Concept of Jus Cogens in International Law* , Carnegie Endowment for International Peace, 1967, 18.

法规则是各国在相互关系中不得用协议排除,而法院又必须主动适用的普遍规则。[138] 就强行法的具体规则上,与会学者除了对禁止使用武力与国际人道法原则之外,罕有就某一规则的强行性达成一致意见。

　　强行法概念在学术讨论上的不确定性并未阻碍其通过联合国条约法会议而形成一个"确定"的实证法规则。1966 年在维也纳召开的会议上,社会主义国家和第三世界国家的代表对公约草案中关于强行法的规定表示赞同,而以英美法为首的部分西方国家代表则对相关条款的表述提出了质疑。这一现象印证了菲德罗斯的远见,即出于对强行法规则在国内法上"匡扶正义"的既有印象,力量较弱的国家试图通过强行法制度的引入,废除并永久杜绝不平等条约,并借助这一话语摆脱西方中心主义的既有国际法而寻求实质正义的法律结果。[139] 然而,在强行法规则的起草过程中,真正对强行法概念表述起到影响的依然是西方国家的代表。美国代表的修正案提出"一个条约如果在缔结时同全世界各国和各地区的制度所共同承认的且不得背离的一个一般国际法强行规则相抵触,是无效的"。[140] 其中"在缔结时"这一源自《美国统一商法典》的表述被大会采纳。芬兰、希腊、西班牙联合提出的"国家之国际社会作为一项规范接受"的修正案,则经由起草委员会修正为"国家之国际社会全体接受"而被纳入最终的草案。有关强行法概念的规则最终呈现在《维也纳条约法公约》第 53 条,即"条约在缔结时与一般国际法强制规律抵触者无效。就适用本公约而言,一般国际法强制规律指国家之国际社会全体接受并公认为不许损抑且仅有以后具有同等性质之一般国际法规律始得更改之规律。"[141] 可以看出《维也纳条约法公约》的最终文本在沃尔多克的形式主义定义基础上,加入了国家同意学说作为判定强行法的基础,即要认定一项规则的强行性,必须判断其是否被"国家之国际社会全体接受"。但这一定义同样避免触及认定强行法的实质标准,因为强行法的实质定义必然涉及价值导向的问题,从而不可避免地同自然法学派过从甚密,难以得到各国的普遍接受。[142]

　　然而,这种实证化的定义将强行法这一意在约束国家自由意志之规范的造法权重新落回国家意志自身,且并未为国家提供任何界定规则强行性的外在标准。这一定义既是围绕强行法概念与内容的诸多争议的结果,也维护并加剧了强行法

---

〔138〕　同前注 1,万鄂湘书,第 13 页。

〔139〕　*Supra* note 46,Lange,836-839.

〔140〕　同前注 1,万鄂湘书,第 14 页。

〔141〕　Article 53,the Vienna Convention on the Law of Treaties,1155 U. N. T. S. 331;8 I. L. M. 679(1969).

〔142〕　*Supra* note 47,Simma,53.

概念的不确定性,使得识别强行法规范成为难题。正如学者们所意识到的,尽管强行法已成为现行国际法的组成部分,但是强行法的讨论更多集中在学术界,而相关的法律实践却十分有限。[143] 从嗣后的国际司法裁判来看,国际法院对直接解释和适用强行法往往避之不及,在屈指可数的直接提及"强行法"(*jus cogens*)的案例中,国际法院也仅是在维护管辖权规则的同时顺带承认了规则强行法性质,且其对强行法识别的论述也前后不一且语焉不详。在波黑诉塞黑案和或引渡或起诉案中,国际法院较为严谨地采用了"两步法",即先认定规则是习惯国际法,再认定该规则获得了国家之国际社会全体接受并承认具有不可克减性质,但由于强行法规则相关国家实践的稀缺,这两步,尤其是第二步的证明十分潦草。[144]

出于对强行法适用困难的考量,国际法委员会于 2015 年决定就一般国际法强制性规范(强行法)展开专题研究,意在为所有面临"决定强行法规则的存在与法律效果"的国际法主体提供"指导"。[145] 在特别报告员迪雷·特拉提交的五次强行法报告基础上,国际法委员会于 2022 年二读通过了有关国际强行法的结论草案。[146] 然而,国际法委员会的研究并非是试图为强行法提供实质性的定义或识别标准,而是围绕强行法构建了一套次级规则体系。在有关强行法的定义上,其完全沿用了《维也纳条约法公约》第 53 条的表述,且为了落实强行法的国家意志基础,特别报告员在其评述中特意说明,对"不可损抑性"的认定应交由各个国家而非国际法院,后者仅能从国家实践中判定不可损抑性是否得到广泛接受,而不能判定不可损抑性本身。[147] 但另一方面,结论草案又在定义之前加入了对国际强行法性质的规定,其中包括"一般国际法强制性规范(强行法)反映并保护国际社会的基本价值观","其位阶高于国际法其他规则"的表述。[148] 尽管在评注中,国际法委员会强调这些特点本身不是识别强行法的标准,但其认为强行法是"基于"其要保护的"整个国际社会共同的特定价值观",且诉诸实例来说明这些特点得到了国际社会的普遍接受。国际法委员会的结论草案未能如其所愿地为强行法的适用者增加识别强行法规则的确定性,而是用一种混杂的"折中主义"展现了该概

---

〔143〕 Christian Tomuschat, 'Chapter XX. Reconceptualizing the Debate on Jus Cogens and Obligations Erga Omnes-Concluding Observations', in *The Fundamental Rules of the International Legal Order*, 425-436.

〔144〕 同前注 6,邓华文,第 75—94 页。

〔145〕 ILC Report, A/74/10, 2019, chap. V, p. 140.

〔146〕 ILC Report, A/77/10, 2022, chap. IV, paras. 32-44.

〔147〕 Second Report of the Special Rapporteur, Mr. Dire Tladi, 2017.

〔148〕 ILC Report, A/77/10, 2022, chap. IV, p. 19.

念的迷惑性。其以实证主义为主导,同时插入了自然法的"基本价值"概念以增添强行法内容的实质性,却并未说明二者之间的联系。从逻辑上说,倘若"基本价值"构成强行法的基础,那么有且仅有符合"基本规范"的规则才能被识别为强行法,而在强行法的实证主义定义中,这一标准却是缺失的,理论上存在并不反映国际社会基本价值观的强行法规范。[149]

(二)概念差异:国际强行法的"错位"

强行法概念在国际法上的识别与适用困境,很大程度上来自强行法引入国际法的过程中产生的概念"错位",使得国际法与国内法上的强行法概念存在本质性区别。国际法委员会在讨论强行法议题的过程中,意识到强行法概念在国际法和国内法上的不同,认为"国内法中有不属于这一专题范围的强行法规范",并因此将专题的名称从"强行法"(*jus cogens*)更改为"一般国际法强制性规范(强行法)"。然而,国际法委员会并未追问国际法上强行法概念同国内法上的原意相偏离的具体内容与原因。科尔布教授试图用一种纯粹形式主义的强行法规则体系来消弭国际与国内强行法的差异,但其所提出的范围极为广泛的强行法概念同主流国际法学界的理解迥然不同。[150] 当我们回溯强行法在国际法上引入与发展的历史,可以发现我们当下理解的国际强行法概念之所以会产生"错位",主要归于三个原因。

第一,概念"挪用"。从菲德罗斯到劳特派特,国际强行法的早期倡导者都诉诸自然法传统,将强行法置于一个统一的、有等级性的国际法体系的顶点,其与国际法的基本规范、国际宪法、一般法律原则等概念几乎等同。因此,国际法上的强行法——任意法概念,其实就是自然法——万国法(*jus gentium*)这一对传统概念的现代翻版。尽管强行法规则本身被实证化了,但人们对强行法所能实现的功能的期待依然如故。人们寄希望于国际强行法能够作为"对抗国际法碎片化的堡垒",[151] 作为一种普遍性、超越性的原则弥补实在国际法的漏洞,约束实在法的有效性。然而,正如前文所述,自然法——万国法的概念同国内法上的强行法——任意法概念并不能完全等同。菲德罗斯出于现实考量而选用了强行法与任意法这一对相近的概念,但与

---

〔149〕 科尔布(Kolb)的著作集中反映了这类强行法规范的可能性,参见 Robert Kolb, *Peremptory International Law*(*Jus Cogens*):*A General Inventory* (Oxford, Hart, 2015), 51-54。

〔150〕 Ibid.

〔151〕 Alain Pellet, 'Comments in Response to Christine Chinkin and in Defense of Jus Cogens as the Best Bastion against the Excesses of Fragmentation', (2006) 17 *Finnish Yearbook of International Law* 17 83-90.

其说这是国内法概念的"类比"适用,不如说是一种并不精确的概念"挪用"。

就强行法而言,这种概念"挪用"使国际强行法概念至少在四个方面与国内强行法存在差异:第一,位阶性的不同。正如国际法委员会在关于国际强行法的结论草案中所总结的,人们普遍认为国际强行法的特点之一是具有位阶上的优先性或最高性。[152] 然而在国内法体系中,强行法却并不必然具有这种位阶优越性。上到宪法中的基本原则,下到地方政府的立法性文件,其中都可能包含私人不能通过合同排除的强行性规范。第二,对体系性的要求。由于国际法上的强行法规范被视为维系国际社会和国际法律共同体的基本规范,[153] 因此,人们在构想国际强行法时,往往认为有必要且有可能对强行法规则进行编纂。尽管部分国家和学者提出了异议,但国际法委员会最终还是在关于强行法的结论草案附件中罗列了一份强行法规则的非详尽性清单。[154] 虽然并未说明罗列的原因,但这种编纂努力本身便体现了对国际强行法体系性的认同。与之相对,国内法上的强行法一部分是公法规范,另一部分则散落在私法的法典或特别法之中。国内法更多基于公私二分的体系来编纂法律规则,而从未试图对强行法规则进行系统性的编纂。尽管萨维尼和学说汇纂学派提出强行法和任意法概念,是出于对法律体系中概念精确性的考量,但强行法制度本身更多是作为沟通公法与私法的桥梁而存在,其本身并没有体系化的要求。事实上,由于法官常常在具体案件中决定对某项规则的违反是否导致条约无效的结果,因而一项规则的强制性可能发生变化,强行法的范畴也因而处在变动之中,很难对其加以编纂。第三,国际强行法的内容具有基础性或原则性。尽管人们就强行法规则的内容争议不休,但被纳入"候选"的国际法规则,大都是《联合国宪章》中的基本原则、国际人权与人道法规则,以及对国际犯罪的禁止性规定。这些规则要么是出于对基本人权的保障,要么是基于对国际社会基本秩序的维护,类比于国内法具有相当的国际宪法性质。国内法的强行法规范相较之下则更广泛而具体,包含了许多为平衡当事人的利益而作出的具体制度安排。第四,国际强行法具有相对固定性,而国内强行法则远更灵活。由于国际强行法要求"国家组成之国际社会整体接受和承认为不容克减",因而其识别标准不仅要求"具有代表性的绝大多数国家接受和承认",还要求"双重同意",即先接受

[152] ILC Report, A/77/10, 2022, chap. IV, p. 25.
[153] Alfred Verdross, *Die Verfassung der Völkerrechtsgemeinschaft*, J. Springer(1926).
[154] ILC Report, A/77/10, 2022, chap. IV, p. 85.

和承认其一般国际法的性质,再接受和承认该规则具有不可损抑性。[155] 虽然《维也纳条约法公约》对强行法的定义中包含了"由嗣后具有相同性质的一般国际法规范加以变更"的可能性,但这种识别标准的严格性使得其如同国内宪法一样具有相对的固定性与不变性。国内法上对强行法规范的判定则远更灵活。虽然法院对规则强行性的考察往往依据公序良俗或公共政策,但后者并不以恒定的自然法为基础,而是顺应时代的发展而自我变革。甚至有学者认为,公序良俗或公共政策的抽象性是一种为了适应时代变迁而有意为之的立法技术。如日本学者指出,公序良俗的"内容因时代的变迁而难以具体化,但这种抽象性恰恰是其生命力所在"。[156] 英美法系的学者也认为,"公共政策具有较强的适应性,更易于变革,其内涵随舆论与道德的发展而不断得以充实"。[157] 作为国内强行法之基础的公序良俗或公共政策,从未被认为是像自然法一样恒定不变的道德规范,而是随着社会共识的改变而不断变化,其具体内涵随着时间和地域的变化而不断变迁和逐渐丰富。

与强行法相对,国际上的任意法(实在国际法)概念,与国内法上的任意法概念之间的差别更加鲜明。从表面上看,国际法上的任意法包含条约与国际习惯法,而国内法上的任意法并不包含合同,通常也不包含未被成文化或判例化的习惯法。从本质上看,这种概念差异的原因有二:首先,二者来源不同。国内法上的强行法与任意法都是国家立法机关自上而下的法律安排,而国际法上的任意法则是国家意志自下而上形成的合意。其次,二者目的不同。国内法上的任意法是为了填补私法自治的空白,国际法上的任意法则是意思自治本身的产物,可以用以调整任何双边或多边国际关系。因此,国际法上其实并不存在国内法意义上的任意法,后者是国家自上而下为填补意思自治空缺而进行的补充性立法设计。在此基础上,可以归纳出国内任意法与国际任意法内容上的三点区别:第一,国内法上的任意法以意志的空缺为适用并发挥效力的前提条件,当意志存在,则法律隐身。因而国内法上不存在违反任意法的法律行为,当且仅当私人主体之间发生纠纷之时,法院才会在没有合同或协定的前提下适用任意法规范。国际法上的任意法作为意志自身的产物,在确定之后便对国家意志具有约束力。国际习惯法上的"一

---

〔155〕　Ibid. , 29-30.

〔156〕　[日]我妻荣:《新订民法总则》,于敏译,中国法制出版社 2008 年版,第 254 页。

〔157〕　[英]A. G. 盖斯特:《英国合同法与案例》,张文镇等译,中国大百科全书出版社 1998 年版,第318—319 页。

贯反对者"规则便从反面证明了习惯法的约束力。在这个意义上,国际法上的任意法本身也具有强制性,只是相较于强行法的强制性程度不同。第二,国内任意法与强行法平行地共存于国内法律秩序之中,并不存在必然的等级差别。例如,任意法规范可能存在于中央立法机关制定的民法典中,而强行法规范可能存在于地方立法之中。因此,通常而言不存在违反强行法的任意法。国际法上的任意法则是强行法的下位概念,是国际强行法的约束对象。强行法本身就是为了约束条约内容的合法性而被引入国际法的。第三,国内任意法大多局限在私法领域,用以补充性调整私法主体之间的民商事关系。国际法上的任意法则涵盖了上至国际法基本原则,下至国家之间的双边投资协定等不同领域和范畴的内容。

强行法概念"错位"的第二个原因,是类别混淆。如前文所述,菲德罗斯在提出强行法概念时对其作出了分类,一种是以国际习惯为基础的单独强行性规则,另一种是有关善良道德的一般法律原则。尽管其突出了第二种强行法的重要性,但其有意识地保留了源于国家默示同意的强行法规则的可能性,并对两种来源的强行法作出了区分。其在拟定强行法规则时的表述也体现了这种二分:"条约如果违反一般国际法强制性规范或违反善良道德则无效。"[158] 然而,在将强行法概念实证化的过程中,人们对强行法概念的理解混淆了这种区分,将不同来源的强行法合二为一。人们一方面规定了国际强行法的国家同意基础,另一方面又明示或暗示国际强行法是国际社会基本价值或公共利益的反映。"或"变成了"和"。尽管主客观二分在法哲学领域饱经挑战,但简单地将两种来源合二为一却面临着无法自洽的尴尬处境。与国内法上一样,个体之间形成的普遍合意,并不一定能与国际社会的基本价值或公共利益相符合,即便符合也不一定具有直接的相关性。要求同时符合绝大多数国家同意的严格标准,以及国际社会公共利益的客观考量,极大地限缩了国际法上强行法规则的范围。

概念"错位"的第三个原因,是"国内法类比"方法的局限性。首先,也是最为关键的,国内强行法概念中的"强行性"或"强制性",实际上包含了双重含义:其乃"是"与"应当"的结合。无论是强行法中的禁止性规范、义务性规范甚或赋权性规范,其在每一个以法律条文表达的命令背后,都同时体现着作为实体评判标准的公序良俗或公共政策给出的"应然"命令,和以国家机器作为强制执行之保障的权威命令。"违反强行法的法律行为无效"这个最为抽象的一般规则,可以被视为是一种基于违反强行法所体现价值的规范性评判;但与此同时,其暗含着一个确定

---

〔158〕 *Supra* note 118,577.

的、对于其法律后果的保障,也即每一个"应当"具有强制力的规范背后,都有国家权力机构保障这种强制力的实际施行。而国际法上强行法的"强制性",则更多是凯尔森意义上规范性、应然性的强制性,而非事实层面的强制性。如果说人民主权作为一种"虚构"构成国家强制执法的正当性基础,那么至少这种"虚构"已然被制度化为自下而上的选举程序与自上而下的权威执行机制。赋予国际强行法以正当性基础的自然法学说,则显然还停留在乌托邦的层面,既未能从规制对象(即主权国家)那里发展出一套确定法律规则的程序,也未能构建有力、公平的执行机制。其次,这种类比忽略或低估了国际法上"道德"或"公共利益"的不确定性。尽管国内法上的公序良俗与公共政策同样是抽象的原则,但其并未对国内法的安定性造成破坏;但国际法基本价值的理念却可能成为不确定性的来源。在国内法层面,社会共识似乎被构想为是易于达成的,虽然共识的内容可能随时间发生变化,但社会共识的存在本身并不会被质疑——在涉及强行法的判断和适用的案例中,法官成为社会共识的代言人。在国际法领域,虽然人们一度对将普遍的伦理道德引入国际法热情高涨,但随着地域冲突的层出不穷,与后现代思潮的解构与冲击,这种乐观主义逐渐被视为一种理想主义的空想。

五、结论

我们今天所理解的国际强行法概念是概念挪用、混淆和杂糅的产物。毫无疑问,这种概念的复杂性与歧义性加剧了识别和适用强行法规则的难度。通过对国内法体系中强行法概念的引入和发展的阐述,我们可以对照得出国际强行法(和任意法)概念在多大程度上偏离了原本的语义和语境。通过回溯强行法概念在国际法上引入和发展的历史,我们可以理解自然法和实证法传统各自在何种意义上形塑着我们今天对国际强行法概念的理解与困惑。然而,真正的困难或许在于,即便我们完全依照国内法的概念与制度设计,将强行法划分为国际宪法、公法、技术性规范,我们也难以逃脱和弥补国际现实的不同境况带来的适用性上的显著差异。

当今的国际强行法面临规则含混空白而影响日益扩大的处境。在一个共同体意识日益增强,而多样性和差异性日益显现的时代,越多的分歧意味着对统一而有效的国际法秩序愈加强烈渴望。人们寄希望于借助国际机构对"国际公共利益"或"国际社会基本道德"达成共识,并寻求在此过程中增加自身的话语权,但这种共识能否达成甚至是否可能的问题,受到了理论和实践的双重挑战。国际强行法概念的模糊性为各国都提供了一个借以实现自身诉求的工具,但其也暗示了一种潜在的危机。正如菲德罗斯最早曾运用强行法为一种反国际体系的德意志民族主义辩护,在不同的国际法学者与国际行为者眼中,具有道德强行性、构成国际社会之基础的,可能是完全不同的价值。在这个意义上,国际强行法概念的"一贯反对者"施瓦曾伯格对这一概念"完全适合虚伪时代的特点"的嘲讽,以及韦伊教授对其可能破坏国际法秩序稳定性的担忧不无道理。尽管强行法概念是 19 世纪概念再造的产物,但其所反映的从罗马私法类比适用于国际法的思维,似乎本身就暗含着政治—天主教帝国的扩张性视角,并最终导向为"强权即公理"的国际政治现实辩护。如何通过概念重塑来重新获得国际强行法的理论与现实自洽性,如何转变对国际强行法所能实现之功能的期待而使其获得现实意义,这是亟待强行法的支持者们反思并回应的问题。

The Concept of *Jus Cogens* in International Law: A Historical and Comparative Review

Pengbei Huang

Abstract: Though there're abundant study on the historical sources of *jus cogens* in international law, few of them explains how and why *jus cogens* as an internal legal concept has been chosen to be introduced into international law, or compares the respective meanings of the concept in internal and international law. By elaborating the creation and further development of *jus cogens* in internal law, as well as looking back upon the process of its introduction into international law, we may recognize that the word "*jus cogens*" (and "*jusdispositivum*" as the opposite concept) in international law has been deviated seriously from its original connotation and context. We may further figure out the role taken separately by the natural law and positive law tradition in the formation of present-day perception and confusion around the concept of *jus cogens* in international law. The "misplacement" of *jus cogens* in international law has complicate and confound the concept in several ways, which shall be responsible for the transition of *jus cogens* as a positive regulation with ample juridical practice in internal legal system towards an unenforceable fantasy with endless controversies in international law.

Keywords: *jus cogens*, *jus dispositivum*, peremptory norms of international law, the Pandektistik, Alfred Verdross

国际条约的国内适用:基于预先承诺理论的分析

◇ 赵亚琦[*]

【内容摘要】国际条约如何在国内适用在我国仍然是一个悬而未决的问题,而解决这一问题的一个前提是明确条约适用规则对本国利益会带来怎样的影响。本文引入预先承诺理论对这一问题进行讨论,并得出结论:一国对于巩固国内政策和提升国际声誉的需要越迫切,就越适宜规定确保条约适用的严格的适用规则,而当国家对上述目标的需求降低或者发展出替代措施时,严格的条约适用规则的弊端就会促使该国转向限制生效条约在国内的适用。这一结论不仅符合美国和荷兰的条约适用的实践,同样可以解释我国在条约适用规则上的转变。

【关键词】国际条约的国内适用;预先承诺理论;中国的条约适用规则

一、问题的提出

国际条约的国内适用问题是指已经对我国生效的国际条约在我国国内是否能够实施以及如何实施的问题,包含生效条约在我国国内法中是否具有法律地位、生效条约的实施是否需要额外立法程序以及条约在我国法律中的位阶等问题。随着《缔结条约管理办法》于 2023 年 1 月 1 日实施,我国关于条约缔结、批准和生效的程序得以完善,但生效条约如何在我国国内适用仍然是一个悬而未决的问题,而《民法典》的生效使得这一问题更为突出。在《民法典》生效之前,由于我国《宪法》和《立法法》未对条约的国内适用作出规定,原《民法通则》第 142 条规定的"中华人民共和国缔结或者参加的国际条约同中华人民共和国的民事法律有

---

* 赵亚琦:北京大学法学院博士研究生。

不同规定的,适用国际条约的规定,但中华人民共和国声明保留的条款除外"[1]
成为法院在涉外民事法律关系中适用条约的主要依据,[2]这一规定也作为模板被
纳入其他法律中。但 2021 年 1 月 1 日生效的《民法典》未纳入 142 条也未对条约
适用问题另作规定,并且随着《民法典》生效,原《民法通则》丧失了效力,条约在我
国如何适用的问题变得更为模糊。要解决这一问题,首先需要对条约适用规则本
身有深刻的理解,尤其是要明确不同的条约适用规则对国家利益具有怎样的
影响。

　　然而,现有理论对这一问题的回答不尽如人意,通行的实在国际法并不讨论
这一问题,根据"条约必须遵守"原则,缔约国违反条约义务将承担国际法上的责
任,不受其国内法规定的影响,[3]但条约如何在缔约国内生效属于缔约国的国内
法范畴,虽然近年来国际条约越来越多地规定缔约国应当采取国内措施保证条约
在其国内履行,但始终未深入缔约国应当采取何种措施,一国如何适用国际条约
仍由缔约国自行决定。现有国际法理论中对这一问题有所涉及的是政策定向学
派。政策定向学派起源于 20 世纪 30 年代出现的法律现实主义运动,这一学派主
张法律不仅是规则的总体,而且是"权威的政策抉择的全部过程",[4]一国采取什
么样的规则在其国内适用对其生效国际条约本质上也是一国在条约适用问题上
作出的政策抉择。遵循这一思路,美国国际法学者约翰·杰克森(John Jackson)分
别考察了不同国家在"是否将相关规则纳入宪法、国际条约在国内法中的效力等
级以及国际条约在其国内能否直接适用"这三个问题上的不同选择及不同选择的
组合对本国具有怎样的限制。杰克森的结论是,纳入宪法、直接适用和授予条约
在国内法中具有最高的法律等级,三者结合对本国的限制程度最高,而不作统一
规定由立法机关在批准条约之时"一事一议"地规定条约的适用方式和位阶对本
国的限制程度最低。从减少对本国的限制的角度,杰克森主张一律转化适用的方
式最为可取,而纳入宪法、直接适用和授予条约最高法律等级三者结合应当避

---

[1]　《中华人民共和国民法通则》(已废止),1987 年 1 月 1 日生效。

[2]　车丕照:《〈民法典〉颁行后国际条约与惯例在我国的适用》,载《中国应用法学》2020 年第 6 期,第
6 页。

[3]　参见《维也纳条约法公约》第 46 条,"一国不得援引其同意承受条约拘束之表示为违反该国国内
法关于缔约权限之一项规定之事实以撤销其同意,但违反之情事显明且涉及其具有基本重要性之国内法之
一项规则者,不在此限"。《维也纳条约法公约》,1969 年 5 月 22 日通过,1980 年 1 月 27 日生效。

[4]　白桂梅:《国际法》,北京大学出版社 2010 年版,第 26 页。

免。[5] 然而,杰克森并没有进一步分析条约适用规则对本国的限制具体给本国利益带来了怎样的影响,各国显然也并没有一律采取转化适用的规则,可见条约适用规则与国家利益之间的关系需要更为细致的分析。本文引入预先承诺理论(precommitment theory),旨在从国内和国际两个层面分别分析条约适用规则对本国利益的影响。

二、预先承诺理论的内涵及其适用于国际法的合理性分析

事实上,将预先承诺理论用于国际法领域并非本文首创,国际法学者21世纪初曾经尝试将这一理论引入国际法学中,但很快遭遇了挫折。2002年密歇根大学的国际人权法学者史蒂文·拉特纳(Steven Ratner)在《预先承诺理论与国际法:开启对话》一文中首次提出预先承诺理论可以解释国家作出国际承诺的行为。[6] 该文发表后引起了国际法学界使用这一理论的尝试,[7] 但这些尝试受到了德国国际法学者安妮·彼得斯(Anne Peters)激烈的批判。一方面,彼得斯教授认为预先承诺理论不宜适用于国际法领域,这一理论将国际法的约束力假设为国际主体的自我约束,这和19世纪的绝对主权理论没有本质的区别;另一方面,约束力通常只能发生在两者之间,认为单方的自我约束就能产生约束力逻辑上存在谬误。[8] 然而彼得斯教授上述批判很大程度上源于对这一理论的含义的误解,为了对彼得斯教授的批判进行回应并分析这一理论是适用于国际法学的合理性,首先需要对这一理论的发展脉络进行梳理。

〔5〕 John H Jackson, 'Status of Treaties in Domestic Legal Systems' (1992) 86 *American Journal of International Law* 310.

〔6〕 Steven R. Ratner, 'Precommitment Theory and International Law: Starting Conversation' (2003) 81 *Texas Law Review* 2055.

〔7〕 See Steven R. Ratner, 'Overcoming Temptations to Violate Human Dignity in Times of Crisis: On the Possibilities for Meaningful Self-Restraint' (2004) 5 *Theoretical Inquiries in Law* 81; Stanford Levinson, 'Precommitment and Postcommitment: The Ban on Torture in The Wake of September 11' (2003) 81 *Texas Law Review* 2013; Tom Ginsburg, Svitlana Chernykh and Zachary Elkins, 'Commitment and Diffusion: How and Why National Constitutions Incorporate International Law' (2008) *University of Illinois Law Review* 201.

〔8〕 Anne Peters, 'Precommitment Theory Applied to International Law: Between Sovereignty and Triviality-A Comment on Commitment and Diffusion: How and Why National Constitutions Incorporate International Law' (2008) *University of Illinois Law Review* 239.

(一)预先承诺理论的两个理论分支

预先承诺理论自身包括两个理论分支,具有不同的理论渊源:一支来源于博弈论中的冲突的战略理论;另一支由解释个体行为的"理性行为人理论"发展而来。

1. 作为理性行为人理论的预先承诺理论及其在国际法中的运用

预先承诺理论的理论来源之一是宪法学者乔恩·埃尔斯特(Jon Elster)于1979年提出的"理性行为人理论",[9]这一理论指出人类区别于动物之处是人类具有以牺牲局部利益为代价寻求全局最大利益的能力。人类可以通过预先进行自我约束避免自己由于意志薄弱陷入非理性的状态,行使这种能力的经典模型是希腊神话中尤利西斯为了防止自己受到海妖歌声的蛊惑提前将自己绑在桅杆之上。埃尔斯特首先将这一理论迁移应用到宪法领域,提出宪法可以被看作国家为防止未来的决策者受到激情、偏好的影响作出不明智的决策而作出的预先承诺。[10]

这一理论同样可以用来解释国家缔结国际条约的行为。如果说立宪者通过制定宪法约束主权者未来的行为,国内政府将国内政策与国际义务挂钩同样有可以对未来执政者进行约束、防止未来的决策者推翻该项政策。在这一意义上,国家加入国际条约行为可以被看作国家作出的预先承诺。与通过宪法限制主权者的行为相比,国际法在锁定国内政策方面具有独特的优势:一方面,国际法的主体通常是国家而非政府,因此不受政府更替的影响;另一方面,国际机制超越了任何国家的单一控制,因此很难被缔约国单方变更。国家运用国际机制限制未来主权者行为的方式包括三种:第一,将国内政策与条约义务挂钩,给不履行政策的行为附加国际法责任,提高未来不实施该项政策的法律成本;第二,通过国际授权将国家关于特定事项的决策权让渡给国际组织或国际决策机制,从而使得国家部分或完全失去对相关事项的控制权;第三,除了上述对自身施加的直接限制外,国家引入国际机制还能够担任信息提供者,监督政府在相关事项上的行为并在政府违约时及时告知选民,因此增加了违约者受到惩罚的可能,从而间接对国家构成了约束。[11]

〔9〕 [美]乔恩·埃尔斯特:《尤利西斯与海妖:理性与非理性研究》,秦传安译,上海财经大学出版社2021年版,第1页。

〔10〕 同上注,第78页。

〔11〕 *Supra* note 7,Tom Ginsburg,Svitlana Chernykh and Zachary Elkins,214-217.

2. 作为博弈论的预先承诺理论及其在国际法中的运用

预先承诺理论的另一理论渊源是诺贝尔经济学奖得主托马斯·谢林（Thomas C. Schelling）[12]1960 年创立的冲突的战略理论（The Strategy of Conflict）。冲突的战略理论是一套旨在为国际主体在国际关系中的决策提供指导的、关于解决冲突和谈判策略的一般理论。[13] 这一理论在博弈论领域的一个突出的贡献是论证了一个反直觉的现象：在博弈中，一方如果能够作出可信的承诺限制自己的自由，那么反而会增强该方在谈判中的优势，相反拥有更多自由的一方反而在冲突和博弈中居于劣势。这一理论的经典模型是，两军交战时一方烧毁自己身后唯一的可供撤退的桥梁表明自己绝不退缩，烧桥这一限制自身自由的行为反而增加了该方在交战中的优势。[14] 谢林通过博弈论对这一现象进行了解释，谢林指出大多数的冲突都存在讨价还价的可能性，博弈的目的是通过讨价还价找到双方利益的最佳结合点，从而达到子博弈的最佳均衡（subgame perfect equilibrium）。[15] 在烧桥的例子里，假设 A 国和 B 国交战，A 国和 B 国都有协商、进攻、撤退三种选择，此时 A 国能够获得的最佳均衡状态是己方进攻敌方撤退，但如果此时 B 国烧毁了桥梁即放弃了撤退的可能，那么此时 A 国能获得的最佳均衡状态就变成了双方协商，换言之，B 国放弃了撤退的自由反而获得了优于不烧桥时能获得的最佳均衡状态。简言之，行为者能够通过向竞争对手表明放弃未来从事某些行为的自由，改变对手对其未来行为的预期，从而在当下与对手的博弈中获得优势。

冲突的战略理论尤其适用于包含复杂的利益冲突和博弈的谈判中。谢林在《论谈判》一文中将其理论适用于国际谈判，指出在国际谈判中各国的谈判代表之间拥有的自由裁量权越小的一方，反而在国际谈判中具有更大的优势。其原因在于国际谈判中实际包含着国内和国际层面的"双层博弈"，[16] 国际层面是本国政府和外国代表之间的博弈，国内层面是国内利益集团之间的博弈，双层博弈同时进行。在其他情况相同的前提下，一国政府获得的国内支持越强，其在国际上的博弈能力反而越弱，因为其对手知道它可以尽可能要求该国政府作出更多的让

〔12〕 谢林因为"通过博弈论分析加深了对冲突和合作的理解"而获得了 2005 年诺贝尔经济学奖，颁奖词中特别提及了他的《冲突的战略》一书，参见诺贝尔奖官网〈https://www.nobelprize.org/prizes/economic-sciences/2005/schelling/facts〉（访问日期：2022 年 3 月 5 日）。

〔13〕 ［美］托马斯·谢林：《冲突的战略》，赵华等译，华夏出版社 2011 年版，第 15 页。

〔14〕 同上注。

〔15〕 Jon Elster, 'Don't burn your bridge before you come to it: some ambiguities and complexities of precommitment' (2003) 81 *Texas Law Review* 1751.

〔16〕 同前注 13，第 25 页。

步，该国政府缔结的协定都能被其国内接受；相反一国政府在国内受到的限制越多，该国政府反而可以在国际谈判中以此作为不能让步的理由，其他国家也会顾及这一点而不敢对其过多施压。

3. 两个理论分支之间的分歧与融合

预先承诺理论的两个分支从不同层面解释了主体为什么要进行自我约束。两个分支的最大区别在于对"非理性"的态度，"理性行为人理论"认为非理性是需要通过预先的自我约束着力避免的，但谢林的态度截然相反，谢林认为"在冲突不可避免、决策和动机看似理性的情况下，（从事）'理性'行为并不是一个放之四海而皆准的有利条件"。[17] 在军队烧桥和国际谈判的例子中，给自己留有退路以及在谈判中掌握更大的决定权无疑更符合理性，但军队断绝了自己撤退的可能，谈判者主动限制了自己的权利反而得到了优势。换言之，谢林不仅不认为应着力避免非理性状态，反而提倡在一些情况下通过预先安排主动使自己陷于非理性状态以获得竞争优势。

正因为上述根本分歧，埃尔斯特在早期研究中完全否认和谢林的理论同属预先承诺理论，但随着埃尔斯特与包括谢林本人在内的同时代学者的交流，[18] 埃尔斯特对谢林的理论的态度发生了转变。在 1984 年出版的《解除束缚的尤利西斯：理性、预先约束与约束研究》中，埃尔斯特承认非理性的激情也可以成为人们作出自我约束的理由或动机，例如在热恋中的年轻人，为了防止自己之后屈服于后来的婚外情中的激情，而选择采取更严格的契约婚姻。[19] 到 2002 年，埃尔斯特在《不要在到来前烧毁你的桥：论预先承诺的模糊性与复杂性》[20]一文中已经完全接纳了谢林的理论，埃尔斯特在该文中将谢林主张的行为人通过放弃自己在未来的选择权以获取博弈优势的行为称作战略性预先承诺（strategic precommitment）；将行为人预先作出的旨在限制自己未来的自我约束行为称作非战略性预先承诺（non-strategic precommitment），二者同属预先承诺理论，至此预先承诺理论的完整框架才真正确立。

〔17〕 同前注 13，第 13 页。

〔18〕 埃尔斯特在《解除束缚的尤利西斯》一书的序言和感谢部分写道："本书献给……和托马斯·谢林，过去 20 多年里我与他们的讨论助我充实了本书较早版本中的……论证"，[美]乔恩·埃尔斯特：《解除束缚的尤利西斯：理性、预先约束与约束研究》，秦传安译，上海财经大学出版社 2021 年版，第 3 页。

〔19〕 1997 年路易斯安那州设立契约婚姻制度，契约婚姻比正常的婚姻更难进入也更难离开，同前注 18，第 21 页。

〔20〕 *Supra* note 15，1752.

（二）对于预先承诺理论相关批评的回应

在梳理预先承诺理论的发展脉络并澄清这一理论内涵的基础上,可以发现彼得斯教授对这一理论作出的批评有诸多值得商榷之处。

1. 预先承诺理论并未诉诸绝对主权理论进行辩护

彼得斯教授之所以认为预先承诺理论是 19 世纪绝对主权理论的老调重弹,是因为参考了宪法学者对这一问题的解释。当预先承诺理论被引入宪法领域时,宪法学者同样面临着"自我约束能否产生约束力"的问题,对此以纽约大学的宪法教授史蒂芬·霍尔姆斯(Stephen Holmes)为代表的宪法学者援引神学理论进行了回应。[21] 霍尔姆斯指出,中世纪基督教思想家为了解决上帝能否约束自身的难题,提出唯一能够约束上帝并且不会对上帝的全知全能(omnipotence)造成减损的就是上帝自由且自愿的行动,由此得出主权者自我约束同样不会损害主权的绝对性,由于自我约束维护甚至加强了主权者的权力,因此不构成对君主权力的约束,而应当被看作主权者的自由和权力的施展;此外,相比宣言或令状,法律可以 24 小时不间断地进行统治,因此法律是主权者实施其意志的更为高效的手段。彼得斯教授指出上述论证是 19 世纪的主权至上理论的复现,但问题在于上述路径是宪法学者对预先承诺理论适用于宪法时出现的问题的解释,而并不是预先承诺理论自身的组成部分。

事实上,预先承诺理论的奠基者埃尔斯特并没有回避约束力来源的问题,也并未采用绝对主权的解释路径。埃尔斯特在《解除束缚的尤里西斯》中承认预先承诺理论的适用对象从个人迁移到集体时,可能会面临集体的自我约束能否产生约束力的问题,因为集体的人格身份只是一个拟制,事实上集体并不存在一个统一的自我,也就无从假定今天的自我对未来的自我进行约束。埃尔斯特提供了三种方式来缓解将这一理论从解释个体行为迁移到解释集体行为而造成的困难:第一,可以将集体作出的自我约束的行为分为程序性约束和实质性约束两类,相比而言,程序性约束更容易获得集体成员全体一致的同意,因此更容易被看作是集体作出的预先承诺;第二,将集体内部不同成员和不同时间段的行为看作一个整体,例如,将国家立法机关看作建国时的制宪会议的延续,立法机关投不信任票的方式对行政机关进行监督的行为同样可以看作国家作为一个整体进行的自我约

---

〔21〕　Stephen Holmes, 'Precommitment and the paradox of democracy', in Jon Elster, *Constitutionalism and Democracy* (Cambridge University Press 1988) 211.

束;第三,区分偶发约束和基本约束,后者是集体建立之初有意作出的自我约束,而前者则是集体偶然对自己作出了约束且取得了良好的效果,于是后代选择接受并延续了这种约束,这一区分解释了某些制度的维持虽然不是立宪者在建国之时出于约束后代的目的制定的,但由于其起到了自我约束的效果而得以延续。[22]

2. 对预先承诺理论约束力的来源存在误解

彼得斯教授对预先承诺理论更为核心的批判是这一理论假设预先承诺的约束力仅仅来自主体的自我约束,然而从预先承诺理论的发展脉络来看,自我约束并非预先承诺理论唯一的约束力来源。对这一理论中来自博弈论的分支即战略性预先承诺来说,国家作出自我限制的表示,其目的在于以此改变其他国家对该国未来的行为的预期,从而在当下的博弈中获得优势。战略性预先承诺的约束力并不来自承诺者的自我约束,而是来自承诺者为了增加承诺的可信度而作出的国际法和国内法上的制度安排,以及违反其承诺将承担的国际法和国内法上的显性和隐性的成本。以国家缔结国际条约为例,缔约行为会引起国内民众对于国家政策的未来预期的改变,也会导致其他缔约方对该国的未来行为产生新的预期,如果该国不履行条约义务不仅可能导致国际法上的责任,还可能引发国内法上的责任,同时会带来该国国际声誉和政府国内声誉的下跌,这些后果共同构成了国家作出的战略性预先承诺的约束力。

3. 区分一般承诺和预先承诺的标准值得商榷

更进一步说,彼得斯教授为何将预先承诺理论等同于来自宪法理论的非战略性预先承诺,而忽略了这一理论的另一分支,即来自博弈论的战略性预先承诺?究其源头是因为预先承诺理论被引入国际法学界之时,国际法学者对这一理论的界定就是片面的。2002 年密歇根大学的国际人权法学者史蒂文·拉特纳首次讨论这一理论在国际法中的应用时强调并非所有的国际承诺都构成预先承诺,以条约为例只有缔约国怀着真诚地(*bona fide*)[23] 履行条约义务的意愿,其缔结的国际条约才构成预先承诺,如果缔约只是为了换取其他国家的承诺则不构成预先承诺,典型的例子是一些无核国家加入《核不扩散条约》并不是为了约束自身而是希望以此促使有核国家加入,这样的行为就不构成预先承诺。

拉特纳认为这一区分符合埃尔斯特对这一理论的界定,[24] 这当然是对埃尔斯

---

[22]　同前注 9,第 79—80、103 页。

[23]　*Supra* note 6,2063.

[24]　Ibid.

特的误读。埃尔斯特在2002年发表的奠定预先承诺理论框架的论文中明确对两种预先承诺进行了区分。埃尔斯特以西班牙征服者科尔特斯（Hernán Cortés）为例，科尔特斯烧掉了可供逃跑的船只，以向敌人表明背水一战的决心且也向士兵表明自己作为统帅不会自行逃跑，但实际上科尔特斯偷偷留下了自己的船。从战略性预先承诺的角度来看，只要科尔特斯能够使得敌人和士兵相信他烧毁了所有的船只，就能够在与他们的博弈中获得优势。换言之，战略性预先承诺中的行为可以是"可信但不真诚的"（credibly but untruthfully）。但从非战略性预先承诺的角度来看，科尔特斯的行为在作出之时就不存在约束自己的意思，因而很难将其看作非战略性的预先承诺。由此可见，拉特纳关于真实意图的限制只适用于非战略性预先承诺，并不适用于战略性预先承诺。

　　拉特纳对于预先承诺理论的限制使得战略性预先承诺被排除在这一理论范畴之外，导致战略性预先承诺理论始终未得到国际法学者的重视。然而，从预先承诺理论的理论渊源来看，战略性预先承诺理论比非战略性预先承诺理论更应适用于国际法领域，因为战略性预先承诺理论脱胎于谢林的冲突战略理论，而战略的冲突理论本身就是为解决国际事务中的冲突与合作问题的完整的博弈论。与非战略性预先承诺理论从个体迁移到国家不同，战略性预先承诺理论从创立之初就是为了给国际主体在国际关系中提供决策指引。

　　拉特纳对预先承诺理论的限制导致的另一个问题是，其极大地限缩了非战略性预先承诺理论在国际法领域的适用范围。在国际交往中，如何判断承诺的作出是否仅仅为了影响或约束他国而不包含自我约束的意愿呢？这种对真实意愿的推定几乎是不可能实现的，即使国家的真实意愿不是自我约束，国家也不会作出这样的外在表示，否则就违反了"约定必须遵守"原则。拉特纳自己也承认，"真实意愿"这一限定条件虽然不至于使预先承诺理论完全失去在国际法中适用的可能，但确实极大地增加了这一理论适用于国际法的困难。[25]

　　综上，预先承诺理论之所以在国际法领域未得到充分的应用，并非由于这一理论自身的缺陷，而是由于21世纪初国际法学者将其引入之时只引入了非战略性预先承诺理论而忽视了更为适用的战略性预先承诺理论，并且还对前者进行了不合理的限缩，极大地消减了这一理论在国际法中适用的可能性。

---

〔25〕　*Supra* note 6, 2063.

三、预先承诺理论对国际条约的国内适用规则的分析

一国采用何种国际条约的国内适用规则决定了生效的条约在该国国内能否实施以及如何实施，这一问题本身涉及国际和国内两个层面的利益考量。预先承诺理论中的非战略性预先承诺理论能够分析条约适用规则在国内层面的影响，战略性预先承诺理论则展现了条约适用规则在国际博弈中的作用。

（一）国内层面：巩固国内政策

从非战略性预先承诺理论的视角分析，条约的国内适用规则在国内层面可以作为国家巩固国内政策的工具，在这一意义上，条约的国内适用规则能够发挥"双重规锁"的作用。一方面，缔结国际条约的行为本身就构成了国家作出的预先承诺，通过将国内政策与国际条约义务挂钩可以有效地向民众表明自己履行该项政策的决心，[26]同时有利于防止未来的决策者推翻该项政策；[27]另一方面，国际条约的国内适用规则给相关国际条约的履行提供了国内法上的保障，并且决定了国家通过缔结国际条约作出的预先承诺的可信度。如果一国采取较为宽松的条约适用模式，例如，生效条约一律由国内立法机关根据条约内容的转化适用，那么该国立法机关可以在转化过程中对条约的规定进行再解释以削减本国所需要承担的条约义务，也可以规定该条约在国内法上具有较低的位阶从而可以轻易地被高位阶的国内法推翻。此外，如果该国立法机关拖延立法、迟迟不对该条约如何适用作出规定，则条约在很长一段时间里甚至无法在该国被适用。相反，如果一国规定较为严格的条约适用规则，例如，条约一经生效就具有国内法的效力、能够在本国国内直接适用，且其效力等级相当于宪法甚至高于宪法，那么该国不履行条约义务不仅可能导致国际法上的责任，还会引发国内法的责任；同时由于条约的位阶较高很难被国内立法推翻，那么除非退出条约，否则条约就会对该国在国内法

---

〔26〕 例如，1919 年捷克斯洛伐克与美国、英国、法国、意大利和日本签订了《主要盟国与同盟国与捷克斯洛伐克条约》(*Treaty between the Principal Allied and Associated Powers and Czechoslovakia*)承诺"保证捷克斯洛伐克的体制符合自由和正义的原则，并给予主权的领土上的每一个居民可靠的（权利）保证"，以此向其本国民众表明了保护少数族裔的决心。See 'Office of the Historian'，〈https://history.state.gov/historicaldocuments/frus1919Parisv13/ch30〉(accessed 20 April 2023).

〔27〕 例如，德国总理赫尔穆特·科尔(Helmut Kohl)为了防止接替他的社会民主党总理上台后放弃现有的货币政策和经济政策，着力推动将"保持经济稳定"这一目标加入欧盟法律框架中。*Supra* note 8,244.

层面上形成相当持久和强有力的约束,相比国际法,来自国内法的约束力和执行力通常对国内行为者具有更直接的作用力。可见,条约适用规则越是严格就越有利于巩固国内政策,但是,如果其他缔约国的条约适用规则较为宽松,那么规定较为严格的条约适用的国家在履行条约上承担着比其他缔约国更大的履约压力。

（二）国际层面：双重作用

在国际层面,国际条约的国内适用规则对本国利益起到两方面的作用。

1. 提升国际声誉,吸引国际合作

战略性预先承诺理论指出,国际条约的国内适用规则作为国家作出的预先承诺不仅能够对自身进行限制,也能向其他缔约国发出信号表明本国履行国际条约的决心,从而影响其他国家对该国的评价。一国规定的条约适用规则越宽松,该国根据国内法逃避适用条约的理由就越多,虽然国家不能以国内法作为逃避承担国际责任的理由,但宽松的国内法使得不履行国际条约的行为不会引发国内法上的责任,事实上增大了国家不履行其缔结的条约的可能性。对于其他缔约国来说,宽松的条约适用规则意味着一国即使缔结了条约,该条约在该国国内也很可能不被适用,那么其他国家就无法相信该国通过缔结条约作出的国际承诺,因此该国缔结国际条约的行为无法提升该国的国际声誉,也无法激发其他国家与其进行国际合作的积极性。相反,一国制定严格的条约适用规则确保条约一经生效就能在该国国内实施,并且条约义务在国内不易被之后的国内法推翻,这无疑更有利于吸引国际合作并提升该国的国际声誉。

2. 影响本国在国际谈判中的相对优势

对于条约国内适用规则在国际层面的作用,战略性预先承诺的另一种解释是,在国际谈判中,谈判自由裁量权越小的一方政府反而具有更大的谈判优势。国际条约的国内适用规则就是对政府在国际协商中自由的一项重要限制。如果一国采取较为严格的条约适用规则,即生效条约一定能在本国被执行,那么其他缔约方可以尽可能在谈判中对该国政府施压,因为无论达成什么样的条约都会被该国国内所接受。但如果国家采取较为宽松的条约适用规则,那么即使缔结了条约,在该国国内也可能受到立法机关的限制或者不被司法机关在裁判中适用,基于这一事实,一方面该国政府在国际协商过程中可以以其在国内受到的限制为由表明无法作出让步,另一方面其他缔约方为了确保条约在其国内的实施也会克制在谈判中对该国政府施压。因此,较为严格的条约适用规则反而赋予该国政府在国际谈判中的优势。

（三）总结

综合条约适用规则在国际和国内两个层面对本国利益的影响可以发现，一国规定较为严格的条约适用规则确保条约在国内的履行，有利于巩固国内政策并提升该国的国际声誉并吸引国际合作，但可能削弱该国政府在国际谈判中的相对优势，同时使得该国承担相比其他缔约国更大的压力；而较为宽松的条约适用规则虽然无法巩固国内政策也不利于提升该国国际声誉，但有利于该国政府在国际谈判中享有更多的优势并在履约方面享有更多的自由。基于此，一国适宜采取怎样的条约适用规则取决于该国在巩固国内政策、提升国际声誉与应对国际交往的压力中如何进行利益权衡，一国对于巩固国际政策和提升国际声誉的需要越迫切，就越适宜规定较为严格的条约适用规则，这一点尤其体现在新生国家建国初期，[28]而当国家对上述目标的需求降低或者发展出替代措施而不必主要依赖国际机制实现上述目标时，严格的条约适用规则的弊端就会促使该国转而限制生效条约在国内的适用。

四、预先承诺理论对具体国家实践的解释力

预先承诺理论对国际条约适用规则的解释符合具体的国家实践。在各国实践中，美国 1787 年宪法最早纳入了条约适用规则，[29]而荷兰宪法被认定最具有"国际法友好"的倾向，[30]两国在建国初期都规定了极为严格的条约适用规则，但在之后条约的实践中都出现了限制条约适用的转向，而这一转向同样出现在我国的条约实践中。

（一）美国条约适用规则的转变

美国 1787 年宪法关于条约的国内适用采取了相当严格的立场。美国 1787 年

---

[28] *Supra* note 7, Tom Ginsburg, Svitlana Chernykh and Zachary Elkins, 201. 该文比较了 363 部现行宪法和约 150 部历史宪法，发现新生国家在宪法中明确对条约适用作出规定并给予条约高于法律之地位的比例达到了 26%，而建立已久的国家的宪法中包含此类规定的比例只占 8%。

[29] Antonio Cassese, 'Modern Constitutions and International Law' (1985) 192 *Recueil des Cours: Collected Courses of the Hague Academy of International Law* 352.

[30] Thomas Buergenthal, 'Self-executing and non-self-executing treaties in national and international law' (1992) 235 *Recueil des Cours: Collected Courses of the Hague Academy of international law* 370.

宪法第 6 条第 2 款规定"本宪法及依本宪法所制定之合众国法律;以及合众国已经缔结及将要缔结的一切条约,皆为全国之最高法律;各州之法官均受其约束……",[31] 这一条款明确了两点:第一,国际条约在美国无须经过立法机关转化直接具有国内法的效力;第二,条约在国内法中具有和宪法及联邦法律同等位阶,都为本国最高法律。从美国制宪史的记录来看,美国宪法采取这一严格的条约适用规则是制宪者刻意为之的结果。

1. 美国宪法中关于条约适用问题的规则分析

在制宪会议上,关于条约如何在国内适用存在四种方案:一是 1787 年制宪会议召开的前一年,美国邦联时期的中央机构"大陆会议"(Continental Congress)通过的政府外交部部长约翰·杰伊(John Jay)关于条约问题的报告,该报告主张"由大陆会议缔结、批准并公布的条约即刻对全国产生约束力且并入全国法律";[32] 二是詹姆斯·麦迪逊(James Madison)提出的方案,将条约分为仅需总统和参议院特定行为的条约与在其作为法律生效前还需众议院采取措施的条约两种分别处理;三是"弗吉尼亚方案",该方案主张由立法机关将每项条约义务转化为国内法;四是"新泽西方案",该方案宣布宪法、联邦法律和条约自动具有国内法效力,并指示法院赋予它们直接效力。最终制宪者采纳了最后一种方案,将其写入宪法第 6 条第 2 款。[33] 比较这四种方案,最终被采纳的新泽西方案最为严格,既不需要国会公布也不需要立法机关立法转化,条约一经生效就自动获得国内法的效力并且能够被法院适用。美国第一任总统乔治·华盛顿在 1796 年写给众议院的公文中直接表明了这一严格适用的立场:"每一(正当批准的)条约……从那时起成为国家法律的一部分","所有条约都是必须履行的……没有必要经过众议院的同意"。[34]

在美国 1787 年宪法中,还有一条规则能够反映美国建国初期立宪者对待条约适用的严格立场,即第 1 条第 8 款"国会有权界定和惩罚公海上的海盗和犯罪行为以及违反国际法的行为。"[35] 关于这一条,美国最高法院的约瑟夫·斯托里(Joseph Story)法官指出,如果只限于海盗行为,宪法没有必要授予国会"界定和惩

---

[31]　Constitution of the United States, article 6, section 2.

[32]　Jordan G. Pouts, *International Law as Law of the United States* (Caroline Academic Press 1996) 51.

[33]　Carlos Manuel Vázquez, 'The Four Doctrines of Self-Executing Treaties' (1995) 89 *American Journal of International Law* 695.

[34]　Max Farrand(ed.), 3 *The Records of the Federal Convention of* 1787 (Yale University Press 1911) 371.

[35]　Ibid.

罚"的权力而只需要授予"惩罚"的权力即可,因为通常惩罚的权力必然包括确定该罪行的定义的权利,而且海盗行为在国际法中已经有了明确的定义。宪法之所以授予国会"界定"权,其真正的意图是希望立法机关界定在国内法中的哪些犯罪行为应当被认定为海盗行为以及违反国际法的行为。[36] 路易斯·亨金(Louis Henkin)也认同这一观点,他指出这一规则表明"国际法在制宪者心中占据着重要地位",[37]制宪者认识到为了使国内立法机构履行国际义务,必须使违反国际法的行为在国内法中也成为应受惩罚的罪行。美国宪法中的第 1 条第 8 款与第 2 条第 6 款共同表明,在美国建国初期立宪者关于条约适用秉持相当严格的态度,希望通过宪法切实确保条约在国内的实施。

2. 自执行条约概念的创立

美国法院早期的判决忠实地反映了上述立宪意图——将条约不加区分地一律作为国内法直接在裁判中适用,[38]但随着 1829 年"福斯特诉尼尔森案"(*Foster v. Neilson*,以下简称 *Foster* 案)引入自执行条约和非自执行条约区分,宪法中严格适用条约的立场被极大地动摇了。

自执行条约是指一经生效不需国内机关采取额外的措施即可在裁判中被直接适用的条约,而非自执行条约则需要立法机关颁布现行规定才能在法院裁判中被适用。这一区分起源于美国最高法院的首席大法官马歇尔法官在 *Foster* 案中的意见。在 *Foster* 案中,原告根据 1819 年的《美国和西班牙友好条约》向美国法院主张对西佛罗里达一块土地的所有权,马歇尔法官拒绝认定该条约能够被直接适用,原因在于:

> (虽然)美国宪法宣称条约是本国法律,在法院中应与本国立法同等被考虑……但当条约规则中包含了一项契约时,当条约要求任何一方承诺执行一项特定的行为时,条约针对的是政治部门,而不是司法部门;立法机关必须先执行该契约,条约规则才能被法院援引……本案中讨论的条文并不是"授权应当有效"(shall be valid),而是"授权应当被批准和确认"(shall be ratified and confirmed),那么应当被谁批准和确认呢?这似乎是一个关于立法机关的

---

[36] Joseph Story, *Commentaries on the Constitution of the United States: with a Preliminary Review of the Constitutional History of the Colonies and States Before the Adoption of the Constitution* 1983(Little Brown and Company 1873)81-88.

[37] Louis Henkin, *Foreign Affairs and the Constitution*(Norton and Co. 1972)68.

[38] 吕宏:《论国际条约在美国的司法执行》,外交学院 2003 年硕士学位论文,第 34 页。

行为的契约……（因此）在立法机关通过这样的法案之前，法院不能无视有关这一问题的现行法律。[39]

马歇尔法官在 Foster 案中首次宣布了某一条约无法直接适用，但仅 4 年后，在"美国诉佩尔奇曼案"（United States v. Percheman，以下简称 Percheman 案）中，马歇尔法官对于同一个条约却作出了截然相反的判决。在 Percheman 案中，原告提供了该条约的西班牙语版本，Foster 案中涉及的"授权应当被批准和确认"（shall be ratified and confirmed）在西班牙语中被表述为"授权应当保持批准和确认的状态"（shall remain ratified and confirmed），根据这一版本，马歇尔法官认为"虽然应被批准和确认（shall be ratified and confirmed）可以被恰当地理解为规定了未来的立法行为，但并不必然如此，也可能意味着通过条约自身的力量得到批准和确认（by force of the instrument itself）"。[40] 根据这一说理，法院授予该条款可以被直接适用的效力。

Foster 案和 Percheman 案多年来作为分析自执行条约与非自执行条约的区分标准的经典案例而被反复援引，但从判决之中可以发现二者的区分标准并不明确。事实上，正如托马斯·比尔根塔尔（Thomas Buergenthal）在海牙国际法学会的演讲中指出的那样，美国最高法院在两个案件中的不同态度与条约文本并无关系，[41] 而是源于美国在两个案件中的利益不同，美国对 Percheman 案中所涉及的土地归属没有争议，而美国和西班牙对于 Foster 案涉及的土地存在领土争议。关于 Foster 案涉及的土地，美国声称于 1803 年从法国购买，而西班牙主张该领土原属西班牙，直到通过 1819 年《美西条约》转让给美国。如果认定 Foster 案中的条约有效，相当于承认这一土地在原告主张获得授权之时属于西班牙。马歇尔法官在判决中清楚地表明了领土归属问题对认定条约是否可以直接适用的影响，他指出："如果一个国家从事对外交往的部门为了主张和维护本国的利益，明确地宣称对其所拥有的领土具有统治权（rights of dominion）……那么该国的法院就不应否定这一解释。国家边界问题事实上不是一个法律问题而是一个政治问题，任何国家的法院在这样的问题上都应该尊重立法机关表达出的立场。"[42] 换言之，美国最高法院之所以认定这一条约是非自执行的，并非是出于对条约自身属性的区

[39] Foster v. Neilson [1829] 27 U. S. 253 (2 Pet.) , pp. 314-315.

[40] United States v. Percheman [1833] 32. U. S. 51 (7 Pet.) , p. 89.

[41] Supra note 30 , 373.

[42] Supra note 30 , 309-311.

分,而是源于法院不希望在领土归属问题上采取和行政机关相反的立场。

自执行条约和非自执行条约的区分表明了美国在条约适用问题上立场的转变。一方面,其将宪法规定的"条约一律在国内法中的具有直接效力"削减为只有自执行条约才同时具有国内法上的直接效力和在法院中直接被适用的资格;另一方面,自执行条约和非自执行条约的区分从创立之时就没有明确的区分标准,而在之后的司法实践中二者的区分标准甚至更为模糊,[43]这就使得法院能够更轻易地将条约划为非自执行条约从而进一步限制条约在国内的适用。

(二)荷兰条约适用规则的转变

荷兰的条约适用规则也经历了从确保条约适用到限制条约适用的转变。荷兰宪法之所以被认定为宪法史上对国际法体系最为友好、开放程度最高的宪法,[44]主要是由于条约在荷兰能够直接适用,并且宪法授予了条约高于自身的地位。然而这一评价对于 1953 年的荷兰宪法或许是成立的,但对荷兰现行宪法来说却并非如此。荷兰现行宪法即 1983 年宪法中关于条约位阶的规定为第 94 条"国内法如果与约束所有人的国际条约和决议冲突,则该国内法不适用",[45]这一规定来自 1953 年荷兰宪法,但 1953 年宪法的立宪者明确指出其中的"国内法律"(legislation)包括宪法,[46]即宪法若与条约冲突,则宪法也不应被适用,而这一条被纳入现行宪法时"国内法律"(legislation)一词被换成了"法律规定"(statutory regulations)并且未对这一概念进行说明,围绕"法律规定"是否包含宪法,荷兰学者进行了激烈的争论,但至今并无定论。[47] 换言之,时至今日,条约在荷兰国内法中是否还具有高于宪法的地位存在争议,荷兰现行宪法与 1953 年宪法相比在确保条约在国内实施方面显然采取了更为保守的立场。

荷兰 1956 年颁布的宪法修正案更为明显地限缩了条约的适用,该修正案正式引入自执行条约和非自执行条约的分类。1956 年修正案指出,1953 年宪法第 93 条规定"条约和国际组织的决议内容上约束所有人的一经发布即生效",因此

---

〔43〕 *Supra* note 30,395.

〔44〕 Joseph Fleuren,'The Application of Public International Law by Dutch Courts' (2010) 57 *Netherlands International Law Review* 245.

〔45〕 该法律的英文版见 J. G. Brouwer,'National Treaty Law and Practice:The Netherlands' (1999) *Studies in Transnational Legal Policy*,156-162。

〔46〕 *Supra* note 29,410.

〔47〕 *Supra* note 29,411.

只有"约束所有人"的条约才具有直接效力。荷兰法院判例法中将"约束所有人"进一步解释为指条约自身足够清晰以能够在国内法律秩序中适用而不需要额外的立法,即为能够自执行的条约。虽然 1956 年修正案中关于引入这区分给出的理由是出于国内分权和制衡的考量,[48]但相较于 1953 年宪法,1956 年修正案的颁布使得事实上只有自执行条约才能够在荷兰法院中直接适用并可能具有高于宪法的地位。同时,与美国一样,荷兰法院关于自执行条约和非自执行条约的区分标准也是模糊的,从而法院可以通过将条约解释为非自执行条约,以规避条约与国内法直接的冲突。由此可见,通过 1956 年宪法修正案以及 1983 年修宪,1953 年荷兰早期宪法中对严格确保条约适用的立场也被极大地动摇了。

(三)我国条约适用规则的实践

从 1982 年《民事诉讼法(试行)》首次对条约在国内的适用作出法律规定,到 2021 年《民法典》的生效事实上废止了前述规定,我国在条约适用问题上的立场经历了三个阶段的演变,这一过程同样体现了从确保条约在国内实施到对条约的国内适用逐步限制的转变。

1. 第一阶段:条约在国内直接适用且优先适用为主流

第一阶段是从 1982 年《民事诉讼法》(试行)颁布直至加入世贸组织前。这一阶段我国学界和实务界都对条约适用抱有相当严格的立场。1982 年《民事诉讼法(试行)》第 189 条最早对条约适用问题进行了规定,该条之后被纳入 1986 年《民法通则》第 142 条,第 142 条第 2 款规定"中华人民共和国缔结或者参加的国际条约同中华人民共和国的民事法律有不同规定的,适用国际条约的规定,但中华人民共和国声明保留的条款除外"。在这一阶段,一方面,学者们普遍主张我国存在转化和纳入适用的实践,但以纳入即直接适用为主;[49]另一方面,学界普遍认为原《民法通则》第 142 条赋予了条约优于法律的地位。[50]

事实上在这一阶段,条约直接适用且优于法律的立场不仅限于民事法律领域,还渗透到刑事法律领域。1987 年,我国国务院总理向全国人民代表大会常务委员会提交议案,提出"为使我国因加入或批准(有关犯罪行为)的这类条约而承

---

〔48〕 *Supra note 44* ,245-266.

〔49〕 王铁崖:《条约在中国法律制度中的地位》,载《中国国际法年刊(1994 年)》,第 3—18 页;李兆杰:《条约在我国国内法效力若干问题之探讨》,载《中国国际法年刊(1993 年)》,第 280—290 页;王丽玉:《国际条约在中国国内法中的适用》,载《中国国际法年刊(1993 年)》,第 290—305 页。

〔50〕 同上注。

担的国际义务同国内法的规定有机地衔接起来……有必要提请全国人大常委会作出决定：中华人民共和国对其缔结或者参加的国际条约所规定的犯罪行为，将视为国内法上的犯罪，在其承担条约义务的范围内，对上述犯罪行为行使刑事管辖权"。[51] 对此全国人民代表大会常务委员会作出了肯定的回复。更具普遍性的是 1987 年 8 月 27 日，外交部、最高人民法院、最高人民检察院、公安部、国家安全部、司法部联合作出《关于处理涉外案件若干问题的规定》，该规定指出"当国内法以及某些内部规定同我国所承担的条约义务发生冲突时，应适用国际条约的有关规定"。该规定还表明了秉持上述立场的原因："这既有利于维护我国的信誉，也有利于保护我国国民在国外的合法权益。"[52]

综上可见，我国最初在条约适用方面采取严格的确保适用的立场，这一阶段我国正处于对外开放的初期，严格的条约适用规则契合了我国提升国际声誉、吸引国际合作的迫切需求。

2. 第二阶段：条约直接适用且优先适用的立场发生动摇

我国条约适用演变的第二阶段开始于加入世贸组织前夕，这一阶段我国迫切需要解决世贸组织的规则如何在国内适用的问题。面对世贸规则对国内法的冲击，关键问题是如何"完善我国的法律保障机制……以便尽可能在与 WTO 法不抵触的前提下，保障本国的国家经济利益及其国民权益的法律运行机制"。[53] 基于上述关切，这一阶段学者普遍反对将原《民法通则》第 142 条解释为条约直接适用且优于法律。

关于条约的直接适用，万鄂湘教授提出包括原《民法通则》第 142 条在内的现有立法中关于条约具有优于法律的地位的规定"只反映了立法政策的倾向，而不是具有普遍拘束力的宪法性规定。如果从有限的个别法的规定，推出带有普遍性的法律规定显然是有悖逻辑的"。[54] 张乃根教授更是直接指出，如果根据原《民法通则》第 142 条的规定，生效的世贸组织协定以及在世贸组织框架下不断产生的协定都将在我国优于民事法律得到直接适用，"这类直接适用可能导致不利于保护我国国家及其国民经济利益的后果；如果不适用，又可能违背我国承担的国

---

〔51〕 同前注 49，王铁崖文，第 3—18 页。
〔52〕 同前注 49，李兆杰文，第 269 页。
〔53〕 张乃根：《论 WTO 与我国的法律保障机制》，载《复旦学报（社会科学版）》1999 年第 5 期，第 4—10 页。
〔54〕 万鄂湘、孙焕为：《论多边商贸条约在中国的适用》，载《中国对外贸易》2001 年第 6 期，第 15—16 页。

际义务",[55]原《民法通则》第 142 条的规定将导致我国实践陷入两难。关于条约
优先适用,学者指出,我国 1990 年通过的《缔约程序法》将国际条约分为条约、重
要协定、协定和其他具有条约协定性质的文件,并规定了不同的缔约和批准程序,
而第 142 条规定不同等级的条约一律高于法律显然不尽合理,因此有学者提出根
据缔结或批准的机关划分条约的等级,即全国人大常委会批准的条约等于法律,
低于宪法和基本法律,国务院缔结的条约等于行政法规,只有处于同一效力等级
的条约才优于法律,如果低等级的条约和高等级的法律冲突,则不应牺牲国内法
利益,应该修改、退出、解释条约。[56]

在这一阶段,我国实务界也开始了限制条约适用的转向。最具代表性的是
2002 年 8 月 27 日最高人民法院审判委员会通过的《最高人民法院关于审理国际
贸易行政案件若干问题的规定》。该司法解释第 7 条规定,人民法院应当依据法
律、行政法规以及地方性法规审理国际贸易行政案件。据此,WTO 协定被排除在
可适用的法律渊源之外,[57]这一规定是对第一阶段条约直接适用立场的直接
背离。

3. 第三阶段:彻底批判条约直接适用且优先适用的立场

第三阶段的讨论围绕"条约入宪"的主张展开,这一阶段学者主张应由宪法规
定条约如何在国内适用。从表面上看,这一主张似乎回到了第一阶段确保条约在
国内适用的严格立场,但如果考察学者们关于入宪理由的论证,就会发现其实并
非如此。

第一,条约入宪的主张建立在对原《民法通则》第 142 条更为彻底的批判之上。
这一阶段的讨论否认了原《民法通则》第 142 条能够作为调整条约适用问题的一般
规则,学者提出原《民法通则》第 142 条并非是关于条约的国内效力的规定,而是为
了解决条约与我国法律冲突时如何处理的问题,其性质上是一个冲突适用规定[58]
或冲突选择规定,[59]而条约的国内效力问题涉及国内法对国际法的接纳、国内机关
之间的权力分配、重大国内事务和中央与地方的关系,[60]原《民法通则》的规制范围

---

〔55〕 同前注 53。

〔56〕 车丕照:《论条约在我国的适用》,载《法学杂志》2005 年第 3 期,第 96—99 页。

〔57〕 彭岳:《WTO 协定在国内法院的适用:中国入世廿年的理论与实践》,载《上海对外经贸大学学报》
2021 年第 4 期,第 10 页。

〔58〕 李鸣:《应从立法上考虑条约在我国的效力问题》,载《中外法学》2006 年第 3 期,第 351—360 页。

〔59〕 刘永伟:《国际条约在中国适用新论》,载《法学家》2007 年第 2 期,第 143—151 页。

〔60〕 同前注 58。

和效力等级决定了其无法对这一问题进行规定,该问题只能通过宪法进行规制。

第二,对条约等级论的批判。在第二阶段中,学者针对原《民法通则》第142条不区分条约等级的问题,提出应根据缔约程序对条约等级进行区分,从而对原《民法通则》第142条进行完善。但第三阶段的学者指出这一方案并不成立。一方面,条约等级论不符合国家主权原则。缔约权是主权的一部分,属于最高权,由全国人大常委会、国务院和国家主席共同行使。换言之,无论哪个国家机关以什么名义进行缔约行为,其都是代表国家统一行使缔约权,因此不能以缔约机关的位阶或缔约名义决定所缔结的条约的位阶。[61] 另一方面,从具体程序出发,条约等级论也存在问题。虽然缔约程序和立法程序整体上具有相似性,但实践细节并不相同,以条约为例,全国人大常委会对条约仅进行形式审议并且"一审终审",而不像立法那样进行二读、三读。[62]

第三,这一阶段没有提出宪法应该如何规定的具体主张。第三阶段的讨论虽然围绕条约入宪展开,但并没有对宪法应当如何规定提出具体的方案,个别提出了具体建议的研究也只主张在宪法中"明确条约具有国内法的效力,而对争议较大的条约可直接适用性问题和条约在国内法律体系中的法律位阶问题,最好不作统一规定",[63]可见第三阶段的研究并非回归第一阶段的严格立场,而是将条约入宪作为替代措施,从而对原《民法通则》第142条进行更为彻底的批判。

第三阶段的终点正是2020年《民法典》的颁布,《民法典》的颁布标志着从1982年起的条约适用模式的终结。正如预先承诺理论对条约适用规则的分析,我国条约实践同样经历了初期严格确保条约在国内实施,之后不断限缩,直到《民法典》完全废止了原《民法通则》第142条规定的"当条约与国内法冲突时适用条约"这一过于严格且过于简化的条约适用框架。事实上,对原《民法通则》第142条确立的条约适用框架的不断限缩构成了我国条约适用规则发展的一条暗线。在此基础上,就很容易理解《民法典》没有纳入原《民法通则》第142条的原因。正如第三阶段的学者对第二阶段观点的反思那样,这一规则已经成为我国条约适用规则进一步完善的障碍。《民法典》的生效具有里程碑的意义,它标志着我国学者可以

---

〔61〕 赵建文:《国际条约在中国法律体系中的地位》,载《法学研究》2010年第6期,第190—206页。

〔62〕 易立:《论全国人大常委会的条约权力》,载《法学评论》2017年第4期,第70—77页。对条约等级论的批判还可参见:胡玉鸿、吴萍:《试论法律位阶制度的适用对象》,载《华东政法学院学报》2003年第1期,第38—45页;严音莉:《论条约入宪》,载《法商研究》2008年第4期,第97—103页。

〔63〕 彭岳:《国际条约在国内适用中的制度僵化及其解决》,载《中国法学》2014年第4期,第286—302页。

摆脱原《民法通则》第 142 条设定的框架重新构建符合我国在这一问题上的切实利益的、全新的条约适用机制。

五、结论

本文引入并澄清了预先承诺理论，并以此为基础分析国际条约的国内适用规则对一国在国内和国际两个层面的利益具有怎样的影响。从预先承诺理论出发可以得出结论：一国适宜采取怎样的条约适用规则取决于该国在巩固国内政策、提升国际声誉与应对国际交往的压力间的利益权衡，一国对于巩固国内政策和提升国际声誉的需要越迫切，就越适宜规定较为严格的条约适用规则，而当国家对上述目标的需求降低或者发展出替代措施时，严格的条约适用规则的弊端就会促使该国转向限制生效条约在国内的适用。这一结论不仅符合美国和荷兰的条约实践，同样符合我国的条约适用规则的转变。

Application of Treaties in Domestic Legal Systems：
An Analysis Based on thePrecommitment Theory

Yaqi Zhao

Abstract：The application of international treaties in domestic legal systems is an outstanding issue in China. One of the prerequisites for solving this issue is to clarify the interaction between rules of treaty application and state interests. This paper introduces the precommitment theory into the discussion. It concludes that for states with high demandsfor internal stabilityand international reputation, strict rules of treaty application are more appropriate. However, once these states develop alternative measures to achieve the aforementioned objectives, there are high probabilities for them to turn to restrict the application of treaties in their national legal systems. These conclusions not only accord with the treaty practices in the United States and the Netherlands, but also explain the change of treaty rules and practices in China.

Keywords：Application of Treaties in Domestic Legal Systems；the Precommitment Theory；Rules of Treaty Application in China

阻断法与经济制裁法的对抗适用研究

◇ 沈　玫*

【内容摘要】为了应对经济制裁法的不当域外适用,许多国家进行了阻断立法。阻断法按照形式的不同可以分为清单式阻断法、概括式阻断法和针对特定经济制裁法的阻断法等。在国际商事交易纠纷中,阻断法和经济制裁法将直接发生冲突和对抗,这种对抗体现在立法目的、适用主体、权利义务、判决承认与执行四个方面。阻断法与经济制裁法的对抗关系使得具体案件中的法律适用因法院地的不同存在差异,需要从法院地在阻断国、法院地在被阻断国和法院地在第三国进行类型化分析。阻断法与经济制裁法对抗适用呈现出"阻断法弱势""经济制裁法强势""法院和当事人抉择困境"的结果。为了提高阻断法的法律效能,应当制定更为细化的实施细则和协调机制。

【关键词】阻断法;经济制裁法;强制性规范

近年来,欧盟、美国等组织和国家越来越频繁地发起经济制裁。域外单边经济制裁法的实施给国际商事交易带来了极大的障碍。为了应对单边经济制裁法的不当域外适用,降低国际经济交易中的风险与损失,许多国家都进行了阻断立

* 沈玫:北京大学法学院国际法学博士研究生。本文系国家社科基金(重大)项目"国际私法视域下中国法域外适用的制度构建研究"(项目批准号20&ZD202)的中期成果之一。

法。中国也进行了相关立法,形成了中国反制裁立法体系[1](图1)。中国反制裁立法体系围绕"反制""阻断"两种手段构筑反对外国法律和措施不当域外适用的"法治之矛"和"法治之盾",并以《不可靠实体清单》作为衔接统筹反制工具。

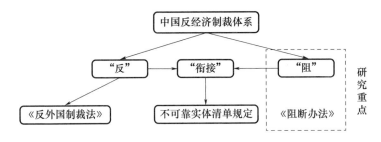

图1　中国反经济制裁立法体系

　　阻断法按照阻断目标和对象的不同,可以分为以阻断域外取证为代表的司法类阻断、以阻断经济制裁法律域外适用为目的的制裁类阻断和对特定对象(例如,反垄断法的法律适用)的阻断等,[2]本文主要研究制裁类阻断法。[3] 在国际商事交易纠纷中,如果国际商事合同同时受到阻断法和经济制裁法的干扰,此时阻断法作为一种实体性的强制性规范与同样作为强制性规范的经济制裁法将直接发生冲突和对抗,这是一种强制性规范之间的冲突。这种冲突一方面直接体现为立法上的对抗;另一方面也体现在法院处理国际商事合同法律适用的过程中。通过分析经济制裁法和阻断法在立法和司法适用过程中的对抗,探究二者对抗适用的效果。

---

　　〔1〕《反外国制裁法》、《不可靠实体清单》和《阻断办法》都是进行制裁与反制裁、遏制与反遏制的"法律战"中的重要工具,但三者侧重不同。《反外国制裁法》侧重于"反",其立法目的在于反制、反击、反对外国对中国采取的单边制裁,同时为我国主动对外采取反制措施提供法律依据。《不可靠实体清单》则是在经贸领域实施反制裁反措施的具体法律工具,是衔接《阻断办法》《反外国制裁法》与《出口管制法》《国家安全法》等法律的统筹反制工具,在性质上属于《出口管制法》的下位法。《反外国制裁法》和《不可靠实体清单》二者的重点都在于"反"。《阻断办法》则是为了阻断外国法律和措施的不当域外适用,核心在于"阻"。如果说《反外国制裁法》和《不可靠实体清单》是中国主动出击反对外国不当措施的"法治之矛",那么《阻断办法》就是中国被动防御外国法律和措施不当域外适用的"法治之盾"。三部法律从主动和被动两个角度构成我国反制裁的法律防御体系。
　　〔2〕 参见商舒:《中国域外规制体系的建构挑战与架构重点——兼论〈阻断外国法律与措施不当域外适用办法〉》,载《国际法研究》2021年第2期,第71页;参见陈若鸿:《阻断法实施的严格进路——欧洲法院伊朗Melli银行案对中国的启示》,载《国际经济法学刊》2022年第2期,第91—109页。
　　〔3〕 无特殊说明情况下,下文提到的阻断法均指制裁类阻断法。

一、阻断法的类型化分析

阻断法在立法模式上主要分为三种模式,分别是清单式立法模式、概括式立法模式和针对特定经济制裁法的立法模式。除此之外,还有一些包含阻断内容的特定法律。

(一)清单式阻断法——欧盟《阻断条例》

清单式阻断法的核心特征在于立法时有专门的附件,在附件中明确列出被阻断法律的清单。与其他类型阻断法相比,清单式阻断法采用附件清单形式更加具有确定性,其中欧盟《阻断条例》是典型的清单式阻断法。

欧盟最早的关于经济制裁的阻断立法可以追溯到 1996 年的《反对第三国立法域外适用条例》(以下简称《阻断条例》)[4],由于美国发布对古巴、伊朗、利比亚等国家的经济制裁,影响了与古巴、伊朗和利比亚国家有密切经济往来的欧盟成员国,欧盟适时出台了《阻断条例》。2008 年 5 月 8 日,美国退出《全面联合行动计划》,重启对伊朗的制裁,在此背景下,欧盟对《阻断条例》进行了修改,修改的主要内容是对 1996 年《阻断条例》的阻断清单附件进行了更新。修改后的《阻断条例》主要包含以下内容。

一是信息披露和报告义务,欧盟《阻断条例》第 2 条规定如果第 11 条[5]中提及的任何人的经济和/或财务利益直接或间接受到附件中规定的法律或基于该法律产生的行动的影响,该人应在 30 天内通知委员会取得该等资料的日期;在法人利益受到影响的情况下,该义务适用于董事、经理和其他负有管理责任的人员;应委员会的要求,此人应在提出要求之日起 30 天内按照委员会的要求提供与本条例有关的所有信息;所有信息应直接或通过成员国的主管当局提交给委员会;如果信息直接提交给委员会,委员会将立即通知提供信息的人居住或注册的成员国的主管当局。[6] 同时在第 3 条中提到了委员会对于上述提供的信息的保密义务。

二是禁止承认与执行制度,欧盟《阻断条例》第 4 条规定,任何法院或法庭的

---

〔4〕 全称为:Council Regulation(EC)No 2271/96 of 22 November 1996 protecting against the effects of the extra-territorial application of legislation adopted by a third country, and actions based thereon or resulting therefrom.

〔5〕 第 11 条的主要内容是对欧盟《阻断条例》适用主体的界定。

〔6〕 EU Council Regulation No. 2271/96(signature:22 November 1996;amendment:7 August 2018;enty into force:4 November 2018) Art. 2.

判决,以及位于共同体以外的行政当局的任何决定,均不得直接或间接地执行附件中规定的法律或不得在任何国家承认或执行基于附件法律产生的行动。[7]

三是禁止遵守制度,欧盟《阻断条例》第 5 条规定,第 11 条所指的任何人均不得直接或通过子公司或其他中间人,故意不遵守任何要求或禁令。[8]

四是追偿诉讼制度,欧盟《阻断条例》第 6 条规定,第 11 条所指的任何人,如果从事第 1 条所指的活动,则有权追回因适用附件中规定的法律或基于该法律的行动而对该人造成的任何损害,包括由此产生的法律费用;此类追偿可以从造成损害的自然人或法人或任何其他实体或代表其行事的任何人或中间人获得。[9]

五是豁免制度,欧盟《阻断条例》第 5 条第 2 款、第 7 条和第 8 条对豁免制度进行了规定。其中第 5 条第 2 款规定,根据第 7 条和第 8 条规定的程序,可以授权个人完全或部分遵守,只要不遵守将严重损害他们或共同体的利益;应根据第 8 条规定的程序确定适用本规定的标准;当有充分证据表明不遵守规定会对自然人或法人造成严重损害时,应迅速向委员会提交第 8 条中提到的根据条例条款采取的适当措施的草案。[10] 第 7 条和第 8 条规定了具体的豁免程序与标准。

2018 年更新后的欧盟《阻断条例》阻断清单附件包含的法律有:《1996 年古巴自由和民主团结法案》(*Cuban Liberty and Democratic Solidarity Act of 1996*)、《1996 年伊朗制裁法》(*Iran Sanctions Act of 1996*)、《2012 年伊朗自由和反扩散法案》(*Iran Freedom and Counter-Proliferation Act of 2012*)、《2012 财年国防授权法》(*National Defense Authorization Act for Fiscal Year 2012*)、《2012 年伊朗减少威胁和叙利亚人权法案》(*Iran Threat Reduction and Syria Human Rights Act of 2012*)、《伊朗交易和制裁条例》(*Iranian Transactions and Sanctions Regulations*)。

(二)概括式阻断法——中国《阻断办法》

概括式阻断法与清单式阻断法最大的区别在于其并没有一个明确的要阻断的法律清单,阻断的内容概括呈现于阻断法条文中,阻断的范围更加宽泛。中国商务部 2021 年发布 1 号令颁布的《阻断外国法律与措施不当域外适用办法》(以下简称《阻断办法》)就是概括式阻断法的代表。

---

[7] Ibid. ,Art. 4.

[8] *Supra* note 6,Art. 5.

[9] *Supra* note 6,Art. 6.

[10] *Supra* note 6,Art. 5(2).

我国《阻断办法》在内容上包括报告及保密制度,[11]禁止承认、执行和遵守制度[12],豁免制度[13],损害赔偿诉讼制度,[14]反制措施规定[15]以及行政处罚和刑事责任[16]等规定,与欧盟《阻断条例》存在较多的共性。为了更好理解概括式阻断法的内容,特将欧盟《阻断条例》与我国《阻断办法》进行比较分析。

表 1 欧盟《阻断条例》与中国《阻断办法》差异比较

	《反对第三国立法域外适用条例》(即欧盟《阻断条例》)	《阻断外国法律与措施不当域外适用办法》(即中国《阻断办法》)
适用范围	在法条的第 11 条[17]中明确规定了适用的主体	法条中没有明确规定适用的主体范围
对违法行为的判定标准	任何直接或者间接的作为与不作为,包括主动和故意疏忽(第 5 条)	是否对中国的国家主权、安全、发展利益产生影响;是否对中国公民、法人或者其他组织的合法权益产生影响;是否违反国际法和国际关系的基本准则;其他应当考虑的因素
阻断方法	禁止遵守义务、禁止承认与执行、豁免制度、追偿诉讼制度	由国务院商务主管部门发布不得承认、不得执行、不得遵守有关外国法律与措施的禁令;申请豁免禁令;损害赔偿诉讼;反制措施;行政处罚;刑事责任
报告制度	当事人有提供信息的义务	未如实上报国务院商务主管部门可以给予警告,责令限期改正,并可以根据情节轻重处以罚款
禁止承认和执行制度	禁止承认和执行的外国判决或裁决在欧盟无效(第 4 条)	未作明确规定,只是规定国务院商务主管部门发布不得承认、不得执行、不得遵守有关外国法律与措施的禁令

---

〔11〕 商务部《阻断外国法律与措施不当域外适用办法》,中华人民共和国商务部令 2021 年第 1 号,2021 年 1 月 9 日,第 5 条。

〔12〕 同上注,第 7 条。

〔13〕 同前注 11,第 8 条。

〔14〕 同前注 11,第 9 条。

〔15〕 同前注 11,第 12 条。

〔16〕 同前注 11,第 13、14 条。

〔17〕 EU Council Regulation No. 2271/96(signature:22 November 1996;amendment:7 August 2018;entry into force:4 November 2018)Art. 11.

续表

	《反对第三国立法域外适用条例》(即欧盟《阻断条例》)	《阻断外国法律与措施不当域外适用办法》(即中国《阻断办法》)
禁止遵守制度	针对主动的作为或者故意不作为,但正常基于商业风险的措施不受阻断法的规制	未规定
豁免制度	首先要求不遵守附件中的法律给当事人或者欧盟利益带来"严重损害",同时要对造成"严重损害"承担举证责任	规定了豁免的主管部门、申请的内容、受理时限、申请程序和判断标准
损害赔偿制度	赔偿范围包括所有的直接和间接损失以及法律费用; 损害赔偿诉讼可以向造成损害的当事人提出,也可以向其代理人提出	赔偿范围未规定; 损害赔偿诉讼的索赔对象是获益的当事人

从表 1 来看,我国的《阻断办法》和欧盟的《阻断条例》在内容和制度安排上存在很多共性,但也在具体规定上存在差异。首先,欧盟的《阻断条例》有明确的阻断对象,以清单附件的方式呈现,也有明确的保护对象,在《阻断条例》的第 11 条进行了规定;而中国的《阻断办法》则规定得十分笼统,没有相关的附件也没有以法律条文形式明确规定的保护对象。其次,在报告制度上,双方均认为相关主体有报告和提供信息的义务,中国对于未如实报告的主体还具体规定了处罚的内容。在禁止承认和执行方面,欧盟《阻断条例》中规定,依据本条例规定的属于不当域外适用的法律作出的判决或者裁定,在欧盟无效。这样的规定可以作为法院不予承认和执行外国判决或者裁定的法律依据。中国《阻断办法》中只是规定由商务部发布禁令,但是商务部的禁令是否可以作为法院不予承认和执行的法律依据尚不可知。再次,在禁止遵守方面,欧盟《阻断条例》规定了主动作为和故意不作为的不遵守阻断条例都属于违反禁止遵守义务。但是,欧盟《阻断条例》并不能限制基于正常的商业风险而采取的行为。这一规定也成为众多涉及经济制裁法和阻断法司法案例解决的争议焦点。中国的《阻断办法》没有相关的规定。复次,在豁免制度上,欧盟《阻断条例》以造成"严重损害"为前提,同时相关主体要承担相应的举证责任。中国《阻断办法》没有关于豁免的前提和举证责任的规定。最后,在损害赔偿上,欧盟《阻断条例》规定了损害赔偿的范围,赔偿的主体既可以是获益的当事人也可以是其代理人。中国《阻断办法》没有规定赔偿的范围,赔偿的主体是获益的当事人。

(三)针对特定经济制裁法的阻断法——加拿大《外国域外措施法》

针对特定经济制裁法的阻断法主要是针对某一特定的经济制裁法而专门进行的阻断立法。目前能查阅到以此种形式进行阻断立法的国家为加拿大,其进行了专门针对美国《古巴自由民主团结法》(*Cuban Liberty and Democratic Solidarity Act of 1996*,简写为 LIBERTAD,中文简称《赫尔姆斯—伯顿法》)的阻断立法。加拿大之所以采取此种形式立法,一方面在于美国和加拿大在许多方面存在利益共享,价值立场相似,而清单式和概括式的阻断法并不适合加拿大;另一方面,《赫尔姆斯—伯顿法》这一经济制裁法的影响过于深重,受到很多国家诟病,加拿大也不例外。为了规避《赫尔姆斯—伯顿法》的影响,又不至于在经济制裁领域与美国完全对抗,加拿大采取了针对特定经济制裁法的阻断法这一种灵活的阻断立法模式。

加拿大针对经济制裁的域外适用的阻断主要体现在《外国域外措施法》[18](*Foreign Extraterritorial Measures Act*,简写为 FEMA)中,其目的是保护加拿大人和加拿大企业免受美国《赫尔姆斯—伯顿法》的影响。FEMA 允许加拿大政府基于对其主权的保护,对不可接受的外国法的域外适用作出回应。其主要内容包括:在执行《赫尔姆斯—伯顿法》的情况下,加拿大总检察长可以下令禁止或限制披露记录信息;[19]根据《赫尔姆斯—伯顿法》作出的任何判决在加拿大不得以任何方式得到承认或执行;[20]一旦根据《赫尔姆斯—伯顿法》对加拿大一方作出判决,加拿大总检察长可根据申请下达命令授权追回程序;[21]在诉讼进行期间,经加拿大总检察长同意,加拿大人可以在加拿大起诉美国原告,以追回加拿大人在为美国索赔进行辩护时所产生的所有费用,包括所有律师、委托人费用或额外的司法费用。[22]

从上述内容来看,加拿大的阻断法包括信息披露制度、禁止判决承认与执行制度和损害赔偿制度等。但不同于欧盟和中国的报告和信息披露制度,加拿大的

---

〔18〕 该法具体内容参见加拿大司法部官网〈https://www.justice.gc.ca/eng/rp-pr/csj-sjc/fema.html〉(访问日期:2023 年 3 月 15 日)。

〔19〕 Foreign Extraterritorial Measures Act(signature:February 14 1985;enty into force:1 June 2001)Art. 3(1)。

〔20〕 Ibid. ,Art. 7(1)。

〔21〕 *Supra* note 19,Art. 8(1)。

〔22〕 *Supra* note 19,Art. 9(1)。

信息披露制度指的是当加拿大总检察长认为外国法庭正在进行、正在行使或者可能行使某种对加拿大不利的管辖权时，可以下达禁令，禁止加拿大公民或者居民向外国提供信息，类似于域外取证的司法类阻断。

（四）其他类型的阻断法

针对经济制裁法的域外适用，一些国家也采取了一定的阻断或者反制措施，但各国侧重不同。例如，澳大利亚没有阻断或者反对他国不当经济制裁的立法，但有自己的制裁立法，以《2011 年自主制裁法》(*Autonomous Sanctions Act 2011*，以下简称为《制裁法》)和《2011 年自主制裁条例》(*Autonomous Sanctions Regulations 2011*，以下简称《制裁条例》)[23]作为其独立实施自主制裁的立法依据。在《制裁法》和《制裁条例》中规定了包含制裁实施、豁免许可、报告机制、刑事责任、民事责任、救济程序和诉讼时效等内容。英国自脱欧之后，在阻断外国经济制裁上有自己的立法，立法依据是 1996 年反对美国域外立法（对古巴、伊朗和利比亚的制裁）(保护贸易利益)令(the Extraterritorial US Legislation Sanctions against Cuba, Iran and Libya)(Protection of Trading InterestsOrder 1996)(以下简称 1996 年立法令)和 2018 年反对美国域外立法（对古巴、伊朗和利比亚的制裁）(保护贸易利益)(修订)令[24](the Extraterritorial US Legislation Sanctions against Cuba, Iran and Libya)(Protection of Trading Interests Amendment Order 2018)(以下简称 2018 年立法令)，在这两个法令中有类似禁止遵守制度和损害赔偿诉讼的相关规定。

通过上述分析，欧盟和中国在应对美国经济制裁法域外适用领域立法上具有相似性，均包含禁止遵守制度、豁免制度、上报和信息披露制度、获得赔偿的权利以及禁止承认和执行制度等内容，但是具体内容安排上有差异。其他国家诸如加拿大、澳大利亚以及英国也在不同层面上存在阻断法，但更多地侧重于"反"制裁，而非"阻"断，且需要更多配套的措施和实施标准来辅助这些法律的实施，目前来看发挥的作用比较有限。虽然也有观点认为欧盟的《阻断条例》只对附件所列法律的域外适用进行阻断，能够发挥的阻断作用有限，加之《阻断条例》对于违反条例的法律责任规定未明，企业等私法主体在进行"成本收益"分析之后依然会选择

〔23〕　Autonomous Sanctions Act 2011, C2011A00038. 具体内容参见澳大利亚政府联邦立法机构网站〈https://www. legislation. gov. au/Details/F2011L02673〉(访问日期:2023 年 3 月 15 日)。

〔24〕　The Extraterritorial US Legislation(Sanctions against Cuba, Iran and Libya)(Protection of Trading Interests)Order 1996,1996 No. 3171. 具体内容参见英国政府联邦立法机构网站〈https://www. legislation. gov. uk/uksi/1996/3171/made〉(访问日期:2023 年 3 月 15 日)。

遵守经济制裁法,因此欧盟《阻断条例》的法律价值有待认可。但目前欧盟在《阻断条例》下已经出现了相关的司法案例,尤其是关于禁止遵守制度在实践中与经济制裁法对抗引发的法律适用的冲突,这些为进一步理解阻断法提供了重要的意义。

二、阻断法与经济制裁法对抗机制

阻断法是由于外国域外适用的法律对本国司法的干涉,通过设定禁止履行义务等,阻止外国域外适用的法在本国适用。[25] 以中国的《阻断办法》为例,《阻断办法》明确规定本办法适用于外国法律与措施的域外适用违反国际法和国际关系基本准则,不当禁止或者限制中国公民、法人或者其他组织与第三国(地区)及其公民、法人或者其他组织进行正常的经贸及相关活动的情形。[26] 从规定来看,阻断办法直接表现为与被阻断法的对抗,这种对抗体现在四个方面。

(一)基于立法目的的对抗

阻断法与被阻断的法之间首先是在立法目的上的直接对抗。阻断法的立法目的在于阻断外国法律的不当域外适用,维护本国国家利益和公民合法权益,其核心内容在于禁止遵守制度,即禁止遵守不当域外适用的外国法律。而被阻断的法即经济制裁法的立法目的是制裁某一特定对象,实现自身国家利益。为了发挥制裁的效果,很多经济制裁法的实施伴随着域外适用,在域外适用过程中对于不符合制裁发起国要求的行为将进行处罚。因此,在处理涉及阻断法与被阻断法的争议中,没有获得豁免时,争议行为不可能同时满足经济制裁法的要求又满足阻断该经济制裁法的阻断法的要求。阻断法和被阻断法在立法目的上体现为直接的法律冲突,使得所涉主体处于阻断法和被阻断法之间的博弈中。

(二)基于适用主体的对抗

主体重合导致的对抗指的是经济制裁法适用的主体,同时可能是阻断法适用

---

〔25〕 SeeMennoT. Kamminga,'Extraterritoriality,' Max Planck Encyclopedias of Public International Law(on-line)〈https://opil. ouplaw. com/view/10. 1093/law: epil/9780199231690/law-9780199231690-e1040〉(accessed 15March 2023).

〔26〕 同前注11,第2条。

的主体。阻断法和经济制裁法在适用主体上存在重合,存在一些主体既要受到阻断法的影响,又要受到经济制裁法的影响,由此引发法律的对抗。例如,美国经济制裁法下的"美国人"通常存在以下情况:美国公民及有美国永久居住权的外国公民、依据美国法律注册的企业、实际位于美国境内的个人与实体、美国个人或实体持有该企业50%以上的有表决权的股权或者权益、美国个人或实体在该企业的董事会中占多数席位和美国个人或实体以其他方式控制该企业的行动、政策或人事决策。例如,《伊朗资产管制条例》中使用的是"受美国管辖的人",这里的范围包括位于美国境内或者境外的美国人、美国境内的所有人、根据美国法建立或者营业地位于美国或者被美国管辖下的一个或者多个人直接或者间接控制的公司等。[27] 从上述范围来看,美国经济制裁法不断扩大适用的主体范围,不可避免地使得一些主体属于阻断法和经济制裁法适用主体的重合范围,再加之全球经济的深度联系与合作,大型跨国公司的兴起,也使得这种重合的概率飙升。例如,一个在中国具有法人地位的公司,但是其实际控制人又是美国人,那么这个公司就处于中国阻断法与美国经济制裁法适用主体的重合部分,这个公司就会面临两难的境地,遵守中国的阻断法,就要受到美国经济制裁法的制裁,反之亦然。在 Mamancochet Mining Ltd v. Aegis Managing Agency Ltd 案[28]中,法官也认为被告既是欧盟阻断法的适用主体,同时被告也必须遵守美国的经济制裁法。

(三)基于权利义务的对抗

经济制裁法本身通过设定权利义务来限制被制裁国的行为,阻断法则是通过设定相反的权利义务来对抗经济制裁法的效果,二者是权利义务的互相对抗。例如,在具体的情境下,经济制裁法限制当事人之间的经济往来与交易,而阻断法则不允许当事人遵守经济制裁法。但是阻断法本身并不能强迫当事人之间进行交易,它只能限制当事人不能因为经济制裁法的存在不进行交易这一种情形。实践中,当事人双方不继续交易的原因是复杂多样的,这就导致了阻断法在适用时的一个难点即如何确定双方当事人不继续交易的原因,是因为经济制裁法还是因为商业风险,毕竟阻断法只能阻断交易双方因为经济制裁法无法交易的情形。这也是阻断法被动性或者其作用有限的一个原因,虽然经济制裁法和阻断法都是通过权利义务的对抗发挥作用,但经济制裁法更体现出对交易行为的主动限制,阻断

---

〔27〕　Iranian Assets Control Regulations,31 CFR § 535. 329.

〔28〕　See *Mamancochet Mining Ltd v. Aegis Managing Agency Ltd* 〔2018〕 EWHC 264(Comm).

法更多体现出被动的防御。例如,在伊朗梅利银行诉德国电信公司案(以下简称伊朗梅利银行案)[29]中,法官就提出需要被告方对终止合同的原因不是受到经济制裁法的影响进行举证。

(四)基于判决承认与执行的对抗

阻断法和经济制裁法之间的对抗主要通过私人实施的方式进行。一般而言,法律的实施分为公共实施和私人实施两种方式,公共实施主要是由国家的公权力机关主动对法律行为进行评价,私人实施则指私主体发现自己的权利受到损害时,独立运用法律诉诸法院以抑制受到的损害。[30] 阻断法主要是通过阻断诉讼的方式去保障阻断法的实施。阻断法中赋予当事人可以向法院提起诉讼获得赔偿的权利,将原本属于国家间独有的报复性反制措施的发动权,从国家向私人主体进行转移和让渡,依循了国内公法域外适用的私人执行路径。[31] 例如,中国的《阻断办法》第9条就规定中国公民、法人或者其他组织可以向法院提起损害赔偿的诉讼,[32]欧盟的《阻断条例》也有类似的规定。而经济制裁法可以分为提供私人诉权的经济制裁法和不提供私人诉权的经济制裁法。典型的提供私人诉权的经济制裁法就是美国的《赫尔姆斯—伯顿法》,在该法中允许美国公民向法院起诉在古巴从事与美国资产交易活动的人。虽然当事双方均可以根据阻断法或经济制裁法选择法院进行起诉获得判决或者裁定,但是判决的承认与执行阶段,将面临直接的对抗,阻断法在阻断国、经济制裁法在经济制裁发起国均属于强制性规范,当法院地分处阻断国和经济制裁发起国时,基于对法院地强制性规范的尊重,阻断国的判决很难得到经济制裁发起国的承认,同样地,经济制裁发起国的判决也无法得到阻断国的承认。

从上文分析来看,阻断法与经济制裁法之间存在对抗关系。这种对抗关系使得具体案件中的法律适用更加复杂。在具体案件中,阻断法和经济制裁法的效力因法院地的不同呈现差异,需要进行具体的分析。

---

[29]　See *Bank Melli Tran, Aktiengesellschaft nach iranischem Recht v. Telekom Deutschland GmbH*, Case 124/20, The Court of Justice of the European Union.

[30]　参见沈伟、邵辉:《论阻断诉讼的法律风险及其司法控制》,载《中国应用法学》2022年第2期,第168—182页。

[31]　参见孙南翔:《美国法律域外适用的历史源流与现代发展——兼论中国法域外适用法律体系建设》,载《比较法研究》2021年第3期,第170—183页。

[32]　同前注12,第9条。

三、阻断法与经济制裁法对抗适用的情形

在阻断法与经济制裁法的对抗中,二者的法律效力因法院地的不同存在差异。为了表述的方便,可以假设这样一种场景:甲国的 A 公司与乙国的 B 公司因为经济制裁引发国际商事合同争议,甲国是经济制裁发起国,乙国存在阻断立法。解决国际商事合同争议的核心在于确定合同适用的法律,经济制裁法和阻断法在各自国家均属于该国的强制性规范,由于法院地的强制性规范具有优先性,因此法院地在哪一国具有决定性作用。在具体案件中,法院地分为三种情况:法院地在阻断国(乙国)、法院地在被阻断国(甲国)和法院地在第三国(除甲国和乙国之外的国家)。

（一）法院地在阻断国的对抗适用

阻断法由阻断国颁布,在阻断国属于强制性规范,[33] 在法院地应当直接适用,同时"阻断"被阻断国经济制裁法的效力。这是一般情况下法院地在阻断国时,阻断法的法律效力,除非根据阻断法获得豁免。

根据欧盟《阻断条例》第 5 条的规定,申请人可以向欧盟委员会提出豁免申请。如果行为人未申请豁免,而是直接将争议诉诸法院,此时欧盟成员国法院在处理豁免问题时存在差异。意大利法院认为,豁免应当由欧盟委员会作出,法院并没有决定权。而在德国,情况则不相同,德国法院倾向于在具体的个案中根据经济制裁的影响来判断,例如,在伊朗梅利银行案中,德国法院分别分析了原告和被告可能面临的风险和损害之后,认为德国电信公司不能获得豁免。[34] 在具体的案件争议中,由于阻断法只阻断外国法的不当域外适用,并不能阻断所有的风险强制当事人之间进行交易,因此在具体争议中,需要判断一方当事人中止合同的原因是客观的商业风险还是为了遵守经济制裁法,进而判断能否触发阻断法。

伊朗梅利银行案对于理解阻断法的效力具有重要意义,这里先将具体案情进行分析。案件的当事人为伊朗的梅利银行和德国电信公司,其中梅丽银行为原告,德国电信公司为被告。梅利银行是伊朗国有银行,在德国设有分行。德国电

---

[33] 下文将分析中国的《阻断办法》在效力位阶上属于部门规章,应当在之后的修改中提高中国《阻断办法》的效力位阶。

[34] *Supra* note 29,8.

信公司在德国成立,大约一半的营业额来自其在美国的业务。梅利银行与德国电信公司(Deutsche Telekom AG 的子公司)签订了几份旨在提供电信服务的合同协议。根据双方签订的协议,德国电信公司向梅利银行提供多项电信服务,这些服务的费用由梅利银行在规定时间内支付。德国电信公司提供的服务对于梅利银行内部和外部沟通至关重要,如果没有这些服务,梅利银行将无法参与其位于德国的整个机构的商业活动。2018 年,美国退出伊核协议,重启对伊朗的制裁,梅利银行被列入美国 OFAC 管控下的 SDN 名单。根据 OFAC 的要求,禁止任何人在美国境外与梅利银行进行交易,因此 2018 年 11 月 16 日,德国电信公司终止了与梅利银行之间的合同,梅利银行向德国法院提起诉讼。[35]

该案对于指导欧盟《阻断条例》实践具有重要的意义,该案中德国电信公司终止合同的原因是触发欧盟《阻断条例》的关键。法庭认为,如果德国电信公司终止合同是为了遵守美国的经济制裁,此时《阻断条例》将被触发;如果德国电信公司终止合同只是基于正常的商业风险,则《阻断条例》不能被触发,因此需要德国电信公司对于终止合同原因进行充分的举证和说理。欧盟《阻断条例》只阻断附件中的经济制裁法律的不当域外适用,并不能强制当事人之间的交易,因此实践中也为当事人逃避阻断法提供了一个缺口。实践中,当事人往往从不可抗力或制裁条款两个角度进行商业风险的说理,以此来避免触发《阻断条例》。

在 Lamesa Investments Ltd v. Cynergy Bank Ltd 案[36]中法官认为"强制性规范"是(当事人理解为是)当事人不能更改或不得不适用的法律规定,由于各方不可能改变或者不适用美国的制裁,因此它们构成了强制性法律,外国强制性规范可以构成履行合同的不可抗力。但是,如果该案中涉及的经济制裁属于欧盟《阻断条例》阻断的法律范围,此时不可抗力不能成立,因为外国强制性规范可以构成不可抗力的前提条件是法院地法没有直接否定该外国法的合法性。当案件所涉及的经济制裁法属于《阻断条例》的范围时,经济制裁法在法院地国将不具有合法性。

因此,阻断法在阻断国作为强制性规范,一般情况下直接适用,除非当事人申请豁免。在当事人未申请豁免,直接将案件的相关争议提交法院时,欧盟各成员国的法院存在差异,意大利法院认为豁免由欧盟委员会决定,法院无权作出决定,因此在案件争议中直接适用阻断法。德国法院则倾向于个案分析,通过分别分析当事人双方的风险和损害,来决定阻断法的效力。在具体争议中,中止合同的一

---

〔35〕 同前注 33。
〔36〕 See *Lamesa Investments Ltd v. Cynergy Bank Ltd*[2019]EWHC 1877(Comm).

方需要提供更多的证据证明自身中止合同是基于正常的商业风险和自由,否则会被判定为违反阻断法;进而中止合同的一方往往会提出以经济制裁属于不可抗力作为理由或者提出双方的合同存在制裁条款,此时如果以不可抗力为理由,需要根据阻断法具体判断是否构成不可抗力,如果阻断法本身已经否定了经济制裁法的效力,则经济制裁不能构成不可抗力。

(二)法院地在被阻断国的对抗适用

当法院地在被阻断国时,被阻断的法律(即经济制裁法)就是法院地的强制性规范,在国际商事合同争议中,法院地的强制性规范应当被直接适用。同样作为强制性规范的阻断法只能通过"外国主权强制"原则被考虑。

外国主权强制原则(Foreign Sovereign Compulsion Doctrine)起源于美国的判例法,是指当事人因本国的主权强制行为不能履行美国法律义务可以免责。[37] 该原则最早在泛美炼油公司诉马拉开波公司案(以下简称泛美炼油公司案)[38]中被确立,在维生素 C 案[39]中被进一步的阐释,即当事人陷入两种相冲突的法律义务时,如果当事人被强制地要求遵守本国的法律,当事人可以提出外国主权强制进行抗辩。[40] 之后,美国法院在美国诉第一国家城市银行案[41]中明确了对于经济制裁行为也可以作为外国主权强制原则中的强制性行为。

判断是否构成外国主权强制的关键在于外国政府的主权行为对当事人的压迫达到"强制"的程度,使得当事人不能履行美国法下的义务。近年来,美国法院在认定"强制"程度的问题上愈发严格。最初,在泛美炼油公司案中,即使委内瑞拉政府的主权行为是以口头方式作出和通知的,法院最终还是认定了构成外国主权强制。[42] 后来,在美国《第三次对外关系法重述》中规定外国主权强制的要求必须是以"规定了严格惩罚措施的强制性法律法规"的形式呈现。[43] 从对"强制"

〔37〕 参见邹璞韬、胡城军:《外国主权强制原则之再审视——兼论阻断法之困境与利用》,载《海关与经贸研究》2021 年第 4 期,第 67 页。

〔38〕 See *Interamerican Refining Corp. v. Texaco Maracaibo, Inc.* 〔1970〕307 F. Supp. 1291.

〔39〕 See *In Re Vitamin C Antitrust Litigation*〔2011〕810 F. Supp. 2d 522.

〔40〕 参见黄文旭、邹璞韬:《反制国内法域外适用的工具:阻断法的经验及启示》,《时代法学》2021 年第 4 期,第 88—98 页。

〔41〕 See *United States v. First National City Bank*〔1968〕396 F. 2d897.

〔42〕 See *Interamerican Refining Corp. v. Texaco Maracaibo, Inc.*〔1970〕307 F. Supp. 1291.

〔43〕 American Law Institute, *Restatement of the Law*(Third):*Foreign Relations Law of the United States*(American Law Institute Publishers1987)§441.

的要求变化来看,美国法院在认定构成"强制"的审查上更加严格,不仅在形式上从原来的口头通知都可以被认定到现在必须以法律法规的形式呈现,而且要求内容上必须规定了严格的惩罚措施,如果没有严格的惩罚措施保障不能构成外国主权强制上的"强制"程度。美国法院对于外国主权强制的认定更加严格也可以从与中国有关的案件中得到印证。在古驰诉中国电子商务公司案[44]、蒂芙尼诉中国珠宝公司案[45]中原告均向中国的银行申请调取被告方的账户信息,中国的银行以需要严格遵守中国保密法规定为由拒绝提供账户信息,但是并没有得到美国法院的认同。一个重要的原因在于美国法院认为中国并没有不遵守中国保密法的严格惩罚记录,不能构成主权"强制"。

目前尚没有直接以阻断法申请外国主权强制的司法实践,随着各国阻断法的确立,未来将会有更多法律适用争议需要处理。从理论分析来看,当事人如果想要以阻断法申请外国主权强制,就必须证明其行为受到阻断法的"强制"要求,使其必须遵守本国法,否则将面临本国法的惩罚。根据美国《第三次对外关系法重述》要求,至少在形式上这种强制必须是以法律法规的形式呈现,目前中国的《阻断办法》属于部门规章,不能满足美国要求的法律法规的形式,必须提高效力位阶;在内容上必须有"如果不遵守法律要受到严格惩罚"的规定,这是目前阻断法与外国主权强制产生联系最棘手的问题。一是因为一些阻断法中缺少惩罚措施的规定,二是阻断法容易使阻断国的公民和企业陷入"两难困境",阻断国在此问题上态度模糊,[46]所以阻断法想要构成外国主权强制存在难度。

(三)法院地在第三国的对抗适用

对于第三国而言,其他国家阻断法在其境内的效力更具有不确定性。从第三国角度来看,他国阻断法和另一国的经济制裁法处于同样的地位,都属于外国的强制性规范,从法律性质来看,第三国没有任何理由给予任何一方的法律以优先的地位。第三国处理国际商事纠纷按照其本国的冲突规范确定纠纷应当适用的法律,除非阻断法能构成法院地(第三国)的公共秩序或者阻断法与法院地(第三国)存在价值共享。

---

〔44〕 See *Gucci Am. ,Inc. v. Li* ,No. 10 Civ. 4974(RJS),2011 WL 6156936(S. D. N. Y. Aug. 23 ,2011).

〔45〕 See *Tiffany LLC v. Forbse* ,No. 11 Civ. 4976(NRB),2012 WL 1918866,(S. D. N. Y. May 23 ,2012).

〔46〕 参见龚柏华、朱潇潇:《以"国家行为"抗辩美国反托拉斯法域外适用的法律分析》,载《国际商务研究》2011 年第 6 期,第 63—64 页。

目前并没有相关的阻断法案例予以佐证和分析,但以类比思维来看,经济制裁法在第三国适用时存在这样一个案例,即第三国基于与经济制裁作出国的价值共享,最终判定经济制裁法在案件中得以适用。在雷加佐尼诉塞提亚案[47]中,瑞士雷加佐尼公司与英国塞提亚公司签订了一份购买黄麻纤维的买卖合同,货物产自印度,将运往南非,合同约定适用英国法。由于印度颁布了对于南非的制裁法令,禁止与南非进行交易,因此英国的公司拒绝继续履行合同,瑞士公司向英国法院诉讼。英国法院认为,当事人在签订合同时应当知道印度的法令,因此一旦履行合同,将违反"友好的外国"的禁止性法规,进而违反公共秩序,因此该合同不可执行。从这个案例来看,由于印度和英国均属于英联邦国家,二者在国家利益上存在价值共享,此时第三国的经济制裁法会被作为公共政策得以适用。

类似地,如果第三国与阻断法制定国存在价值共享时,则阻断法存在被考虑的可能。例如,伊朗受到美国的制裁,中国与伊朗进行交易,发生争议时诉至欧盟法院,由于欧盟与中国在对待美国经济制裁问题上态度一致,二者也均有阻却性立法,从某种程度来看,存在价值共享,中国的《阻断办法》存在被欧盟法院考虑的可能。

阻断法在涉外民商事争议中的效力问题具有复杂性,需要具体分析法院地在阻断国、被阻断国和第三国三种不同情况。法院地在阻断国时,阻断法作为法院地的强制性规范,应当在案件中被直接适用,除非当事人获得了豁免。由于对于决定豁免的权利归属不同,在具体争议中存在不同做法。一是不存在豁免时,法院直接适用阻断法;二是存在豁免申请时由法院判定是否给予豁免。法院地在被阻断国时,经济制裁法成为法院地的强制性规范,会被优先适用。被阻断国法院只会通过外国主权强制原则考虑阻断法。法院地在第三国时,阻断法和经济制裁法对于第三国来讲,二者都属于外国的强制性规范,任何一方的法律都不会获得第三国的优先考虑,除非阻断国或者经济制裁国与第三国存在价值共享,构成公共政策时才会被优先考虑。

四、阻断法与经济制裁法对抗适用的效果

从阻断法与经济制裁法对抗适用的具体情形分析来看,二者的效力很大程度上取决于法院地在哪里。由于阻断法更多作为国家博弈的一项"法律工具",起到

[47]　See *Regazzoni v. K. C. Sethia* (1994) *Ltd.*, [1957] 3 WLR 752 HL(E).

政治震慑和谈判筹码的作用,[48]因此经济制裁法与阻断法对抗适用呈现出"阻断法弱势""经济制裁法强势""法院和当事人抉择困境"的局面。

(一)阻断法被弱化

全球化下,各国家经济联系日益密切,全球利益更加分散,世界也形成了多个经济权力中心。大国在世界经济秩序和国际经贸规则上享有更大的话语权,以经济秩序和经贸规则为主要斗争和博弈的筹码在大国之间展开。以美国主导的国际经济秩序和国际经贸规则严重分割了国际市场,影响全球经贸的发展,在经济制裁领域更是如此。

各国需要采取行动抵制单边经济制裁法和经济霸权主义。在采取相应行动之前,首先需要国内法对这些特定行为进行合法性授权,在法律上亮明对于单边经济制裁法的态度,阻断法和反经济制裁法就起到这样的法律宣示作用。通过阻断法和反经济制裁法,向经济制裁作出国家施加压力,迫使其回归国际法,回到经济秩序的平衡状态,因此阻断法的本质不在于与经济制裁法直接对抗,而在于其立法背后的政治价值。

阻断法本身的政治价值使得立法者在立法时选择了较为模糊性的立法语言,为发挥其政治价值提供解释的空间。但立法的模糊性也使得阻断法的作用被弱化,导致其宣示作用大于法律作用。受经济制裁法和阻断法影响的私主体在基于"成本收益分析"之后,往往会选择遵守经济制裁法律,一方面是由于畏惧单边经济制裁法的处罚体系和丰富的处罚手段,另一方面也是由于阻断法本身规定的模糊性导致私主体丧失对抗信心。无论是欧盟《阻断条例》还是中国《阻断办法》对于追偿诉讼和豁免制度的规定都十分的粗犷,使得实践中私主体进行追偿诉讼和豁免的难度加大、不确定性增强,两个法律对于受到美国经济制裁法律影响的私主体的补偿和救济也均不到位,私主体在面对具体的商业成本与风险时,为了获得生存,即使知道单边经济制裁不合法、不合理,也只能在成本收益分析之后作出遵守单边经济制裁法的无奈之举。

(二)单边经济制裁法被"过度遵守"

过度遵守的专业术语叫作"过度合规"(over compliance)。合规是指遵守一般

---

〔48〕 同前注31,第43—51页。

的或一个特定的法律和法规的行为。[49] 在一个公司中,合规并不是自然形成的,而是合规方案产生的结果,通常是通过一套旨在预防、发现和纠正违反法律和法规的体系而实现的。[50] 在这种情况下,过度合规被认为是个人或者公司实体采取更严格的条件和程序,以超过应该遵守的法律法规明确要求的行为。[51] 过度合规通常情况下被认为是"更好的合规",因为是以更高的标准遵守法律,而且过度合规通常也不会产生问题。比如,在全球反腐败领域或者环境保护等领域,因为这些领域的全球公益性,即使过度合规也不会产生负面的影响。但是,在单边经济制裁法领域却并非如此,本身的合法性问题存在巨大的争议。在这样的情况下,过度遵守单边经济制裁法无疑具有重大的风险。

以美国单边经济制裁法为例,美国单边经济制裁法被"过度遵守"可以从初级制裁和次级制裁中得到体现。

美国经济制裁法中的初级制裁一般限制"美国人"与被制裁国个人或者实体之间进行交易,最常用的手段是资产冻结和贸易禁运。初级制裁的对象是基于特定身份的"美国人","美国人"判定的标准可能是基于公民的身份、公司的注册地、拥有永久居留权等。"美国人"的标准在不同的制裁法律下有不同的规定,例如,《国际紧急经济权力法》(IEEPA)规定的"美国人"包括美国公民和永久公民、实际居住在美国的个人和根据美国法律组织的实体,但不包括美国公司的外国子公司,[52]但在《对敌贸易法》(TWEA)中的"美国人"则包括美国公司的外国子公司。[53] 一些公司采取保守的观点,要求所有的外国子公司均需遵守初级制裁的规定而忽略 IEEPA 和 TWEA 在适用范围上的微妙的法律区别。另外,在新修订的 IEEPA 中,对于"美国人"违反经济制裁的行为,进行了扩大的说明,个体或者实体违反、意图违反、合谋违反的行为都被纳入应当被处罚的违反经济制裁的行为。[54] 在现实中,如果一家非美国公司拥有一个美国的供应商,非美国公司从美国供应商那里获得商品并转售给被制裁国,此时对于美国的供应商,根据 IEEPA 的规定,很有可能会被判定为"意图违反"经济制裁法律而受罚,为了避免出现这样的情

---

〔49〕 参见陈瑞华:《企业合规制度的三个维度——比较法视野下的分析》,载《比较法研究》2019 年第 3 期,第 61 页。

〔50〕 合规一般包括管理层承诺、风险评估、内部控制、测试和培训五个环节。

〔51〕 See Beaucillon C. , *Research Handbook on Unilateral and Extraterritorial Sanctions* (Edward Elgar Publishing Limited 2021)256-269.

〔52〕 50 U. S. C. § § 1701—1706.

〔53〕 50 USC Ch. 53.

〔54〕 50 USC § 1705(a).

形,美国供应商将提前对"非美国人"的行为进行限制,这也是过度合规的表现。

美国经济制裁法中的次级制裁一般限制"非美国人"与被制裁国个人或者实体之间的交易,最常见的就是金融制裁,通过限制或者排除非美国人进入美国金融体系来达到次级制裁的目的。次级制裁的典型立法有《伊朗制裁法案》和《伊朗全面制裁、问责和撤资法案》等。为了免受经济制裁法的影响,"非美国人"往往超过法律的规定高标准遵守经济制裁法。

(三)法院和当事人面临"抉择困境"

在阻断法具体实施过程中,无论是公权力机关还是私主体在适用上存在两难抉择,这也影响了阻断法的作用。

对于私主体而言,无论是经济制裁法还是阻断法发挥作用最终都是通过私主体的抉择而实现的。经济制裁法通过要求私主体遵守、承认和执行经济制裁法中的相关措施和规定而产生经济制裁的效果。阻断法要求私主体禁止遵守、承认或者执行相关经济制裁法而发挥阻断作用。私主体无论如何抉择,都会陷入两难境地,遵守经济制裁法,必然会违背阻断法,遵守阻断法又必然会面临经济制裁。两个法律之间的对抗和矛盾作用,通过"豁免"这一制度维持着微弱的平衡,而本身私主体获得豁免困难重重,使得微弱的平衡也被打破。阻断法在立法之初就能够预见到未来的法律对抗,但是阻断法本身的立法目的就是通过法律对抗将压力传导至经济制裁国家,私主体面临的两难困境无法避免。[55]

对于公权力机关来讲,阻断法本身就兼具政治价值和法律价值,在具体实践中,公权力机关在政治价值和法律价值上面临两难。阻断法立法是为了保护国家利益和公民的合法权益不受损害,虽然国家利益和公民个人的合法权益从整体来看是一致的,但在具体实践中,国家利益和公民的合法权益面临冲突。正如上文论述的伊朗梅利银行案一样,德国电信公司遵守欧盟《阻断条例》的规定,将损害到自己的合法权益,这与欧盟《阻断条例》立法宗旨中的保护公民合法权益相违背。但是,如果不遵守欧盟《阻断条例》,法官认为欧盟整体的利益将会受到损害,这又与欧盟《阻断条例》中立法宗旨维护欧盟利益相违背。同时公权力机关在面对违背本国阻断法的私主体处罚上也面临两难困境。一方面,按照本国阻断法的规定,不遵守阻断法应当受到处罚,但是面对美国经济制裁,本国私主体已经承担

---

〔55〕 参见黄文旭、邹璞韬:《反制国内法域外适用的工具:阻断法的经验及启示》,载《时代法学》2021年第 4 期,第 88—98 页。

着巨大的商业损失,如果对其再进行处罚,无疑对于本国私主体更是雪上加霜,不符合阻断法立法目的中的保护本国私主体合法权益的要求;另一方面,如果对于本国私主体违背阻断法的行为不处罚,阻断法本身形同虚设,根本无法发挥阻断作用,与阻断法立法目的直接相悖。

The Analysis of the Application of Blocking Law and Economic Sanction Law

Mei Shen

Abstract: In order to deal with the improper extraterritorial application of economic sanctions laws, many countries have drafted blocking laws. Blocking laws can be divided into different forms. In the analysis of specific transactions, the economic sanctions law and blocking law will directly conflict and confront with each other. These conflicts focus on four aspects: legislative purpose, applicable subject, rights and obligations, recognition and enforcement of judgments. The antagonistic relationship between the blocking law and the economic sanctions law makes the application of the law in specific cases different due to different courts places. The antagonistic application of the blocking law and the economic sanctions law shows the effects of "the weakness of the blocking law", "the strength of the economic sanctions law", and "the dilemma of the court and the parties". In order to improve the legal effectiveness of the blocking law, more detailed implementation rules and coordination mechanisms should be formulated.

Keywords: Blocking law; Economic sanctions law; Mandatory rules

论反垄断法域外适用规则的中国移植

◇ 朱笑芸*

【内容摘要】我国《反垄断法》最早引入了国内法域外适用规则。制度移植过程中主要吸收了美国的规则表述,而反垄断法基础制度本身则借鉴了欧洲的制度经验。但美国与欧盟的反垄断法域外适用规则事实上存在本质差异,以不同的方式与各自的反垄断基础性救济制度相适配。美国反垄断法域外适用以其独特的私人执行网络为制度依托,而欧盟基于其以公共执行为中心的执法体系,在反垄断法域外适用方面主要以公共执行网络为制度依托,并未在规则层面确立效果原则。我国在制度移植过程中对制度根源和制度语境的关注不足,导致在《反垄断法》第2条具体实施的过程中,存在私人执行与公共执行之间的权责重叠以及制度空白的问题,需要进一步理顺我国反垄断法域外适用规则的基础性制度依托。

【关键词】反垄断法域外适用;制度移植;本土化;私人执行;公共执行

我国 2008 年生效的《反垄断法》第 2 条正式引入了效果原则,规定该法的适用范围及于"对境内市场竞争产生排除、限制影响"的"境外的垄断行为";这是我国最早确立国内法域外适用规则的法律制度。但是,这一规则并非源自我国竞争法制度的本土发展,而是我国在经济全球化的压力下,借鉴与吸收域外规则文本和相关法律解释的制度移植的结果。[1]

我国早期的反垄断法域外适用规则移植过程受限于历史条件,仅确立了域外适用的规则文本,对该规则与反垄断救济机制之间的联系关注不足。后续的理论发展依然偏重于域外适用规则文本及法律解释的知识积累以及比较法制度经验

---

* 朱笑芸:北京大学法学院博士研究生。

〔1〕 参见安建主编:《中华人民共和国反垄断法释义》,法律出版社 2007 年版,第 13 页。

的考察。理论层面,学界对于规则的内容与法律解释已有深入探讨。[2] 但此类讨论均未能对规则文本背后的反垄断制度语境给予足够的关注。

事实上,仅以比较法视角考察其他国家或地区对反垄断法域外适用规则的解释,已不能解决本土制度资源的协调和分配问题,也难以进一步转换为我国的制度经验。[3] 我国作为制度移植国,反垄断法域外适用规则制定在前、反垄断救济机制确立及发展在后,反垄断法域外适用规则如何嵌入我国后来发展起来的反垄断救济机制、实现规则及制度的本土化发展,这一问题理应在现阶段得到更多的重视。我们需要暂时跳出聚焦规则文本及内容的研究路径,将视角转移至最初被借鉴的域外规则所依托的反垄断基础制度,从规则与反垄断机制设计之间的关联入手,着眼于以私人执行网络和公共执行网络为核心的基础性机制设计,进一步探讨我国反垄断法域外适用规则的本土化路径。

一、我国对反垄断法域外适用规则的制度移植

(一)我国《反垄断法》第 2 条制度移植的过程

1994 年,反垄断法被列入第八届全国人大常委会立法规划,由国家经济贸易委员会(现商务部)和工商总局共同负责,[4] 我国由此正式开始构建反垄断制度。当时无论是未获批准的 1988 年《反对垄断和不正当竞争暂行条例草案》,还是后来陆续出台的、用于规制市场竞争行为的 1993 年《反不正当竞争法》和 1997 年《价格法》等法律法规,均不包含国内法域外适用的相关规则。法院和执法机构在两部法律的早期运行过程中也未遇到真正需要进行我国竞争法规则域外适用的

---

〔2〕 例如,许光耀:《反垄断法的域外适用》,载《时代法学》2004 年第 3 期,第 99—107 页;杨柏国:《从"两拓"合资案看我国〈反垄断法〉域外适用制度之完善》,载《法学》2009 年第 9 期,第 39—47 页;戴龙:《反垄断法域外适用制度》,中国人民大学出版社 2015 年版;第 48—108、227—321 页;王晓晔、吴倩兰:《国际卡特尔与我国反垄断法的域外适用》,载《比较法研究》2017 年第 3 期,第 132—145 页;何叶华:《美国域外反垄断中的国际礼让原则——从美国"维生素 C 案"切入》,载《河北法学》2018 年第 3 期,第 134—146 页;杜涛:《论反垄断跨国民事诉讼中域外管辖权和域外适用问题的区分——以中美新近案例为视角》,载《国际经济法学刊》2019 年第 1 期,第 72—84 页等。

〔3〕 法律规则的移植必须考虑到本土制度运行的影响。See Gianmaria Ajani, 'Legal Transplants', in Alain Marciano and Giovanni Battista Ramello(eds.), *Encyclopedia of Law and Economics*(Springer Nature,2019), pp. 1282-1288.

〔4〕 钟真真:《反垄断法草案出台的背景》,载中国人大网,〈http://www.npc.gov.cn/zgrdw/npc/bmzz/caizheng/2006-07/07/content_1383750.htm〉(访问日期:2023 年 3 月 10 日)。

案件。但2002年2月26日的《反垄断法》草案征求意见稿却纳入了以"效果原则"为表现形式的反垄断法域外适用规则,强调《反垄断法》将适用于"对境内市场竞争产生限制竞争影响"的"境外从事违反本法规定"的行为。[5]

在国内没有规则先例,也没有相关纠纷案件的情况下,为什么《反垄断法》草案会纳入域外适用规则?这背后主要归因于起草者对域外经验的借鉴。一方面,部分参与起草的专家认为反垄断法域外适用规则的目的在于防范经济开放后境外垄断行为对境内市场的不利影响,并认为其他国家效仿美国反垄断法域外适用效果原则也主要是出于此种考量。[6] 例如,全程参与起草工作的王晓晔指出,德国《反对限制竞争法》效仿美国效果原则的原因在于,这是市场开放后的必然选择,若拒斥反垄断法的域外适用,就无法有效规制跨国限制竞争的行为。[7] 全国人大常委会法制工作委员会在《反垄断法释义》中也强调第2条域外适用规则是为了防范经济开放后境外垄断行为对我国国内市场的不利影响,因而借鉴了其他国家的制度经验。[8] 另一方面,以王艳林为代表的参与起草工作的专家,认为当时已有越来越多的国家采纳了反垄断法域外适用规则,我国除了同样"接受",已别无选择。[9] 这甚至可以成为对抗外国反垄断法域外适用的武器,迫使其他国家与我国就反垄断执法进行平等对话。如梅新育认为欧盟和日本吸纳美国反垄断法域外适用效果原则,正是出于此种目的。[10] 总结而言,我国确立反垄断法域外适用规则并非是因为我国竞争法制度本土运行的内生需求,而是源于对经济开放后的风险预期,以及国际社会反垄断法域外适用规则逐渐普及导致的外部制度压力。

此种压力的源头始于美国反垄断法域外适用的制度输出。由于我国《反垄断法》域外适用规则的确立源自国际社会的外部压力,加之反垄断救济机制本身尚在同步构建中,我国国内立法也没有域外适用规则的表述可作为先例参考,因此《反垄断法》起草者只能借鉴域外规则的内容及表述,缺乏国内自身的制度资源。

---

〔5〕 参见王晓晔:《加速与阻力——中国反垄断立法的几个问题》,载《国际贸易》2002年第12期,第39页。

〔6〕 参见王晓晔:《反垄断国际统一立法的现状和前景》,载《外国法译评》1995年第1期,第96页;盛杰民:《论我国〈反垄断法〉的调整范围》,载《法学杂志》2005年第1期,第27页等。

〔7〕 同前注6,王晓晔文,第96页;同前注2,王晓晔、吴倩兰文,第132—145页。

〔8〕 同前注1,安建书,第13页。

〔9〕 参见王艳林:《关于反垄断立法若干问题的思考》,载《中国工商管理研究》2000年第8期,第33—35页。

〔10〕 参见梅新育:《美国反托拉斯法域外管辖制度》,载《国际贸易》1996年第6期,第33—36页。

王晓晔等重点考察了欧洲的规则演进以及美国的效果原则;[11]梅新育等重点考察了美国效果原则的具体内容。[12] 最终《反垄断法》第 2 条采用了类似美国制度的相对宽泛的"效果原则"表述,未纳入当时欧共体发展出来的"单一实体理论""实施地测试"等一系列旨在限制"效果原则"的属地性联结因素。王晓晔认为,美国已成功地"向我国输出了反垄断法域外适用的制度"。[13] 后来的研究,如戴龙、彭岳、廖诗评、汤净等人的观点亦主张,我国《反垄断法》第 2 条域外适用规则是对美国"效果原则"的引入或效仿。[14] 虽然参与立法的专家也曾考察欧洲反垄断法域外适用的制度经验,但往往是在欧洲如何接受了源于美国的"效果原则"这一层面上展开讨论,尝试证成我国同样接受效果原则的正当性。[15] 综上所述,我国《反垄断法》第 2 条域外适用规则的制度根源为美国法院发展起来的"效果原则"。

　　然而,我国在构建基础性的反垄断法制度框架时,尤其是在以反垄断执法机构公共执行为中心的制度设计上,主要借鉴的是欧洲竞争法的制度经验。[16] 从制度移植的角度来看,这就导致了一个问题,即反垄断法域外适用的规则源于美国以法院为核心创设及发展[17]的效果原则,反垄断法的基础性实体和程序制度却借鉴自欧洲竞争法。而美国与欧洲大陆法系的反垄断法基础制度存在较大差异,

---

〔11〕　参见王晓晔、陶正华:《域外效力纷争——以第三国企业合并为例》,载《国际贸易》1999 年第 2 期,第 38—41 页;王晓晔:《维护有序市场竞争——欧共体竞争法中企业合并控制》,载《国际贸易》2000 年第 10 期,第 45 页;王晓晔:《效果原则——美国反垄断法的域外适用》,载《国际贸易》2002 年第 1 期,第 42—46 页。

〔12〕　同前注 10,第 33—36 页。

〔13〕　同前注 2,王晓晔、吴倩兰文,第 133 页。

〔14〕　参见戴龙:《我国反垄断法域外管辖制度初探》,载《法学家》2010 年第 5 期,第 134 页;彭岳:《美国证券法域外管辖的最新发展及其启示》,载《现代法学》2011 年第 6 期,第 139 页;廖诗评:《中国法域外适用法律体系:现状、问题与完善》,载《中国法学》2019 年第 6 期,第 23 页;上海市第一中级人民法院课题组:《我国法院参与中国法域外适用法律体系建设的路径与机制构建》,载《法律适用》2021 年第 1 期,第 168 页;汤净:《域外立法管辖权的第三条路径》,载《当代法学》2022 年第 3 期,第 144 页等。

〔15〕　参见王先林:《论我国反垄断立法中的域外适用制度》,载《法学杂志》2006 年第 1 期,第 48—49 页;王晓晔:《我国反垄断法的域外适用》,载《上海财经大学学报》2008 年第 1 期,第 33—35 页等。

〔16〕　参见王晓晔:《〈中华人民共和国反垄断法〉析评》,载《法学研究》2008 年第 4 期,第 68 页;郝俊淇:《论我国垄断协议类型序列的立法完善》,载《中国政法大学学报》2022 年第 1 期,第 203 页;《中国反垄断执法四年来的经验教训》,载众达律师事务所官网,〈https://www.jonesday.com/zh-hans/insights/2012/09/lessons-from-four-years-of-antitrust-enforcement-in-china〉(访问日期:2023 年 3 月 14 日)。

〔17〕　See Najeeb Samie, ' Extraterritorial Enforcement of United States Antitrust Laws:The British Reaction ', (1982)16 *The International Lawyer*,313-320.

前者以私人执行和法院诉讼为中心,[18]后者将法院定位于附带性地位[19]。这种差异与两大法系不同的行政与诉讼体系存在关联。[20] 在此基础上,欧洲反垄断法域外适用规则的制度运行也因而呈现出与美国私人执行网络不同的公共执行网络特征。那么,在我国反垄断制度运行的过程中,借鉴自美国法院判例的效果原则文本和制度经验能否与借鉴自欧洲大陆法系国家的基础性实体和程序规则相契合?

在当时反垄断机制尚未构建完成的客观条件约束下,参与起草工作的专家主要侧重于域外适用的规则应当如何表述,规制对象是何种域外行为等。其任务仅在于确认我国《反垄断法》具有域外效力,能够应对经济开放可能带来的风险以及外部制度压力即可,并未考虑反垄断法域外适用规则具体如何与反垄断民事诉讼和公共执行相结合。事实上,由于我国反垄断救济制度的构建当时正处于起步阶段,因此起草者也无法实现上述制度的考量。整体而言,法律制度移植过程中,因反垄断法域外适用规则与反垄断法基础制度规则的法律传统根源差异而导致的潜在风险,并没有得到足够的重视。此后的《反垄断法》立法草案修改过程中,第2条域外适用规则仅经过了语言细节调整,将"限制竞争影响"修改为"排除、限制影响",整体在最终生效的《反垄断法》中得到保留。

(二)制度移植后的国内理论发展

在后续的学术与实务发展过程中,围绕着"排除、限制影响"是否应当以"直接""重大""可合理预见"为限,以及是否需要运用国际礼让等规则限制反垄断法的域外适用等问题展开的,以规则内容和适用标准为中心的比较法研究视角依然占据着主流。[21] 学者们主要是以规则的文字表述为核心展开论证,通过比较法的研究路径考察域外规则内容的发展。此类研究紧紧围绕着《反垄断法》第2条本

---

〔18〕 OECD Directorate for Financial and Enterprise Affairs,'Relationship Between Public And Private Antitrust Enforcement-United States'(2015),available at ⟨https://www.justice.gov/atr/file/823166/download⟩(last visited 6 April 2023).

〔19〕 See European Commission,'Antitrust Overview',available at ⟨https://competition-policy.ec.europa.eu/antitrust/antitrust-overview_en⟩(last visited 6 April 2023).

〔20〕 参见邓峰:《反垄断民事诉讼机制的当下选择》,载《中国应用法学》2022年第5期,第72页。

〔21〕 参见时建中:《我国〈反垄断法〉的特色制度、亮点制度及重大不足》,载《法学家》2008年第1期,第17—18页;王克玉:《中国反垄断法域外适用问题研究——从国际法的视角》,载《中央财经大学学报》2009年第3期,第71—74页;孟雁北:《竞争执法机构间合作协议问题研究》,载《中国社会科学院研究生院学报》2009年第4期,第77—84页;戴龙,前引注14,第127—137、179页;王晓晔、吴倩兰,前引注2,第132—145页;魏婷婷:《反垄断法域外效力研究》,中国政法大学出版社2020年版等。

身,建议我国法院和执法机构应当进一步细化《反垄断法》第 2 条域外适用规则的表述、含义及适用标准,避免过度域外管辖的倾向。[22] 单就《反垄断法》第 2 条相对宽泛的"效果原则"表述而言,这一担忧不无道理。但这仅仅关注了规则层面,并没有关注反垄断法域外适用规则实施的制度语境。

事实上,局限于在缺乏本土制度资源的历史条件下引入《反垄断法》的域外适用规则文本的分析,已经难以反映我国反垄断法域外适用规则的本土化发展现实,例如,无法解释我国法院在部分案件中,对"效果"与"损害结果"的法律解释出现混淆的根源。[23] 前者是引自美国反垄断法下私主体执行公共利益的诉讼模式的法律概念;而后者则是受欧洲竞争法基础制度的影响,将法院反垄断民事诉讼定位为附随于反垄断公共执行的私人利益"损失"赔偿诉讼的结果。相关研究[24]未能关注到,法院在反垄断法域外适用案件的管辖权确立以及法律适用方面出现的种种问题,其更深层次的诱因,并非单纯是法院法律解释和法律适用方面的知识缺陷,而是受公共执行和私人执行的制度分工所限导致的结果。当我国法院的反垄断制度定位类似于欧洲,强调公共利益之外的私人利益损失时,其能否承载美国法院在反垄断法域外适用案件中所承载的公共利益裁判职能本身存疑。

虽然已有学者致力于结合我国反垄断制度的具体实施来探讨反垄断法域外适用的问题,如杜涛、于馨森等,逐渐开始从域外国家法院层面的裁判管辖权与法律域外适用规则之间的相互关系角度入手,强调我国法院进行反垄断法域外适用应当系统性地理顺法律逻辑;[25] 当年参与起草的专家如王晓晔,也在结合反垄断执法过程中域外适用规则的具体实践进行分析,并希望随着案件的复杂化,我国反垄断执法机关能够细化启动域外管辖制度的标准。[26] 但以上研究均只侧重反

---

〔22〕　例如,李晔:《论我国反垄断法的域外适用——基于美欧反托拉斯法域外适用的思考》,载《价格理论与实践》2017 年第 5 期,第 27—30 页;肖永平、焦小丁:《从司法视角看中国法域外适用体系的构建》,载《中国应用法学》2020 年第 5 期,第 59 页;孙南翔:《美国法律域外适用的历史源流与现代发展——兼论中国法域外适用法律体系建设》,载《比较法研究》2021 年第 3 期,第 170—184 页等。

〔23〕　例如,瑞典爱立信有限公司、爱立信(中国)有限公司滥用市场支配地位纠纷案,最高人民法院(2019)最高法知民辖终 32 号民事裁定书;西斯威尔国际有限公司、西斯威尔香港有限公司滥用市场支配地位纠纷案,最高人民法院(2020)最高法知民辖终 392 号民事裁定书,广州知识产权法院(2020)粤 73 民初451 号之二民事裁定书。

〔24〕　参见于馨森:《涉外垄断侵权责任的法律适用——兼评华为公司诉美国交互数字垄断案中的法律适用》,载《河北大学学报(哲学社会科学版)》2016 年第 3 期,第 143—151 页;同前注 2,杜涛文,第 72—84 页。

〔25〕　同上注。

〔26〕　同前注 2,王晓晔、吴倩兰文,第 132—145 页。

垄断法的私人执行或公共执行其中一端,未能结合二者同时进行系统性梳理,考察在反垄断私人执行与公共执行之间,是否存在着反垄断法域外适用的制度空白或制度重合,以及我国本土化的反垄断法域外适用制度体系应当遵循何种整体性的制度框架。如果不能对被引入的域外规则内容背后的制度场域和所依托的反垄断机制设计进行集中阐释,并比照我国自《反垄断法》2008 年生效之后才逐步发展起来的、具有我国自身特殊性[27]的反垄断救济机制进行整体性的考察,作为舶来品的反垄断法域外适用规则将难以真正意义上完成本土化的制度发展,也难以真正嵌入我国自身的反垄断救济机制之中。

法律制度是一个过程,并不是简单的大前提规则的引入。[28] 规则的表述与规则在何种制度系统中运作,对建立完善的本土化反垄断法域外适用制度体系而言缺一不可。具体而言,反垄断救济机制由私人执行与公共执行组成,我国亦不例外,这二者之间的任何制度空白、制度重叠或权责不清,都有可能影响我国反垄断法域外适用规则移植后的实际效用,而这一问题目前尚未得到足够的重视。

二、欧美反垄断法域外适用的基础性制度体系

为考察我国反垄断法域外适用规则的本土化问题,首先需要补充考察他国反垄断法域外适用规则如何嵌套在其不同的反垄断制度结构中,如何实现不同的结构性目的。如前文所述,我国在反垄断法域外适用规则的制度移植之时,主要参考了美国法院判例中的"效果原则";在构建反垄断法基础制度时,主要参考了欧洲的制度经验。因此这两种制度体系值得重点考察。反垄断救济机制通常包含反垄断民事诉讼以及反垄断执法机构的反垄断执法两个层面,即私人执行与公共执行两个基本制度,[29]美国与欧盟的反垄断法域外适用规则均与其各自独特的反垄断私人执行与公共执行体系相匹配,遵循各自不同的制度原理。

（一）美国反垄断法域外适用:私人执行网络与法院权力

美国是最先发展出反垄断法域外适用规则的国家,事实上也是最先发展出反垄断法制度的国家。其域外适用规则体系源自本土的制度发展,根源于其独特

---

[27] 同前注 20,第 78—82 页。

[28] See Benjamin N. Cardozo, 'A ministry of Justice', (1921)35 *Harvard Law Review* 117.

[29] 同前注 20,第 76 页。

的、将反垄断私人执行置于实现公共利益和政策的突出地位的制度体系。美国反垄断法下,反垄断的私人执行与公共执行并行,[30]前者不以后者决定的作出为前提。依据美国学者的实证研究,在反垄断私人诉讼独立于反垄断公共执法的情形下,法院反垄断民事诉讼案件的判决突出的是公共政策威慑作用,其重要性超过了私人利益的损害赔偿。[31] 这一点也是美国反垄断诉讼与欧洲反垄断民事诉讼之间的本质差异,前者允许私人诉讼承载公共利益问题,而后者将私人诉讼的功能局限于私人损害的赔偿。美国反垄断救济机制的模式,本质上突出了私主体诉讼维护公共政策利益的作用。[32] 私人参与公共利益的争议并提起诉讼,有助于发现垄断行为。其根本目的在于弥补政府公共执法资源的不足。[33]

有学者如汉娜·巴克斯鲍姆(Hannah L. Buxbaum),将提起跨国反垄断诉讼的私主体界定为跨国商事活动背景下的"私人检察总长"(Private Attorney General)。"私人检察总长"制度是美国法下的特殊概念。[34] 事实上,美国法院处理的反垄断法域外管辖和域外适用案件基本都是由此类私主体提起的,是美国反垄断法域外适用规则兴起与发展的源头。私主体能够利用其商事活动的优势和交易网络,更灵活地向美国法院反馈境外垄断行为。[35] 在此过程中,美国反垄断法对私人执行的制度激励也发挥着重要作用。具体的制度激励包括允许私主体因此获得三倍赔偿,胜诉私主体还可获得对方支付的诉讼费用和合理律师费用。美国反垄断法域外适用规则发展的制度依托即此种承载公共利益的私人执行网络。[36]

美国法院在通过私人制度激励,构建和维持此种私人执行网络、发展美国反垄断法域外适用规则方面发挥了核心作用,也为美国反垄断法域外适用规则的制度调适提供了空间。以美国法院"利益平衡"(interest-balancing)分析范式的演进为例。1976 年的 Timberlane 案[37]中,美国法院采纳了利益平衡的分析范式,强调在确定本国反垄断法的域外效力时,应考虑美国在反垄断政策方面的利益是否显

---

〔30〕　同前注 20,第 72 页。

〔31〕　See Varan Gupta,'After Hartford Fire:Antitrust and Comity',(1996)84 *Georgetown Law Journal* 2306-2307.

〔32〕　See Alison Jones and Brenda Sufrin,*EU Competition Law:Text,Cases,and Materials*(Oxford University Press,2014),pp. 1083-1084,1085.

〔33〕　*Agency Holding Corp. v. Malley-Duff & Assocs,Inc.*,483 U. S. 143,151(1987).

〔34〕　See Hannah L. Buxbaum,'The Private Attorney General in a Global Age:Public Interests in Private International Antitrust Litigation'(2001)26 *The Yale Journal of International Law* 219-263.

〔35〕　Ibid.,227.

〔36〕　Ibid.,222-225.

〔37〕　*Timberlane Lumber Co. v. Bank of America*,549 F. 2d at 597(9 Cir. 1976).

著高于其他国家。1986 年的《美国第三次对外关系法重述》修订稿[38]对此予以采纳。但在后来的 Laker 案[39]中,美国法院开始拒斥在私主体反垄断诉讼中采用"利益平衡"的分析范式,强调利益平衡的考量因素中既涉及中立性的法律技术问题,又涉及政治因素,对于后一问题,法院在私主体提起的诉讼中并不适于介入。[40] 法院仅需完成效果原则本身的法律分析即可,若依据效果原则可以确立美国反垄断法的域外适用,那就应当适用美国反垄断法。后续案件如 Uranium 案[41]采纳了这一路径。最终在 Hartford 案[42]中,美国最高法院将利益平衡的分析要素局限于当事人的境外垄断行为是否是外国法强制要求的结果,即是否存在外国法与美国法的"真实冲突",本质上解除了对"效果原则"的束缚。美国法院利用私主体执行公共利益的制度激励,实现了对境外企业境外垄断行为的规训。

这些制度调整,均在法院私主体诉讼执行公共利益的语境下才得以发生。其制度前提,在于美国法院对美国反垄断政策利益的判断与维护。美国学者汤娅·L. 帕特南(Tonya L. Putnam)指出,除利益平衡的分析范式之外,美国法院对反垄断法域外适用规则的多轮制度调适,都体现着美国法院对特定历史时期美国市场经济以及反垄断利益的政策判断,美国法院对公共利益的判断也与美国的立法和行政机构的职能存在复杂的制度关联。在美国反垄断法域外适用规则的发展过程中,法院以其承载的维护市场竞争及公共利益的职能,发挥着超越行政执法机构的积极作用。尤其是在 20 世纪 70 年代至 80 年代期间,体现着公共利益的私主体诉讼极大推动了美国法院反垄断法域外适用规则的发展。美国法院广泛的调查及执行权力起到了关键性作用。[43] 以上制度经验,在欧洲以及类似欧洲的我国反垄断法制度体系下,不可复制。法院承担反垄断政策公共利益判断的制度功能

---

〔38〕 Restatement(Third) of the Foreign Relations Law of the United States(1987), Section 401-403,415.

〔39〕 *Laker Airway v. Sabena* 731 F. 2d 909(D. C. Cir. 1984).

〔40〕 在美国法下,反垄断执法机构亦是通过诉讼的方式进行执法。在提交法院诉讼之前,依据执法机构指南,其通常已经进行了利益平衡、国际礼让等考量。See U. S. Department of Justice and Federal Trade Commission,'Antitrust Guidelines for International Enforcement and Cooperation'(2017), available at 〈https://www. ftc. gov/legal-library/browse/antitrust-guidelines-international-enforcement-cooperation-issued-us-department-justice-federal〉(last visited 11 March 2023). 法院并不介入政府机构已经作出的此种认定,因此对反垄断法域外适用的限制已经内置于反垄断执法机构的决定中。但私主体的诉讼独立于反垄断执法机构,并不以其决定为提起私主体诉讼的前提条件。

〔41〕 See Lionel Kestenbaum,'Antitrust's'Extraterritorial'Jurisdiction: A Progress Report on the Balancing of Interests Test'(1982)18 *Stanford Journal of International Law* 319-320.

〔42〕 *Ronald C. Duke v. Hartford Fire Insurance Company*,617 F. 2d 509(8th Cir. 1980).

〔43〕 See Tonya L. Putnam,*Courts Without Borders: Law,Politics,and U. S. Extraterritoriality*(Cambridge University Press,2016),122-130.

一旦被剥离,便无法承载反垄断法域外适用案件下判断公共利益的制度压力,也无法通过构建私人执行的制度网络来推动反垄断法域外适用规则的发展。

(二)欧盟反垄断法域外适用:制度移植与公共执行网络

对欧盟而言,反垄断法域外适用制度亦非制度本土运行的产物,是制度移植的结果。[44] 但欧共体及后来欧盟的反垄断机制显著不同于美国。反垄断法在移植到主要大陆法系国家时,反垄断公共执行与私人民事赔偿的功能定位发生了改变,前者占据了反垄断救济机制的核心地位,后者则以类似侵权的模式实现矫正正义和赔偿功能。[45] 反垄断民事诉讼案件的性质被局限于侵权纠纷,并不承担反垄断政策的决策与衡量。有学者认为,由于这种功能变迁,最初制度引入时私主体诉讼可以作为非法垄断行为的发现机制的理论假定遭到破坏,私人执行公共利益的制度激励不复存在。[46] 但这并未实质性影响欧盟反垄断法域外适用机制的运作,私主体制度激励在发现境外垄断行为方面的缺失,被欧盟一体化制度背景下的反垄断法公共执行网络填补了。反垄断法域外适用制度嵌入欧盟及其成员国的反垄断公共执行网络中,实现了自身的本土化制度发展。

欧盟反垄断制度体系下,欧盟委员会以及欧盟各成员国的国内竞争执法机构均有权直接实施欧盟竞争法规则。欧盟委员会负责欧洲内部市场竞争规则的统一,并负责处理对欧洲内部市场整体产生显著影响的案件;欧盟成员国国内竞争执法机构则构成去中心化的"平行执法"模式,较大程度拓宽了欧盟反垄断规则的实施范围。[47] 其他的单一主权国家如我国均不具备此种公共执行网络的制度优势。欧盟委员会与各成员国机构在"欧洲竞争网络"(European Competition Network,ECN)内进行制度协调,包括决定案件分配、交换调查信息以及商议拟议反垄断执法决定等。[48] 欧盟成员国法院在反垄断执法中仅扮演补充性角色,仅处理私

---

[44] See European Commission, 'Roundtable on Cartel Jurisdiction Issues, Including the Effects Doctrine' (2008), 〈https://ec. europa. eu/competition/international/multilateral/2008_oct_effects_doctrine. pdf〉(last visited 11 March 2023).

[45] See Wouter P. J. Wils, 'The Relationship between Public Antitrust Enforcement and Private Actions for Damages' (2009)32 *World Competition* 3-26.

[46] See Tim Reuter, 'Private Antitrust Enforcement and the Role of Harmed Parties in Public Enforcement' (2016)41 *European Journal of Law and Economics* 479-508.

[47] European Court of Auditors, 'Special Report:The Commission's EU Merger Control and Antitrust Proceedings:A Need to Scale Up Market Oversight' (2020), p. 10, 〈https://www. eca. europa. eu/Lists/ECADocuments/SR20_24/SR_Competition_policy_EN. pdf〉(last visited 10 March 2023).

[48] Ibid. , 11-13;Article 11 of Regulation(EC)No 1/2003.

主体损害赔偿的问题,且不得与欧盟委员会的决定相抵触,处于附带性的地位。[49]

欧盟处理的反垄断法域外适用案件在上述制度框架下进行,以欧盟委员会和成员国执法机构网络化的公共执行机制为核心。国内文献大量援引对欧盟制度发展产生重要影响的反垄断法域外适用案件均由欧盟委员会处理并作出决定。反垄断民事诉讼事实上(*de facto*)通常在执法机构作出决定后被提出。[50] 成员国国内法院就损害赔偿问题发挥私人损失赔偿的补充性作用,不得与公共执行中的反垄断法域外适用相抵触。关于欧洲内部市场竞争秩序是否受境外行为影响的判断由欧盟及成员国层面的公共执法机构作出,成员国国内法院主要就境外行为造成的损害赔偿问题作出决定。欧洲法院则是在一体化制度框架下,对欧盟委员会具有的公共执行网络性权力进行制约,[51] 在维护欧洲内部市场利益和国际法之间寻求制度平衡,[52] 同属于欧盟公共执行网络架构的一环。

整体而言,欧盟移植美国反垄断法域外适用制度后,移除了私主体执行公共利益的制度性激励,嵌套在其"欧洲竞争网络"中,以公共执行为核心展开反垄断法域外适用的实践。此外,欧盟委员会通过调整与成员国的制度分工,以欧洲内部市场竞争秩序为核心,对反垄断法域外适用的范围进行制度调适。例如,近期欧盟委员会通过修订指南的方式,将成员国反垄断执法机构有权上报欧盟委员会审查的并购交易案件类型,拓展至成员国因交易当事人在本国境内无销售而无管辖权,但可能对内部市场产生影响的并购交易。欧盟委员会通过允许成员国将此

---

〔49〕 Ibid. , 11;Article 16 of Regulation(EC)No 1/2003.

〔50〕 See Elizabeth Morony,'Private Antitrust Litigation'(2021),p. 49,〈https://tadmor. com/wp-content/uploads/2020/08/2021_Private-Antitrust-Litigation_Israel. pdf〉(last visited 7 April 2023).

〔51〕 例如,欧盟竞争法域外适用规则的发展过程中,自 Béguelin 案后,欧洲法院开始介入是否应当接纳"效果原则"的讨论,指出《欧共体条约》的竞争规则可以域外适用,是因为垄断协议的最终实施地点在欧共体境内。See Case 22/71,*Béguelin Import Co. v S. A. G. L. Import Export*〔1971〕ECR 949. 之后的染料案中,欧盟委员会在当事人上诉至欧洲法院后,提出其行使管辖权的依据是欧共体境内的子公司受到了境外母公司境外行为的影响,由此发展了"单一实体理论"。欧洲法院对欧盟委员会的解释予以采纳。See *Imperial Chemical Industries Ltd v Commission of the European Communities*,Final judgment,48/69,(1972)ECR 619,ILEC 036(CJEU 1972).以上案件确立的管辖权规则,其实是对属地管辖原则的扩大解释,没有真正采纳效果原则。类似的问题出现在纸浆案中,欧盟委员会主张效果原则。但欧洲法院以境外生产商需要通过境内经销商在欧共体境内销售产品为由,主张"实施地测试",再次回归属地管辖原则。See Bernadette Zelger,'EU Competition Law and Extraterritorial Jurisdiction-A Critical Analysis of the ECJ's Judgement in Intel',(2020)16 *European Competition Journal*(2020),pp. 613-614.

〔52〕 See Marek Martyniszyn,'Extraterritoriality in EU Competition Law',in Nuno Cunha Rodrigues(ed.),*Extraterritoriality of EU Economic Law:The Application of EU Economic Law Outside the Territory of the EU*(Springer,2021),35.

类案件上报审查,拓展了欧盟竞争法的域外适用范围。[53] 这一公共执行网络削减了排除私主体执行公共利益的制度激励所带来的负面影响,通过成员国的集体资源和信息收集网络,以及欧洲内部市场的体量,纾解了反垄断法域外适用公共执行资源不足的困境,同时通过欧洲法院对公共执行的制约作用,增强了欧盟反垄断法域外适用在国际法层面的正当性。

(三)小结:反垄断法域外适用的机制设计

回溯我国反垄断法域外适用规则在移植过程中所借鉴的国家和地区的反垄断制度体系,并不意在强调我们应当进行整体性的系统移植。每个国家和地区都遵循自己特殊的反垄断救济制度原理,执法机构与私主体的制度功能划分各不相同,单一主权国家和区域性国际组织也遵循着不同的制度安排。直接将域外制度系统嫁接至我国制度体系内并不现实。更值得关注的是,无论在何种反垄断救济制度系统内进行反垄断法域外适用,均需理顺私人执行与公共执行的相互关系。以法院诉讼环节的私人执行为核心,便需强调私主体执行公共利益的制度安排和制度激励;如果反垄断救济机制将反垄断民事诉讼设定为仅允许私主体获得私人利益的损害赔偿,不能执行公共利益,那么就需要强调公共执行的作用以及民事诉讼在域外适用问题上的附带性,以及建立能够充分发挥作用的公共执行网络。

无论何种情况,都应当强调法院反垄断民事诉讼与反垄断执法机构公共执行之间明确的制度分工,理顺反垄断法域外适用纠纷处理的制度流程。反垄断法域外适用过程中法院与执法机构的分工重合或空缺,都可能反过来妨碍国内反垄断制度系统的正常运作以及反垄断法域外适用规则本身的制度效用。事实上,我国在反垄断法域外适用规则本土化方面,尚有改进的空间,尤其是需要进一步理顺法院民事诉讼与反垄断执法机构之间的制度分工。

三、我国反垄断法域外适用规则本土化的制度矛盾

我国反垄断法域外适用主要涵盖三种情形:境外经营者集中、境外滥用市场支配地位以及境外垄断协议。境外垄断协议主要表现为国际卡特尔协议。境外

---

〔53〕 Jones Day, 'European Commission Expands Antitrust Reviews to Non-Reportable Transactions' (2021), available at 〈 https://www. jonesday. com/en/insights/2021/04/european-commission-expands-antitrust-reviews 〉 (last visited 27 February 2023).

经营者集中已形成系统化的申报制度,发挥了防止境外并购行为损害我国国内市场竞争秩序的作用。[54] 事实上,由于境外大型企业的经营者集中,通常会涉及多个国家和区域的市场竞争秩序,其他国家反垄断执法机构的审查和决定实际上也能起到预警作用,可弥补我国对境外经营者集中行为进行公共执法的资源不足,例如两拓合并案。[55] 但在境外滥用市场支配地位和国际卡特尔协议的规制方面,反垄断法的域外适用规则效用存在着制度逻辑上的缺陷,需要进一步澄清和完善。

在具体考察我国反垄断法域外适用规则的本土化发展缺陷之前,首先需要澄清与我国反垄断法域外适用相关的基本概念。如前所述,我国《反垄断法》第 2 条下的"效果原则"是源于美国法院判例的法律概念。[56] 强调对"境内市场竞争产生排除、限制影响",境外垄断行为应以法院地国的市场为目标,遭受损失的当事人具有法院地国国籍或在法院地国拥有主营业地或住所的事实本身,不足以成为适用效果原则的正当性依据。[57] 在这一概念界定基础上,"效果"与"损害结果"便具有了不同的含义,前者强调的是对我国境内市场竞争秩序的影响,具有公共利益的核心属性,可能附带私人利益损失;后者强调的是私人利益遭受的损失,并不一定同时具有市场竞争秩序受损的公共利益后果。

(一)私人执行与公共执行制度重叠:境外滥用市场支配地位纠纷

我国《反垄断法》[58]第七章规定的"法律责任"部分,除第 60 条强调"给他人

---

〔54〕 我国 2018 年反垄断执法机构"三合一"改革之前,经营者集中的反垄断执法案件主要由商务部反垄断局负责,共计 30 起经营者集中申报案件涉及我国《反垄断法》的域外适用。参见商务部公告 2008 年第 95 号、2009 年第 76 号、2009 年第 77 号、2009 年第 82 号、2010 年第 53 号、2011 年第 33 号、2011 年第 73 号、2011 年第 90 号、2012 年第 9 号、2012 年第 25 号、2012 年第 35 号、2012 年第 87 号、2013 年第 20 号、2013 年第 22 号、2013 年第 58 号、2014 年第 3 号、2014 年第 24 号、2014 年第 30 号、2014 年第 46 号、2015 年第 44 号、2015 年第 64 号、2016 年第 38 号、2016 年第 88 号、2017 年第 25 号、2017 年第 46 号、2017 年第 58 号、2017 年第 75 号、2017 年第 77 号、2017 年第 92 号、2018 年第 31 号。2018 年"三合一"机构改革后,该项工作由国家市场监督管理总局统一负责,共处理 17 起案件。参见国家市场监督管理总局反垄断执法二司官网,〈https://www.samr.gov.cn/fldes/tzgg/ftj/〉(访问日期:2022 年 12 月 28 日)。

〔55〕 《"两拓并购"进展:必和必拓于 11 月 25 日宣布放弃收购》,载中华人民共和国中央人民政府官网,〈http://www.gov.cn/zxft/ft155/content_1168810.htm〉(访问日期:2022 年 12 月 30 日)。

〔56〕 同前注 2,王晓晔、吴倩兰文,第 133 页;同前注 14,廖诗评文,第 23 页等。

〔57〕 See Hannah L Buxbaum and Ralf Michaels, ' Jurisdiction and Choice of Law inInternational Antitrust Law-A US Perspective ', in Jürgen Basedow, Stéphanie Francq & Laurence Idot(eds.), *International Antitrust Litigation:Conflict of Laws and Coordination*(Hart Publishing,2012) ,225-244.

〔58〕 本文论述援引的法律条文以《反垄断法》(2022 年修订)版本为准。

造成损失"的可以提起反垄断民事诉讼之外,其余条款均规定由反垄断执法机构进行垄断行为的认定和处罚。因此邓峰等主张,我国反垄断救济制度的基本安排,本质上是将民事诉讼机制定位为私人利益的损害赔偿,其余的默认条文均针对公共执行和公共利益。从这一意义上讲,法院在滥用市场支配地位案件中的作用仅为附带性的,法院仅对未包含在公共利益中且未得到救济的私人利益作出损害赔偿的认定。[59] 这一解释方法符合《反垄断法》整体定位。《反垄断法》第 12 条和第 13 条将竞争政策的制定、市场的调查评估等职责均授权给反垄断执法机构而非法院;第六章则将垄断行为的调查权力也授权给反垄断执法机构而非法院。因此,从体系解释的角度来说,包含在第七章 13 个条文中的第 60 条并未意图创造平行于反垄断执法机构的法院调查程序,我国法院也并不承担反垄断政策及公共利益的决策职能。[60] 这一特征影响着我国法院在反垄断法域外适用案件中的作用。

　　在此意义上理解,由于《反垄断法》的整体制度安排着眼于行政机构的公共执行,因此第 2 条的域外适用规则应当如杜涛指出的,也仅仅是对反垄断执法机构公共执行可以域外适用《反垄断法》的授权,并没有对法院域外适用《反垄断法》的授权。[61] 但我国的反垄断法域外适用民事诉讼实践却突破了这一制度安排。相关案件如 TCL 诉爱立信案和 OPPO 诉西斯威尔案,法院均通过《反垄断法》第 2 条直接主张法院的域外管辖,直接进入反垄断诉讼程序,在诉讼的场景下域外适用我国《反垄断法》,没有考虑法律授权的问题。我国《反垄断法》的结构,实质上将域外适用《反垄断法》来认定境外滥用市场支配地位行为以及维护公共利益的权力授予了反垄断公共执行机构而非法院。两起案件中方当事人遭受的诉讼费用、被禁止进入该外国市场等损失均发生在外国,案件缺乏证据表明中方当事人在我国境内市场竞争中遭受直接损失,企业单方面的总盈利受损不能宽泛地解释为因在我国国内市场竞争中处于不利地位而遭受损失,企业在境内市场竞争秩序中的竞争地位并未被证明遭受影响。真正在我国境内发生的,实际上是因为专利权滥用导致成本价格上升,进而导致我国消费者和我国生产者遭受的整体性福利损失,也就是公共利益层面的"效果",而非私人利益的直接"损害结果"。

---

　　[59]　同前注 20,第 81—83 页。

　　[60]　有学者认为,《反垄断法》第 60 条中"经营者实施垄断行为"的前提性表述,如果与垄断行为相对应的法律条文中的权力留白或者兜底认定权力的授权结合,那么对《反垄断法》第 17、18、20、22 条进行联合解释,显然法院并不拥有自行认定何为垄断行为的权力。同前注 20,第 81 页。

　　[61]　同前注 2,杜涛文,第 84 页。

　　一方面,以上"效果"属于域外适用案件中法律授权反垄断执法机构处理的公共执行范畴。两起案件在没有授权的情况下扩大了法院审理反垄断法域外适用案件的权限,而其本应依照《涉外民事关系法律适用法》第 44 条的规定进行侵权责任的法律适用,适用侵权行为地法律,包括侵权行为实施地和侵权结果发生地的法律。依据前述分析,侵权行为实施地和仅就私人利益受损而言的侵权结果发生地主要都不在中国。法院却直接在《反垄断法》仅授权其审理反垄断民事侵权和私人利益损害赔偿的情况下,依据效果原则进行法律适用,且为实现这一目的主动介入了对境外滥用市场支配地位行为对我国市场竞争秩序以及消费者和生产者福利的整体性影响的主动的预先判断,可以理解其背后主要是受到了制度移植过程中借鉴美国法院判决思维的影响,但实际上与我国国内的反垄断救济机制分工并不适配,也缺乏法律授权。我国法院并不具有类似美国法院的能动性。

　　另一方面,这种不适配在境外滥用市场支配地位的案件中还削弱了我国反垄断法域外适用的正当性基础。依据《最高人民法院关于审理因垄断行为引发的民事纠纷案件应用法律若干问题的规定》(2020 年修正),法院受理的垄断民事纠纷案件,仅包括"因垄断行为受到损失"以及因合同或行业协会章程导致的垄断争议。因此,在典型的滥用市场支配地位民事诉讼案件中,私人利益的"损失"而非以公共利益为核心的"效果",才应当是法院受理案件的依据。[62] 但上述两起案件中,着眼于公共利益的"效果"反而本应是我国执法机构主张管辖和适用国内法的依据。法院因其在我国《反垄断法》下处理私人利益损害赔偿的职能定位,"侵权结果发生地"占据其判决思维的核心地位,加之未能准确理解《反垄断法》第 2条域外适用规则的授权是针对反垄断公共执法机构,便产生了"'效果原则'应成为垄断纠纷案件认定'侵权结果发生地'的考量因素"的认知。[63] 这种观点首先将"效果"理解为对中方当事人而非对中国国内市场的影响,然后在此基础上,将"效果"归结为反垄断侵权案件下仅涉及私主体私人利益的"侵权结果"的一部分,混同了二者,继而将中方当事人个人经营遭受的影响与我国市场竞争秩序的"效果"进行了混同。这就产生了过度管辖的后果,易被解释为,只要住所地在中国的当事人在国外因国外当事人的境外滥用市场支配地位的行为遭受盈利能力方面的影响,就可以解释为"效果"发生在了中国,就可以适用中国《反垄断法》寻求救

---

　　[62]　《最高人民法院关于审理因垄断行为引发的民事纠纷案件应用法律若干问题的规定》(2020 年修正)第 1 条。

　　[63]　同前注 14,上海市第一中级人民法院课题组文,第 166 页。

济。这样过于扩大解释的潜在论证缺陷,不利于我国反垄断法域外适用获得国际社会的正当性认同。[64] 这一分析并不意在否定中方当事人利益获得法律保护的权利,仅是强调在我国反垄断制度安排下,法院因其着眼于私主体利益损失赔偿的职能定位,不应是最先介入的机构。

即便 2022 年 11 月 18 日公布的《最高人民法院关于审理垄断民事纠纷案件适用法律若干问题的规定》(征求意见稿)第 7 条将反垄断民事诉讼法院管辖权的依据也修改为"效果原则",无益于根本性地解决问题。因为第 7 条仅仅解决了管辖权问题,法律适用依然面临着同样的问题。但如果相关司法解释进一步修订,确认此时法院也可以直接在法律适用的问题上,依据效果原则适用我国《反垄断法》,[65] 那就相当于突破了前述国内反垄断法司法解释关于法院处理的案件为私人利益"损失"案件的限制。而我国法院并不像美国法院一样拥有广泛的调查权力和足够的能动性,其认定境外滥用市场支配地位也只能依赖于当事人的举证;且由于长期的制度定位,我国法院并不具备进行详尽完整的相关市场界定等市场支配地位分析的能力和资源。尤其是在境外垄断行为增加调查的复杂性的情况下,我国反垄断体制下的法院并不是承载反垄断法域外适用制度目标的合适的场所。法院此时直接突破国内反垄断基础制度的安排,承担对境外滥用市场支配地位行为对国内市场及公共利益影响的认定,会进一步加剧将着眼于公共利益的"效果"与着眼于私人利益的"侵权结果"进行混同的风险。

如何重新理顺反垄断法域外适用层面民事诉讼与反垄断执法机构公共执行之间的关系,合理的结论应当是,明确规定将境外滥用市场支配地位行为案件的处理权限授予反垄断执法机构,法院民事诉讼在国内法域外适用的案件上,依然遵循附带性的制度地位,对包含在公共利益中、未得到执法机构直接救济的私人利益进行处理。但这又带来另一个问题,即在我国反垄断法域外适用的案件中,

---

〔64〕 自 2008 年《反垄断法》生效以来,我国法院处理的反垄断民事诉讼域外适用案件共计 5 起。其余 3 起案件也存在类似的问题。参见中兴通讯股份有限公司与交互数字公司、交互数字通信有限公司垄断纠纷案,广东省深圳市中级人民法院(2014)深中法知民初字第 240 号民事裁定书;华为技术有限公司、华为终端有限公司等与潘奥普缔斯专利管理有限责任公司等垄断纠纷案,广东省深圳市中级人民法院(2017)粤 03 民初 1673 号之一民事裁定书;华为技术有限公司与交互数字通信有限公司、交互数字技术公司、交互数字专利控股公司、IPR 许可公司标准必要专利使用费纠纷案,深圳市中级人民法院(2011)深中法知民初字第 857 号民事判决书,广东省高级人民法院(2013)粤高法民三终字第 305 号民事判决书。

〔65〕 部分学者建议将此类案件中法院法律适用的依据也明确规定为"效果原则",这种观点并未能正确认识我国法院在国内反垄断制度安排中本身定位的局限性。持此观点的学者,例如于馨淼,前引注 24,第 143—151 页。

缺少了对私主体执行公共利益的制度激励。此时私主体利益遭受的损害赔偿究竟如何处理、如何确定此时的法律适用来维护私主体的利益？公共执行是否足以支撑制度目标的实现？整体而言,在境外滥用市场支配地位的垄断行为方面,我国反垄断法域外适用规则尚未能真正意义上与国内自身的反垄断救济机制相互契合,需要进一步完善。

(二)公共执行及制度激励缺失:国际卡特尔协议纠纷

如果理顺私人执行与公共执行的关系,并按照我国现行反垄断民事诉讼的制度定位,将反垄断法域外适用案件的处理权限主要授权给执法机构,通过公共执行来实现反垄断法域外适用的制度功能,那么我们将面临缺乏私主体制度激励、公共执行资源及信息来源有限的制度困境。这一问题主要反映在我国执法机构处理的国际卡特尔协议纠纷案件中。我国法院至今尚未处理过因国际卡特尔协议纠纷引起的反垄断法域外适用案件,所有相关案件均由反垄断执法机构处理。在此过程中,公共执行网络的缺陷以及私主体制度激励的缺失,影响了反垄断法域外适用规则的预期效用和实际运行。

自《反垄断法》2008 年生效以来,国家发展和改革委员会(以下简称"国家发改委")共处理了 3 起涉及《反垄断法》域外适用的案件,即 2014 年汽车零部件垄断协议案、[66] 2014 年轴承垄断协议案[67]以及 2015 年滚装货物海运企业垄断协议案。[68] 2018 年反垄断执法机构"三合一"改革之后,国家市场监管总局未再处理过国际卡特尔协议相关的案件。这 3 起案件均由参与垄断协议的当事人向国家发改委进行主动报告,仅在滚装货物海运企业垄断协议案下,其中一个当事人因未主动报告,遭受比其他当事人更严格的处罚。

3 起案件时间较早,启动方式均为当事人主动报告。其核心问题在于,此种反垄断法域外适用规则的启动方式过于被动,取决于参与国际卡特尔协议的当事人是否愿意进行主动报告。一方面,如果只有当事人主动报告才能发现境外卡特尔

---

〔66〕 国家发展和改革委员会发改办价监处罚〔2014〕2 号、发改办价监处罚〔2014〕3 号、发改办价监处罚〔2014〕4 号、发改办价监处罚〔2014〕5 号、发改办价监处罚〔2014〕6 号、发改办价监处罚〔2014〕7 号、发改办价监处罚〔2014〕8 号、发改办价监处罚〔2014〕9 号。

〔67〕 国家发展和改革委员会发改办价监处罚〔2014〕10 号、发改办价监处罚〔2014〕11 号、发改办价监处罚〔2014〕12 号、发改办价监处罚〔2014〕13 号。

〔68〕 国家发展和改革委员会行政处罚决定书〔2015〕1 号、〔2015〕2 号、〔2015〕3 号、〔2015〕4 号、〔2015〕5 号、〔2015〕6 号、〔2015〕7 号、〔2015〕8 号。

协议,那么该制度就有赖于国际卡特尔协议当事人的行为选择。依据理性人的行为分析,可以合理推定的是,如果处于市场优势地位的国际卡特尔协议当事人认为主动报告的收益小于不报告的收益,或者主动报告的成本大于收益,那么选择不报告可能是当事人的合理选择。此时,我国反垄断执法机构受制于资源的局限性以及国际法对执法管辖权不得在他国领土内行使的限制,难以真正运用《反垄断法》第2条的域外适用规则维护我国境内市场竞争秩序。由于我国缺乏类似欧盟的区域性公共执行网络,这一问题将更加突出。事实上,国内文献经常援引的欧共体染料案、[69]纸浆案[70]等,虽然也都是国际价格卡特尔的案件,但启动方式为成员国或获取成员国信息的欧盟委员会主动调查,一定程度上体现了单一主权国家的反垄断执法机构公共执行所不具备的制度优势。

　　另一方面,我国也不一定必须按照欧盟模式建立起区域性的公共执行网络,适当提高私主体举报的激励机制也可以在一定程度上解决问题,但我国在这一制度设计上存在缺陷。目前尚未看见国际卡特尔协议以外的当事人通过举报的方式,提请我国反垄断执法机构运用《反垄断法》域外适用规则进行审查。通常来说,国际卡特尔协议的影响并不局限于参与协议的当事人,产业链上相关的私主体也能获取相关信息。但目前我国反垄断公共执行体制下并不存在对此类私主体的制度性激励。国际市场监管总局颁布的《禁止垄断协议暂行规定》(2022年修正),未能明确在国际卡特尔协议下,相关当事人举报的详细路径、具体主管机关、保密性措施等规定;也未规定对相关当事人因国际卡特尔协议遭受的私人利益损失可否获得补偿的问题。

　　这与我国国内反垄断救济机制的安排相关,反垄断执法机构的公共执行主要处理公共利益的救济,私人利益的救济由当事人通过提起反垄断民事诉讼的方式进行主张。但即便是反垄断执法机构作出决定后的附带性诉讼案件中,私主体提起反垄断民事诉讼也需要耗费较高的诉讼成本,在其已经耗费大量精力收集国际卡特尔协议相关信息的情况下,这就额外增加了当事人主张私人利益赔偿救济的负担。此外,如果一定要求私主体在反垄断执法机构公共执行之外,通过法院诉讼的方式主张私人利益的赔偿,那就意味着私主体需要暴露自身,与国际卡特尔

---

〔69〕 See *Imperial Chemical Industries Ltd v. Commission of the European Communities*,Final judgment,48/69,(1972)ECR 619,ILEC 036(CJEU 1972).

〔70〕 See '85/202/EEC:Commission Decision of 19 December 1984 relating to a proceeding under Article 85 of the EEC Treaty(IV/29. 725-Wood pulp)' (1985), available at 〈https://eur-lex. europa. eu/legal-content/EN/TXT/? uri = CELEX:31985D0202〉(last visited 29 December 2022).

协议的当事人进行公开且直接的对抗,反垄断公共执行机制下的保密规定将失去作用,举报主体将因此处于不利地位。

在制度移植的过程中,需要注意到,即便希望采用类似欧盟的、以反垄断执法机构公共执行为核心的反垄断法域外适用制度安排,我国也无法真正复刻欧盟反垄断法域外适用的公共执行网络,王晓晔等人均曾强调我国目前的反垄断国际合作协议功能较弱。[71] 那么,在制度本土化的过程中,我们必须深刻认识到我国反垄断公共执行的制度体系与欧盟的差异,并通过其他方式,如在反垄断执法机构公共执行中内嵌私主体激励机制等,弥补执法机构制度资源的不足。

四、我国反垄断法域外适用规则的本土化完善路径

结合近 15 年来我国反垄断制度的发展,我们可以发现在 20 世纪末移植的反垄断法域外适用规则并没有很好地嵌入我国反垄断救济机制的整体运行过程中。在境外滥用市场支配地位行为领域的反垄断法域外适用案件中,我国法院存在着能动型司法扩张,一定程度上侵入了反垄断执法机构的公共执行职能,而这种扩张带来的"效果"与私人利益"损失"之间的概念矛盾甚至混同,动摇着我国反垄断法域外适用的国际法合法性与正当性。但如果按照我国国内反垄断制度的安排,在反垄断法域外适用案件中也强调反垄断民事诉讼的附带性地位,又将因私主体激励机制的缺失,减损私主体对境外滥用市场支配地位行为的发现功能。在涉及国际卡特尔协议的反垄断法域外适用案件中,我国反垄断执法机构存在缺少公共执行网络的资源供给以及缺少私主体制度激励的问题,目前呈现出仅通过国际卡特尔协议参与者主动报告来进行制度被动适用的现实情况。

我们在现阶段应当更注重结合本土的反垄断制度发展,理顺我国反垄断法域外适用案件中,私人执行与公共执行的关系,解决能动型法院与公共执法机构的职能重叠、填补私主体激励等制度缺失导致的制度空白,真正考虑如何将反垄断法域外适用规则本土化。

(一)调整私人执行与公共执行的制度分工

目前我国在反垄断法域外适用问题上存在的最为突出的问题,在于法院以能动的方式,借用《反垄断法》第 2 条域外适用规则下的"效果原则",间接突破了我

---

〔71〕 同前注 2,王晓晔、吴倩兰文,第 144 页。

国《反垄断法》对其仅处理私人损失赔偿的制度限制,介入了需要更多信息和资源、涉及更为复杂的公共利益和国内市场秩序判断的公共执行领域,这与我国《反垄断法》本身的反垄断民事诉讼和公共执行的制度分工不符。在此意义上,我们需要理顺反垄断法域外适用案件中,民事诉讼与反垄断执法机构公共执行之间的相互关系与衔接机制。

具体而言,可以考虑建立法院向反垄断执法机构的反馈机制。例如,在欧盟竞争法制度的运作网络中,各成员国国内法院在处理垄断行为的认定时,通常可以请求欧盟委员会对是否构成垄断行为以及反垄断法相关规则的法律解释出具法律意见,或请求欧洲法院作出初步裁定。[72] 我国在制度移植过程中,规则表述方面主要采纳了美国相对宽泛的"效果原则"的表述,但在国内反垄断法的制度构建这个问题上,主要借鉴了欧盟的制度经验。[73] 移植过程中制度根源的差异,导致我国反垄断法域外适用规则在最开始忽略了美国与欧盟在私人执行与公共执行问题上不同的制度背景。在借鉴欧盟制度经验的、以公共执行为核心的反垄断救济机制之中,却采用美国法院通过鼓励私主体执行公共利益而实现的宽泛的反垄断法域外适用"效果原则",我国法院不自觉地代入类似美国法院的制度角色,却与我国本土建立的以反垄断执法机构公共执行为核心的反垄断救济机制发生冲突。因此,合理的方案,应当是立足我国本土的反垄断制度设计,不改变以公共执行为核心的制度框架,相应地限缩法院在反垄断法域外适用案件中的结构性作用,在处理当事人提起的反垄断民事诉讼域外适用案件中,建立向反垄断执法机构的反馈机制,并通过司法解释等形式,细化制度衔接与反馈的制度安排。

然而在理顺反垄断民事诉讼与公共执行机制之间关系的基础上,还需要回答一个问题,即法院附带性处理私主体损害赔偿时的法律适用问题。如前所述,我国《反垄断法》第 2 条只建立了反垄断执法机构的法律适用规则,并没有建立法院的法律适用规则;《最高人民法院关于审理垄断民事纠纷案件适用法律若干问题的规定》(征求意见稿)第 7 条也仅仅填补了法院管辖权依据的制度漏洞,没有解决法院处理损害赔偿实体争议的法律适用问题。按照杜涛的分析,在这种情况下,如果法院严格遵守法律解释,那么就应当依据《涉外民事关系法律适用法》关于侵权纠纷法律适用的规定,最终指向侵权行为实施地和结果发生地所在国家的

---

〔72〕　*Supra* note 47,11.

〔73〕　参见王晓晔:《我的反垄断法研究之路》,载中国改革网,〈http://m. chinareform. net/index. php? m = content&c = index&a = show&catid = 60&id = 39643〉(访问日期:2023 年 3 月 11 日)。

外国法律。[74] 而依据严格的法律解释,反垄断法域外适用案件中的侵权行为实施地和结果发生地均在境外,效果原则的产生正是为解决这一法律解释困境。[75] 由此就可能导致在反垄断公共执行层面公共利益的判断上适用我国《反垄断法》,而在法院私主体损害赔偿的问题上适用外国法的制度错位。[76] 外国对垄断侵权纠纷的损害赔偿与其反垄断制度和反垄断行为的认定标准存在着不可分割的联系,上述分析的制度错位将导致显见的制度困境。而如果我国法院以能动的方式直接适用我国国内法,便突破了法院解释和适用法律应受的限制。

因此,在理顺法院与反垄断执法机构的衔接机制和相互关系之后,应当借鉴欧盟部分成员国将垄断侵权纠纷案件视为特殊侵权的做法,在强调以反垄断执法机构公共执行为核心的基础上,将附带性的民事赔偿的法律适用的联结点规定为"受垄断行为影响的市场所在地",[77] 以此与公共执行阶段的法律适用相衔接。此种情形下,虽然也是适用效果原则确定法院反垄断诉讼层面的法律适用,但是与直接在司法解释中明确进行此种规定的部分学者建议[78]不同。此处的建议强调的是法院在附带性诉讼中采用此种联结点确定私人利益损害赔偿的法律适用,不是直接通过效果原则的联结点介入对公共利益的认定。

(二)增加反垄断法域外适用情形下的私主体激励机制

如前所述,在协调好私人执行与公共执行制度分工的基础上,由于我国采取了类似欧盟的反垄断基础性制度安排,但未能建立类似欧盟的公共执行制度网络,那么接下来的紧要问题就在于缺乏公共执行网络与私人激励机制导致的反垄断法域外适用制度空白。鉴于复刻欧盟区域性的制度安排难度较大,为解决这一问题,更合理的方式是综合性借鉴欧美制度经验,以私主体激励机制的设计原理补足我国制度移植后的短板,提高私主体在发现境外垄断行为方面所能发挥的作用。

激发私主体能动性的可行方案主要在于,首先,在反垄断执法机构的公共执

---

〔74〕 《中华人民共和国涉外民事关系法律适用法》第 44 条,2011 年 4 月 1 日实施。

〔75〕 See Najeeb Samie, 'The Doctrine of 'Effects' and the Extraterritorial Application of Antitrust Laws', (1982)14 *University of Miami Inter-American Law Review* 23-59; Erik Nerep, *Extraterritorial Control of Competition under International Law: With Special Regard to US Antitrust Law* (Norstedts, 1983)623-629.

〔76〕 同前注 2,杜涛文,第 83—84 页。

〔77〕 参见林燕萍:《冲突规范在竞争法域外适用中的作用及特点》,载《法学》2010 年第 10 期,第 65—77 页。

〔78〕 同前注 24,第 143—151 页。

行环节,建立完善的私主体举报机制。目前检索的情况显示,没有一起进行反垄断法域外适用的公共执行案件是通过参与境外垄断行为的当事人主动报告以外的、我国私主体举报的形式发现的,这可能不利于我国反垄断执法机构发现域外垄断行为的线索。尽管我国企业如何看待反垄断法域外适用的问题尚需进行深入调研,但反垄断执法机构可以考虑通过制定细则等方式进行引导,告知企业除了寻求垄断行为发生地所在国家的救济之外,可以在权衡对我国市场竞争秩序的影响后,选择向我国反垄断执法机构报告并尝试寻求救济。此外,对于保密性、如何提供材料、材料审查门槛、主理机关等问题,都需要以详细指南等形式,为当事人提供充分的制度指引及保密性保护。

其次,一个可以考量的解决方案为,直接在反垄断执法机构的公共执行环节纳入私主体利益的救济,填补私主体激励机制的空缺。在国内反垄断法制度改革的讨论中,这一思路也得到了重视。如邓峰指出,我国《反垄断法》第 60 条[79]并没有界定"依法承担民事责任"的裁判机关是否仅包括法院、是否将反垄断执法机构排除在外。虽然通常将该条理解为对法院处理反垄断侵权纠纷案件的授权,但其法条表述并未排除反垄断执法机构为私主体当事人的私人利益提供救济的可能性。[80] 考虑到反垄断法下,反垄断执法机构所扮演的特殊的准司法权力属性,[81]这一方案具有一定程度的可行性,但是需要通过细致的制度设计,厘清其中公共利益和私人利益救济的程序步骤和相互关系。

具体而言,可以考虑在反垄断执法机构作出处罚决定后收取的罚款中,留置一定比例补偿私主体的私人利益损失,作为举报的制度性奖励。此外,可以考虑的制度安排包括,由反垄断执法机构在处理完公共利益的认定与救济之后,对参与提供资料和信息的当事人所遭受的私主体利益损失作出赔偿的初步裁定,并建立法院与反垄断执法机构之间的衔接机制,简化诉讼流程,减轻私主体的诉讼负担,从而调动私主体在发现境外垄断行为方面的能动性。

作为私主体激励机制的补充,从长远来看,我们依然需要重视反垄断国际合作的重要性。虽然较多学者如威廉·道奇(William S. Dodge)等,均认为反垄断领

---

〔79〕 《反垄断法》(2022 年修正)第 60 条第 1 款,"经营者实施垄断行为,给他人造成损失的,依法承担民事责任"。

〔80〕 同前注 20,第 84 页。

〔81〕 See Geoffrey P. Miller, 'Independent Agencies', (1986) *Supreme Court Review* 41-98.

域的国际合作难以发挥真正的作用。[82] 欧洲学者甚至认为,反垄断国际协议的难以执行,一定程度上促使欧洲法院后期逐渐转向支持欧盟委员会关于"效果原则"的主张。[83] 但是我们需要注意到,欧盟内部已经拥有较为完善的公共执行网络,而且即便效力存疑,欧盟依然认为建立国际合作机制能在一定阶段缓和反垄断法域外适用的摩擦。[84] 我国虽然不能建立类似欧盟的公共执行网络,但反垄断执法机构依然可以在处理可能影响多个国家或地区市场竞争秩序的境外垄断行为时,依据合作协议主动与案涉国家和地区沟通信息,通过缓慢但长期的制度努力,逐步构筑反垄断公共执行的信息网络。

五、结语

整体来说,我国在进行反垄断法域外适用规则的移植时,受限于历史条件,仅关注了规则文本,体现了以规则内容为中心的研究视角。这在制度移植之初,我国尚未能建立自身的反垄断制度的现实条件下,可以理解。但后续研究持续以规则文本为关注和修改的重心,未能结合 15 年间我国已经发展起来的、具有自身特殊性的反垄断救济机制进行考察,导致在实际运行过程中,反垄断法的域外适用规则可能并不能完整地发挥作用,并不能实现制度引入之初最大限度遏制境外垄断行为对我国国内市场秩序和经济福利的负面影响的制度预期。

我们既然制定了反垄断法的域外适用规则,也承认其制度运用的必要性,那就不能让其束之高阁,或者仅在不定期的情况下、依据境外垄断行为当事人的选择、被动地进行适用。一项制度纳入立法仅仅是第一步,如果无法得到充分的机会进行实践,那么制度背后的法律理念、正义观念都无法得到发展。在我国国内法域外适用的课题上,更为重要的是结合我国本土反垄断制度的发展,进行反垄断法域外适用规则本土化的尝试。唯有如此,我们才能在真正意义上进行规则的运用和发展,而不仅仅是扮演制度跟随者的角色进行法律制度的移植。

---

〔82〕 See William S. Dodge, ' An Economic Defense of Concurrent Antitrust Jurisdiction ' , (2003)38 *Texas International Law Journal* 27-40.

〔83〕 *Supra* note 52 ,51-54.

〔84〕 Ibid. , 55.

Reflection on China's Legal Transplantation of the Extraterritorial Application of Anti-monopoly Law

Xiaoyun Zhu

Abstract: Anti-monopoly Law of the People's Republic of China (2008) is the first domestic legislation which prescribed its extraterritorial application. It has been a result of legal transplantation. However, the whole process of legal transplantation in late 20th century and early 21st century has adopted a "text-based" approach, and fails to acknowledge the difference in legal origins. To be specific, the extraterritorial application rule has been transplanted from U. S. court decisions and the basic antitrust mechanism as a whole has been drawn from European competition law. The difference in legal origins has been obvious. The U. S. antitrust mechanism took private enforcement and court litigation at the central stage, while the European competition law took public enforcement as the core, with private litigation as supplement. Such difference also resulted in the different allocation of power between public and private enforcement in antitrust extraterritorial application cases. The failure to acknowledge such difference in legal origins during the process of legal transplantation, has resulted in the institutional conflicts inherent in China's extraterritorial application of Anti-monopoly Law, including the overlap, or sometimes, significant gaps of jurisdiction between public and private enforcement. Considering our similarity in basic antitrust mechanisms with European competition law, which stresses the primacy of public enforcement, we should restress the role of public enforcement, curb the over-active role of courts, and provide additional incentive mechanisms for private parties in public enforcement as a supplement.

Keywords: Extraterritorial Application of Anti-monopoly Law; Legal Transplantation; institutional adaptation; Private Enforcement; Public Enforcement

"气候难民"话语构建的反思与批判

◇ 张琪琪*

【内容摘要】气候变化影响的加剧使其与人类流离失所之间的相关性日益显著,一些新闻媒体和非政府组织由此开始广泛使用"气候难民"这一概念。本文从两个角度对此进行了反思与批判。从规范性角度而言,"气候难民"概念由于不满足《难民公约》对"难民"的国际法律定义而无法得到国际承认。从话语构建的角度而言,全球北方主导的主流"末日"叙事通过种族化、安全化和自然化等话语手段,称这一群体为气候变化的"受害者""等待援助的无助移民",将其构建为"他者"和"威胁",掩盖了该群体自身的积极语言,从而强化了南北对立,加剧了现有国际秩序的不平等。这不仅不利于保护该群体的权利,还可能成为北方主要排放国逃避气候义务的借口。而即使不构建"气候难民"概念,现行国际人权法和气候变化框架等也为受气候变化影响的群体提供了寻求权利保护的空间。国际社会应该更加全面看待与气候变化有关的问题,揭露话语背后的霸权与不平等,使受气候变化影响群体的声音被纳入关于全球未来的讨论,推动在气候变化问题上国际合作程度的加深和问题的真正解决。

【关键词】气候难民;话语批判;规范性缺陷;北方霸权;气候合作

一、导论:"气候难民"的话语构建

(一)问题的缘起

气候变化及其影响仍是当前国际社会一大热点议题,在气候变化带来的众多

---

* 张琪琪:北京大学法学院法律硕士。

影响中,本文主要关注到气候变化导致的人类流离失所(displacement)。联合国政府间气候变化专门委员会(Intergovernmental Panel on Climate Change,简称 IPCC,下文简称气候变化专门委员会)等机构的报告指出了气候变化导致的流离失所风险及其未来趋势,这些报告的出现使得"气候难民"这一概念逐渐进入人们的视野。[1] 有研究预测,到 2050 年"气候难民"的数量可能达到 2 亿人次,数量远超传统难民,即那些根据 1951 年《关于难民地位的公约》(*Convention relating to the Status of Refugees*)(下文简称《难民公约》)及其 1967 年《关于难民地位的议定书(*Protocol relating to the Status of Refugees*)》(下文简称《1967 年议定书》)有权获得保护的难民。[2]

然而,是否应当在国际法中使用"气候难民"概念对气候变化流离失所群体进行法律意义上的定性仍然存在争议。基于此,本文产生了如下疑问:"气候难民"这一概念是否真的能够成为对这一群体具有国际法效力的描述? 这样的话语构建背后存在什么样的意义? 使用这样的概念是否真的有利于这一群体的利益得到国际法的有效保护? 本文将尝试对上述问题进行分析,并在此基础上提出反思与批判。

(二)"气候难民"概念的构建

气候变化既是一种物质现象(事实),也是一种口头现象(叙事)。[3] 国际社会对于气候变化与人类流动之间的关联性已有共识。联合国《难民问题全球契约》提出,虽然气候、环境退化和自然灾害本身不是难民流动的原因,但它们日益与难民流动的驱动因素相互作用。[4] 海平面上升、水资源供应和极端天气事件是气候变化导致迁移的三个主要原因,[5] 研究者还进一步区分出气候变化引发流离

〔1〕　对于不同概念的使用将在后文中具体讨论。

〔2〕　Bonnie Docherty & Tyler Giannini, 'Confronting a Rising Tide: A Proposal for a Convention on Climate Change Refugees' (2009) 33 *Harvard Environmental Law Review* 349, 349.

〔3〕　Carol Farbotko & Heather Lazrus, 'The first climate refugees? Contesting global narratives of climate change in Tuvalu' (2012) 22 *Global Environmental Change* 382, 385.

〔4〕　UN, 'Global compact on refugees' (2018), p. 4.

〔5〕　Jane Steffens, 'Climate Change Refugees in the Time of Sinking Islands' (2019) 52 *Vanderbilt Journal of Transnational Law* 727, 731.

失所的不同类别和场景。[6]

关于"气候难民"的分析最早可以追溯到早期对环境流离失所问题的分析。20 世纪 40 年代,环境与难民的联系在讨论巴勒斯坦难民问题时被提及。[7] 1970 年,莱斯特·布朗(Lester Brown)推广了"环境难民"这一概念。[8] 1985 年,辛娜维(Essam El-Hinnawi)在给联合国环境规划署(United Nations Environment Programme,简称 UNEP,下文简称环境署)的报告中正式使用了该词,并区分出三大类环境难民。[9] 1992 年联合国的《21 世纪议程》中也多次使用"环境难民"一词。[10] 诺曼·迈尔斯(Norman Myers)和珍妮弗·肯特(Jennifer Kent)在其 1995 年的著作中对"环境难民"所下的定义是最常被后来的研究和报告引用的,[11] 这一时期的文献大多也都以"环境难民"为题展开对相关问题的讨论。而为了避开"难民"一词中的法律问题,1990 年气候变化专门委员会出版的第一份报告则使用了"流离失所者"(displacedpopulation)一词。[12]

2008 年前后,很多文章开始以"气候难民"为题,联合国难民事务高级专员办事处(United Nations High Commissionerfor Refugees,英文简称 UNHCR,下文简称难

---

〔6〕 瓦尔特·卡林(Walter Kälin)将气候变化可能引发的流离失所分为五种类别:(1)由于水文气象灾害(洪水、风暴、泥石流等)造成流离失所。(2)由于政府认为风险太高而不适合作为人类居住地区(易受洪水或滑坡影响的地区)而流动。(3)由于环境退化和慢发灾害(slow-onset disaster)而流动。(4)由于海平面上升威胁使小岛国沉没造成的流离失所。(5)气候变化导致关键资源(如水资源)减少导致暴力冲突引发的流离失所,参见 Walter Kälin, ' The Climate Change-Displacement Nexus ' (ECOSOC Humanitarian Affairs Segment, 16 July 2008)〈https://www. brookings. edu/on-the-record/the-climate-change-displacement-nexus/〉(accessed 5 January 2022)。梅尔则在此基础上列举出了更多的类型,包括:由于气候变化的影响产生的经济拉动因素而引发的移民、由于减缓或适应气候变化的项目导致的重新安置、由于适应气候变化措施激励产生的主动移民、气候变化移民带动的其他移民。See Benoît Mayer, *The Concept of Climate Migration* : *Advocacy and its Prospects*(Edward Elgar Publishing 2016)15-16.

〔7〕 详见 [美] 约翰·R. 温纳斯通、丹尼斯·罗宾斯:《潮水之困:21 世纪气候难民》,李振兴等译,科学技术文献出版社 2018 年版,第 38 页。

〔8〕 Issa Ibrahim Berchin, *et al.*, ' Climate change and forced migrations: An effort towards recognizing climate refugees ' (2017)84 *Geoforum* 147,148.

〔9〕 Essam El-Hinnawi, ' Environmental Refugees ' (UNEP, 1985)〈https://digitallibrary. un. org/record/121267? ln = zh_CN 〉(accessed 4 March 2022).

〔10〕 参见联合国环境与发展会议:《21 世纪议程》(*Agenda 21*), 1992 年 6 月 14 日通过,其中 4 次使用了"环境难民"术语。

〔11〕 他们将环境难民定义为"由于异常环境因素,如无法继续在本国获得安全生计的人,这些因素包括干旱、沙漠化、森林砍伐、土壤腐蚀、水源短缺和气候变化,也包括自然灾害,如飓风、风暴潮、洪水。面对这些环境威胁人们感觉他们没有其他选择,只能是永久或半永久地在他们的国内或国外的其他地方寻找生计",原文详见 Norman Myers & Jennifer Kent, *Environmental Exodus* : *An Emergent Crisis in the Global Arena*(Climate Institute 1995)18。

〔12〕 See IPCC, ' Policymaker Summary of Working Group II (Potential Impacts of Climate Change) ' (1990).

民署)也就这一概念的使用发表了意见。[13] 2009 年,纪录片《世界上第一批气候难民的故事》使国际社会开始关注始发于南太平洋、由气候扰乱所引发的人口被迫迁徙问题。[14] 基督教援助(Christian Aid)、环境正义基金会(Environmental Justice Foundation)、全球人道主义论坛(Global Humanitarian Forum)等非政府组织也相继发布报告,阐述气候变化造成的难民危机。

表 1 关于气候变化流离失所的术语[15]

术语	使用者
气候难民(Climate refugees)	学术文章、媒体、国际组织
某灾害类别难民(Disaster type refugee)	媒体
气候被迫迁徙者(Climate displaces)	媒体
在灾害和气候变化情况下流离失所的人(People displaced in the context of disasters and climate change)	联合国难民署
气候迁徙者(Climate migration/migrant)	学术文章、媒体、联合国
气候流离失所者(Climate-displaced persons)	媒体、非政府组织、联合国
气候诱发的移民(Climate-induced migration)	学术文章
灾害诱发的移民(Disaster-induced migration)	学术文章
干旱移民(Drought migrants)	媒体
生态移民(Ecological migrants)	国家政府、媒体
环境难民(Environmental refugee)	学术文章、媒体、联合国
环境移民/环境移徙(Environmental migration)	学术文章、媒体、联合国

在日常用语中,移民、流离失所者和难民等术语通常被作为同义词或近义词互换使用,而从法律角度看,这些词语其实具有相对不同的含义。但任何术语的选择都不是偶然的,而是复杂因素的结合。人们从语义资源选项中作出的选择是在特定的情景语境中发生的,此类流动可能被归为保护问题、移民问题、环境问题或发展问题,任何一种选择都是围绕着一组隐含的假设建立的,这些假设可以激发不同类型的政策结果。[16] 语词本身的词义差异对作出不同选择有重要影响,而

〔13〕 António Guterres,'Climate Change,Natural Disasters and Human Displacement:a UNCHR Perspective'(UNHCR,2008)〈https://www.unhcr.org/4901e81a4.pdf〉(accessed 5 January 2022).

〔14〕 程玉:《国际气候难民立法基本问题研究》,中国政法大学 2016 年硕士学位论文,第 5 页。

〔15〕 该表由笔者译自 IDMC,'DisasterDisplacement-A global review,2008-2018'(May 2019),annex 2,p.52,其中仅显示了部分术语。

〔16〕 Jane McAdam,Refusing 'Refuge' in the Pacific:(De)constructing Climate-Induced Displacement in International Law,in Etienne Piguet(eds.),*Migration and Climate Change*(Cambridge University Press 2011)5.

这种差异背后还包含着对法律规定的理解、政治态度和价值偏好。术语的多样性一方面体现出国际社会对该问题的关注,另一方面也说明国际法在这一问题上存在空白,缺乏一个权威的、统一的定义。[17]

(三)概念构建的含义与目的

从积极的角度看,"难民"这样的话语构建确实有助于提升国际社会对受气候变化影响群体的关注,并促使其尽早采取应对行动。不可否认,气候变化流离失所者确实存在,是亟待应对的现实。例如,在毛里塔尼亚,一些湖泊现在已经消失了,生活在湖边的人们不仅因为国内冲突逃离家园,还因为气候日益恶劣而逃离。[18]

国际社会事实上也已经加大了对所谓"气候难民"群体的关注度。在区域层面,相似的气候变化影响以及迁徙的区域性特征使得就气候移徙情形采取区域性办法似乎对政策制定者具有较大的吸引力。[19] 孟加拉国总理谢赫·哈西纳(Sheikh Hasina)曾提出一项南亚联合倡议,根据《气候公约》议定书动员国际支持,以确保气候变化流离失所者所处的社会网络、文化和经济得以恢复。[20] 2011年,挪威政府和奥斯陆国际气候与环境研究中心等机构共同召开了"21世纪气候变化和流离失所问题南森会议",与会者来源广泛。该会议提出了10条"南森原则"(Nansen Principles),强调在人权框架内制定解决办法,这是国际社会应对气候变化流离失所问题的重要一步。[21]

一些国家还在国家制度层面建立起了可供"气候难民"利用的制度。如新西

---

〔17〕 学者奥利维亚·顿(Olivia Dun)和弗朗索瓦·杰姆尼(François Gemenne)在其文章中也分析了难以形成统一定义的原因,详见 Olivia Dun & François Gemenne,'Defining Environmental Migration'(2008)31 *Forced Migration Review* 10,10-11。

〔18〕《气候变暖威胁马里难民和毛里塔尼亚人的生计》,载联合国难民署官网,〈https://www.unhcr.org/cn/16633-%E6%B0%94%E5%80%99%E5%8F%98%E6%9A%96%E5%A8%81%E8%83%81%E9%A9%AC%E9%87%8C%E9%9A%BE%E6%B0%91%E5%92%8C%E6%AF%9B%E9%87%8C%E5%A1%94%E5%B0%BC%E4%BA%9A%E4%BA%BA%E7%9A%84%E7%94%9F%E8%AE%A1.html〉(访问日期:2022 年 1 月 15 日)。

〔19〕 Etienne Piguet & Frank Laczko(eds.),*People on the Move in a Changing Climate:The Regional Impact of Environmental Change on Migration*(Springer Netherlands 2014)230。

〔20〕 Jane McAdam,'Swimming Against the Tide:Why a Climate Change Displacement Treaty is Not the Answer'(2017)23 *International Journal of Refugee Law* 2,18。

〔21〕 SeeThe Nansen Conference:Climate Change and Displacement in the 21st Century(Oslo,Norway,June 5-7 2011)〈https://www.unhcr.org/4ea969729.pdf〉(accessed 30 December 2021). 这些原则包括:以人道、人的尊严、人权和国际合作的基本原则为指导;充分利用现有的国际法规范,消除规范方面的空白等。

兰的"太平洋准入类别签证"（Pacific Access Category）,[22]一些国家的临时性保护制度等。[23] 但这些计划都没有涉及关于岛屿国家领土消失之后如何处理其人口的长期、可持续的解决办法。尽管如此,这样的临时保护制度还是为保护气候变化流离失所者提供了国内制度可能性,在此基础上有可能发展出长期性的国际保护制度。[24]

国际法领域也关注到了气候变化流离失所问题。国际法聚焦于审查这些可行的保护、权利或者援助机制是否以及如何能够给在气候变化语境下流动的人以保护的法律基础。[25] 国际法委员会设立了"海平面上升与国际法有关的问题"议题,受海平面上升影响人员的保护是其三大议题之一。[26]

但另一个值得注意的事实是,尽管为应对气候变化作出了努力,国际社会仍缺乏解决流离失所问题的承诺,特别是在所谓"气候难民"的困境方面。因此,"气候难民"概念或许可以提升国际社会对这一群体的关注度以及对气候变化问题本身的关注度,促进建立适当的保护制度,以明确且具体的措施对这一群体加以规范。[27]

学者针对所谓"气候难民"群体提出的保护机制倡议和构想更加深刻地体现

---

〔22〕 关于太平洋地区应对政策的介绍,见亚洲及太平洋经济社会委员会秘书处的说明:《亚洲及太平洋的移民与气候变化》,E/ESCAP/GCM/PREP/5,2017 年 9 月 5 日,第六部分:亚洲及太平洋区域的应对行动。该签证每年为图瓦卢、基里巴斯等国不同数量的公民提供永久居留权选择。但有学者指出,该方案设定了年龄、工作能力、语言能力等门槛,实际上是一项具有歧视性的劳工移民计划,详见 Suong Vong, 'Protecting Climate Refugees is Crucial for the Future' (Humanity Inaction, 2017) ⟨ https://www. humanityinaction. org/knowledge-detail/protecting-climate-refugees-is-crucial-for-the-future/⟩ (accessed 5 January 2022)。

〔23〕 如美国的临时保护制度(Temporary Protective Status,简称 TPS)规定,当一国的条件暂时不允许其国民安全返回时(如持续的武装冲突、环境灾害等),可由国土安全部部长指定国家名单,对符合资格的公民授予临时保护。但美国明确这并非赋予合法的永久居民身份。此外,目前可适用这个制度的国家暂未包含受气候变化影响严重的国家。详见 Temporary Protected Status, U. S. Citizenship and Immigration Services website, ⟨ https://www. uscis. gov/humanitarian/temporary-protected-status⟩ (accessed 18 January 2022)。芬兰和瑞典等国在关于外国人的法律中也规定给因为环境灾害流离失所者提供临时保护,详见: supra note 22, Suong Vong。

〔24〕 Louise Olsson, 'Environmental Migrants in International Law: An Assessment of Protection Gaps and Solutions' (Orebro University Bachelor Thesis 2015) ⟨ https://www. diva-portal. org/smash/get/diva2: 861312/FULLTEXT01. pdf⟩ (accessed 10 January 2022) 32.

〔25〕 Fanny Thornton, *Climate Change and People on the Move: International Law and Justice* (Oxford University Press 2018) 5.

〔26〕 目前的成果报告可见:联合国大会第 70 届会议:《国际法委员会的报告》,A/73/10,2018 年,附件 B:海平面上升与国际法有关的问题。具体的专题进展情况详见国际法委员会官方网站指引:https://legal. un. org/ilc/guide/8_9. shtml。这一议题目前仍在进行中,接受各国和国际组织提交意见。

〔27〕 *Supra* note 8, 149.

了构建"气候难民"概念的这一目的。格雷戈里·麦丘（Gregory S. McCue）、邦妮·多彻蒂（Bonnie Docherty）和泰勒·詹妮妮（Tyler Giannini）等学者提出构建新的国际性公约。[28] 弗兰克·比尔曼（Frank Biermann）和英格丽·博厄斯（Ingrid Boas）认为"气候难民"概念恰当，能够将这一类别的流离失所者与其他类别相区分，并提出可以根据《联合国气候变化框架公约》（*United Nations Framework Convention on Climate Change*，简称 UNFCCC，下文简称《框架公约》）建立一个具有独立的法律和政治制度安排的议定书，使其基于五项原则运作，并设立专门的执行委员会和安置基金。[29] 而班诺特·梅尔（Benoît Mayer）认为应当由国际到区域两步走，首先由联大通过决议建立一个全球框架，然后由区域或双边根据该框架进行谈判并设定具体的实施方式。他同样提出了五项原则，并提出设立来自自愿捐款的专门基金，重点关注重新安置。[30] 简·麦克亚当（Jane McAdam）和安吉拉·威廉姆斯（Angela Williams）等学者则认为可通过区域、双边协议或软法性质的宣言来解决。[31] 还有学者提出私人气候治理机制，即通过运用非政府组织、私人企业等的资源来保护气候变化流离失所者，既可以补充政府保护的不足，又能够避免国家

---

〔28〕 *Supra* note 2, 372; Gregory S. McCue, 'Environmental Refugees: Applying International Environmental Law to Involuntary Migration' (1993) 6 *Georgetown International Environmental Law Review* 151, 178. 多彻蒂和詹妮妮认为只有确立针对气候变化流离失所者的新的法律责任，国际社会特别是工业化国家才将接受他们的义务。因此，最好的解决办法是创建一个新公约，确保拟议的气候变化难民定义所涵盖的移民获得充分的人权保护和人道主义援助。他们提出的认定气候变化受害者的要素包括:(1)被迫迁移;(2)临时或永久搬迁;(3)国家间的迁移;(4)确因气候变化而扰乱了生活;(5)突然或逐渐的环境破坏;(6)"更有可能"是人为因素造成破坏。

〔29〕 See Frank Biermann & Ingrid Boas, 'Preparing for a Warmer World: Towards a Global Governance System to Protect Climate Refugees' (2010) 10 *Global Environmental Politics* 60, 63 & 73-81; Frank Biermann & Ingrid Boas, 'Protecting Climate Refugees: The Case for a Global Protocol' (2008) 50 *Environment* 10, 12-13. 这五项原则包括:有计划地重新安置原则、安置而非临时庇护原则、集体权利原则、国际援助国内原则、国际负担分担原则。但该提议也受到了一些学者的批评，如麦克·赫尔姆指出这个方案存在如下几个重要缺陷:(1)气候"难民"的类别无法确定;(2)采用了一种静态的观点看待气候变化与社会的关系;(3)由一个国际执行委员会监督议定书的实施，带有新殖民主义的意识形态;(4)针对整个社区的集体权利，回避了个人权利。详见 Mike Hulme, *et al.*, 'Climate Refugees: Cause for a New Agreement?' (2008) 50 *Environment* 50, 50。

〔30〕 See Benoît Mayer, 'The International Legal Challenges of Climate-Induced Migration: Proposal for an International Legal Framework' (2011) 22 *Colorado Journal of International Environmental Law and Policy* 357, 388. 他提出的五项原则如下:(1)及早和可持续的反应;(2)尊重个人和集体权利;(3)通过全球性的办法应对气候变化移民;(4)负担分担;(5)辅助性原则(subsidiary)。

〔31〕 *Supra* note 16; Angela Williams, 'Turning the Tide: Recognizing Climate Change Refugees in International Law' (2008) 30 *Law & Policy* 502, 518-524. 威廉姆斯指出，区域内现有的地缘政治和经济关系基础使得区域协议可以更好地协调解决气候变化流离失所问题。她还特别提出将气候变化流离失所者根据所处境遇的严重程度进行分类，给予不同程度的保护。

之间谈判遇到的政治僵局。[32]

　　无论这些倡议是否现实可行，它们至少表明，构建"气候难民"的概念似乎仍然是一个具有吸引力和合理性的建议，能够为改善气候变化及受气候变化影响而迁移群体的生活带来很多有益的效果。

　　不过，还是有一些学者关注到词语选择背后的某些深层考虑和所期望达成的效果，并描绘出国际社会不同的主体对气候变化流离失所问题的立场。乔凡尼·贝蒂尼（Giovanni Bettini）、蒂莫西·道尔（Timothy Doyle）等学者通过展示关于这些话语的媒体、国际组织材料，指出在关于气候变化流离失所方面存在的不同叙事。[33] 一些学者反对"气候难民"这一概念，认为应当对这一术语持谨慎态度。[34]作为处理难民事务的主要国际机构，难民署也一直在反对使用"气候难民"这一概念。卡罗尔·法博科特（Carol Farbotko）、凯伦·伊丽莎白·麦克纳马拉（Karen Elizabeth McNamara）则指出受气候变化影响者拒绝"气候难民"这一标签。[35] 贝齐·哈特曼（Betsy Hartmann）谈到了"气候难民"话语中出现的安全化趋势，[36]安德鲁·鲍德温（Andrew Baldwin）则指出了其中的种族化倾向。[37]

　　本文同样认为，语词的分析需要放入特定的语境，仅从文本角度来解读难以与现实情况完全对应，而术语选择的最终目的也不仅是统一用语，而是在此基础上更好地认识到相关群体的真实状况和话语背后可能的负面影响，从而为国际法更好地应对这一现实提供基础。为此，在明确"气候难民"的话语构建过程和由此带来的影响之后，本文拟结合《难民公约》等相关国际法律规定以及目前涉及申请"气候难民"身份的相关案例，对"气候难民"概念是否符合国际法对于"难民"的法律定义进行分析。同时，借助批判话语分析方法，进一步深入"气候难民"话语

---

〔32〕　*Supra* note 5, 761-762.

〔33〕　See Giovanni Bettini, 'Climate Barbarians at the Gate? A critique of apocalyptic narratives on "climate refugees"' (2013) 45 *Geoforum* 63; Timothy Doyle & Sanjay Chaturvedi, 'Climate Refugees and Security: Conceptualizations, Categories, and Contestations', in John S. Dryzek, *et al.* (eds.), *The Oxford Handbook of Climate Change and Society* (Oxford University Press 2011).

〔34〕　*Supra* note 3, 385.

〔35〕　See Carol Farbotko, 'Wishful sinking: Disappearing islands, climate refugees and cosmopolitan experimentation' (2010) 51 *Asia Pacific Viewpoint* 47, etc.; Karen Elizabeth McNamara & Chris Gibson: '"We do not want to leave our land": Pacific ambassadors at the United Nations resist the category of "climate refugees"' (2009) 40 *Geoforum* 475.

〔36〕　Betsy Hartmann, 'Rethinking climate refugees and climate conflict: Rhetoric, reality and the politics of policy discourse' (2010) 22 *Journal of International Development* 233.

〔37〕　See Andrew Baldwin: 'Racialisation and the figure of the climate-change migrant' (2013) 45 *Environment and Planning* 1474.

构建的背后逻辑,把话语作为社会和文化构成的重要组成部分,[38]结合"气候难民"话语在全球南北方不同国家和社会文化中的语义,批判性地分析这种话语构建对于强化国际社会权力结构和全球北方霸权的作用。力图在反思"气候难民"这一概念的基础上,从批判的视角对推动关于气候变化流离失所问题的良性讨论和应对贡献一些思路。

二、"气候难民"概念的规范性缺陷

虽然媒体报道和一些组织的报告中多有使用"气候难民"这类概念,但目前在国际法中并不存在"气候难民"这一类别。从国际法的角度来看,这一术语并非一个法律术语,并且难以满足进入国际法系统成为法律术语的条件,主要原因在于其各个方面都不太符合现行国际难民法体系的规定。

(一)"难民"要素的不满足

国际难民法体系的核心文件《难民公约》及其《1967 年议定书》对"难民"的国际法律定义是:"因有正当理由畏惧由于种族、宗教、国籍、属于某一社会团体或具有某种政治见解的原因留在其本国之外,并且由于此项畏惧而不能或不愿受该国保护的人;或者不具有国籍并由于上述事情留在他以前经常居住国家以外而现在不能或者由于上述畏惧不愿返回该国的人。"[39]这两份条约获得了世界绝大多数国家的批准和区域性文件的支持,其所界定的难民概念在使用上具有普遍性意义。该定义中可以提取出四个关键要素:(1)难民必须逃离自己的国家;(2)难民必须不能或不愿意返回家园;(3)无法返回是因为害怕遭受"迫害";(4)迫害与难民在特定群体中的地位有关,即"种族、宗教、国籍、特定社会团体身份或具有某种政治见解"五种情况。将气候变化流离失所者的情况分别对应这四个要素看,确实无法完全符合定义中的要素。

1. "迫害"或"无奈":本国政府的作为

"迫害"要素本身未在公约中明确界定。在实践和过往学术研究中,这一要素

---

〔38〕 [英]诺曼·费尔克劳:《话语分析:社会科学研究的文本分析方法》,赵芃译,商务印书馆2021年版,第3页。

〔39〕 《关于难民地位的公约》(*Convention relating to the Status of Refugees*):1951 年 7 月 28 日通过,1954 年 4 月 22 日生效,第 1 条第 1 款乙项;《关于难民地位的议定书》(*Protocol relating to the Status of Refugees*):1967 年 1 月 31 日通过,1967 年 10 月 4 日生效,第 1 条第 2 款。

往往这样被理解和使用:其一,迫害意味着对人权的严重侵犯,可能是由于该行为的固有性质的严重性或该行为的重复性,需要在个案中具体根据受影响权利的性质、限制的性质和严重程度等来评估某件事是否构成"迫害"。[40] 其二,"迫害"通常要求政府对个人采取行动,[41] 即这种"迫害"要求特定于某个个人,需要评估该特定个人是否处于危险之中。其三,"迫害"往往存在施动者,即符合法律定义的(legitimate)迫害施行者。[42] 依次审视这几种情况可以发现,似乎很难将"气候变化"定性为一种"迫害"。

经验表明,自然灾害和冲突都是容易侵犯人权的情况,[43] 但在全球气候变化的背景下,很难将环境迫害追溯到一个行为体。在新西兰泰提奥塔(Teitiota)案(以下简称泰提奥塔案)中,申请人主张将主要的温室气体排放国塑造成迫害者,从而符合难民法中的"迫害"要素,但这种修正主义式的主张(revisionistargument)可能并不足以实现其效果。[44] 新西兰和澳大利亚的法庭都强调"迫害"必须是"人为的",[45] 然而并非所有导致气候变化的环境退化都是政府蓄意迫害特定群体的结果。气候变化造成流离失所的关系链条中似乎缺乏这样一个直接的、人为的主体。要在气候变化和政府迫害意图之间建立直接的因果关系,需要的不仅是对气候后果的认识以及在提供援助时的疏忽或不作为。[46]《难民公约》所定义的难民(下文简称公约难民)逃离自己的政府,但逃离气候变化影响的人并不是逃离自己的政府,而往往还会到促成气候变化的国家寻求庇护。[47]

最后,迫害是基于公约规定的五种情形,带有特定的动机,即"种族、宗教、国籍、特定社会团体身份或具有某种政治见解"。迫害需要有某种意图,而关于气候

〔40〕 Jane McAdam, 'Climate Change Displacement and International Law: Complementary Protection Standards' (UNHCR, 2011) 〈https://www.unhcr.org/4dff16e99.pdf〉(accessed 6 January 2022) 12.

〔41〕 Jessica B. Cooper, 'Environmental Refugees: Meeting the Requirements of the Refugee Definition' (1997) 6 *New York University Environmental Law Journal* 480, 502.

〔42〕 Selwyn Fraser, 'Climate Persecutors: Climate Change Displacement and the International Community as Persecutor' (2016) 20 *New Zealand Journal of Environmental Law* 107, 107.

〔43〕 Vikram Kolmannskog & Lisetta Trebbi, 'Climate Change, Natural Disasters and Displacement: A Multi-track Approach to Filling the Protection Gaps' (2010) 92 *International Review of the Red Cross* 713, 713-730 & 723.

〔44〕 *Supra* note 42, 108.

〔45〕 Sarah M. Munoz, 'Environmental Mobility in a Polarized World: Questioning the Pertinence of the "Climate Refugee" Label for Pacific Islanders' (2021) 22 *Journal of International Migration and Integration* 1271, 1279.

〔46〕 Rafiqul Islam, 'Climate Refugees and International Refugee Law', in Rafiqul Islam & Jahid Hossain Bhuiyan (eds.), *An Introduction to International Refugee Law* (Martinus Nighoff Publishers 2013) 222.

〔47〕 *Supra* note 16, 13.

变化的政府行为似乎难以说明存在某种具体的恶意。[48] 这五种情形都是政治性的,具有自然性质的气候变化难以归入任何一类情形中。[49]

有学者认为,在认定某个人是否为"公约难民"时,并不需要确定导致迫害的原因,而主要看是否发生过迫害。[50] 然而,在发展中国家和贫穷国家的大多数气候流离失所案例中,由于经济脆弱和资源有限,政府常常无法提供援助。因此,受影响的人逃离他们的原籍国是因为他们的政府没有经济能力,而不是因为迫害。[51] 也有学者提出《难民公约》的根本要素是缺乏基本的国家保护而非迫害。[52] 即使采用这个标准,受气候变化影响而离开的人仍然受到本国政府的保护,只是本国政府"心有余而力不足"。

2. "难民"或"移民":主观被迫或主动

在《难民公约》的定义中,难民流动的主观心理原因是"由于恐惧受到迫害而不能或不愿返回本国",其中带有无奈、被迫的心理情感,但对于受气候变化影响的人来说,他们的流动可能并不完全是被迫的。

由于气候变化是一个渐进的过程,一些人可能会在气候变得不适宜生存之前就离开受影响的地区,这些人的流离失所被认为是自愿的,因为他们的原籍地并没有面临紧迫性的危险。[53]

另外,以太平洋岛国的很多居民为代表的很多气候变化流离失所者虽然因为气候变化暂时离开了家园,但并非不愿意返回家园。相反,他们希望能通过适应手段尽量避免向国外迁徙,但是海平面上升和岛屿被淹没可能导致他们无法返回,因此仅就第二项要素而言,或许存在满足"不能返回"这一条件的可能性。

3. "国内"与"跨境":流动范围的限制

难民的另一重要标准是跨越国界,离开生命受到威胁的自己的国家。然而越来越多的实证研究表明,与气候变化有关的流离失所大部分是在国内流动,而没

---

[48] Stellina Jolly & Nafees Ahmad, 'Climate Refugees under International Climate Law and International Refugee Law:Towards Addressing the Protection Gaps and Exploring the Legal Alternatives for Criminal Justice' (2014)14-15 *Isil Year Book of International Humanitarian and Refugee Law* 216,240.

[49] *Supra* note 46,224.

[50] *Supra* note 17,10.

[51] *Supra* note 46,222.

[52] Heather Alexander & Jonathan Simon, 'Unable to Return in the 1951 Refugee Convention:Stateless Refugees and Climate Change' (2014)26 *Florida Journal of International Law* 531,573.

[53] Lotte Geboers, *etal.*, 'Protecting and preventing climate refugees:an interdisciplinary study on climate refugee issues and the United Nations' (Utrecht University 2017)23.

有跨境。[54]

对于没有跨过国界的流离失所者,在国际法上称为"国内流离失所者"而非"难民"。虽然《关于国内流离失所的指导原则》不具有强制性的法律约束力,但其为保护未跨越国界的气候变化流离失所者提供了重要的国际框架。该原则由联合国经济及社会理事会于1998年通过,目的是提供一套准则,帮助国家应对国内流离失所现象。[55]　目前,已经有大约40个国家的政府制定了关于国内流离失所者的法律和政策,对于绝大多数可能因气候变化而流离失所的人来说,它们是目前可以获得的最佳法律指导。[56]　根据该指导原则的定义,国内流离失所者是被迫逃离其家园或习惯住处的个人或集体,逃离的原因特别是要避免武装冲突、普遍的暴力、对人权的侵犯或天灾人祸,而这种逃离并没有穿过国际承认的边界。[57]"天灾"为纳入气候变化留出了可能性。其原则15指出,国内流离失所者有权到国家别处避难,有权受到保护,不被强迫遣返任何其生命、安全、自由、健康会受到威胁的地方,或被强迫在那些地方重新定居。[58]　在区域范围内,非洲联盟通过了世界上第一项具有法律约束力的区域公约,确立了对国内流离失所者的法律保护,其中直接点明保护气候变化国内流离失所者,其规定"缔约国应采取措施,保护和援助因自然灾害或人为灾害,包括气候变化而在国内流离失所的人"。[59]

有学者提出,无论受气候变化影响的人在国内流离失所还是跨国流离失所,都应当受到相同的保护,因而应当统一纳入"气候难民"这样的框架下。本文认为,这种统一反而增加了保护的困难性,使得本应受到国内流离失所相关保护的人因为"难民"的身份失去相应的保护。

4. "个人"或"群体":保护的对象范围

当前的国际难民法是个人导向的,针对受迫害而逃到他国的个人提供保护。这一安排的形成是出于第一次世界大战之后,通过在国际联盟下缔结各种国际协

---

〔54〕　*Supra* note 40,9.

〔55〕　联合国经济及社会理事会:《关于国内流离失所的指导原则》,E/CN. 4/1998/53/Add. 2,1998年2月11日,关于指导原则的介绍性说明,第10段。

〔56〕　Elizabeth Ferris,'Climate Change,Migration,Law,and Global Governance'(2018)44 *North Carolina Journal of International Law* 425,434-436.

〔57〕　同前注55,导言:范围和宗旨,第2段。

〔58〕　同前注55,原则15。

〔59〕　African Union Convention for the Protection and Assistance of Internally Displaced Persons in Africa (Kampala Convention)(adoption:23 October 2009;entry into force:06 December 2012〈https://au. int/en/treaties/african-union-convention-protection-and-assistance-internally-displaced-persons-africa〉,Article 5(4).

定来解决难民危机的办法无法处理第二次世界大战的难民危机,因此有必要根据"个人主义办法"制定 1951 年的《难民公约》。[60] 虽然在大批难民出现或涌入其他国家的情况下,接收国或难民署都会根据难民来源国发生的事情,集体甄别难民并对他们给予"临时庇护",但最终被确定的难民均为个人。[61]

然而气候变化的后果是普遍性的,并不与个人背景或信仰等特定特征相联系,而是不加区分地影响到区域内的所有人。[62] 由于受气候变化影响而流动的人员范围,相关的制度应当能够适应整个群体的需要,而非其中的个别人。这与难民法提供保护的设计初衷和目的并不相符。

安吉拉·威廉姆斯认为,尽管气候变化流离失所是一个相对较新的概念,其与传统政治难民的概念在本质上还是一样的,即由于外部因素导致个人被迫迁移。[63] 杰西卡·库珀(Jessica B. Cooper)甚至主张"环境难民"已符合《难民公约》定义的要素要求。[64] 针对气候变化流离失所者,同样有人提出他们有被定义为"气候难民"的可能性。[65] 虽然这种论证的意图在于希望在不改变难民定义文本和不为各国新增难民负担的情况下为与环境、气候有关的流离失所者提供保护,但其基础假定不符合现实,也不会符合各国的政治意愿,其对符合难民要素的论证也比较牵强,难以使人信服。

(二)"气候"因素独特性不足

"气候难民"常被用于强调气候变化的危险性及问题的紧迫性,从而引发关于气候变化本身的争论。但就气候变化是否可以成为造成流离失所的唯一原因,尚有争议,而大部分的研究倾向于认为气候变化只是影响人类流动的众多因素之一。

气候迁移的主张基于这样一个概念,即气候变化是单一(mono)原因,可以从其他原因的迁移中分离出来。然而要精确确定气候变化影响对移徙决策的决定性作用极其困难。[66] 斯蒂芬·卡斯特斯(Stephen Castles)曾批评环境难民一词过

---

[60] *Supra* note 46,238.

[61] 梁淑英:《国际难民法》,知识产权出版社 2009 年版,第 61 页。

[62] *Supra* note 40,12.

[63] *Supra* note 31, Angela Williams,504.

[64] *See* *supra* note 41,527—528.

[65] 参见孙华玲:《"气候难民"的法学思考》,载《南京大学法律评论》2011 年第 2 期,第 301—304 页。

[66] *Supra* note 46,228.

于简单、片面和具有误导性,意味着一种在实践中很少存在的单一因果关系。[67]国际移民组织对环境移民的定义中已包含了多种因素,但梅尔仍认为,这种定义采用了实用主义的方法,对产生移民的原因、时间等不加区分,而且似乎把气候变化作为流离失所的唯一原因。[68]

因果关系是各国之间就气候变化流离失所者群体定义难以达成一致的重要原因。学者指出根本不存在可以明显归因于气候变化的个体移民,很难将气候变化与其他导致流离失所的因素区分开。此外,气候变化的影响、应对气候变化的措施和由此产生的流离失所会加剧紧张和冲突,这又会引发新的流离失所。[69]

亚太经社委员会指出,造成大量人员流离失所的多种灾难都与气候变化有关,但是气候变化几乎不会成为流离失所或移民的直接触发因素。[70] 气候变化引发流离失所的路径是一条比较复杂的流程。[71] 事实上,经验证据表明,即使在"下沉岛屿"的情形下,气候变化与流离失所的因果关系也并非那么简单。[72]很多学者认为海平面上升并不是太平洋人口迁移的唯一原因,而是经济等因素共同作用的结果。[73]

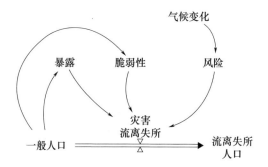

图 1　气候变化对未来流离失所的影响[74]

〔67〕　See Stephen Castles,'Environmental change and forced migration:making sense of the debate'(United Nations High Commissioner for Refugees Working Paper No. 70,2002).

〔68〕　*Supra* note 30,368.

〔69〕　Benoît Mayer & François Crépeau(eds.),*Research Handbook on Climate Change,Migration and the Law* (Edward Elgar Publishing 2017)4.

〔70〕　同前注 22,亚洲及太平洋经济社会委员会秘书处的说明,第 13 段、第 11 段。

〔71〕　*Supra* note 6,Benoît Mayer,12.

〔72〕　*Supra* note 16,11.

〔73〕　*Supra* note 35,Karen Elizabeth McNamara & Chris Gibson,478.

〔74〕　图源 *supra* note 15,16,图例为本文作者翻译。

学者指出,造成贫穷和边缘化的社会进程比环境变化本身可能更为重要,是造成迁徙这一结果的决定性因素。[75] 冲突、环境和经济压力的交织导致流离失所群体变得越来越难以分类,很难将迁移者归类为"仅由"气候变化引起的流离失所。[76]

即使坚持"气候难民"是"主要"由于气候变化的影响而流离失所的人,从法律和人权保护角度来看,仅为气候变化流离失所者建立国际保护制度似乎也不合理。气候变化似乎只是正在加剧原有的保护缺口,并揭示了现有保护机制的不足之处。再者,需要深化加强保护人权的国际合作并非新鲜事,只是气候变化使其迫切性进一步上升。[77] 简化移徙的原因背后有政治考虑,但这样会妨碍找到解决这一问题的适当工具。[78]

这里似乎存在一个矛盾,与气候变化的影响有关的人类迁移确实存在,但似乎又从未被客观数据证实过。移民可能是社会生态系统活动的复杂结果,而不是一个线性的过程。[79] 因此,在无法将气候变化作为人员流动的唯一原因,至少是主要原因的前提下,提出"气候难民"这样的概念似乎忽略了因果关系要素,使这个标签更加不适用。

(三)构建"气候难民"法律术语的其他现实障碍

目前国际上有关难民保护和气候变化的国际法都没有认可"气候难民"这个词,联合国各机构也没有认可这种用法。[80]

1. 联合国难民署的表态与实践

作为《难民公约》缔约方以外另一个有权甄别难民身份的主体,难民署对"气候难民"概念的态度值得关注。难民署成立于1950年,根据《联合国难民事务高级专员办事处规约》(*Statute of the Office of the United Nations High Commissioner for Refugees*),其最初的任务授权(mandate)是帮助受第二次世界大战影响的欧洲流离

---

〔75〕 Jon Barnett & Michael Webber, 'Migration as Adaptation: Opportunities and Limits', in Jane McAdam, *Climate Change and Displacement: Multidisciplinary Perspectives*(Hart Publishing Ltd 2010)38.

〔76〕 *Supra* note 16, 1.

〔77〕 *Supra* note 69, 5.

〔78〕 Sheila C. McAnaney, 'Sinking islands? Formulating a realistic solution to climate change displacement' (2012)87 *New York University Law Review* 1172, 1178.

〔79〕 *Supra* note 37, 1484-1485.

〔80〕 *Supra* note 48, 42.

失所人士。[81]《难民公约》制定后也成为规定难民署授权的基础性文件,而其中也并没有明确包含受环境或气候变化影响的流离失所者。由于美国与欧洲几个主要国家在难民署的组织权限上有所分歧,难民署被构建为一个"向后看而不是向前看的组织"。[82]

随着世界局势的变化,难民署实际关注的人群范围逐渐扩大,涵盖了难民、无国籍者、境内流离失所者等类别。2007 年以来,难民署对气候变化流离失所的态度也有所改变,开始在讲话中更多强调了气候变化和流离失所问题,[83]也注意到气候变化正在加剧世界各地的冲突和对稀缺资源的争夺,导致人们流离失所。[84] 2011 年,难民署牵头在贝拉吉奥组织了一次气候变化与流离失所问题专家会议,与会者认识到流离失所很可能是全球气候变化过程的一个重大后果,有必要制定一个适用于《难民公约》范围外的外部流离失所者的全球性指导框架。[85] 可以说,2005 年以来难民署实际上在保护国内流离失所者方面发挥了主导作用,因此有人认为难民署可能是联合国系统内最有能力和资源来帮助受气候变化影响者的机构。[86]

然而,尽管难民署已经实际参与气候变化流离失所者的保护,并发挥了越来越大的作用,却一贯对使用"气候难民"这样的概念持保留态度。难民署认为,这一概念在国际难民法中没有根据,而难民的权利与义务已经得到了相当明确的界定,扩张定义是对气候变化流离失所危机特点的误解,他们并非由于本国政府的迫害而离开,而是仍然受到本国政府的保护。[87] 难民署并不想扩大其 1951 年以

---

〔81〕 UNHCR, 'Statute of the Office of the United Nations High Commissioner for Refugees' (14 December 1950) A/RES/428(V) , article 1 : 'The United Nations High Commissioner for Refugees, acting under the authority of the General Assembly, shall assume the function of providing international protection, under the auspices of the United Nations, to refugees who fall within the scope of the present Statute and of seeking permanent solutions for the problem of refugees by assisting Governments and, subject to the approval of the Governments concerned, private organizations to facilitate the voluntary repatriation of such refugees, or their assimilation within new national communities. '

〔82〕 〔美〕迈克尔·巴尼特、玛莎·芬尼莫尔:《为世界定规则:全球政治中的国际组织》,薄燕译,上海人民出版社 2009 年版,第 121 页。

〔83〕 Nina Hall, 'Moving Beyond its Mandate? UNHCR and Climate Change Displacement' (2016)4 *Journal for International Organizations Studies* 91 ,95.

〔84〕 'Conflicts Fuelled by Climate Change Causing New Refugee Crisis, Warns UN' (The Guardian, 17 June 2008) ⟨ https://www. theguardian. com/environment/2008/jun/17/climatechange. food ⟩ (accessed at 10 January 2022).

〔85〕 UNHCR, 'Summary of Deliberations on Climate Change and Displacement' (April 2011)1.

〔86〕 Elisa Fornale & Curtis Doebbler, 'UNHCR and Protection and Assistance for the Victims of Climate Change' (2017)183 *The Geographical Journal* 329 ,332.

〔87〕 *Supra* note 29, Protecting Climate Refugees: The Case for a Global Protocol, 11.

来的授权范围,[88]难民署的一些工作人员认为气候变化流离失所者问题与难民署应对冲突难民的核心工作关系不大。[89] 由于气候变化而在国内流离失所的人可以作为国内流离失所者受到难民署的保护,但对于这些不具有难民身份的人,难民署只能提供有限的人道主义援助。

难民署的这种疑虑也有援助经费紧张的考虑。如果进一步扩大需要其救济的难民范围,赋予气候变化流离失所者公约难民身份,不仅无法为气候变化流离失所者提供必要的保障,还会导致公约对传统难民的保护力度严重贬值。[90]

2. 实践案例的支持不足

与"气候难民"直接相关的实践案例,最典型的是基里巴斯人泰提奥塔在新西兰国内法院寻求"气候难民"和受保护人身份的诉讼。由于在基里巴斯的生存环境受气候变化影响而恶化,泰提奥塔于 2007 年进入新西兰,2010 年签证到期之后希望继续留在新西兰,而新西兰则以非法居留为由拟将其遣返。该案一直上诉到新西兰最高法院,2015 年,新西兰最高法院驳回上诉,认为虽然基里巴斯面临气候变化的挑战,但如果泰提奥塔返回,并不会面临"严重伤害",也没有证据表明基里巴斯政府没有采取措施保护其公民免受环境退化的影响,因此最终没有支持赋予他难民或受保护人身份。泰提奥塔后续针对新西兰国内法院的判决向人权委员会提交来文,要求审查新西兰将其遣返回基里巴斯是否侵害了他的生命权。人权委员会于 2020 年 9 月作出意见,认为新西兰法院在审判过程中已经全面审查了泰提奥塔所面临的具体情况,并不存在司法不公和肆意裁判,故实质上也没有支持泰提奥塔的主张。[91]

在另一起提出了相似请求的图瓦卢人案件(以下简称图瓦卢案)中,法庭指出考虑到气候变化的影响是缓慢的,由于图瓦卢政府在积极实施应对气候变化的政策,澳大利亚和新西兰也提供了国际援助,没有理由认定返回会导致上诉人的生命处于危险中,因此驳回了针对给予难民和受保护人身份的上诉。[92] 然而,在该案的关联诉讼中,上诉人重点提及了其两个孩子更容易受气候变化的影响,可能

〔88〕 *Supra* note 29,Preparing for a Warmer World:Towards a Global Governance System to Protect Climate Refugees,73.

〔89〕 Jane McAdam & Guy S Goodwin-Gill,' UNHCR and Climate Change,Disasters,and Displacement' (UNHCR,2017)〈https://www. unhcr. org/596f25467. pdf〉(accessed 10 January 2022)26.

〔90〕 吴先华、王倩:《气候移民的研究进展述评》,载《闽江学刊》2018 年第 2 期,第 69 页。

〔91〕 详见人权事务委员会:《人权事务委员会关于 2728/2016 号来文的意见》,CCPR/C/127/D/2728/2016,2020 年 9 月 23 日,第 9—11 段。

〔92〕 该案详见 *NZIPT*,AC(*Tuvalu*)〔2014〕No. 800517-520(4 June 2014)。

被剥夺对基本人权的享受。考虑到关于儿童最大利益的特殊情况,法庭认为驱逐上诉人并不公允。[93] 法院判决的这种矛盾表明,尽管在人权法下要寻求某种类似"难民""受保护人"身份的诉求可能难以实现,基于某些人权本身的保护,气候变化流离失所者的诉求也有可能获得法庭的支持。

在这些案件中,关于"气候难民"身份的诉请都被驳回,当事人的难民身份都没有得到认可。这些案例表明,在目前的司法实践中,国家作为有权甄别难民身份的主体,尚未承认"气候难民"类别。

3. 各国缺乏扩张《难民公约》的动力

"气候难民"被纳入难民法的保护的另一种可能是扩张《难民公约》的定义。区域条约的实践成为这种主张的一个支撑。1969 年,非洲统一组织(Organization of African Unity,简称 OAU,系非洲联盟前身)通过了《关于非洲难民问题具体方面的公约》(*OAU Convention Governing the Specific Aspects of Refugee Problems in Africa*),规定"难民一词也适用于因外来侵略、占领、外国统治或在其原籍国或国籍国的部分或全部地区发生严重扰乱公共秩序的事件,而被迫离开其惯常居住地,到其原籍国或国籍国以外的其他地方寻求庇护的任何人"。[94] 类似地,1984 年拉美地区的《卡塔赫纳难民宣言》(*Cartagena Declaration on Refugees*)在对该区域适用的难民定义进行规定时,提出难民还应当包括"因普遍暴力、外国侵略威胁其生命、安全或自由而逃离本国的难民,内部冲突、大规模侵犯人权或其他严重扰乱公共秩序的情况"。[95] 学者认为,从两个区域公约的目的而言,"严重扰乱公共秩序的事件"一词旨在扩大定义范围,以纳入自然事件如饥荒或自然灾害。[96]

然而,即使可能在区域范围内根据区域性条约实现这种扩张,仍然无法认为在整个国际难民法框架下能够实现类似的扩张。这种困境从难民署的态度和国家的政治意愿中可见一斑。各国普遍缺乏扩张保护范围政治意愿,受此影响,扩大难民署授权范围(mandate)的提案也难以得到支持。[97]

2016 年联大通过的《关于难民和移民的纽约宣言》可能为基于国际合作和负

---

〔93〕　该案详见 *NZIPT*,*AD*(*Tuvalu*)〔2014〕No. 501370-371(4 June 2014)。

〔94〕　OAU Convention Governing the Specific Aspects of Refugee Problems in Africa(adoption:10 September 1969;entry into force:20 January1974)〈https://au. int/en/treaties/oau-convention-governing-specific-aspects-refugee-problems-africa〉,article 1(2)。

〔95〕　Colloquium on the International Protection of Refugees in Central America,Mexico and Panama,'Cartagena Declaration on Refugees'(22 November 1984),Ⅲ(3)。

〔96〕　Supra note 85,para. 9.

〔97〕　*Supra* note 13,8-9.

担分担原则的应对大规模难民流动提供帮助。该宣言提及气候变化对人类流动的影响,"欢迎一些国家愿意对不符合难民资格但因自己国家的条件而无法回返的移民提供暂时保护。"[98] 然而,负担分担(burdensharing)的做法并不受各国的欢迎,从各国不愿意接受和实施气候变化法下设定的减排目标来看,各国家也不太可能愿意接受处理难民保护需求的责任分担目标。[99] 2015 年前后,欧洲难民潮时期欧盟分担难民政策的失败提供了一个很好的例证。根据欧盟政策,在欧洲寻求保护的人应当在其抵达的第一个欧盟成员国申请庇护。[100] 穿越地中海的难民大部分首先抵达意大利和希腊,使两国的安置负担激增。欧盟委员会曾就此提出关于欧洲移民重新安置计划的建议,呼吁成员国按照相应权重分配共同承担难民安置责任,确保这些难民能够安全合法地进入欧盟庇护体系。[101] 然而该计划从开始实施起进展就非常缓慢,一些国家以安全问题为由设置了准入难民的标准,爱尔兰和丹麦等国则从一开始就选择退出该计划,很多国家则只安置了配额数量的很小一部分移民。[102] 这反映了欧洲乃至全球在应对流离失所人员安置中的核心问题,即缺乏团结(solidarity)和责任分担(sharingofresponsibility)。

考虑到国际社会面临的其他压力和紧张局势,各国很难再将气候变化流离失所者纳入难民公约的范围。各国越来越不愿意执行对难民保护的相关措施,[103] 美国和其他政府还作了很多努力限缩对于难民定义的解释,[104] 给难民制度的变革带来了压力。扩大难民公约的保护范围也可能带来道德问题,导致在已经受公约保

---

〔98〕 联合国大会:《关于难民和移民的纽约宣言》,A/RES/71/1,2016 年 9 月 19 日,第 53 段。

〔99〕 Jane McAdam & Rebecca Dowd, 'International Cooperation and Responsibility Sharing to Combat Climate Change: Lessons for International Refugee Law' (2017) 18 *Melbourne Journal of International Law* 180, 216.

〔100〕 See UNHCR, 'TheDublin Regulation' ⟨https://www. unhcr. org/4a9d13d59. pdf⟩ (accessed 6 January 2022).

〔101〕 See European Commission, 'Commission Recommendation on a European resettlement scheme' (8 June 2015).

〔102〕 'Named and shamed: EU countries are failing to share responsibility for refugees' (The Conversation, 19 July2017) ⟨https://theconversation. com/named-and-shamed-eu-countries-are-failing-to-share-responsibility-for-refugees-80918⟩ (accessed 16 January 2022).

〔103〕 Agnes Hurwitz, 'Norm-Making in International Refugee Law International Norm-Making on Forced Displacement: Challenges and Complexity' (2012) 106 *American Society of International Law Proceedings* 430, 430.

〔104〕 Bill Frelick, 'It is Time to Change the Definition of a Refugee' (AL JAZEERA, 26 January 2020) ⟨https://www. aljazeera. com/opinions/2020/1/26/it-is-time-to-change-the-definition-of-refugee⟩ (accessed 5 January 2022).

护的人与新纳入的气候变化流离失所者之间造成不必要的紧张和权衡。[105]

三、"气候难民"话语背后的北方霸权

上文指出,对于受气候变化的影响而流离失所的人,实践中出现了很多用于描述这类群体的术语,人们通过构建某种主体和身份,希望达到一定的目的。话语是再现世界的方式——物质世界的过程、关系和结构,精神世界的思想、感情、信仰。不同的话语展现了话语使用者对世界的不同看法,而这又取决于话语使用者在世界中的地位、社会身份和个人身份,以及他们与他人的社会关系。话语不仅按照世界的样貌再现世界,而且投射、想象着不同于现实世界的可能世界,并把他们融入长期目标之中以便把世界朝着某个特定方向进行改变。[106]

话语具有重要力量,往往体现一定的权力和地位。在现代社会中,话语获取是获得认同的首要条件,是行使权力和支配地位的最有效方式。[107] 甚至仅根据所使用话语的不同而非其基本特征,移徙者就可能被视为威胁、廉价劳动力的来源或解放斗争的主体。[108] 因此,理解话语类别的词源和影响具有重要意义,它们可能会影响现实中的既有关系,设定辩论的术语或条件,改变机构之间的权力关系和政治格局。[109]

在围绕"气候难民"的话语构建中,也存在这样的现象,两种主要叙事相互作用:主导的气候变化叙事和气候变化流离失所者自身的个人叙事。[110] 在"气候难民"主流话语的掩饰下,受影响者一方的话语被忽视,这些"内部人"的声音无法传递到国际社会成为判断和决策的依据,而"外部人"构建的话语却在决定受影响者的未来命运。国际体系中的权力对比格局在这种话语构建中得到了强化,使得受气候变化影响而流离失所者面临着现实和国际话语的双重压力。

---

〔105〕 Frank Biermann & Ingrid Boas, 'Global Adaptation Governance: The Case of Protecting Climate Refugees', in Frank Biermann & Philipp Pattberg(eds.), *Global Climate Governance beyond* 2012: *Architecture*, *Agency and Adaptation*(Cambridge University Press 2010)260.

〔106〕 同前注 38,第 3 页,第 146 页。

〔107〕 刘志朋:《西方话语分析概要》,吉林大学出版社 2019 年版,第 4 页。

〔108〕 Giovanni Bettini, '(In)convenient convergences "Climate refugees", apocalyptic discourses and the de-politicization of climate-induced migration', in Chris Methmann(eds.), *Interpretive Approaches to Global Climate Governance*(Routledge,2013)124.

〔109〕 *Supra* note 35, Karen Elizabeth McNamara & Chris Gibson,476.

〔110〕 Raphaella Mascia, 'Complications of the Climate Change Narrative within the Lives of Climate Refugees' (2020)22 *Consilience* 31,31.

（一）受害者与行动者:形象构建与角色认知

1. 全球北方的外部视角:受害者和等待援助的无助者

在思考气候变化导致的移徙问题时,存在这样一种惯性视角:气候变化导致的移徙是人们从受气候变化负面影响的地方迁移出去,而不是迁移到受气候变化正面影响的地方。这种将移民视为负担而不是机会的"移出"（emigration）路径可能源于这样一种现实,即大部分受气候变化影响而流离失所的人产生于发展中国家。[111] 与此相对应,气候变化流离失所者逐渐与落后、贫穷、负担等词汇联系在一起。

喜欢使用"气候难民"术语的学者是通常被称为"杞人忧天者"（alarmist）的环保行动者、灾害和冲突研究者,他们将环境和气候视为人口被迫流动的主要原因。[112] 在全球北方这些"危言耸听"的"局外人"眼中,气候迁徙者与普通的移民有所不同,他们并非为了追求更好的生活机会而流动,而是将搬迁视为维持生活的最后机会。[113] 这让他们身上天然带有了一种值得同情的悲剧色彩,而"移民"一词却不能传达同样的现实。在世界上大多数文化和宗教中,"难民"一词都具有强烈的社会保护的道德内涵,通过使用这个术语,保护"气候难民"将获得应有的合法性和紧迫性。[114] 因此,"难民"标签在政治上对倡导者和许多不太了解情况的观察者具有极强的吸引力。[115]

非政府组织是把"气候难民"构建为消极受害者形象的重要主体,它们具有说服公众舆论、通过新闻媒体影响全球话语甚至影响政策议程的强大力量。[116] 例如,环境正义基金会和全球人道主义论坛通过引入大量的数据,强调气候变化导致的难民问题可能是人类历史上的一个重大危机。[117] 2003 年前后,英国气候正

---

[111]　*Supra* note 30,363.

[112]　Susan Martin, 'Climate Change, Migration, and Governance' (2010)16 *Global Governance* 397,397.

[113]　Lucy MacDonald, 'Who Are They and Where Are They Going? Examining the Emerging Norms of the International "Climate Refugee" in New Zealand' (Memorial University of Newfoundland graduate thesis 2015)64.

[114]　*Supra* note 105,255.

[115]　*Supra* note 113,72.

[116]　Ryan Wallace, 'New Reasons for Forced Displacement: A Multimodal Discourse Analysis of the Construction of Refugee Identity' (2021) *Journalism Practice* 1,4.

[117]　See 'No Place like Home: Where Next for Climate Refugees', (Environmental Justice Foundation, 2009)〈https://ejfoundation. org/resources/downloads/no-place-like-home. pdf〉(accessed 20 February 2022); 'The Anatomy of a Silent Crisis' (Global Humanitarian Forum Human Impact Report, 2009)〈http://www. ghf-ge. org/human-impact-report. pdf〉(accessed 20 February 2022).

义网络涨潮(Risingtide)、英国智库新经济基金会(New Economic Foundation)、澳大利亚地球之友基金会(Friend of the Earth Australia)相继提出在其刊物中将"气候难民"描述为无助、消极、脆弱的受害者,其国内缺乏应对气候变化的能力,等待外国保护和庇护。[118]

气候变化专门委员会的报告是这种带有悲剧色彩的主流气候变化叙事的科学基础,它采用复杂的时间跨度来描述气候变化的影响,将未来想象为人类和地球上所有其他生物面临的极端危机时期。这种"天启"(Apocalypse)、"终结"(End)的概念出现在气候变化的话语中,并因此影响到"气候难民"话语的产生和发展。[119]

2. 受影响者的内部视角:抵抗者和积极应对的呼吁者

受气候变化影响面临流离失所风险最严重的国家,如孟加拉国、太平洋小岛国等,都强烈反对"难民"这种身份标签,这些国家的人更强调用对于主权、独立国家公民身份的承认取代难民身份。[120]

小岛国联盟(The Alliance of Small Island States)主席坚决拒绝"气候难民"这样的称呼,甚至认为在某些情况下它具有冒犯性。[121] 对这些太平洋小国的人民来说,"难民"一词唤起一种无助和缺乏尊严的感觉,伴有在世界上其他地方遭遇种族主义和歧视的风险,这与他们强烈的自豪感相矛盾。[122] 事实上,这些国家的人正在积极适应气候变化带来的生存挑战,这展现了受气候变化影响者的韧性,也提供了一种对环境变化的当地理解和社会资源管理办法。

对于其中某些国家而言,迁徙并不一定是一种危机,以往有大量图瓦卢人主动迁往新西兰等地以寻求更好的机会,并回报留在本国的亲属。但在气候变化的背景下,人们似乎更加希望留在当地,保存自己的文化。图瓦卢人将与海平面上升有关的难民重新安置等同于永久丧失土地、集体身份和自决权的前景,以难民身份迁移并不会带来对气候变化的适当补救。[123] 对主权和公民权利丧失的担忧

---

〔118〕　*Supra* note 35, Karen Elizabeth McNamara & Chris Gibson, 478.

〔119〕　*Supra* note 110, 36.

〔120〕　*Supra* note 35, Karen Elizabeth McNamara & Chris Gibson, 480.

〔121〕　Ibid., 481.

〔122〕　Jane McAdam & Maryanne Loughry, ' Wearen't refugees' (Inside Story, 30 June 2009)〈https://inside-story. org. au/we-arent-refugees/〉(accessed 15 January 2022).

〔123〕　*Supra* note 3, 388.

加剧了对国家、文化和个人身份丧失所带来的失落感。[124] 图瓦卢人主张从人权和全球公民身份的角度重新审视关于该国未来的辩论,而这些权利在针对"气候难民"的辩论中被边缘化了。[125]

对于大部分太平洋岛国而言,整个社区的重新安置通常被作为最后的手段(lastresort)。基里巴斯前总统汤安诺(Anote Tong)多次在联合国大会的发言中强调采取务实的适应战略,其首要愿望是维护家园和主权,即使大规模迁徙最终不可避免,也要"有尊严地移民"。[126] 而马尔代夫前总统纳希德则表示,马尔代夫人希望留在自己的国家,但如果国家真的由于海平面上升而消失,他不希望人民作为难民生活。政府已经成立了一支"主权财富基金"(sovereign wealth fund),从国家的旅游收入中提取资金购买海外土地,为全国人口的集体搬迁做好准备,澳大利亚是可能的目的地。[127] 这种"最后手段"观点的形成与太平洋地区的历史案例紧密相关。历史经验表明,大规模迁移虽然在理论上是一种维护文化完整性的手段,但在实践中却充满了困难,而且有可能被视为自上而下的"解决方案",剥夺了个人和社区的代理能力。[128]

气候变化流离失所者的个人经历和观点明显不同于"世界末日""大灾难"这种外界主流话语,而是一种适应性的生存心态。"气候难民"这一类别虽然可能反映了人们因广泛的环境变化而流离失所的真实可能性,但也暗示,特别是对富裕国家而言,减缓气候变化不如适应气候变化重要。[129] 如果"气候难民"成为一种合法的受保护的类别,成为被国际社会接受的一种气候变化的后果,将减少对工业化国家控制温室气体排放的需求,减轻多边机制遏制气候变化的责任,最终真的威胁到这些小岛屿国家的主权和人口。使用"气候难民"这样的术语将剥夺他

〔124〕 Carol Farbotko,*etal.* ,'Climate migrants and new identities? The geopolitics of embracing or rejecting mobility'(2015)*Social & Cultural Geography* 1,9.

〔125〕 *Supra* note 3,382.

〔126〕 Statement by His Excellency Anote Tong at the General Debate of the 64th General Assembly(25 September 2009)〈https://gadebate.un.org/en/64/kiribati〉(accessed 5 January 2022);Statement by His Excellency Anote Tong at the General Debate of the 67th Session of the United Nations General Assembly(26 September 2012)〈https://gadebate.un.org/sites/default/files/gastatements/67/KI_en.pdf〉(accessed 5 January 2022).

〔127〕 Ben Doherty,'Climate change castaways consider move to Australia'(The Sydney Morning Herald,7 January 2012)〈https://www.smh.com.au/environment/climate-change/climate-change-castaways-consider-move-to-australia-20120106-1pobf.html〉(accessed 15 January 2022).

〔128〕 Jane McAdam:'"Disappearing States",Statelessness and the Boundaries of International Law',in Jane McAdam,*Climate Change and Displacement:Multidisciplinary Perspectives*(Hart Publishing Ltd,2010)129.

〔129〕 *Supra* note 35,Karen Elizabeth McNamara & Chris Gibson,481.

们与气候变化可能导致的流离失所作斗争的努力和潜力。[130]

(二)种族化:"北方"与"他者"

种族化和安全化是"气候难民"概念背后最重要的两大话语暗示,这与北方构建的受害者和等待援助者的形象紧密相连。国际法长期以来被构建为欧洲文明扩张的一部分,冷战后对世界秩序的构建也建立在这样的基础上:国际社会是救世主,转型国家是被救赎者,这种构建把转型国家遇到的危机想象成了正当化干涉的理由,而忽视了国际社会与被干涉者之间存在的其他联系,也忽视了真正导致危机的背景:冷战后资本主义世界对资源的不公正配置。[131] 在"气候难民"话语能够看到同样的叙事思路。

在关于气候变化流离失所者的主流叙事中,媒体使用最多的术语即"难民","移民"紧随其后。[132] 由此出发,气候变化导致的人类流动被频繁构建为一个未来的危机,描述未来来自全球南方的大量无法控制的、具有威胁性的"气候难民"潮,伴随而来是危机、灾难、紧急事项、威胁等字眼。

全球北方和南方之间互相的不信任很大程度上源于殖民时期以来的种族化政策。种族化的构造是一个辩证的过程,要构建一个"他者",同时需要构建一个"自我",沉默的"他者"是对西方有威胁的不可预测的绝望者。"气候难民"无个人特性的受害者形象正好符合并强化了西方关于后殖民的这种想象:受气候变化迁徙者的能动性和个性消失了,来自南方的贫困者的形象成了他们的代名词,这种想象与占主导地位的西方难民形象产生了共鸣,使"气候难民"群体变得种族化。与殖民时期的话语构建过程类似,"气候难民"的话语构建中也产生了此种以白人为代表的"自我"和以有色人种,尤其是黑人为代表的"他者"之间的对立。纪录片《气候难民》对此提供了一个绝佳的例证。[133] 将太平洋岛民视为无能为力的受害者,这样的叙述能够迅速占领讨论,很大程度上就是利用了对深肤色、危险穷

〔130〕 Rebecca Hingley, ' "Climate Refugees" : An Oceanic Perspective ', 4 *Asia & The Pacific Policy Studies* (2017)158,163 & 158.

〔131〕 Anne Orford, ' Muscular Humanitarianism : Reading the Narratives of the New Interventionism' (1991) 10 *European Journal of International Law* 679,691-692.

〔132〕 学者对新西兰英文报刊的统计显示,81% 的媒体使用"难民"一词,10% 同时使用"难民"和"移民",剩下的 9% 使用"移民"。See *supra* note 113,55.

〔133〕 *Supra* note 37,1479. 在该纪录片中,白人电影制作人采访了非白人群体的气候变化流离失所者,把他们构建为没有主动性、只能寻求白人帮助的群体,而关于他们流离失所的原因仅仅强调了自然因素,未涉及暴力、歧视等社会因素。

人的根深蒂固的恐惧和刻板印象。[134] 在逃离消失的岛屿的"气候难民"形象中，岛民在气候变化话语中被定位为恐惧和控制的对象。[135] 关于太平洋小岛国情况的视觉形象往往只展示被动等待或充满悲伤的无助样貌，而少有显示人们积极为气候变化做准备的图景。[136]

事实上，除了气候变化之外，这些人口还面临着很多挑战。而这些挑战却被关于"气候难民"的新闻掩盖了。"气候难民"的形象作为一种受害者商品得以维持，为关注拯救地球的西方环境活动家提供了新闻价值和气候变化"证据"的人类体现。由此，岛屿也进一步被构建为一个"实验室"（laboratory），成为外部世界试图定位对气候变化的焦虑的一个空间。"沉没的岛屿"的说法似乎假定只有在岛屿消失之后它们才会变成体现气候变化紧迫性的绝对真相，这些国家似乎是可以牺牲的。[137] 当然，由此引申出的人道主义叙事（humanitarian narrative）将气候迁移主要解释为人类的，尤其是发展中国家的痛苦，呼吁展开国际合作实现人权，[138] 这可能是其中值得肯定的一点。

但总体而言，把小岛国想象成"煤矿中的金丝雀"[139]、地球的试金石，这在科学上是不准确的。[140] 贫困的受害者在这种"实验室"中不是一个政治主体，而只是某种实验对象，"气候难民"群体由此被边缘化，[141] 失去了在国际社会舞台上为自己发声的权利，只能等待发达国家的援助和保护。然而，有学者指出，尽管一个岛屿在不断上升的海平面下消失的形象为游说全球减少碳排放提供了一个强有力的、令人恐惧的基础，这对于促使国际社会制定规范性框架以应对与气候相关的流动并不一定有用。[142]

---

〔134〕 *Supra* note 36,238.

〔135〕 *Supra* note 35,Carol Farbotko,53.

〔136〕 Chris Methmann,'Visualizing Climate-Refugees:Race,Vulnerability,and Resilience in Global Liberal Politics'(2014)8 *International political sociology* 416,422.

〔137〕 *Supra* note 35,Carol Farbotko,47 & 58.

〔138〕 *Supra* note 6,Benoît Mayer,33.

〔139〕 "煤矿中的金丝雀"（the canary in the coal mine）源于20世纪前半叶英国煤矿产业，由于金丝雀对于一氧化碳等人类难以察觉的有毒气体具有较高敏感性，矿工常带着金丝雀进入矿井下，一旦金丝雀表现异常，可能表明矿井下有有毒气体，需要撤离。后该短语逐渐被使用到各个领域，表示"预警器"之意。在"气候难民"话语中同样使用了这个短语，将受气候变化影响比较严重的地区视为"煤矿中的金丝雀"，意为这些地方成为全球气候变化严重程度的晴雨表。

〔140〕 *Supra* note 3,385.

〔141〕 *Supra* note 33,Giovanni Bettini,70.

〔142〕 *Supra* note 16,7.

（三）安全化：来自南方的"威胁"

紧随被动无助的受害者形象而来的，是将气候变化流离失所通过"安全化"（securitize）叙事构建为一个"安全问题"，视其为对国家安全的威胁。[143] 其中一个原因是，对于资源本身就紧张的地区而言，涌入气候变化迁徙者，可能会加剧对现有资源的争夺，从而引发暴力冲突。[144]

显然，"安全化"观点的主要推动者大多来自全球北方，他们的论点主要基于这样一种假设：全球南方可能会削弱全球北方的稳定和繁荣，而气候冲突和气候移徙者将主要起源于全球南方。2007 年，由美国海军建立的一个智库发布报告称，在世界上一些最不稳定的地区，气候变化可能成为不稳定的威胁倍增器（threat multiplier），并对美国的国家安全构成重大挑战。[145] 同年，英国政府以苏丹达尔富尔问题为由，将气候变化问题提交至联合国安全理事会（United Nations Security Council，下文简称安理会），认为气候变化流离失所是对发达世界"最大的安全挑战"，气候变化会导致贫穷地区政治不稳定以及大量难民涌入欧洲和美国。[146] 安理会已于 2007 年 4 月正式讨论了气候变化对世界和平与安全的影响，欧盟也将"气候难民"构建为一种与安全问题直接相关的话语，视其为对欧洲的威胁。[147] 然而，这种威胁叙述，包括安理会以"安全"为理由的介入其实并不利于开展应对气候变化所需的公平、有效的国际合作。几个主要国家在安理会中具有强大的影响力，受气候变化影响较大的一些发展中国家反而很难在安理会中发声。[148]

在构建叙事的过程中，还有很多非事实的意义（non-factualmeaning）被加入其中。[149] 这种危言耸听的言论在将"气候难民""安全化"时，支持了如下假设："气候难民"跨越国境的流动会引发多米诺骨牌效应，导致整个地区的不稳定和冲突

〔143〕 Daniel Faber & Christina Schlegel，'Give Me Shelter from the Storm：Framing the Climate Refugee Crisis in the Context of Neoliberal Capitalism'（2017）28 *Capitalism Nature Socialism* 1，8.

〔144〕 *Supra* note 37，1475.

〔145〕 *Supra* note 33，Timothy Doyle & Sanjay Chaturvedi，283.

〔146〕 Lauren Nishimura，'Climate Change Migrants：Impediments to a Protection Framework and the Need to Incorporate Migration into Climate Change Adaptation Strategies'（2015）27 *International Journal of Refugee Law* 107，120.

〔147〕 Amanda & Galfi Björkman，'Who is a climate refugee? A critical discursive analysis on what the factors are for the EU not reaching a common definition for the term climate refugee'（Malmö university 2020）46.

〔148〕 *Supra* note 105，261-262.

〔149〕 *Supra* note 33，Giovanni Bettini，64.

暴力的发生,发展中国家的问题最终会演变为对发达国家经济的损害。[150] 因此,这种具有敌意的话语也与这些发达国家自身不断恶化的经济状况有关,经济衰退加剧了它们对难民和移徙者的仇外反应。为佐证"气候变化导致混乱和严重不安全"这样的假定,政客和政策制定者将气候变化作为国家和国际安全问题来进行宣传时,经常利用大规模气候迁移和气候冲突的图像。[151] 这种"威胁"标签使气候变化流离失所者成为与一般的移民所不同的群体,因此某种形式的道德干涉具有了正当性。[152] "气候难民"的形象从而被视为一个"门槛",代表了某种可能性,表达了一种白人的焦虑:即将到来的失控和混乱,以及边界的消失。[153]

作为危言耸听言论的代表,诺曼·迈尔斯(Norman Myers)指出,大量的"气候难民"很可能是全球气候变化所导致的最为严重的后果,随之而来的是不同文化之间的冲突和碰撞,其政治影响将尤为广泛。[154] 然而,正如很多研究已经指出的,这两点都缺乏强有力的实证证据支持,而最重要的反证是,气候变化导致的流离失所目前仍以在国内流动为主。此外,气候变化和气候导致的移民的故事几乎完全是用"未来条件时态"写成的,在媒体和一些报告文件中所列出的数字常常是一种预测和估计,[155] 将关注的事项和事实的事项混淆,导致某些"可能"的结果变成了不可避免的"现实"。[156] 这必然会引发疑问,气候变化究竟会带来多少移徙者,根据一些预测的数字来构建世界安全的威胁是否合理。

对于非政府组织和媒体而言,最初提出"气候难民"这一类别可能是出于善意。非政府组织基督教援助(Christian Aid)2007 年发布的报告认为气候变化导致的移民危机将失去控制,而为了解决气候变化带来的危机,污染者必须付费。[157] "关于气候变化和地球母亲权利的世界人民大会"(World People's Conference on

---

〔150〕 Ibid. , 65.

〔151〕 Ingrid Boas,'Where is the South in security discourse on climate change? An analysis of India' (2014) 2 *Critical Studies on Security*148 ,148.

〔152〕 *Supra* note 37,1475.

〔153〕 Ibid. , 1474.

〔154〕 Myers Norman,'Environmental Refugees in a Globally Warmed World' (1993)43 *Bioscience* 752,752 &. 759.

〔155〕 Andrew Baldwin,*et al.* ,'Securitizing "climate refugees": the futurology of climate-induced migration' (2014)2 *Critical Studies on Security* 121,121.

〔156〕 *Supra* note 33,Giovanni Bettini,66.

〔157〕 'Human tide: the real Migration crisis'(A Christian Aid Report, May 2007)〈https://www. christianaid. org. uk/sites/default/files/2017-08/human-tide-the-real-migration-crisis-may-2007. pdf〉(accessed 20 February 2022).

Climate Change and the Rights of Mother Earth)也强调全球变暖是一种体系性的失败,揭示了资本主义本质上的不可持续性和破坏性,并要求发达国家承担主要责任。[158]

但这种构建却暗示着,对于许多太平洋国家来说,对气候变化的唯一应对方式可能是重新安置(relocation),大规模流入其他国家,因为这些国家整体将不可避免地由于灾难性的环境变化而消失,而北方国家和一些国际组织则正好将其作为逃避责任的一种借口。这种危言耸听的安全叙事呼应了对于传统难民威胁国家稳定的担忧,使收紧移民政策和其他针对所谓"气候难民"的特殊措施变得合法化。[159] 随着西方国家移民政策的收紧,与气候相关的国际流动对受影响群体,尤其是其中的弱势群体来说变得越来越困难,他们得到庇护的机会也会更少。国际制度难以吸收新的流动类别,一些组织将这类迁徙界定为"资源迁徙",并反对重新考虑环境迁徙相关概念的必要性,作为逃避责任的一种方式,北方正在逐渐偏离解决全球气候变化根源的方向。[160]

全球北方在国际事务和话语权上的主导掩盖了全球南方行动者对气候安全的观点。以印度为例,印度将危言耸听的安全话语视为西方的谈判策略,认为西方的议程是利用气候变化的安全层面,向发展中国家施压,从而迫使其承诺减排,进而能够减少自身的减排承诺。[161] 北方的论调常把孟加拉国—印度边境视为气候移民可能发生并导致紧张局势的地方,然而印度当局却认为这些移民的流入很大程度上是经济因素驱动的。[162]

(四)自然化与适应性:去政治化与全球气候霸权

"气候难民"这一类别也越来越多地以一种自然化的(naturalized)、不加质疑的方式被应用于太平洋地区的所有民族。[163] 主流"气候难民"的末日叙事在很多方面都具有去政治化的潜力,这个过程通过两方面得以实现。

一方面,这一话语将气候危机视为理所当然,将文化、政治、经济背景甚至气

---

[158]　See 'People's Agreement' World People's Conference on Climate Change and the Rights of Mother Earth (22 April 2010)〈https://pwccc. wordpress. com/support/〉(accessed 23 February 2022).

[159]　*Supra* note 45,1277.

[160]　Ibid. , 1279.

[161]　*Supra* note 151,152.

[162]　Ibid. , 154.

[163]　*Supra* note 35,Karen Elizabeth McNamara & Chris Gibson,476.

候变化影响表现的差异最小化,使包含在其中的历史现实失去重要性,而实际上气候变化流离失所者本身也是政治经济结构的受害者。[164] 换句话说,正是新自由主义资本主义降低了全球南方的大众阶层,尤其是下层阶级的社会生存能力,使他们容易受到并最终受到气候变化的不利影响。[165] 然而在没有讨论更大的政治经济背景的情况下,"气候难民"的概念以强调"气候"作为一种自然因素的方式,将环境恶化的政治经济诱因自然化,掩盖了资本主义下长期存在的阶级剥削和社会不公正。[166]

另一方面,"气候难民"的形成过程伴随着气候变化流离失所者政治地位的丧失,尤其是在失去国家领土和跨境迁移两类情境中。"气候难民"概念剥夺了受影响者的权利,他们被排除在国际社会的某些领域之外,而由"领域内"——实际上就是全球北方的其他人,来定义和讨论他们的未来。这种话语的结构将导致国际社会现存的霸权关系基本上不被触碰和改变。[167] 在这个层面,关注"气候难民"的保护还意味着将应对气候变化的行动部分委托给国际治理机构,从而将其从一个关涉国家地位、群体身份和权利的政治讨论抽离为一个治理议题,导致问题的根源无法被触及,结果就是对现有霸权的重申。相比于气候变化本身的影响,国际社会的这种话题转移可能才是将更多人置于危险之中的因素。[168]

在剥夺了气候变化流离失所者在国际政策讨论中的话语权之后,北方国家还给他们留下了"适应性话语"的空间。然而,与前文所述受影响者自身强调国家身份和权利的适应性话语不同,在全球北方的框架中,恢复力或韧性(resilience)话语同样被作为免除提供庇护与援助义务的理由。[169] 北方话语中的"韧性"概念鼓励人们不依赖国家,而是为自己的社会和经济福祉负责。这一转变有可能掩盖甚

---

[164] See *supra* note 143,4-8. 这些学者认为,新自由资本主义通过四种机制造成了气候变化流离失所:其一,全球资本主义体系无法大幅减少温室气体排放,这种不公正和不可持续的资本主义生产体系导致的环境退化特别容易受到气候变化的影响;其二,新自由主义资本主义的发展导致世界大众阶层和下层人口的社会和生态贫困加剧,使他们更容易受到气候变化的影响;其三,全球南方作为廉价原材料和消费品的供应商全面融入世界经济,已经并正在导致数亿人赖以生存的土地和自然资源的殖民化和生态破坏;其四,在当前的新自由主义时代,气候变化正在成为决策者,特别是全球资本和国家安全服务的决策者进行社会控制的工具。

[165] *Supra* note 143,2.

[166] Ibid. , 10.

[167] *Supra* note 108,131-132.

[168] *Supra* note 33,Giovanni Bettini,69.

[169] *Supra* note 143,10.

至改变在气候变化背景下,平等和正义作为政治和伦理相关问题被提出的方式。[170] 如果气候变化背后的根本错误以及采取行动的相关责任,被加在"气候难民"身上的"韧性"概念所取代,受影响者被赋予了自我救赎的义务,那么全球北方在国际政治舞台上决定重新分配资源及解决与气候变化有关的一系列不平等问题的动力也将进一步减弱。[171]

四、结语:话语之外与未来的应对

气候变化的威胁和紧迫性是真实存在的,但现在就构建出"气候难民"这样一个类别似乎为时尚早,而且这样的话语构建强化了国际体系现有的不平等与北方的话语霸权,亦不利于受气候变化影响群体的未来发展。

(一)话语概念与被构建的现实

"气候难民"话语的发展经历了一个较长的过程,从认识到气候变化是"人类社会的共同关切",[172] 到从中又抓取并构建出"气候难民"……这一过程深刻体现了国际社会对于全球气候问题认识的深化。

然而,语义场中存在着权力关系,说话者并非完全平等。[173] 对国际社会而言,不同话语之间的关系是不同国家和地区之间关系的一个成分,构成了彼此之间相互补充、相互竞争、相互支配的资源的一部分。[174] 伴随"气候难民"话语构建过程的,不仅有对全球气候变化的关注,还有国际体系深刻的不平等。

构建"气候难民"这样的概念有一定的积极意义,有助于吸引人们关注气候变化带来的影响和相关的具有紧迫性的问题。但是本文仍要指出,这一概念的构建在目前仍然面临很多问题,沉溺于这样的概念不利于从根本上应对气候变化。首先,"气候难民"概念在规范性层面无法满足现有国际难民法规定的要素,而构建这一的概念短期内还不具备现实可能性。其次,借助批判性话语分析,"气候难

---

〔170〕　Giovanni Bettini,*et al.* ,'One step forward,two steps back? The fading contours of(in)justice in competing discourses on climate migration'(2017)183 *The Geographical Journal* 348,350.

〔171〕　Ibid. ,354.

〔172〕　Philippe Sands & Jacqueline Peel,*Principles of International Environmental Law*(Cambridge University Press 2018)299.

〔173〕　同前注107,第4页。

〔174〕　同前注38,第146页。

民"话语构建中的种族化、安全化和去政治化倾向得以呈现。在关于全球气候变化的公共讨论中,以北方"气候难民"话语为主导的主流话语导致受气候变化影响而流离失所的"土著人"的观点常常被置于边缘,这些移徙者由此成了气候变化的受害者,依赖外部援助提供应对新的气候挑战的方式。[175] 一旦西方主体性话语作为权力话语被塑形,被话语殖民人群的种族、政治身份就无法由自己申说,而是完全掌握在他人手中,从而可能被他者化和妖魔化,[176]这并不有助于拯救他们免受苦难。最后,受气候变化影响的人并不接受这样的标签,而是认为外界给他们强加了过多的脆弱性。[177]

主流"气候难民"话语并不能真实反映目前关于气候变化流离失所的现实,却可以使弱势群体陷入不平等的权力关系,改变他们的命运。上述泰提奥塔案中法院的裁判意见正表明,目前受气候变化影响地区的现实情况尚未达到无法挽回的地步,当地的环境尚能提供基本的生活条件,政府也仍在作出改变的努力。如果不改变主导的话语形态,继续使用"气候难民"这样的标签,可能会引发更为严重的"无法控制的难民潮"幻想,从而进一步助长仇外反应,或成为限制寻求庇护者的普遍政策的理由。[178]

因此,"气候难民"这一概念可能不是一个合理且有益的术语,采用"受气候变化影响而流动者"或"气候变化导致流离失所者"这样相对中性的概念或许能够更好、更全面地理解气候变化对人类社会带来的影响,从而避免危言耸听的结论或仇视排外的态度,更有益于实现对受气候变化影响者权利的保护。

(二)国家的气候变化义务与人权保护

如果不被接受为"难民",受气候变化影响而流离失所者似乎就只会面临损害,然而实际上气候变化法、人权法等领域都为其留下了保护空间,这些法律在未来也有望随着气候变化影响的深化而进一步发展。

在国际气候变化相关领域,减缓和适应是应对气候变化的两种主要选择。前者通过人为力量控制或减缓气候变化的某些关键过程来减轻气候变化的影响,后者在承认气候变化不可避免的前提下,通过改变人类社会的脆弱性,以减轻或者

---

〔175〕 Douglas Nakashima, *Indigenous Knowledge for Climate Change Assessment and Adaptation*(Cambridge University Press 2018)10.

〔176〕 牛学智:《话语构建与现象批判》,作家出版社 2018 年版,第 7 页。

〔177〕 *Supra* note 175,11.

〔178〕 *Supra* note 45,1280.

规避气候变化带来的风险并开发有利的机会。[179]　1992 年,国际社会达成了专门
针对气候变化问题的《框架公约》,成为此后关于气候变化国际应对的基础。《框
架公约》要求缔约方制订并实施减缓与适应气候变化的计划,开展合作共同适应
气候变化的影响,同时要求发达国家缔约方为发展中国家缔约方适应气候变化提
供资金援助。[180]　对减缓和适应的侧重有一个变化过程,[181]在 2007 年《框架公约》
第 13 次缔约方大会通过的《巴厘行动计划》(*Bali Action Plan*)中首次明确将减缓
和适应气候变化并重。[182]

　　《框架公约》本身没有直接提及气候变化流离失所问题,但框架内的一些国际
文件已经关注到了气候变化与人类流动之间的关系。如 2008 年第一次提到了移
徙,[183]2010 年,第 16 届缔约方会议达成《坎昆协议》提及应当酌情加强对国家、区
域和国际各级气候变化所致流离失所、移徙和计划搬迁问题的了解、协调和合
作。[184]　两年后的多哈会议则提及要增进对气候变化的影响对移徙、迁移和人口流
动形态有何影响的了解。[185]　而 2015 年的《巴黎协定》(*Paris Agreement*)则在前言
中要求各方"尊重、促进和考虑它们各自对……移徙者权利……的义务"。[186]　尽
管从目前的气候变化法本身主张对气候变化流离失所者的保护可能较难实现,但
真正走出气候变化流离失所困境却需要国家履行气候变化法下规定的各项义务,
从根源上减少气候变化带来的不利影响,从而减少气候变化流离失所者的产生。

　　通过人权框架考虑气候变化也具有规范意义。一般国际人权法适用于每个
人,包括不符合难民资格的气候变化流离失所者,相关的法律权利是被国际社会

---

〔179〕　李忠明、李蓓蓓、魏柱灯等:《气候变化与人类社会》,气象出版社 2020 年版,第 261 页。

〔180〕　何霄嘉、张雪艳:《适应气候变化研究:国际谈判议题与国内行动策略》,科学出版社 2020 年版,第
10—11 页。

〔181〕　*Supra* note 5,736. 在《框架公约》下,2000 年之前的法律对策主要侧重于减轻和预防气候变化的
影响,2000 年之后的谈判则越来越多涉及气候变化的适应。

〔182〕　同前注 180,第 10 页。

〔183〕　Sarah L. Nash,'From Cancun to Paris:An Era of Policy Making on Climate Change and Migration'
(2018)9 *Global Policy* 1,3.

〔184〕　联合国气候变化框架公约(UNFCCC)缔约方会议第十六届会议报告,FCCC/CP/2010/7/Add. 1,
第 1/CP. 16 号决定:《坎昆协议:〈公约〉之下的长期合作问题特设工作组的工作结果》,2011 年 3 月 15 日,
第 14 条第 f 款。

〔185〕　联合国气候变化框架公约(UNFCCC)缔约方会议第十八届会议报告,FCCC/CP/2012/8/
Add. 1,第 3/CP18 号决定:《处理特别易受气候变化不利影响的发展中国家与气候变化影响相关的损失和
损害从而加强适应能力的方针》,2013 年 2 月 28 日,第 7 条第 a 款第 6 项。

〔186〕　联合国气候变化框架公约(UNFCCC)缔约方会议第二十一届会议报告,FCCC/CP/2015/10/
Add. 1,第 1/CP. 21 号决定:通过《巴黎协定》,2016 年 1 月 29 日。

普遍批准且对排放国有强制执行力的国际人权文件所保障的。此外,关于国际移民的法律也是根植于国际人权法,无论是因什么原因而移徙的人,在移徙时都不会失去他们的权利。[187] 针对侵犯人权的情形,各国政府都承担着国际和区域人权条约规定的具体义务。受气候变化影响的权利包括生命权、健康权、水权、获得充足食物的权利等,联合国人权事务委员会(Human Rights Committee)在其针对生命权的第 36 号一般性意见中,特别指出气候变化对今世后代享有生命权构成最紧迫和严重的威胁,应采取措施保护相应人权。[188] 而国家的相关人权义务包括缓解气候变化的影响、在所有气候变化行动中尊重人权等。[189] 尊重、保护和履行的义务要求各国在国家和区域两级通过法律,防止流离失所,并就缓慢和快速发生的环境变化条件采取协调行动。[190]

人的尊严应该是保护气候变化流离失所者的重要基础,甚至是最后理由。[191] 而适用人权法保护气候变化流离失所者在实践中也得到了人权相关机构的积极表态。在泰提奥塔案中,新西兰法庭是在判定基里巴斯目前的情况和基里巴斯政府的举措能够使当事人获得生存的情况下,才要求非法居留的当事人返回基里巴斯;图瓦卢案则从人道主义和人权的角度接受了当事人的居留请求。并且,法院和人权事务委员会都强调了在未来人权义务延伸到气候变化领域的可能性。此外,随着"有辱人格的待遇"的定义不断演变,有可能纳入个人因气候变化的影响而在不适宜居住的环境中处于赤贫、没有基本生活水平的情况,[192] 从而为保护气候变化流离失所者提供法律基础。

应对气候变化流离失所问题,需要将人权法和气候变化法相结合,超越范围相对比较狭窄的国际难民法框架进行对话。人权法让我们从复杂的因果关系中转变焦点,看到被自然灾害影响的人和社区的需求;气候变化法通过强调国家之

---

[187]　*Supra* note 56,429.

[188]　联合国公民权利及政治权利国际公约:《人权事务委员会第 36 号一般性意见》,CCPR/C/GC/36,2019 年 9 月 3 日,第 62 段。

[189]　See OCHCR,'Mapping Human Rights Obligations Relating to the Enjoyment of a Safe,Clean,Healthy and Sustainable Environment:Focus report on human rights and climate change' (June 2014).

[190]　Isabel Mota Borges,'International Law and Environmental Displacement:Towards a New Human Rights-Based Protection Paradigm' (Ph. D. dissertation(part),University of Oslo 2015)278-279.

[191]　Erika Pires Ramos,'Climate Change,Disasters and Migration:Current Challenges to International Law',in Oliver C. Ruppel(eds.),*Climate Change:International Law and Global Governance*(Nomos 2013)748.

[192]　John Von Doudda,et al. ,'Human Rights and Climate Change' (2007)14 *Australian International Law Journal* 161,182.

间的合作和团结对此进行了补充,让我们能够更好地达到国际缓解和适应的目标。[193] 随着国际法委员会目前关于气候变化相关议题的开展,未来也有希望看到国际法委员会推动相关国际法的逐步发展,从而为气候变化流离失所者提供更具有稳定性的国际法律保护。

(三)迈向更高程度的气候变化国际合作

在应对全球气候问题上,国际合作是必要的,但是目前全球环境议题在很大程度上还是被某些更具影响力的国家的关切所主导,而其他国家的关切则常被边缘化。全球北方和南方有不同的环境考虑和优先级。南方受影响者要求北方承担气候变化的责任,而全球北方则拒绝为历史责任买单。[194]

在气候变化的影响上,虽然太平洋岛国和媒体、非政府组织对于气候变化的紧迫性有共识,但他们对未来仍然有不同的设想。后者认为,随着气候变化持续而主要温室气体排放国没有采取缓解政策,"气候难民"这一类别将成为现实。而太平洋地区的人们则坚持,应当通过采取行动遏制气候变化,防止"气候难民"成为现实,逃离岛屿并不是他们未来愿景中的一部分。[195]

气候变化流离失所问题跨越了国际治理的多个领域:移民、环境、发展、人权与人道主义等。这些体系或多或少都关注到了气候变化流离失所问题,但目前的发展尚无法给气候变化流离失所者提供充分的保护。避免和解决大规模的流离失所局势是整个国际社会严重关切的问题,需要及早努力解决其驱动因素和触发因素,以及改善政治决策者、人道主义、发展和和平行动者之间的合作。[196]

在一个复杂和相互依存的世界中,对抗气候变化而不是迁徙者、促进国际发展而不是寻求眼前的经济利益,可能更符合各国的利益。没有一个国家能够在忽视世界其他地区人类苦难、剥夺移民权利、继续对气候系统进行危险干预的情况下,以孤立的方式持久繁荣。[197] 没有任何一个国家能够单独解决流离失所者流动

---

〔193〕 Mara Elisa Andrade, 'Climate Migration beyond the Refugee Framework: Creating Bridges between Human Rights and International Climate Law', 21 *Sustainable Development Law & Policy* (2020) 18, p. 19.

〔194〕 Sumudu Atapattu & Carmen G. Gonzalez, 'The North-South Divide in International Environmental Law: Framing the Issues', in Shawkat Alam & Jona Razzaque, et al., *International Environmental Law and the Global South* (Cambridge University Press 2015) 1, 10.

〔195〕 *Supra* note 35, Karen Elizabeth McNamara & Chris Gibson, 482.

〔196〕 *Supra* note 4, 4.

〔197〕 *Supra* note 6, Benoît Mayer, 36.

的驱动因素,缓解或应对气候变化的全球影响。[198] 因此,强调应对气候变化方面的国家合作可能比强调关注流离失所者的流动更具有根本意义上的重要性,因为前者影响到所有国家,而就目前情况来看,后者的影响范围尚有限。

作为一种具有全球性影响的事件,气候变化及其产生的流离失所问题能够提醒各国,一切都是相互联系的。通过气候问题的国际合作可预防大规模的气候变化流离失所,从而防止大规模人道主义危机和由此引发的冲突对各国自身利益的影响。在走向进一步合作之前,国际社会应当认识到,构建具有争议的概念不应当是解决问题的重点,关注的焦点始终应当是如何从根本上解决国际社会遇到的新问题。在这个过程中,尤为重要的是要避免将气候迁徙者视为"他者",在制定和实施治理气候变化导致的迁徙的措施时,应当将他们的声音和观点纳入其中,[199] 因为国际法的一大目的,正是为抗争者提供发声的平台,允许其普遍性的诉求被国际社会听到。

A Critical Reflection onthe Discourse of "Climate Refugee"

Qiqi Zhang

Abstract:As human displacement is increasingly caused by climate change,the concept of "climate refugee" has appeared widely in media and non-government organizations' reports in recent years. This article offers a critical examination of this concept from the following two angles. From the perspective of normativity,the concept has not received international recognition as it does not satisfy the definition provided in the 1951 Refugee Convention. The second perspective offers a discourse-analysis of this concept,the mainstream "apocalypse" narrative has constructed climate refugees as "the Other" opposed to the Global North through racialization,securitization and naturalization. The characterizations such as "victim of climate change" and "helpless migrants waiting for assistance" disempower such groups. The mainstream narrative also consolidates the inequality between the North and the South and may serve as an excuse for evading climate obligations. In fact,the existing international laws of human rights and climate change also provide opportunities for those affected and displaced by cli-

---

[198]   *Supra* note 99,215.
[199]   *Supra* note 113,73.

mate change to seek the protection of their rights without resorting to the climate refugee concept. The international society should approach climate-relevant issues from a more integrated perspective, bring the voice of those affected by climate change into the global discussion about the future, and pursue a higher level of international cooperation.

Keywords: Climate Refugee; Critical Discourse Analysis; Normativity Deficiency; Hegemony of The North; Climate Cooperation

符号背后:国际环境法场域中的"南北"话语

◇ 时　悦[*]

【内容摘要】本文利用布尔迪厄的社会学理论探究国际环境法领域"南北"二分话语。在简述"南北"二分产生的背景基础之上,本文主要分析该符号模式如何在国际环境法的场域中运作。一方面,由于场域中存在较为稳定的对立关系,"南北"二分在特定历史时期反映了国际社会不同群体的利益关系,解释了南北之间的结构性分歧;另一方面,由于场域所具有的竞争性与流动性,"南北"二分无法适应越发加剧的内部分歧,从而显露弊端。通过列举"北方"国家与"南方"国家之间或各自内部的分歧,本文强调国际环境法的场域并不是僵硬固定的二元结构,而是复杂流动的博弈空间。

【关键词】国际环境法;"南方"国家;"北方"国家;场域;布尔迪厄

> "如果世界就是被建构的,那么它也能够以另一种方式以及被另一种语言所重构。"[1]
>
> ——皮埃尔·布尔迪厄

一、引言

全球"南方"国家与"北方"国家的划分是后殖民时期主要从经济领域产生的划分,深刻影响了国际环境法的诸多方面。事实上,包括国际环境法在内的国际

---

* 时悦:北京大学法学院法律硕士。

〔1〕 〔英〕迈克尔·格伦菲尔编:《布尔迪厄:关键概念》(原书第 2 版),林云柯译,重庆大学出版社 2018 年版,第 243 页。

法自诞生以来一直见证着各种概念、分类的演变,例如,所谓的"文明"与"原始"、"西方"与"东方"、"发达"与"发展中"、"第一世界"与"第三世界"以及目前的"南北"分歧(North-Southdivide)等。"南北"划分与上述各种二分概念类似,某种程度上都是对政治经济实力的归类、对利益诉求的符号化呈现,即借由话语对于范畴的人为划分。这些概念的构建,不仅在表层意义上体现着其所声称的实力差异,背后更有着不同位置国家的动态竞争。

范畴的命名或划分作为一种技术,相关讨论最早可追溯至柏拉图,他认为命名正是一种人为的技术,是一种"立法形式"(nomos),体现了合规律性与合目的性的统一。[2] 近当代以来,在哲学、语言学和社会学等领域,对于语言符号与权力的关系更是有着诸多深入探讨,例如,米歇尔·福柯(Michel Foucault)在话语与权力、主体与知识、权力的规训力量等方面有着深入的探讨。[3] 就符号在场域中的构建方式等动态张力而言,皮埃尔·布尔迪厄(Pierre Bourdieu)的理论更有洞见。[4]

虽然正如国际法学者扬·克莱伯斯(Jan Klabbers)所指出的,社会科学与法学有着不同的任务,前者是解释,后者是规制,[5]但对某一法律领域现象的反思离不开对其内部隐藏的社会机制的呈现。此外,布尔迪厄也曾将其场域理论运用于司法领域,阐述法律语言背后隐藏的社会权力机制。[6] 故本文将借鉴布尔迪厄对于符号和场域的讨论及其所建构的分析模式,分析国际环境法领域由来已久的"南北"二分话语,旨在揭示国际环境场域中的稳定对立结构与动态竞争进程,分别对应于"南北"二分的合理性与局限性。具体而言,文章第二部分简述"南北"符号的形成及其在国际环境法语境中的体现;第三部分借助布尔迪厄的场域理论,分析该符号模式如何在国际环境法的场域中运作,一方面,由于场域中存在较为稳定的对立关系,"南北"划分反映了国际社会不同群体的对立利益关系,解释了"南北"之间在国际环境问题上的结构性分歧;另一方面,由于场域所具有的竞争性与

---

〔2〕 宋继杰:《命名作为一种技术——柏拉图名称理论的形而上学维度》,载《哲学研究》2014 年第 12 期,第 68 页。

〔3〕 Michel Foucault, 'Two Lectures' in Colin Gordon(ed.), *Power-Knowledge : Selected Interviews and Other Writings* 1972-1977 (trans. Colin Gordon, Leo Marshall, John Mepham and Kate Soper, Vintage 1980) ,105.

〔4〕 参见[法]布尔迪厄、[美]华康德:《实践与反思:反思社会学导引》,李猛、李康译,中央编译出版社 1998 年版。

〔5〕 Jan Klabbers, 'International Courts and Informal International Law', in Joost Pauwelyn, Ramses Wessel, and Jan Wouters(eds) , *Informal International Lawmaking*(Oxford University Press 2012) ,239.

〔6〕 参见[法]布尔迪厄:《法律的力量——迈向司法场域的社会学》,强世功译,《北大法律评论》1999 年第 2 期,第 496—545 页。

边界不确定性，"南北"划分无法适应愈发加剧的内部分歧，限制了对于国际环境诸多问题实质的把握。

二、符号诞生："南北"话语的形成

在布尔迪厄看来，在构成社会宇宙的各种不同的社会世界中那些掩藏最深的结构，表象和分类发挥着符号范式的作用。[7] 借鉴这一理论思路，可以分析"南北"作为一种符号如何总结客观世界中的殖民历史与经济现实，并进一步影响国际环境法的话语。

（一）"南北"划分的殖民起源与经济基础

1. 殖民起源

"南北"划分最初源于殖民和后殖民时期的国际关系结构。尽管存在异质性，全球"南方"国家在经济和政治上都有被"北方"主导的历史，而这也是该划分的源头。欧洲通过对亚洲、非洲和拉丁美洲的征服，将当地自给自足的经济转变为欧洲经济的附属，对当地族群的生存活动、生态系统、文化和生活方式造成严重破坏，为当代经济和社会不平等埋下祸根。[8] 随着时间的推移，"北方"国家开始专注于资本密集型产业，并享受高水平的生活，而殖民地则生产矿产、农产品和其他原材料，以满足殖民统治者的利益。[9] 更重要的是，当全球"北方"为全球化构建规则框架时，大多数"南方"国家仍处于殖民统治之下。世界银行、国际货币基金组织和世界贸易组织等均一定程度上削弱了国家主权，以促进商品、服务和资本的跨境自由流动。[10]

2. 经济基础

全球性规则框架使"北方"得以继续剥削"南方"的自然资源，从而推动其经济扩张，"南方"国家陷入贫穷和环境退化的恶性循环，南北经济差距逐渐扩大。[11]

---

〔7〕 同前注4，第165页。

〔8〕 Clive Ponting, *A Green History of the World : The Environment and the Collapse of Great Civilizations* (Penguin Books,1991) ,128-140,194-212.

〔9〕 Ibid. , 222.

〔10〕 Rafiqul Islam, 'History of the North-South Divide : Colonial Discourses, Sovereignty and Self-Determination' in Shawkat Alam, Sumudu Atapattu, Carmen Gonzalez and Jona Razzaque (eds.), *International Environmental Law and the Global South* (Cambridge University Press,2015) ,23-49.

〔11〕 *Supra* note 8,194-223.

事实上,当今"南北"划分的客观标准也即经济差距,20世纪80年代,德国总理威利·布朗特(Willy Brandt)为南北分歧拟定界线,以北纬30°为基础,穿越北美洲、中美洲、非洲北部、印度后往下移,把澳大利亚和新西兰列入"北方"世界。

(二)"南北"划分与国际环境法

随着时间的推进,上述源于殖民历史、以经济差距为基础的"南北"划分在国际环境法中开始出现并产生重要影响。

1972年6月,联合国人类环境会议(以下简称斯德哥尔摩会议)在瑞典斯德哥尔摩召开,这是世界范围内各国政府第一次共同探讨环境问题,会议中的"南北"分歧开始引人注目。早在会议筹备阶段,由于发展中国家参与度不如发达国家,争取前者对会议的支持就被会议秘书长莫里斯·斯特朗(Maurice Strong)列为最高优先事项,[12]他提出对于会议议程的修订,重新定义和扩大环境概念,将其直接与经济发展进程和发展中国家所关注的问题联系起来。[13] 1971年6月在瑞士福内克斯举行的环境与发展专家会议上,大多数与会者来自发展中国家或在发展领域工作,会议报告指出了"南方"与"北方"所面临的不同环境类型:对于"北方"国家来说,发展被视为环境恶化的原因,而对于"南方"国家而言,发展则被视为解决主要环境问题的良方。[14] 福内克斯会议和报告在争取发展中国家对于联合国人类环境会议的支持方面发挥了关键作用,《斯德哥尔摩宣言》的部分内容照搬福内克斯会议的报告,例如,其序言称"在发展中国家,大多数环境问题是由不发达造成的",接着强调发展中国家需要把重点放在发展上,发达国家需要缩小南北差距。[15]

然而,虽然斯德哥尔摩会议并未回避环境与发展的紧张关系,也呼吁了"南方"与"北方"对协调环境与发展的不同诉求共同作出努力,但似乎实际成果不尽如人意。例如,发展问题虽然被予以关注,但在会议后并未被付诸实质努力。[16]

---

〔12〕 Anne E. Egelston, *Sustainable Development: A History* (Springer, 2012), 62.

〔13〕 Maurice Strong, *Where on Earth Are We Going?* (Knopf Canada, 2000), 121.

〔14〕 'Founex Report on Development and Environment, Submitted by a Panel of Experts Convened by theSecretary-General of the United Nations Conference on the Human Environment, 4-12 June 1971' (Paris: Mouton, 1972), 11.

〔15〕 'Declaration of the United Nations Conference on the Human Environment, Stockholm' (16 June 1972) UN Doc. A/Conf. 48/14/Rev. 1; 'Report of the United Nations Conference on the Human Environment' A/CONF. 48/14/Rev. 1.

〔16〕 Peter Haas, Marc Levy, and Edward Parson, 'How Should We Judge UNCED's Success?' (1992) 34 *Environment: Science and Policy for Sustainable Development*, 9.

此外,在斯德哥尔摩会议之后,"南方"国家致力于推动的国际经济新秩序、联合国环境发展会议、联合国环境署、可持续发展世界峰会等均对相关分歧问题作出一定讨论,但也都不能实质性地消弭"南北"环境分歧。

与此同时,新闻报道和学术评论往往夸大了"南北"紧张局势,倾向于将"南方"国家刻画为条约谈判中不情愿的参加者。[17] 掌握主流话语权的"北方"国家常常将注意力引导至"南方"国家工业化进程、人口增加对于环境的破坏以及其对于保护环境的不配合等方面,并在国际环境法的议题中持续发挥话语作用。"南方"国家在此背景下也越来越抵触向"北方"寻找可借鉴的模式或解决方案,"南北"对立进一步加剧。

三、符号运作:"南北"话语的场域

如上所述,"南方"与"北方"作为国际环境法语境下不可忽视的表达,在各类环境会议上以二分式的符号话语反复出现,背后体现的是不同国家在环境与发展议题上的现实利益分歧,这种现实存在的利益分歧投射于该二分话语上又维持了该二分符号的力量。表层的语言符号与深层的利益关系之间存在着动态张力,对于这种张力的把握有助于理解国际环境法场域中"南北"分歧的真实运作方式。在布尔迪厄的场域理论分析框架下,该运作方式并非僵化的二元对立,而是流动的竞争结构,局限于"南北"二分的话语会导致对于国际环境领域国家间行为真正逻辑的片面理解。

(一)符号与场域

在社会学语境下,符号所指涉的体系并不是封闭的,它背后权力关系的竞争亦非静止的,而是内含力量的、有生气的、有潜力的开放存在,这一存在可借由布尔迪厄的场域理论来理解。缘起物理学的场域概念在社会学中指的是"位置间客观关系的网络(network)或构型(configuration)",[18] 作为世界整体下一个个相对自主的小世界,场域是符号等权力运作的空间,在此空间内,行动者根据其所处的位置进行着竞争,致力于改变或维持原有的关系形式。

---

〔17〕 Karin Mickelson, 'The Stockholm Conference and the Creation of the South-North Divide in International Environmental Law and Policy' in Shawkat Alam, Sumudu Atapattu, Carmen Gonzalez and Jona Razzaque(eds.), *International Environmental Law and the Global South*(Cambridge University Press,2015),118.

〔18〕 同前注4,第134页。

根据定义,场域有两个重要特征:其一,场域是某种被赋予了特定引力的关系构型,该种关系决定了该场域所有角色的行为逻辑;其二,场域也是一个冲突和竞争的空间,该场域本身的形塑和划分在争夺的过程中成为核心焦点。[19]

场域理论作为布尔迪厄社会学理论中的基础性要素,常常被其他学科的分析借用,该分析框架渗透了人文社科的关系主义讨论。布尔迪厄也曾讨论司法场域中的机构权力、命名力量、形式效果,阐述了法律语言背后隐藏的社会权力机制。[20] 同样地,借由这一思路,本部分将在国际环境法的场域中探讨"南北"二分符号下各角色关系的竞争性和动态性运作。一方面,从场域的第一个特征出发,"南北"话语恰切地描绘了国际环境法中的"南方"与"北方"截然不同的实践,体现了国际社会结构在环境法领域所型构的对比关系;另一方面,从场域的第二个特征出发,"南北"话语体系内部其他层面的竞争性又没有被充分反映,即旧的符号没有完成"重新编码"的任务。

(二)稳定的磁场:"南北"之间的对立结构

如前所述,场域是诸种客观力量被调整定型的一个体系,这一方式可类比磁场,是某种被赋予了特定引力的关系构型,该引力适用于所有进入该场域的角色。在国际环境法语境下的"南北"划分,表现了国际环境场域中的一种型构关系,即"南方"国家与"北方"国家处于不同位置所型构的对立关系,这种关系结构适用于所有在国际环境法场域中活动的国家。换言之,任何国家在特定情境下都能被归于"南方"国家或"北方"国家。

"南北"划分这一话语之所以在国际环境法领域长期存在,离不开这一符号所映射的客观真实,即它在某种程度上正确概括了"南方"与"北方"的分歧,这也是国际环境法的特征。[21] 总的来说,发达的"北方"国家认为,保护环境应该是"北方"和"南方"的共同责任,而"南方"国家却认为"北方"国家的工业发展留下了毁灭性的生态问题,故应由它们带头解决环境恶化问题。[22] 具体言之,"南北"二分

---

〔19〕　同前注 4,第 18 页。

〔20〕　同前注 6。

〔21〕　James Connelly and Graham Smith, *Politics and Environment, From Theory to Practice* (Routledge,1999), 184.

〔22〕　Abdul Hamid Kwarteng and Thomas P. Botchway, 'The North and South Divide in the Practice and Application of International Law: A Humanitarian and Human Right Law Perspective' (2018)11 *Journal of Politics and Law*, 80.

符号体现的分歧通过以下几个方面表达。

第一，行动责任。责任问题是环境政治论辩的主要关切。发达的"北方"国家要求发展中国家平等地分担责任，努力解决环境恶化问题。然而，就气候变化而言，各国在温室气体排放的贡献、减排的难易程度、生态脆弱性程度等方面都存在差异，"南方"国家与"北方"国家的责任负担由此存在重大分歧。[23]

第二，经济模式。不同经济模式下对于环境与发展关系问题的看法是"北方"和"南方"之间争端的根本原因之一。"北方"国家是现有经济安排的最大受益者，往往倾向于将环境问题从经济关系的本质中分离出来。[24] 然而，"南方"国家的优先目标是调整贸易规则，使"南方"能够享受"北方"已经取得的发展机会。

第三，人口影响。"北方"国家试图转移人们对"北方"消费速度以及它应对环境问题的责任的关注，强调纯粹数量的增加对自然资源的影响，即"南方"国家不断增加的人口数量对资源和环境造成的压力。但人口数量并非单一的决定因素，据估计，就温室气体对大气的净排放而言，1 个美国人的排放量约等于 8150 个印度人的排放量。[25]

第四，平等问题。"南方"国家普遍认为"北方"施加的对于发展的限制实际上是某种意义上的"生态殖民主义"，继续决定全球环境议程的亦是"北方"的环境利益，而不是"南方"的发展利益，贫穷国家真正关心的问题常被边缘化。[26]

第五，财政援助与技术转让。"北方"国家和"南方"国家在财政援助和技术转让方面的附加条件问题上存在重大分歧。[27] 鉴于工业化国家是造成全球环境严重退化的主力，"北方"国家有责任提供一定的解决问题的援助，然而，实践中很多受援国不愿接受贷款条件，因为它们会损害主权。[28]

总而言之，"南北"在以上方面的分歧以及全球"南方"持续的劣势地位是由系统性的全球经济秩序造成的，这些现实分歧作为一种对立的关系构型持续存在，

---

〔23〕 Lorraine Elliott, *The Global Politics of the Environment* (Macmillan Press, 1998), 64.

〔24〕 *Supra* note 21, 184-185.

〔25〕 Anil Agarwal and Sunita Narain, *Global warming in an unequal world*; *A case of Environmental Colonialism* (Centre for Science and Environment, 1991), 13.

〔26〕 Ruchi Anand, *International Environmental Justice*: *A North-South Dimension* (Hampshire: Ashgate, 2004), 3-6; Carmen Gonzalez, ' Beyond Eco-Imperialism: An Environmental Justice Critique of Free Trade ' (2001) 78 *Denver University Law Review* 979, 985-986.

〔27〕 *Supra* note 24, 193.

〔28〕 B. S. Chimni, ' International Institutions Today: An Imperial Global State in the Making ' (2004) 15 *European Journal of International Law*, 8.

从而支撑了国际环境场域中的结构。

（三）流动的博弈场："南北"内部的持续竞争

如前所述,场域的第二个特征就是它也是一个冲突和竞争的空间,处于不同位置的角色处于持久的竞争中,以争夺场域中的资源权力,这一过程不断地重塑着场域的结构。场域是包含各种隐而未发的力量和正在活动的力量的空间,场域中的争夺旨在继续或变更场域中这些力量的构型。他们的策略还取决于他们所具有的对场域的认知,而后者又依赖于他们对场域所采取的观点,即从场域中某个位置点出发所采纳的视角。[29] 事实上,布尔迪厄的理论对于理解"南北"话语之符号性的更深帮助就在这里,场域的竞争性与动态性使得产生于殖民历史和经济背景下的"南北"二分话语无法普遍地适用于国际环境法场域,它所代表的结构关系被不断地改变,"南方"或"北方"的边界也并非一成不变。

具体而言,如若遵照本文第一部分对于"南方"国家和"北方"国家的划分,那么不仅"南北"之间存在的对立关系整体上型构了国际环境法的场域,"南方"或"北方"内部也存在着持续不断的、不同层面的场域竞争,从而重构或解构着场域中的关系。随着"南方"国家的发展轨迹开始出现分歧,它们的利益和偏好也在发生变化,"南北"二分的符号模式因忽视"南方"或"北方"国家内部的异质性而受到批评。[30] 但总体而言,由于全球环境政治方面的论著大多出于"北方",其主要讨论"北方"内部彰显的分歧,[31] 很少关注"南方"内部的差异,故本部分以"南方"国家内部的场域竞争为例,进一步揭示场域中存在的多层次、持续性的竞争以及由此体现的"南北"二分话语之局限性。

1. 联盟分歧

"南方"国家内部也存在着不同的利益共同体。以气候变化的谈判为例,某些"南方"国家(如中国和印度)的环境优先事项往往与那些生态更脆弱的国家(如小岛屿国家)的环境优先事项不同。例如,面对潜在的领土损失,小岛屿国家联盟

〔29〕　同前注 4,第 139 页。

〔30〕　Jean-Philippe Thérien, ' Beyond the North-South Divide: The Two Tales of World Poverty ' (1999) 20 *Third World Quarterly* 723; Julian Eckl and Ralph Weber, ' North-South? Pitfalls of Dividing the World by Words ' (2007) 28 *Third World Quarterly* 3.

〔31〕　例如,对欧盟和美国在气候变化和臭氧谈判中不同立场的分析等,参见 Christian Downie, *The Politics of Climate Change Negotiations: Strategies and Variables in Prolonged International Negotiations* (Edward Elgar Publishing Inc. ,2014); Dana Fisher, *National Governance and the Global Climate Change Regime* (Rowman & Littlefield,2004)。

(AOSIS)倾向于大幅削减温室气体排放,这与金砖国家等的立场不尽相同。[32] 再如,雨林国家联盟(Alliance of Rainforest Nations)认识到森林养护和管理可以得到大量财政支持,因此正在积极支持减少毁林和森林退化造成的排放机制(REDD)。[33] 这些情况与传统想象中立场一致的"南方"视角有很大出入,在"南方"国家内部甚至出现了"南方"中的"南方"之划分。[34]

2. 中印分歧

此外,更具体的国家之间也产生越来越多的分歧,例如在中印这两个传统"南方"大国之间。在臭氧制度方面,中国表现出更大的意愿采取行动限制氢氟碳化合物,但印度却一直采取拒绝态度。[35] 在气候变化方面,中国制定了重要的国内政策,包括碳排放交易体系,并宣布了与美国的双边气候协议,而印度制定的国内气候政策则力度较弱。

在有毒有害物质方面,以《关于汞的水俣公约》为例体现出的中印两国在谈判中的立场分歧也耐人寻味。与气候和臭氧等其他环境机制一样,"北方"国家对历史上大部分的汞排放负有责任,但新兴经济体目前是最大的排放国。21世纪初,以77国集团和中国为代表的"南方"国家立场一致地主张,现有的化学品制度和自愿措施已经足够,发展中国家对汞知之甚少,没有足够的能力来解决这一问题。[36] 然而,在谈判考虑制定一项具有法律约束力的协议时,各国逐步出现分歧。

作为两个最大的排放国,印度和中国最初持有基本相同的立场。[37] 中印快速

---

〔32〕 Sumudu Atapattu and Carmen Gonzalez, 'The North-South Divide in International Environmental Law: Framing the Issues' in Shawkat Alam, Sumudu Atapattu, Carmen Gonzalez and Jona Razzaque (eds.), *International Environmental Law and the Global South* (Cambridge University Press, 2015), 11.

〔33〕 See David Hunter, James Salzman and Durwood Zaelke, *International Environmental Law and Policy* (4th edition, Foundation Press, 2011), 675; Sebastian Oberthur and Hermann E. Ott, *The Kyoto Protocol: International Climate Policy for the 21st Century* (Springer, 1999), 13-32.

〔34〕 See Elizabeth Ann Kronk Warner, 'South of South: Examining the International Climate Regime from an Indigenous Perspective' in Shawkat Alam, Sumudu Atapattu, Carmen Gonzalez and Jona Razzaque (eds.), *International Environmental Law and the Global South* (Cambridge University Press, 2015), 451-468.

〔35〕 Cindy Hwang, 'Hydrofluorocarbons: Finally, Something the U. S. and China Can Agree On' (2013) ⟨https://fpif. org/hydrofluorocarbons_finally_something_the_us_and_china_can_agree_on/⟩ (accessed 12 December 2023).

〔36〕 ENB, 'Summary of the 22nd Session of the UNEP Governing Council and 4th Global Ministerial Environment Forum' (IISD, 2003).

〔37〕 ENB, 'Summary of the 24th Session of the UNEP Governing Council/Global Ministerial Environment Forum' (IISD, 2007).

的经济发展导致了排放的增长,鉴于此,中印的合作对于全球解决汞问题至关重要。[38] 两国在 20 世纪中期反对采取具有法律约束力的行动,[39] 它们都强调了环境政策的灵活性,并将发展目标和使用化石燃料来实现这些目标作为优先事项。[40] 在范围问题上,两国都认为应规制而不是减少汞需求,并且应排除含汞产品的贸易。[41] 中国、印度和美国在其他抵制汞的国家的支持下,得以将全球对汞的监管行动推迟了近十年。在前四次会议上,中国和印度表示将继续建立基于共同利益的联盟,均不支持强制性排放目标或时间表,而是主张采取自愿的方法。中国不愿承诺减排,因为减排可能会限制其不断增长的能源行业,主张应该使用控制一词。印度强调了共同但有区别的责任的重要性,以及向发展中国家提供财政和技术援助的必要性。这些谈判的讨论焦点集中在自愿性与强制性排放标准以及财政和技术援助等问题上。[42] 在履行问题上,中印也均认为任何遵守条款都取决于援助和技术转让承诺。[43] 在第四次会议上,中国强调采取自愿和灵活的做法,印度则强调了燃煤电气化对发展的重要性。[44]

但在第五次也是最后一次会议上,中国谈判代表与印度表现出了截然不同的态度。中国代表团表示愿意接受更严格的排放措施,即对于新污染源,中国接受强制性控制要求,允许各方根据自身情况灵活选择措施;对于现有的排放中国也更愿意接受控制的时间表。[45] 这种妥协的意愿让中国在最终文本的形成中发挥了更积极的作用。与此同时,印度则仍坚持不愿承诺在现有标准之上实施任何排放控制技术。2013 年底,中国签署了《关于汞的水俣公约》,并在声明中强调了应

---

[38] Amanda Giang, Leah C. Stokes, David G. Streets, Elizabeth S. Corbitt, and Noelle E. Selin, 'Impacts of the Minamata Convention on Mercury Emissions and Global Deposition from Coal-Fired Power Generation in Asia' (2015)49 *Environmental Science & Technology* 5326.

[39] *Supra* note 38.

[40] Eriksen, Henrik Hallgrim, and Franz Xaver Perrez, 'The Minamata Convention: A Comprehensive Response to a Global Problem. Review of European' (2014)23 *Comparative & International Environmental Law* 195.

[41] ENB, '1st Meeting of the Ad Hoc Open-Ended Working Group to Review and Assess Measures to Address the Global Issue of Mercury' (IISD,2007).

[42] ENB, 'Summary of the 3rd Meeting of the INC to Prepare Global Legally Binding Instrument on Mercury' (IISD,2011).

[43] ENB, 'Summary of the 2nd Meeting of the INC to Prepare a Global Legally Binding Instrument on Mercury' (IISD,2011).

[44] ENB, '24th Meeting of the Parties to the Montreal Protocol on Substances That Deplete the Ozone Layer' (IISD,2012).

[45] Leah C. Stokes, Amanda Giang and Noelle E. Selin, 'Splitting the south: China and India's divergence in international environmental negotiations' (2016)16*Global Environmental Politics*12,17.

对汞污染的重要国内政策措施,例如采用与德国相同的控制标准。印度没有参加外交会议,只是在 2014 年底国家政府换届后才签署了该公约,其不参与的姿态被国内非政府组织批评为缺乏解决汞问题的承诺。[46]

由于中国和印度仍然是排放大国,它们在排放问题上的份额的变化不太可能解释立场的变化,两者态度的分歧出现的原因主要可归为三方面。

第一,资源政策。在中国,随着大量煤炭资源的建设,空气污染已成为一个重要的政治问题。而在印度,空气质量在政治上的重要性仍然不高,其国内煤炭资源的质量为实施汞控制技术制造了障碍。此外,2014 年,中国通过与美国的双边承诺,同意在 2030 年达到碳排放峰值。相比之下,印度正在继续大力投资新煤炭,计划到 2022 年增加 160 吉瓦的额外产能,预计煤炭消费增长到 2050 年。[47]此外,中国拥有巨大的页岩资源潜力,印度则没有。[48]简言之,公约新能源的严格要求将给印度新的煤炭产能带来不利影响。

第二,经济发展。中国和印度在能源获取方面存在显著差异,中国实现电气化的时间要比印度提前 15 年。[49]两国在能源获取方面的差异表明,印度未来将继续建设大量的煤炭发电能力,这将使汞控制成本更高。除此之外,经济增长率和贫困情况等因素在两国也存在显著差异,从而影响汞排放限制的意愿。

第三,科技影响。在中国的政策制定过程中,来自学术界的直接参与越来越普遍。[50]在会议谈判过程中,中国代表团的 18 名成员中有 4 人是来自学术界的空气污染和汞科学家,这表明其越来越了解汞控制技术及其科学和技术意义。此外,中国主办了 2009 年"汞作为全球污染物国际会议"(ICMGP),无疑加深了国内对汞问题的科学认识,并影响了中国在国际谈判中的立场。在印度,研究汞的科学家和技术专家似乎对政府政策的影响力较小,第五次会议的印度代表中没有科学学者,而都是来自环境部、卫生部、电力局和外交部门的代表。科学信息可以创造共享的叙事,为合作奠定基础,在这一点上的不同也是造成中印分歧的重要原因。

〔46〕 ENB, 'Summary of the Diplomatic Conference of Plenipotentiaries on The Minamata Convention on Mercury and Preceding Preparatory Meeting' (IISD,2013).

〔47〕 India Central Electricity Authority, 'National Electricity Plan:Volume 1. Generation' (ICEA,2012).

〔48〕 US EPA, 'Air Pollution Control Technology Fact Sheet:Flue Gas Desulfurization' (2003). https://〈www3. epa. gov/ttncatc1/dir1/ffdg. pdf.〉(accessed 11 January 2023).

〔49〕 International Energy Agency(IEA), 'World Energy Outlook 2010' (IEA,2010).

〔50〕 Joanna Lewis and Kelly Sims Gallagher, 'Energy and Environment in China:Achievements and Enduring Challenges' in Regina S. Axelrod and Stacy D. VanDeveer(eds.) *The Global Environment:Institutions,Law,and Policy*(4th edition,CQ Press,2014)187.

上述分歧即为布尔迪厄所说的"隐而未发的力量"所带来的视点不同。在客观的结构关系之余,不同主体即使原先处于同一位置关系,由于所处的视点、所采取的斗争策略不同,也会在斗争中不断重构该场域的内部结构。换言之,不存在一个永恒不变、界限牢固的"南北"二分,因此有学者指出,不论是在汞、臭氧还是气候等其他环境法领域,"南方"已逐渐支离破碎。[51] 通过分析其产生分歧的因素后可以发现,曾被"南北"划分单一叙事所掩盖的事实逐渐浮现,诸如国内资源禀赋、经济发展模式以及科技水平等方面的"力量"也同样在发挥着重要作用,它们推动不同层次的场域内动态性竞争,而这种内部的动态运作是传统的"南北"分类所无法准确描述的。

四、结语

布尔迪厄的理论因善于将问题本身问题化而具有跨学科性的启发,本文借鉴了符号与场域的理论,主要将其所体现出的动态性张力适用于国际环境法领域"南北"二分话语的分析。一方面,国际环境法的场域具有稳定的引力,合理概括了"南北"划分由于殖民历史与经济现实的差异而产生的对立关系;另一方面,场域的竞争性又导致"南北"划分的话语有着掩盖其他层面话语的局限性。

在国际环境法的场域中,"北方"和"南方"作为对立的符号是流动的分类,在迥异的地缘政治和发展因素等的影响下,二者在统一和多元化之间波动。[52] 这也在一定程度上呼应着国际法本身的普遍主义与多元主义之悖论,事实上,哪些事情被重视、哪些被遮蔽很多时候只是取决于词语符号的选择。[53] 国际法是国家用以对抗和竞争的话语体系,[54] 国际环境领域的规则亦带有一种构建性的话语特征。对于国际环境法下不同利益主体的关系及其带来的影响,不只需要理论批判,更需要实践探索,从而真正跳出"南北"思维定式。

尽管存在上述流动性和局限性,"南北"二分的话语仍然很重要,发展中国家

〔51〕 Andrew Hurrell and Sandeep Sengupta, ' Emerging Powers, North-South Relations and Global Climate Politics' (2012) 3 *International Affairs* 463.

〔52〕 Shangrila Joshi, ' Understanding India's Representation of North-South Climate Politics' (2013) 13 *Global Environmental Politics*, 128-148.

〔53〕 Martti Koskenniemi, ' The Politics of International Law-20 Years Later', (2009) 20 *European Journal of International Law* 7, 11.

〔54〕 陈一峰:《超越规则:国际法的论辩主义转向》,载《北京大学学报(哲学社会科学版)》2023年第1期,第162页。

可以强调其与发达国家间的历史差异,将其作为一种谈判策略,即利用场域中的符号权力关系争取实践利益。发展中国家在历史、政治和经济能力上的共性对于理解它们在环境谈判中的行为仍然很重要,[55]中国处于跨越"南北"划分的微妙位置上,更应当跳出话语桎梏,充分把握各种隐而未发的力量和正在活动的力量,推动国际环境谈判朝着有利于人类命运共同体的方向发展。

Behind the Sign: The North-South Discourse in the Field of International Environmental Law

Yue Shi

Abstract: This paper adopts Pierre Bourdieu's sociological theory to explore the dichotomy of North-South discourse in the field of international environmental law. Following a brief introduction of the North-South divide, the analysis focuses on how this sign operates in the field of international environmental law. On the one hand, due to the relatively stable antagonistic relations in the field, the dichotomy of North-South divide reflects the interest relations of different groups in the international community during a certain historical period, and explains the structural differences between the North and the South. On the other hand, due to the competition and mobility of the field, the North-South divide dichotomy cannot respond efficiently to the intensified internal divergences, thus revealing its drawbacks. By exemplifying the divergences between or within the North and the South, this paper concludes that the field of international environmental law is not a rigid and fixed binary structure, but a complex and fluid game space.

Keywords: International environmental law; North-South divide; field theory; Pierre Bourdieu

---

[55] Peter Haas, 'Introduction: Epistemic Communities and International Policy Coordination' (1992) 46 *International Organization*, 1-35; Tana Johnson and Johannes Urpelainen, 'The More Things Change, the More They Stay the Same: Developing Countries' Unity at the Nexus of Trade and Environmental Policy' (2020) 15 *Review of International Organizations*, 445-473.

比较国际法对中国涉外法治人才培养的启示

◇ 何　驰*

【内容摘要】近年来,比较国际法这一议题在欧美国际法学界颇具影响,这一现象也受到中国国际法学界的关注。比较国际法的兴起并非单纯学术旨趣的散发,而是植根于"百年未有之大变局"的国际格局之中,一定意义上体现出弥漫于欧美国际法学界的群体性焦虑。通过对"国际法是国际的吗"这一核心问题的回答,比较国际法对国际法的性质、作用、国际法的普遍性和相对性以及国际法和国内法的关系等方面进行了探讨,更重要的是,比较国际法强调国际法律人在国际法中扮演的角色。引入比较国际法的视野对中国涉外法治人才的培养具有启发意义。涉外法治人才培养的目标应该致力于打破西方国际法学人对国际法实践的垄断,从学生的培养模式、师资、学术激励机制以及学术和实践的互动领域着手,逐步扭转目前国际法知识生产不均衡局面。

【关键词】比较国际法;涉外法治;人才培养;

一、比较国际法及其产生背景

从字面上看,国际法作为国家间法律应该得到普遍适用,并不存在像国内法那样在国家间比较的空间。剑桥大学国际法学教授赫希·劳特派特(Hersch Lauterpacht)曾指出,"国际法是唯一能够在所有国家的法院得以同等适用的法律分支"。[1] 长期以来,国际法的"普遍主义神话"从未受到过质疑,国际法以"国际"

---

* 何驰:法学博士,同济大学法学院助理教授。

[1] Hersch Lauterpacht, 'Decisions of Municipal Courts as a Source of International Law' (1929) 10 *The British Yearbook of International Law* 95.

作为前缀,其潜台词就意味着比较本身就是不合时宜的。近年来,随着比较国际法(Comparative International Law)在欧美学界开始兴起,中国学术界也逐渐关注到"国际法是国际的吗"(Is International Law International)这一话题。[2] 这一国际法研究视角转向绝非偶然,而是深刻植根于当下"百年未有之大变局"的世界图景之中。中西方学者在谈论比较国际法时的心态也并不相同。梳理比较国际法的理论系谱,并对其进行批判性反思,能够更好地理解理论与现实的关系,在国内法治和涉外法治的互动下思考中国国际法的发展方向。

(一)比较国际法的概念

拥有普遍性预设的国际法并非不能容忍特殊情况的存在。例如,长期以来在外交庇护问题上存在拉丁美洲国家的特殊实践,其被冠以"拉美国际法"的称谓;同样,长期在美洲得以实践的"门罗主义"本质上也是一种对普遍国际法的"反动"。冷战时期的国际法也在两大阵营的对抗下,分裂为"资本主义国际法"和"社会主义国际法"。[3] 在实在国际法之外,诸多国际法理论如批判国际法、政策定向法学等已经对国际法的解释、适用以及实施与其普遍性预设的脱节进行了揭示。但比较国际法却是一个近年才出现的新鲜事物。根据安西娅·罗伯茨(Anthea Roberts)等学者的定义,"比较国际法研究的是不同国家在适用国际法的两大渊源——条约和习惯时,对于相同规则所产生的不同理解这一现象以及其对国际法本身的影响"。[4] 由此,比较国际法将原来并不相交的两个领域——国际法和比较法结合起来,其通过比较法的方法,来识别、分析和解释国际法被不同的国内和国际行为体解释、适用中的异同,由此总结出不同国家对于国际法的不同态度和方法。

在具体研究范围上,比较国际法关注三个方面的内容。第一,国际法的实体规则。比较国际法希望揭示国家间规则"最大公约数"的形成过程。如在习惯国际法的识别上,通过对不同国家的国家实践和法律确信的比较,具有普遍约束力

---

〔2〕 See Anthea Roberts, *Is International Law International*? (Oxford University Press 2017). 国内学者有关研究,参见蔡从燕:《中国崛起与比较国际法的未来》,载《国际法秩序:亚洲视野》(《政治与法律评论第十辑》),当代世界出版社 2020 年版,第 7 页。

〔3〕 参见[苏]格·童金:《国际法原论》,尹玉海译,中国民主法制出版社 2006 年版。中国学者周鲠生也持类似立场,参见:周鲠生:《国际法大纲》,商务印书馆 2013 年版。

〔4〕 Anthea Roberts, Paul Stephan et. al, *Conceptualizing Comparative International Law* (Oxford Univesity Press 2018)6.

的习惯国际法规则才得以确认,与此同时,比较已成为联合国国际法委员会"编纂和发展国际法"时最常采用的方法。第二,比较国际法关注不同的国际法行为主体在识别、分析和解释国际法时体现出来的相似和差别。不同国家、地区以及国际机构对于国际法的理解均有所不同,这一过程贯穿在国际法的制定、解释和适用中。第三,比较国际法关注不同国家对国际法性质和作用的不同理解。比较国际法有其政治议程,通过比较,能够理解不同国家的利益和偏好是如何塑造它们眼中具有"合法性"(Legitimate)的国际规则的。[5]

(二) 比较国际法兴起的原因

比较国际法的兴起并非偶然,其与近年来国际法整体书写的转型息息相关。批判国际法的兴起、国际法的"历史转向"以及"第三世界国际法"对国际法的另类书写为比较国际法的产生提供了理论土壤。[6] 近年来世界格局的变化对西方国际法学界心态上的冲击则是比较国际法得以产生的现实原因。从西方内部视角来看,"二战"以来特别是冷战结束之后,原先西方学界有关国际法的固有认知被打破,迫切需要找到重新认识国际法的新视角,比较国际法才有了产生的可能性。长期以来,在国际法"西方中心主义"的预设下,国际法本身就是发源于西方,是国际社会"文明的温良教化者"。[7] 由此也滋生了很多关于国际法的"神话",如"《威斯特伐利亚和约》的签订作为现代国际法的起点","荷兰人格劳秀斯作为国际法之父"等,这些源自西欧小块区域的自我叙事随着殖民扩张成为弥散至全球的想象。[8] 自我标榜客观中立的国际法成为西方推行以自我为中心的世界秩序的良好工具。无论在领土的占有和取得、条约的签订和解释,还是战争与和平问题上,有现实力量支撑的西方拥有国际法解释的主导权。[9] 此种情形下,国际法并不存在或需要比较适用的空间。作为文明教化的工具,国际法更像是一把戒尺,充当了"文明教化者"的尺度。[10] 不过,经历两次世界大战,原来以西方为中心的国际秩序开始受到冲击。联合国的成立,越来越多前殖民国家获得独立,一

---

〔5〕 Ibid. , 6-7.

〔6〕 See Anne Orford, *International Law and the Politics of History* (Oxford University Press 2021).

〔7〕 See Martti Koskenniemi, *The Gentle Civilizer of Nations:the Rise and Fall of International Law* (1870—1960) (Cambridge University Press,2001).

〔8〕 See Martti Koskenniemi, 'The History of International Law:Dealing with Eurocentrism, (2011) *Rechtsgeschichte* 19.

〔9〕 See Antony Anghie, *Imperialism,Sovereignty and International Law* (Cambridge University Press2005).

〔10〕 *Supre note* 7.

系列的国际法基本原则随之得以确立,如主权平等原则、不干涉原则、禁止使用武力原则,以及新兴国家推进"新国际经济秩序"(New International Economic Order)的努力,原来的西方视角下的国际法开始被仔细审视。新兴国家开始表达自己对国际法的看法,由中国和新独立的亚非拉国家共同主张的"和平共处五项原则"便是最早的非西方世界进行反思的显著例子。[11] 在质疑和反思中,比较国际法的出现得以可能。

不过,上述分析只是比较国际法得以产生的一种可能性,而不意味着必然。在两大阵营对抗的冷战年代,国际法阵营的区分只是一种政治划界,而不必然产生理论的分野。可以看到,随着苏联解体,国际法的普遍性重新受到重视。伴随着所谓"历史的终结",新自由主义意识形态下国际法的西方中心主义以更加隐蔽的面貌出现,逐渐渗透到金融、技术等新领域。[12] 此种情形下,西方学者自然也没有进行国际法比较研究的动力,只有当外部的压力感足够紧迫时,比较国际法才有产生空间。随着新自由主义意识形态的溃败,特别是 2008 年国际性金融危机之后,西方内部产生了浓厚的自我怀疑情绪。与之相对的是,以中国为首的新兴国家对传统秩序形成了挑战,[13] 而他们对于国际法的理解也开始受到重视。从金砖五国(BRICS)到薄荷四国(MINTs),新兴行为体不单单像传统第三世界国际法那样挑战现有规则,而是更自信地提出自己对于国际法的看法,国际法的普遍性预设受到猛烈冲击。[14] 由此看来,发端于西方的比较国际法不只是学术演变的结果,更是西方国际法学界集体性焦虑的产物。

二、国际法是国际的吗? ——比较国际法的主要主张

概言之,比较国际法的研究核心是对"国际法是国际的吗"这一问题的回答。为了探究国际法的国际性,比较国际法将国际法视为动态的"跨国法律场域",聚焦国际法研究的主角——国际法学人以及国际法传播的主要材料——国际法学

---

〔11〕 参见殷之光:《新世界:亚非团结的中国实践与渊源》,当代世界出版社 2022 年版。See also Eslava, L. , Fakhri, M. , & Nesiah, V. (eds.), *Bandung, Global History, and International Law: Critical Pasts and Pending Futures* (Cambridge:Cambridge University Press 2017).

〔12〕 See Sundhya Phuja, *Decolonizing International Law: Development, Economic Growth and the Politics of Universality* (Cambridge University Press 2011).

〔13〕 已故中国台湾政治学者朱云汉教授对此进行了系统的分析。参见朱云汉:《高思在云:中国兴起与全球秩序重组》,中国人民大学出版社 2015 年版。

〔14〕 蔡从燕:《国际法的普遍性:过去、现在与未来》,载《现代法学》2021 年第 1 期,第 90—104 页。

教材之上,由此得出对"国际法是国际的吗"这一问题的独特回答。对比较国际法的主要主张进行评述,有利于革新对国际法的原本认识,启发国际法教学和涉外法治人才培养的新路径。

（一）国际法作为"跨国法律场域"

传统国际法教科书中,国际法一般被定义为"国家之间或者主要是国家之间所适用的原则和规则的总和",无论是被西方奉为经典的《奥本海国际法》(*Oppenheim's International Law*)还是中国常用的国际法教科书都采用了这一定义。这一典型实证国际法路径长期主导着国际法的教学。国际法的实证主义和国内法一样,强调法律是被发现的,法律具有客观性。这一国际法的实证主义底色在经由殖民扩张过程中散布至全球,国际法的国际性成为金科玉律。但正如比较国际法代表人物安西娅·罗伯茨(Anthea Roberts)的亲身经历所展现的:一些在美国国际法教科书中习以为常的概念、方法和思维方式与其在英国和澳大利亚所接受的国际法教育有重大差别。[15] 即便是同一概念,如管辖权,在不同国家其具体的指向也并不一致,遑论一些国际法上长期存在争议的问题如"人道主义干涉""航行自由""网络自由"等。[16]

罗伯茨的观察并不是个例。国际法院中国籍法官薛捍勤坚持认为,应始终在特定的国家背景下研究国际法,因为"尽管国际法具有普遍性,但在实践中各国对它的解释和应用并不完全一样"。[17] 如果上述说法成立,在实在国际法中被奉为金科玉律的法律的客观性、中立性就会大打折扣。既然不同国家所理解的国际法并不相同,在这个意义上,国际法就不是国际的。美国国际法学者德特勒夫·瓦格特(Detlev Vagts)直言,"虽然国际法应该是普遍的……但各国对这一问题的处理方式存在着惊人的差异"。[18] 印度国际法学者 B. S. 契姆尼(B. S. Chimni)认为,当涉及国际法时,"地点很重要"(Location Matters),"无论是从处理的问题还

---

[15]　See Anthea Roberts, Preface, in Anthea Roberts, *Is International Law International?* (Oxford University Press 2017) xvii, xxii.

[16]　Ibid., Chapter 4.

[17]　See Xue Hanqin, *Chinese Contemporary Perspectives on International Law: History, Culture and International Law* (Martinus Nijhoff Publishers 2012) 16.

[18]　Detlev Vagts, 'American International Law: A Sonderweg?' in Klaus Dicke et al., (eds). *Weltinnenrecht: Liber Amicorum Jost Delbrück* 407.

是从处理这些问题的方式来看都是如此"。[19]

上述对国际法"国际性"的反思引出了对国际法的新认识,即应将国际法看作一个"跨国法律场域"。跨国法律场域的提出借鉴了以布尔迪厄(Pierre Bourdieu)为代表的提出社会学场域理论,将国际法看作一个由不同行为体参加的动态场域,有助于更好地帮助我们认识国际法的国际性问题。[20] 首先,在"国际法"这一普遍称谓下,不同国家的国际法参与者(主要是国际法学人)通过国际法这一称谓来沟通和交流,即便他们对于何谓国际法并不会有一致意见。其次,这一跨国法律场域里存在权力斗争和分配。国际法学人在使用国际法时,对国际法的不同理解存在相互竞争,不同国际法解释者对国际法的运用与他们自身的过往经历、能力息息相关,想要在国际法的解释游戏中胜出,必须关注国际法律人本身,这也是我们之所以强调涉外法治人才培养的关键。最后,理解国际法的"国际性",必须对国际法现存的主导和支配模式保持警醒,这种指导和支配模式是动态的,但绝非无规律可循,在观察国际法时,必须在那些静态的材料(主要是国际法教科书中),探寻国际法观念和思想的差异和等级传播模式。[21]

(二)两个观察点:国际法学人和国际法教材

比较国际法在革新对国际法认识的基础上,主要通过两个观察点来进一步回答"国际法是国际的吗"这一问题。这两个观察点分别是国际法学人和国际法教材。作为跨国法律领域的主要参与者,国际法学人的教育背景、工作状况均能够反映出当前国际法研究和实践中展现出的动态。国际法教科书既是一代国际法学人的研究产出,也为下一代学生学习国际法提供了基本概念和理论框架。实际上,一国国际法人才的培养是教师(国际法学人)和国际法教材共同作用的结果。比较国际法对这两个观察点的洞察对涉外法治人才的培养具有启发意义。

1. 国际法学人

关于国际法学人,比较国际法对美国著名国际法学家奥斯卡·沙赫特(Oscar Schachter)提出的存在一个国际法"无形的学院"(Invisible College of International Lawyers)这一论断提出了质疑,其认为,来自不同国家的国际法学者通常

---

〔19〕 B. S. Chimni,'The World of TWAIL:Introduction to the Special Issue'(2001)3.1 *Trade,Law and Development* 22.

〔20〕 Peter Haas,'Introduction:Epistemic Communities and International Policy Coordination'(1992)1 *International Organizations* 46.

〔21〕 *Supra* note15,23-24.

在其所接受的教育、授课对象、使用的语言、发表文章的去处以及如何参与实践等方面有着迥异背景。[22] 与沙赫特的观察不同,比较国际法更倾向认为存在一个"可分的学院"(Divisible College of International Law)。[23] 通过对学生的跨国流动、国际法学者的教育背景、国际法学者的论文发表去向、不同国家的国际法学术和实践之间的共同联系四个方面的考察,在跨国法律领域的主导和支配模式构建下,比较国际法发现了存在于国际法学人之间的本土化、去本土化和西方化影响。[24]

首先,从学生的跨国流动上,一般的流动方向是从边缘国家到中心国家,这说明中心国家在国际法教育上拥有强大的影响力。与学生的流动相反,学术思想则呈中心向边缘扩散的趋势。其次,在国际法学者的教育背景上,由于不同国家的学术开放程度不同,整体上西方学术界呈现出更加开放的局面,学者能够在不同的教育环境下拓宽视野,对国际法问题讨论的视角亦更加多元,而部分国家如俄罗斯的国际法则更处在一个封闭的学术环境中。再次,在学术发表上亦可以观察到国际法学人的区域区别,由于语言、学术规范及激励机制的差异,国际法发表呈现出封闭化倾向,学者写作的话题和形式在不同区域亦有区别。最后,在国际法的学术和实践上,也可以观察到由于政治体制不同,不同国家在学术和实践的联系上并不相同,"旋转门"是否存在,学术和政治之间是否相互信任,学者参与政策决策的机会多寡都直接影响着国际法研究的方法和视角。

比较国际法对国际法学人的关注揭示了存在于国际法学术界的等级关系。例如,长期以来,在国际仲裁领域,存在"白人俱乐部"的说法,即在西方出生或者有西方教育背景的白人男性在仲裁员数量中占绝对多数。[25] 与此同时,统计在国际法院出庭的律师,观察他们的教育和出生背景,也可以发现类似趋势。[26]

2. 国际法教材

涉外法律人才培养的另一重要方面是国际法教材。国际法教材发挥着承上启下的作用——它能够展示出当前一代人是怎样发现、理解和解释国际法的,更

---

〔22〕 Oscar Schachter, 'The Invisible College of International Lawyers' (1977)72 *Northwestern University Law Review* 2.

〔23〕 *Supra* note 15, See Chapter 1.

〔24〕 *Supra* note 15,44-46.

〔25〕 See Shashank P. Kumar and Cecily Rose, 'A Study of Lawyers Appearing Before the International Court of Justice' (2014)25, *European Journal of International Law* 893.

〔26〕 参见廖雪霞:《法律职业化视角下的国际争端解决》,载《开放时代》2020 年第 6 期,第 113—127 页。

重要的是它能够告诉我们，下一代人是如何继受对于国际法的发现、理解和解释的。

国际法教材的使用上存在几种趋势。第一种是高度本土化。这种情况下，国际法教材强调的是本国的视角，教科书里的案例和材料都主要来自本国实践，而较少会提及其他国家的材料和实践。作为冷战时期两极的俄罗斯和美国都呈现出此特点。例如，在评论本国常用的一本国际法案例集时，美国国际法学者大卫·贝德曼（David Bederman）批评说，该书在材料的选择上"惊人地狭隘"，并指出作者似乎"有目的地拒绝国际法的多样性声音"。[27] 过度强调本国判例和实践会导致本国学生对国际法庭和其他法系（主要是大陆法系）国家的判例和法律思维方法的蔑视，并使他们形成一种错误的印象——"美国的就是世界的"。[28] 与此同时，已故日本国际法学者大沼保昭也曾指出，美国的主要国际法案例集"令人难以置信地以自我为中心，默认将美国的东西与国际或普遍的东西等同起来"，这些书似乎是"关于美国国内法的教科书"，而不是国际法，因此，（这些书）根本"缺乏美国是众多主权国家之一的概念，而这正是任何国际法研究的根本基础"。[29] 上述趋势无疑助长了美国国际法学生和学者的自我中心主义。

与本土化相对，在国际法教材运用上还存在去本土化现象，这种情况主要出现在一些前殖民地边缘国家，高度去本土化的教科书无法提供关于本国国际法实践和观点的信息。如果理解国际法的主要方式是通过一个国家自己的国内案例和材料，那么肯定会失去一些东西。反过来，如果一个国家的国际法教科书和案例书几乎不关注该国如何与国际法律体系互动，或者如何将国际法纳入该国的国内法律体系并加以处理，也会失去一些东西。国家的远不是国际的，然而，此种情形下，国家相对于国际而言，已经退出（国际法）或不再被强调。去国家化的主要代表是印度和南非。就印度而言，有学者提出，该国出现去本国化的主要原因是因为印度法学界弥漫着浓厚的"殖民主义心态"，认为第一世界的学术机构所做的工作比当地在学术质量上更为严格，在研究国际法时，只需要直接借用即可。[30]

---

〔27〕 David J. Bederman, ' International Law Casebooks: Tradition, Revision, and Pedagogy' (2004) 98 *American Journal of International Law* 206.

〔28〕 James Crawford, ' International Law as Discipline and Profession' (2012) 106 *American Society of International Law Peoceedings* 484.

〔29〕 Yasuaki Onuma, *A Transcivilizational Perspective on International Law* (Martinus Nijhoff Publishers 2010) 184-185.

〔30〕 B. S. Chimni, ' International Law Scholarship in Post-colonial India: Coping with Dualism' (2010) 23 *Leiden Journal of International Law* 24.

与印度类似,同为前殖民地国家的南非和澳大利亚也呈现出去本国化趋势,虽然两地已经出现了一些聚焦本土的国际法教科书,但这不足以扭转这些国家长期以来在国际法教学上的去本国化倾向。

概言之,无论是本国化还是去国家化,都可以看到当前国际法教学和研究中明显的"西方中心主义"倾向。[31] 西方国家教材凭借语言优势扩散到其他地区,随教材扩散的还有一套独特的国际法思维方式和研究方法,更进一步,可能还涉及对法治意识形态的争夺。

三、比较国际法对中国涉外法律人才培养的启示

比较国际法的一大贡献是破除了对"国际法"本身的迷信,即不存在一套放之四海而皆准的客观、中立的国际法规则,不同国家所谈论的国际法更多是从自己的视角出发而主张的对国际法这一词汇的独特理解。对于"国际法是国际的吗?"这一问题理解的要害并不是回答国际法是否是国际的,是否存在"放之四海而皆准"的普遍适用的规则;而是在于在对外交往过程中从自己的视角出发,提出能够说服他的对国际法的解释。基于上述对国际法的理解,就可以理解中国当前所倡导的"涉外法治"在概念上的逻辑性。之所以强调"涉外法治"而不是"国际法治",是因为"国际法治"存在一定的不确定性甚至是主观性。由于国际法自身存在不确定性,那么"国际法治"本身可能存在主体性疑问,即究竟是谁的国际法治?在芬兰以马尔蒂·科斯肯涅米(Martti Koskenniemi)为代表的批判国际法学者看来,强调国际法治本身就存在一定的意识形态考量,即其背后是主导国家将自己的利益和偏好强加给弱小国家的过程。[32] 基于此,戴维·肯尼迪(David Kennedy)也指出,国际法处在一个斗争的世界之中,国际法是斗争的工具,更是斗争的结果。[33] 比较国际法视野下,涉外法治与国际法治相比,更具有德国哲学家哈贝马斯所提出的"主体间性"(Inter-Subjectivity)色彩。有鉴于此,需要对基于以往国际法理解的教学和人才培养模式进行改进,以更好地满足新时代下涉外法治人才的培养需求。具体而言,主要包括以下几个方面。

---

〔31〕 *Supra* note 15,165-177.

〔32〕 See Martti Koskenniemi, 'The Politics of International Law-20 Years Later' (2009)20 *European Journal of International Law*」,19.

〔33〕 See David Kennedy, *A World of Struggle:How Power, Law, and Expertise Shape Global Political Economy* (Princeton University Press 2016).

（一）厘清国际法学科定位

目前，国际法在中国大部分法学院是作为一门法学必修课程开设的，国际法与其他课程如民法、刑法、行政法、诉讼法等课程并列。但由于国际法处理的是主权国家间的交往，而不像其他国内法那样处理的是如何解释和适用本国法律的问题，大部分学生在学习完国内法，转向国际法时经常感觉困惑。老师也要在教学中不厌其烦地重复"国际法是法"这一问题。这样的教学模式虽然向学生灌输了国际法的法律性，但是也给学生造成了一种割裂感——国际法虽然是法，但是是一种特殊的法，而且是距离遥远的法，与法学日常实践无关，如果不是从事特殊的法律工作如成为外交部公务员，国际法基本上会被束之高阁。此外，由于国际法在国家司法考试中所占比重有限，考试内容也多偏记忆而非应用，因此在现实考量下，学生很难对国际法学习抱有持续的兴趣，老师也没有办法要求学生投入更多时间到国际法学习中。

为解决国际法在法学院被边缘化问题，不少学者提出要将国际法升级为一级学科，增加国际法教学在法学院课程体系的比重。[34] 这样的呼吁不无道理，但仅仅将国际法提升为一级学科并不能完全解决问题，对国际法独特性的强调反而会造成法学院内部对国际法进一步边缘化，至少对国内大部分尚不具备对国际法单独投放资源的法学院而言，这样的呼吁意义有限。通过引入"比较国际法"的视角，需要在涉外法治视域下重新审视国际法的教学内容以及国际法与国内法的关系。涉外法治与国内法治应该是相互联结的，与其过度强调国际法学科的特殊性，倒不如以涉外法治的提出为契机，以问题而非学科为导向，厘清国际法学科在法学院的定位，激发学生学习涉外法律的兴趣，同时促进教师改进教学框架，在教学材料、教学视角、案例选择中保持平衡，防止在一些国家出现的"去本土化"倾向，更要防止出现过度狭隘的"本土化"意识。涉外法治人才培养需要树立开放、包容的国际法定位，既面向国内，也面向国际。

（二）树立国际法主体意识

在国际法教学中要培养学生树立"主体意识"。有学者曾批评中国国际法学界存在主体性缺失问题，在其看来，主体意识的缺失已经成为掣肘中国国际法话

---

〔34〕 参见黄进：《坚持守正创新，推进国际法治》（在中国国际法学会 2022 年学术年会开幕式上的致辞），2022 年 5 月 28 日。

语生产的症结所在。[35] 对中国而言,国际法是一个西方"舶来品",中国对国际法的接触、认识和接受交织着历史强加的"百年屈辱",国际法所预设的主权国家体系于中国而言是陌生的,因此,国际法"主体意识"的确立并非易事。比较国际法视野下,主体意识缺失首先归结于国际法学人自身所接受的教育。新中国成立以来,中国国际法教学先是受到苏联模式影响,接受了一套阶级斗争语境下的国际法观念,改革开放以后又转向西方,将国际法视为一套既定的,可以被掌握的外部规则,邓小平同志提出,"要加强国际法的研究",当时也的确出现了一时的"国际法热",如北京大学、武汉大学都开设了国际法本科专业。一定时期内,为更好地融入国际社会,中国的确需要以一个良好的国际法守法者的面貌出现,并利用国际法较快地融入冷战后的国际体系之中。[36] 恢复联合国合法席位、加入一系列国际组织、参与重要的国际公约谈判都需要我们熟练地掌握相关国际法规则。这一时期,我们更多地以"国际法学生"的面貌出现。

如果说在"韬光养晦"的年代,国际法是中国为融入国际社会必须要完成的答卷,那么在综合国力日益强大的今天,中国应当以国际规则的塑造者乃至制定者的面貌出现,中国的国际法学人应该成为"跨国法律领域"的重要参与者。[37] 唯有树立国际法主体意识,才能够发出中国声音。遵守游戏规则容易,改变游戏规则很难,这需要国际法学人在总结国内国际实践的基础上,勇敢地阐述中国视角。诚如有学者指出的,树立国际法学者的主体性意识,应继续深入推动国际法理论与实务的有效对接与互动,还应在基础层面改进国际法教科书的内容,逐渐增添其本土化的色彩。

树立国际法主体意识还应更新国际法的认知体系。比较国际法视野下,不单单局限于学生认识到什么是国际的,更要学生认识到国际法之于国家的意义。国际法实际上构成了一国发展的自主空间,国际法运用得好,这个自主空间就会很大,国际法运用得不好,这个自主空间就会缩小,甚至成为束缚一国发展的因素。[38] 需要向学生灌输一个更加深入的关于国际法的理解,包括批判国际法、第

---

〔35〕 魏磊杰:《我国国际法研究的主体性缺失问题:反思与祛魅》,载《学术月刊》2020 年第 8 期,第142—156 页。

〔36〕 李鸣:《国际法的性质及作用:批判国际法学的反思》,载《中外法学》2020 年第 3 期,第801—825 页。

〔37〕 See Congyan Cai, *The Rise of China and International Law: Taking Chinese Exceptionalism Seriously*(Oxford University Press2019).

〔38〕 张康乐:《国际法治对国家经济发展的塑造》,载《中外法学》2022 年第 5 期,第1381—1399 页。

三世界国际法、国际法与发展等理论,并努力在总结中国经验基础上提出中国的国际法话语,在更为宏观的角度掌握国际法,充实涉外法律人才培养过程中的战略定力。[39]

(三)注重国际法和国内法的融合

传统国际法的划分是国际公法、国际经济法、国际私法(一般称"三国法")。就现状而言,"三国法"的融合并不成功,所以,在传统视角下,强调国际法与国内法的融合更像天方夜谭。但是传统的学科划分是以知识类型而非问题导向作出,知识类型的学科划分有利于将分散的知识整合在一个学科体系中,化零为整,利于传授,但坏处是造成了不同领域知识的人为割裂,导致无法培养学生对问题的整体理解。专业化有必要,但对于初入"法门"的学生而言,专业并不应该成为学习的唯一或者主要着眼点,融合本土关怀和国际视野同样重要。比较国际法视野下,国际法规则的塑造与霸权或者大国息息相关,例如,国际经贸规则、外太空、网络等领域规则形成过程中都可以看到大国的影子,一国将自己的利益和偏好包装成具有普遍性的国际规则已是常态。而一国提出国际规则并非空穴来风,国内法律实践往往能够成为推行国际规则时的借鉴。全球化时代,特别是近二十年来,全球化深度融合,网络、人工智能甚至是疫情引起的全球卫生问题都给传统的国际法和国内法分野造成挑战。国内法的规制愈发具有国际法意涵,法律的域外效力和域外适用、网络引发的"新疆域"问题、人工智能、"元宇宙"引发的国际法主体的争论、全球行政法的兴起等都给传统国际法的内容造成挑战。只学习国际法而不懂国内法无疑是空洞的,国际法必须回应一国发展过程中向外自主空间的需求,国际法与国内法在这一过程中不是分割画线,而是弹性共存。国际法为国内法提供视野,而国内法实践则为国际法提供基础,一国的国际法主张绝不是空洞的,而是基于自身发展经验和对世界的感知提出。涉外法治的背景之一就是在国际法和国内法的融合。

(四)明确涉外法治人才培养目标

明确涉外法治人才的培养目标。必须承认,在一国法律人才培养过程中,涉外法治人才的培养只是少数,但这是否意味着只需要集中精力培养少部分"涉

---

〔39〕 参见陈一峰:《国际法的"不确定性"及其对国际法治的影响》,载《中外法学》2022 年第 4 期,第 1102—1119 页。

外"法治人才即可呢？如果沿着这个逻辑，那么既有的国际法教学就不存在太大问题。这样一种秉承工具主义的观点是不恰当的，依旧是那种将国际法看作一个法学院附属或者边缘学科的视角。对于任一法律人而言，涉外并不是自我定位，而是依据现实需要而展现出的能力。这里并不是要求所有法学院学生都成为精通国际法的专家，而是要通过学习国际法保持一种对涉外法律的感知，从而更好地对问题进行定位。如前文所述，无论是在民商事领域还是刑事领域，随着中国与世界的融合更加深入，除了可能直接出现涉外因素外，中国国内的法律实践更有可能间接成为中国参与国际法律规则制定的素材，这就需要中国的法律人时刻保持一种面向国际的视野，唯有如此，才能够使中国对国际法的影响力越来越强。法律的扩散和移植既是国内法的现象，也是国际法不可或缺的内容，国内法的进步性也会直接影响一国国际法上的话语权。从这个角度看待国际法学习的目标，有利于在涉外法治人才培养过程中打开学生的视野，摒弃之前人为的国际法和国内法的界限。涉外法治不是一门新专业，而是新时代每一位法律人应该牢固树立的自主意识。同时更要明白，涉外法治人才培养不是一朝一夕就可以完成的，而是与国家发展息息相关，二者互相支撑，需要保持战略定力和耐心。相信有朝一日，可以在更多的国际舞台上展现出中国的声音。

四、结语

　　传统学术认知中，比较的方法能够帮助我们更好地了解国际法的现状，穿透客观中立的规则使我们看到其背后暗藏的权力运行因素。回答比较国际法所提出的问题"国际法是国际的吗"，需要我们对国际法进行反思，这种反思体现在国际法的制定、解释和适用中，也体现在国际法资料的选择上，更体现在涉外法律人才的培养上。比较国际法使我们注意到国际法律人在国际法中的重要角色。当下在论述比较国际法时，西方学者依旧没有跳出"零和博弈"的思维，对于中国的崛起戴着有色眼镜来看待，如美国学者伊肯伯里（John Ikenberry）所提出的"一个崛起的中国是否能够融入自由国际秩序"的问题中，[40] 对所谓"自由国际秩序"的强调无疑是西方中心主义心态的重现，而对"国际法是国际的吗"的追问并没有让西方学者真正地放下身段，考虑国际法的终极问题，即国际法中的国际到底以何

---

〔40〕　G. John Ikenberry, 'The Rise of China and the Future of the West' (2008) 87 *Foreign Affairs* 24.

为参照？ 在比较国际法的标签下,依旧充斥着西方作为"自我"对中国作为"他者"的想象。[41] 作为回应,涉外法治人才的培养成为重中之重。实际上,中国的崛起本身就是一个全新的国际法话题,单纯地比较还远远不够,中国崛起作为一个事件本身没有任何参照物可供选择,理解中国崛起,必须超越旁观者态度,正视中国之于世界的意义。涉外法治人才培养的目标应该致力于打破西方国际法学人对国际法实践的垄断,这依赖于从学生的培养模式、师资、学术激励机制以及学术和实践的互动领域着手,逐步扭转目前国际法知识生产不均衡局面。"以中国作为方法",更好地阐释中国的视角和观点,将国内法治和涉外法治深度融合起来,才能够回应"什么是你的贡献"这一时代赋予中国国际法学界的命题,这也是涉外法治人才培养的目标所在。

Implications of Comparative International Law for the Cultivation of Foreign-Related Rule of Law Talents in China

Chi He

Abstract: In recent years, the topic of comparative international law has been influential in Western academia, and this phenomenon has also attracted the attention of Chinese international lawyers. The emergence of comparative international law is not merely an academic interest, but is rooted in the international landscape of the "unprecedented changes of the century", and in a certain sense reflects the collective anxiety that pervades the international jurisprudence in Europe and the United States. By answering the core question "Is international law international?", comparative international law explores the nature and role of international law, its universality and relativity, and the relationship between international law and domestic law, and more importantly, it emphasizes the role of international lawyers in international law. The introduction of the perspective of comparative international law is enlightening for the cultivation of foreign-related rule of law talents in China. The goal of the cultivation of foreign-related rule of law talents should be devoted to breaking the monopoly of Western internation-

---

[41] Anne Orford(ed.), *International Law and Its Others*(Cambridge University Press 2006).

al jurists on the practice of international law, and gradually reversing the current uneven production of international law knowledge in terms of the training mode of students, faculty members, academic incentive mechanisms, and the areas of interaction between academia and practice.

Keywords: Comparative International law; Foreign-related Rule of Law; Cultivation of Talents

著述目录

邵津教授著述目录

一、著作

1. 主编《国际法》,北京:北京大学出版社,2000 年
2. 主编《国际法》第二版,北京:北京大学出版社,2005 年。
3. 主编《国际法》第三版,北京:北京大学出版社、高等教育出版社,2008 年。
4. 主编《国际法》第四版,北京:北京大学出版社、高等教育出版社,2011 年。
5. 主编《国际法》第五版,北京:北京大学出版社,2014 年。

二、期刊文章

1.《新型的国际关系与新型的国际法》,载《北京大学学报(人文科学)》1960年第 1 期,第 43—59 页。

2.《国际法院的北海大陆架案判决与大陆架划界原则》,载《北京大学学报(哲学社会科学版)》1980 年第 2 期,第 28—37 页。

3.《英法大陆架划界案仲裁裁决与公平原则》,载中国国际法学会主编:《中国国际法年刊》1982 年版,第 239—258 页。

4.《专属经济区的法律性质》,载《海洋问题研究》1982 年第 2 期,第 22—38 页。

5.《专属经济区和大陆架的军事利用的法律问题》,载中国国际法学会主编:《中国国际法年刊》1985 年版,第 183—217 页;另参见北京大学法学院编:《江流有声:北京大学法学院百年院庆文存之理论法学·国际法学卷》,法律出版社 2004 年版,第 401—425 页。

6.《高举人权旗帜——纪念联合国两个人权公约通过二十周年》,载《世界知

识》1986 年第 23 期,第 4—6 页。

7.《第五讲　专属经济区》,载《海洋开发》1987 年第 4 期,第 49—53 页。

8.《关于外国军舰无害通过领海的一般国际法规则》,载中国国际法学会主编:《中国国际法年刊》1989 年版,第 115—138 页。

这篇论文的英文版被英国权威海事杂志《海事政策》刊登,"The Question of Innocent Passage of Warshipis：After UNCS Ⅲ", Marine Policy(January 1989) (Butterworth & Co(publishers) Ltd,1989) ,pp. 56-67.

9.《"银河号"事件的国际法问题》,载《中外法学》1993 年第 6 期,第 9—13 页。

10.《新的海洋科学研究国际法制度——导论、一般原则、领海、公海》,载《中外法学》1994 年第 5 期,第 36—40 页。

11.《专属经济区内和大陆架上的海洋科研制度》,载《法学研究》1995 年第 2 期,第 60—72 页。

12.《新的海洋科学研究国际法制度——专属经济区和大陆架、国际海底区域、结论》,载《中外法学》1995 年第 2 期,第 7—12 页。

13.《国际法规不容践踏》,载《人民检察》1999 年第 6 期,第 5 页。

三、译作

1. [苏]巴歇尔斯德尼克:《论人民民主国家劳动法》,北京:人民出版社,1951 年。

2. [苏]舒尔:《美国的私刑》,上海:时代出版社,1951 年。

3. [苏]伊凡诺夫:《一个人民审判员的手记》,上海:时代出版社,1951 年。

4. [苏]维辛斯基:《国际法与国际组织》,北京:中国人民大学出版社,1954 年。

5. [苏]杜尔杰涅夫斯基编:《二十世纪国际政治会议程序规则文件选辑》,北京:法律出版社,1957 年。

6. [法]拉贝里、梅纳埃姆,[苏]杜尔杰涅夫斯基俄译:《联合国的专门机构:国际行政的法律和外交问题》,北京:世界知识出版社,1957 年。

7. [澳]普雷斯科特:《海洋政治地理》,合译(王铁崖、邵津译),北京:商务印书馆,1978 年。

8. [日]中内清文:《东中国海和日本海的划界问题》,载《国外法学》1980 年第

4 期,第 52—55 页。

9.〔英〕萨道义:《使馆的特权和豁免权》,载《国外法学》1982 年第 1 期,第 69—75 页。

10.〔英〕萨道义:《使馆的特权和豁免权》,载《国外法学》1982 年第 2 期,第 44—46、51 页。

11.〔英〕萨道义:《外交代表的特权》,载《国外法学》1983 年第 4 期,第 44—48 页。

四、其他发表

1.《戈尔－布什修订:〈萨道义外交实践指南〉(1979 年第五版)》(书评),载中国国际法学会主编:《中国国际法年刊》1982 年版,第 402—404 页。

2. 参与编写《中国大百科全书》法学卷"国际争端的和平解决""国际争端的强制解决""国际争端的司法解决""国际仲裁"等系列词条,北京:中国大百科全书出版社 1984 年版,第 239—244 页等。

3.《国际法协会第六十一届大会》(学术组织与学术活动),载中国国际法学会主编:《中国国际法年刊》1986 年版,第 369—374 页。

4.《刘楠来等:〈国际海洋法〉(1986 年版)》(书评),载中国国际法学会主编:《中国国际法年刊》1986 年版,第 485—488 页。

5.《联合国防止歧视及保护少数小组委员会第 40 届会议》(学术组织与学术活动),载中国国际法学会主编:《中国国际法年刊》1989 年版,第 571—576 页。